21 世纪高等学校
经济管理类规划教材
名家精品系列

管理沟通

理论、技巧与案例分析

丁宁◎主编

MANAGEMENT
COMMUNICATION

人民邮电出版社

北京

图书在版编目（CIP）数据

管理沟通：理论、技巧与案例分析 / 丁宁主编. --
北京：人民邮电出版社，2016.7
　21世纪高等学校经济管理类规划教材. 名家精品系列
　ISBN 978-7-115-41882-1

　Ⅰ. ①管… Ⅱ. ①丁… Ⅲ. ①管理学－高等学校－教
材 Ⅳ. ①C93

中国版本图书馆CIP数据核字(2016)第046918号

内 容 提 要

　　管理沟通是管理类各专业的一门专业基础课程，是研究如何借助沟通的手段把可理解的信息、思想和情感在两个或两个以上的个人或群体中传递或交换，目的是通过相互间的理解与认同来使个人或群体间的认知以及行为相呼应，进而实现企业更有效管理的一门学科。本书对管理沟通的基本理论做了系统的阐述，具体介绍了管理沟通的基本知识、管理沟通的技巧、管理沟通专论等方面的理论与知识。本书的最大特点不仅体现在其清晰的脉络上，即基本概念→管理沟通技巧→管理沟通专论，更重要的是本书通过大量资料收集与整理而形成丰富的案例，并贯穿全书，使本书通俗易懂，且颇具启发性。

　　本书可以用作普通高等院校经济管理类专业相关课程的教材，也可以作为管理沟通课程的参考教材，还可以供广大企业管理人员以及其他对管理沟通知识感兴趣的人员学习和参考。

◆ 主　　编　丁　宁
　　责任编辑　许金霞
　　责任印制　沈　蓉　彭志环

◆ 人民邮电出版社出版发行　　北京市丰台区成寿寺路 11 号
　　邮编　100164　　电子邮件　315@ptpress.com.cn
　　网址　http://www.ptpress.com.cn
　　北京七彩京通数码快印有限公司印刷

◆ 开本：787×1092　1/16
　　印张：16.25　　　　　　　2016 年 7 月第 1 版
　　字数：413 千字　　　　　2025 年 1 月北京第 11 次印刷

定价：39.80 元
读者服务热线：(010)81055256　印装质量热线：(010)81055316
反盗版热线：(010)8105531

前 言 FOREWORD

当今时代，市场竞争日趋激烈，企业中的各级管理者比任何时候都需要在组织外部和内部更好地进行信息交流与管理沟通。不仅与各方的合作与交流已成为企业的经常性活动，而且企业内部是否实现了有效的管理也更多取决于沟通，因此，沟通应成为管理者必须掌握的基本管理技能之一。正因为如此，越来越多的人也认识到这门学科在指导管理者处理企业经营管理各方面的事务与业务中的重要作用，这一点可以从它被广泛地指定为专科生、本科生、研究生和专业人员的教学课程，并被吸收为各种短期教程和咨询培训中体现出来。与此同时，人们也广泛认同的一点是，尽管管理沟通问题对企业各层管理的细节要求是不同的，但管理沟通问题的一般原则和各种知识已不仅仅是企业领导者必须掌握和具备的知识，而且对各个层次及各个不同职能管理部门的管理者都十分重要。

本书就是为迎合不同层次与不同职能部门管理者对管理沟通知识学习的需要而组织人员撰写的。本书从研究管理沟通的概念、环境、过程、类型开始，到如何深入了解各种沟通技巧并运用于企业管理的各具体工作中，以确保组织的运行顺利进行，到企业管理者如何综合应用相应的沟通技巧于不同管理环境的实际工作中，以期更有效地发挥管理沟通在企业管理中的作用等进行了全面系统的介绍。本书的最大特点不仅体现在其清晰的脉络上，即基本概念→管理沟通技巧→管理沟通专论，更重要的是，本书通过大量资料收集与整理而形成丰富的案例，并贯穿全书，使本书通俗易懂，且颇具启发性。

本书是在编者 2011 年 9 月出版的《管理沟通》一书的基础上修订而成的。本次修订除保留了原书的特色和风格外，还进行了如下的修改：一是对原书中的案例及相关内容进行了更新，以适应时代的要求；二是采纳了一些高校教师提出的宝贵建议，对有些内容重新进行了整合，并增加了新的内容。

本书由丁宁担任主编并负责统稿，具体编写人员及分工如下：丁宁、戴安琪编写第 1、第 11章，丁宁、肖杨编写第 3、第 4、第 5 章，丁宁、蒋华英编写第 2、第 6、第 7 章，丁宁、蒋晓芩编写第 8、第 9、第 10 章。另外，崔路路、任静、徐勤东、张义帅也参加了本书部分章节的撰写工作。

在本书的编写过程中，得到了许多同仁的帮助，他们为本书提出了许多建设性的意见和想法。特别感谢为本书的案例研究直接提供帮助的同仁们。

由于时间紧迫，加之水平所限，书中错误疏漏之处在所难免，敬请广大读者批评指正。如果本书的再次出版能对广大读者有所裨益，我们则不胜欣慰。

编　者

2015 年 10 月于大连

目 录 CONTENTS

第 1 篇

管理沟通概论

第1章 绪 论

✓ 学习目标

1. 了解什么是沟通
2. 理解管理沟通的含义和重要性
3. 掌握管理沟通的原理与策略

✓ 能力目标

1. 提高学生对管理沟通理论在企业管理中所发挥作用的分析能力
2. 注重学生对管理沟通及其相关概念的认识能力

✓ 导入案例

苹果发布道歉信，缺乏沟通造成苹果危机

2013 年 4 月，苹果公司的 CEO 库克发布道歉信，公开向中国消费者致歉，并且声称苹果与中国消费者之间因缺乏沟通而造成苹果危机。苹果 CEO 库克还表示，由于对外沟通不足而让大家认为苹果公司态度傲慢所引起的不良印象，他们也深刻地认识到这一点。

信中指出："在过去的两周里，我们收到了许多关于苹果公司在中国维修和保修政策的反馈。我们不仅对这些意见进行了深刻的反思，与相关部门一起仔细研究了'三包'规定，还审视了我们的维修政策的沟通方式，并梳理了我们对苹果公司授权服务提供商的管理规范。我们意识到，由于在此过程中对外沟通不足而导致外界认为苹果公司态度傲慢，不在意或不重视消费者的反馈。对于由此给消费者带来的任何顾虑或误会，我们表示诚挚的歉意。"

苹果中国表示，为了进一步提高服务水平，他们正在实施以下四项重大调整：（1）改进 iPhone 4 和 iPhone 4S 的维修政策；（2）在苹果公司官方网站上提供简洁清晰的维修和保修政策说明；（3）加大力度监督和培训苹果公司授权服务提供商；（4）确保消费者能够便捷地联系苹果公司以反馈服务中的相关问题。

道歉信中还表示："同时我们也意识到，关于在华运营和沟通还有许多需要我们学习的地方。在此，我们向大家保证，苹果公司对于中国的承诺和热情与其他国家别无二致。为消费者带来最佳的用户体验及满意的服务是我们的理想，更是我们的承诺，它已深深植根于苹果公司的公司文化之中。我们会不懈努力，以实现这一目标。"

资料来源：http://sh.sina.com.cn/citylink/jk/t_sjbj/2013-04-02/1140189150.html

1.1 沟通的基本概念

1.1.1 沟通的含义

1．沟通的定义

沟通（Communication）是指人们通过语言和非语言方式传递并理解信息、知识的过程，是人们了解他人思想、情感、见解和价值观的一种双向的互动过程，是将信息编译，并通过各种媒介在人与人之间传递并得到理解和反馈的过程。沟通具有两个方面的含义。首先，沟通是指人与人之间的信息交换和意义的传达；其次，沟通也是人与人之间情感表达和交流的过程。这两个方面构成了沟通的本质特征。

👉**提示**

人们对于沟通的理解和认识存在以下 3 点误区。观点 1：沟通不是太难的事，我们不是每天都在进行沟通吗？观点 2：我告诉他了，所以我已经和他沟通了；观点 3：只有当我想要沟通时才会有沟通。持第一种观点者认为，我们天天都在与人接触，沟通是家常便饭，难在何处？然而，正是因为把沟通看得过于简单，从而忽视了其复杂性和难度，在处理沟通问题时容易简单化，没有做好充分的准备，因此沟通的失败也就在所难免。持第二种观点者认为，只要我把我想要表达的内容都告知了对方，沟通过程就已经结束了，至于对方是否理解我的意思以及产生怎样的结果，都与我无关。殊不知沟通并非单向的，而是双向的，只有当听众正确理解了信息的含义并有所反馈时，才是真正意义上的沟通。正是这种错误的观点导致生活、学习和工作中经常发生事与愿违的事情，沟通不畅导致与此相关的抱怨随处可闻。持第三种观点者认为，只要我不主动表达出来，沟通就没有发生。事实上，沟通除了语言的，还有非语言的。当一位演讲者站在台上时，他并没有想传递"我感到很紧张"这一信息，但观众从他的眼神、语调和动作中就能清晰地获得这一信息。

2．沟通的内涵

简单地说，沟通应该涵盖五个方面：想说的、实际说的、听到的、理解的、反馈的。如图 1-1 所示。

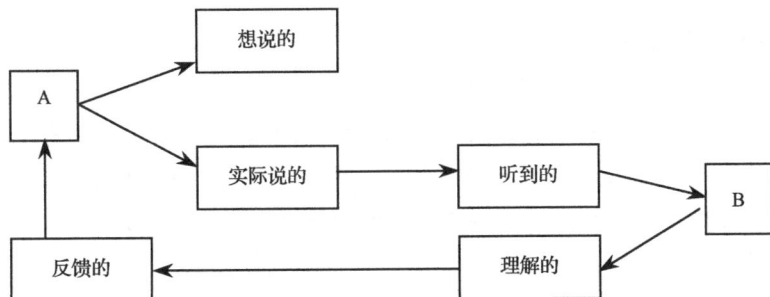

图 1-1　沟通的内涵

图 1-1 所示的含义是：A 和 B 分别表示信息发送者和信息接收者，而此处的"说"和"听"具有宽泛的含义，分别指"说、写、做或其他信息传递形式"，以及"听到、看到或接收到的"。事实上，人们会发现你想说什么与实际说了什么是有差异的。另一方面，听众听到的与其理解的

意思也存在差异，每个人的理解方式不同，听众会从其自身不同的角度出发去理解所收到的信息，然后做出反馈。这种差异会从其反馈中表现出来。理想的情况是，听众所反馈的其对该信息的理解恰好是你的初衷或你所期望的。但现实往往会不尽如人意。

☞ **小资料**

在餐厅就餐的时候，顾客点了一碗米饭，服务员端来的时候，非常有礼貌地说了句"先生，您要的饭来了"。顾客听了就会不高兴，而实际上服务员并没有想表达"要饭"这一意思，但所谓说者无意，听者有心，顾客就会产生不满，造成服务问题。因此，沟通并不像我们想象的那样轻而易举，相反，它是一门技巧性很强的学问。我们只有通过正确认识沟通，不断加强学习和训练，才能真正领略沟通的真谛。

3．沟通的实质

（1）沟通是符号象征的过程。信息是借助于符号来传递的，感情也是通过符号来表达的。很多人不禁要问：什么是符号呢？人们所用的文字、表情、动作、语气、语调等都是符号。换言之，凡是可以表达一定意义的事物，都属于符号的范畴。在实际的沟通中，人们希望表达出自己的思想和感情，但思想和感情本身是看不见、摸不着的，要表达出来，就需要借助可见的载体，例如文字、表情等。

（2）任何用来代表或称呼某种事物的符号，其本身没有特定的意义。以某个符号代表某种事物，是人类社会约定俗成的规则。也就是说符号的意义是人类赋予它的。同样一个事物，我们既可以用"计算机"来表示它，也可以用"电脑"来指代它；而同样的符号也可能代表不同的意思，比如"苹果"可以表示一种普通的水果，也可以代表一个高端的品牌。所以，你之所以可以理解一定的事物，是因为你知道这些符号的意义；相反，如果一个人不认识某种符号，他就无法理解这种事物，也就是沟通没有实现。

（3）有效的沟通必须是沟通的双方都使用同一种符号系统。对于简单的沟通，即使我们不懂某种文字，仍然可以通过表情、手势、动作等在一定程度上与他人沟通；但是对于复杂的内容，沟通符号也就变得复杂了。我们要想进行有效的沟通，必须是沟通双方对符号背后的意义有相同的理解。所以在管理中，应当在组织内部创造共同的知识经验，让人们有共同语言。

1.1.2 沟通的特点

1．沟通内容的多样性

沟通不仅要传递信息，而且还传递情感。在沟通的过程中，传递的信息包罗万象，可分为：（1）语言信息。这包括口头语言信息和书面语言信息。（2）非语言信息。包括身体语言和辅助语言系统等，如语音、语调、语速、言语中的重音、停顿、语气等，这些因素都能够帮助传递大量的信息。对于信息的传递，一个良好的沟通者应该能够区别出哪些是基于推论的信息，而哪些是基于事实的信息。

☞ **小资料**

在许多误解的情况中，其症结都在于接收者对信息到底是意见的表达还是事实的叙述混淆不清。发送者应该尽量表达清楚自己观点的性质，而接收者要想完整地理解传递来的信息，既要获取事实，又要分析发送者的价值观、个人态度等，只有这样才能达到有效的沟通。

2．沟通双方的参与性

沟通既包括发送者对信息的传递，也包括接收者对信息的理解。如果发送者的信息和想法没有传递到接收者，那么沟通也就没有发生。也就是说，说话者没有听众或作者没有读者都不能构成沟通。因此，在沟通过程中，沟通双方都占有重要的地位，缺一不可。信息发送者要充分考虑信息接收者的知识经验、思维方式、文化水平，用对方熟悉的语言进行编码，确保所传递的信息能被接收方理解，才能达到沟通的目的。

3．沟通结果的不确定性

沟通并不意味着双方一定达成一致的意见。人们常常错误地认为良好的沟通就是双方达成一致协议，而不知道真正的答案是准确理解信息的意义。沟通双方能否达成一致意见，对方是否接受信息发送者的观点，往往并不是沟通有效与否可以决定的，它还涉及双方的根本利益是否一致、价值观念是否相似等其他关键因素，这样的案例在商业谈判中屡见不鲜。

4．有效沟通的双向性、互动性

有效的沟通是一个双向的、互动的反馈和理解的过程。我们每天都在与他人进行各种各样的沟通，但并不意味着我们每个人都是优秀的沟通者，也不是每一次沟通都会成功。这是因为有效的沟通往往不是一个纯粹单向的沟通过程。有时你已经告诉对方你所要表达的信息，但这并不意味着对方已经与你有效沟通了。因此，有效的沟通是一个双向、互动的反馈和理解过程。

👉 **举例**

在管理实践中，有经验的管理者向下属布置工作任务时，最后往往会要求下属复述一遍工作任务的内容和要求，其目的就在于检查下属是否真正理解了自己的要求和意图；如果下属的理解与自己的要求不一致，要及时加以说明。

5．沟通过程的完整性

沟通是一个完整的过程。沟通过程始于信息源发出信息，终止于得到反馈。只有信息接收者准确理解了信息发送者的意思，沟通过程才算完成。如果有一个环节没有完成，都不算真正的沟通。

1.1.3 沟通的方式

沟通方式的选择往往受两个方面因素的影响，即信息发送者对内容控制的程度以及听众参与的程度。两者的关系如图 1-2 所示。

如图 1-2 所示，纵轴代表信息传递者对内容控制的程度，横轴代表听众参与的程度。根据这两个因素高低的不同，把沟通的方式概括为以下 4 种。

（1）告知。告知是指听众参与程度低、内容控制程度高的方式，如传达有关法律、政策方面的信息，作报告、讲座等。

（2）推销。推销是指有一定的听众参与程度，对内容的控制上带有一定的开放性的方式，如推销产品、提供服务、推销自己、提出建议和观点等。

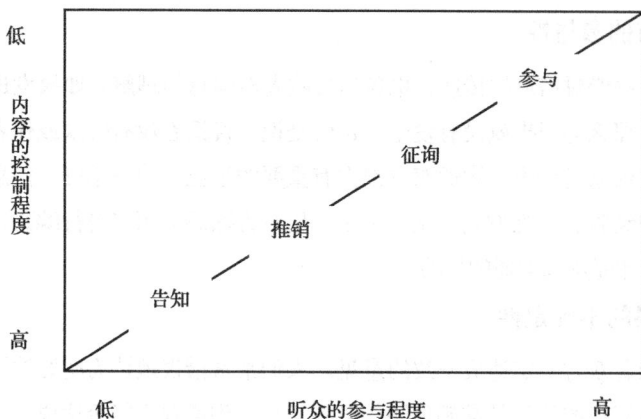

图1-2　沟通的方式

（3）征询。征询是指听众参与程度较高、对内容的控制上带有更多的开放性的方式，如咨询会、征求意见会、问卷调查、民意测验等。

（4）参与。参与是四种沟通方式中听众参与程度最高、控制程度最低的一种方式，如团队的头脑风暴、董事会议等。很难评定上述沟通方式孰优孰劣。沟通方式的选择完全取决于沟通的目的、听众和信息内容。有时可以选择单一的方式，有时也可结合运用多种方式进行沟通。

☞ 提示

当你希望听众接受你所传递的信息时，可以采用告知或推销的沟通方式，此时，你掌握并控制着足够的信息，在沟通过程中接收者主要听你叙述或解释，而你不需倾听其他人的意见；当你希望从听众那里了解和获取信息时，应该运用征询或参与的沟通方式，征询的方式具有一定的合作特征，表现出一定的互动性。参与的方式则具有更明显的合作互动性，例如团队头脑风暴式讨论会，此时，你并没有掌握足够的信息，希望在沟通过程中听取听众的意见，期待他们参与并提供有关信息。

1.1.4　沟通的作用与意义

简单来说，沟通的作用在于传递信息，交流感情。但是如果做深入分析，还可以从很多角度进行阐述。

1. 沟通是个体生存的基本条件

就像婴儿在出生后就会通过第一声啼哭来宣示自己的存在一样，我们每个人都需要和这个世界进行沟通。据调查，人类除了睡眠时间以外，80%~90%的时间都在进行沟通。一旦人们之间发生了联系，沟通活动就开始了。即使有些信息没有表达出来，人们也时时刻刻都在有意无意地向外界传递着信息。如果不能沟通，将会有很可怕的后果。

☞ 小资料

心理学家赫隆（Heron）曾经做过"感觉剥夺"实验，他将自愿参加实验的人关在一个与外界隔绝的实验室里，在里面看不到任何光线，也听不到任何声音。参加实验的人身体各个部位被包裹起来，以尽可能减少触觉体验。实验期间，除了给他们必要的食物以外，不允许其获得与外界沟通的机会。结果仅仅三天，参加实验者的整个身心就出现严重障碍，甚至不能准确地做出某些大动作。

2．沟通是个体成长的需要

每个个体要想在社会中健康地成长和发展，就必须不断满足自己的各种需求，而所有需求的满足都离不开与外界的沟通和交流。尤其是社会需求，尊重需求和自我实现的需求这些高层次的需求，更需要在与人沟通的过程中获得满足。而在情感上，人们同样是通过沟通来丰富自己的。人们看电影、欣赏绘画、阅读文章，实际上都是在体验作者的情感经验。不仅如此，人们在体验的过程中还会产生许多自己的想法和情绪，并且可以通过与他人的再沟通，使这种情感的体验加深。

👉 **名人名言**

假如你有一个苹果，我有一个苹果，彼此交换后，我们每个人都只有一个苹果。但是，如果你有一种思想，我有一种思想，那么彼此交换后，我们每个人都有两种思想。

——萧伯纳

3．沟通是组织系统运行的润滑剂

一个组织要想取得真正的成功，需要通过人与人之间的相互配合、相互作用（包括领导和下属、职能部门之间、合作伙伴之间的竞争或合作行为）才有可能实现。而组织的所有目标、任务、活动等都是通过沟通实现的，没有沟通，任何组织的计划都无法实现。因此，如果我们把整个组织系统看作是一台复杂的机器，那么沟通就是保持这台机器良好运行的润滑剂。

1.2 沟通的过程

1.2.1 沟通过程模型

从沟通的定义中我们了解到，沟通过程中涉及沟通主体（发送者和接收者）和沟通客体（信息）的关系。沟通的起始点是信息的发送者，终结点是信息的接收者。当终结点上的接收者做出反馈时，信息的接收者又转变为信息的发送者，最初的起始点上的发送者成了信息的接收者。沟通就是这样一个轮回反复的过程，见图1-3。

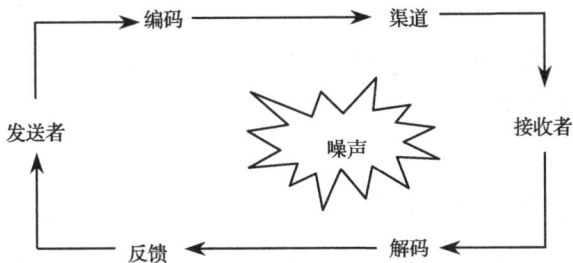

图1-3　沟通的过程

如图1-3所示，一个完整的沟通过程包括以下六个环节，即信息源（发送者）、编码、渠道、接收者、解码、反馈和一个干扰源（即噪音）。

1．信息源（发送者）

信息产生于信息的发送者，它是由信息发送者经过思考或实行酝酿策划后才进入沟通过程的，是沟通的起始点。信息是否可靠、沟通是否有效，与发送者的可信度密切相关。一般来讲，影响发送者可信度的重要因素有身份地位、良好意愿、专业知识、外表形象及共同价值等。

2．编码

将信息以相应的语言、文字、符号、图形或其他形式表达出来的过程就是编码。当幼儿还在牙牙学语时，你就会看到幼儿在表达意识的过程中常常有努力思索的表情，其实那是他正在努力选择合适的词语，即编码。通常，信息发送者会根据沟通的实际需要选择合适的编码形式向接收者发出信息，以便其接受和理解。

3．渠道

沟通渠道通常指的是沟通媒介。信息都是通过一定的媒介来传播的，一般来讲，沟通渠道主要有三种：口头、书面和非语言。随着通信工具的发展，信息发送的方式越来越多样化。人们除了通过语言进行面对面的直接交流外，还可以借助电话、传真、电子邮件、电子公告板、电话会议、电视视频会议等渠道来发送信息。沟通渠道的多样化给信息传播带来了不可忽视的影响，不同的情况下采取的沟通渠道应该有所不同。在发送信息时，发送者不仅要考虑选择合适的方式传递信息，而且要注重选择恰当的时间与合适的环境。一般来说，口头沟通渠道主要用于面对面的互动性沟通，沟通内容具有一定的伸缩性，形式活泼，富有感情色彩。而书面沟通渠道主要用于要求严谨、需要记录备案的沟通。无论是口头沟通还是书面沟通，都可以作为正式的或非正式的沟通渠道。正式的沟通渠道主要用于涉及法律问题的谈判、合同契约的签订等情形，例如合同、标书、意向书、报告以及演讲、新闻发布会等；非正式沟通渠道主要用于获取新信息、互动性较强的情形，例如电子邮件、打电话、讨论会、会谈等。

4．接收者

接收者是信息发送的对象，接收者不同的接收方式和态度会直接影响到其对信息的接收效果。常见的接收方式有听觉、视觉、触觉以及其他感觉等活动。信息接收者应该做一个好的倾听者，掌握良好的倾听技能是有效倾听的基础，积极的倾听有助于有效地接收信息。

5．解码

接收者理解所获信息的过程称为解码。然而接收者的文化背景、知识阅历和主观意识等会对解码过程有显著的影响，这意味着信息发送者所表达的意思并不一定能被接收者正确和完整地理解。沟通的目的就是要让信息接收者尽可能理解发送者真正的意思。沟通双方采用同一种语言进行沟通，是正确解码的重要基础。

6．反馈

信息接收者对所获信息做出的反应就是反馈。当接收者确认信息已收到，并对信息发送者给出提示、表达自己对所获信息的理解时，沟通过程便形成了一个完整的闭合回路。反馈可以折射出沟通的效果，它可以使信息发送者了解他发出的信息是否被接收和正确理解，从而使发送者根据反馈情况进行调整沟通。

7．噪声

能够对信息传递过程产生干扰的一切因素都称为噪声。沟通双方个性的不同会影响正常沟通，例如性格、受教育程度、气质等。常见的噪声源来自以下方面：（1）价值观、伦理道德观、认知水平的差异会阻碍相互理解。（2）健康状态、情绪波动以及交流环境会对沟通产生显著影响。（3）身份地位的差异会导致心理落差和沟通距离。（4）编码与解码所采用的信息代码差异会直接影响理解与交流。（5）信息传递媒介的物理性障碍。（6）模棱两可的语言。（7）难以辨认的字迹。（8）不同的文化背景。

1.2.2　沟通过程应注意的几个问题

1．沟通目的要明确

在管理过程中，沟通是具有目的性的，信息发送者应该明确其信息传递的目的。由于在组织中，信息传递的目的是基于工作目标的，因此，一旦明确了工作目标，就应该确定沟通的目的。

👉**举例**

某计算机制造企业销售部门 2011 年度的工作目标是继续保持上一年的市场份额，并要求 2011 年第二季度完成 500 万台的销售任务。销售部经理针对工作目标向各主管提交了一份市场计划，其目的就是希望主管们能够同意并支持这个计划，同时通过会议和演讲等方式，使各地的销售代表了解目前的市场形势、企业的工作目标以及相应的营销策略。

2．组织好沟通的信息

为了使信息顺畅地传递至听众并使其易于接受，有策略地组织信息是至关重要的。从人的生理角度来看，人们因感受新鲜事物而产生的记忆与谈话进程密切相关。由图 1-4 所示听众的记忆曲线可知，在过程的初始阶段及终止阶段，听众的记忆最深刻。显然，我们不能期待听众对一个长达 1~2 小时的报告自始至终保持满腔的热情和高度的兴趣。因此，在组织信息内容的时候，应该特别注重开头与结尾，把最重要的内容注入开场白中或融入后面的结尾部分，切忌将主要观点和内容淹没在漫无边际的中间阶段。

👉**举例**

西方国家重视和强调个人，其沟通方式也是个体取向的，往往直言不讳；对于组织内部的协商，一般喜欢通过备忘录、布告等正式沟通渠道来表明观点和看法。而在中国等东方国家，人际间的相关接触相当频繁，而且更多采用的是非正式沟通的方式。可见，不同的背景对沟通过程会产生不同的影响，管理者在沟通中应当注意背景这一因素。

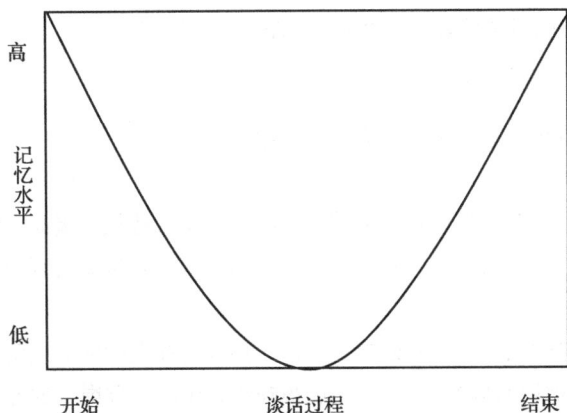

图 1-4　听众的记忆曲线

3．选择合适的沟通环境

沟通总是在一定的环境中发生的，任何形式的沟通都会受到各种环境因素的影响。如上司与下属的谈话在上司的办公室里进行和在厂区的花园里进行，其效果和双方的感受都会不同。具体而言，沟通环境包括心理背景、物理背景、社会背景和文化背景。心理背景指的是沟通双方在沟通时的情绪和态度，如激动、兴奋、愤怒等。物理背景指的是沟通发生的场所，如在办公室、在生产场地等。社会背景指的是沟通双方的社会角色关系，涉及对沟通方式的预期，如果双方对沟通方式的预期相符，就能彼此接纳对方；反之，就无法进行有效的沟通。文化背景指的是沟通双方所代表的文化。沟通者长期的文化积淀，决定了沟通者较稳定的价值取向、思维模式、心理结构及行为依据。

1.2.3 沟通过程中的障碍

1．源于发送者方面的障碍

（1）目的不明，导致信息内容的不确定性。发送者不清楚自己要说些什么，对自己将要传递的信息内容、交流的目的不明确，这是沟通过程中遇到的第一障碍，将导致沟通的其他环节无法正常进行。因此发送者在信息交流之前必须明确目的，即"我要通过什么渠道向谁传递什么信息并达到什么目的"。

（2）信息发出者的编码能力欠佳造成的障碍。如果信息发送者的表达能力不佳，词不达意，或者逻辑混乱、艰深晦涩，就会使人无法准确对其进行解码。

（3）选择失误，导致信息误解的可能性增大。若是对传送信息的时机把握不准，缺乏审时度势的能力，就会大大降低信息交流的价值；若是信息沟通渠道选择失误，会导致信息传递受阻，或延误传递的恰当时机；若是沟通对象选择错误，无疑会造成不是"对牛弹琴"就是自讨没趣的局面，直接影响信息交流的效果。

（4）形式不当，导致信息失效。当人们使用语言（口头或书面）和非语言（即肢体语言，如手势、表情、体态等）表达同样的信息时，一定要相互协调，否则会使人如"丈二和尚摸不着头脑"。如果我们要传递一些十万火急的信息，不选用电话、传真或互联网等现代化的快捷方式，却通过邮递寄信的途径，那么接收者收到的信息往往会由于事过境迁而成为一纸空文，严重影响沟通目标的实现。

（5）信息发送者的形象因素造成的障碍。如果接收者认为发送者不守信用，那么即使其所发出的信息是真实的，接收者也极有可能用怀疑的眼光去理解它。

2．源于接收者方面的障碍

（1）过度加工，导致信息的模糊和失真。接收者在信息交流过程中，有时会按照自己的主观意愿对信息进行过滤和加工。

（2）知觉偏差，导致对信息理解的偏差。接收者的个人特征，诸如个性特点、认知水平、价值标准、权力地位、社会阶层、文化修养、智商、情商等将直接影响到对被知觉对象即传送者的正确认识。

（3）心理障碍，导致信息的阻碍或中断。由于接收者在人际沟通或信息交流过程中曾经受到过伤害或有过不愉快的情感体验，造成"一朝被蛇咬，十年怕井绳"的心理定式，对传送者心存疑惑、怀有戒备，或由于内心恐惧、忐忑不安，就会拒绝接受所传递的信息，甚至抵制参与信息交流。

（4）信息接收者的知识经验的局限性造成的障碍。你无法向一个小学生解释清楚相对论，也无法向一个乡村老农解释清楚超导的原理，因为每个人只能在自己的社会经历及知识经验范围内解码，当信息超出这一范围时，他是无法理解的。

（5）信息接收者的选择性知觉造成的障碍。接收者在接收信息时，往往根据自己的理解和需要对信息加以"过滤"。由于每个人的心理结构及需求、意向系统各不相同，这些差异性直接影响到他们接收信息时知觉的选择性，即往往习惯于对某一部分信息敏感，而对另一部分信息"充耳不闻"。

1.3　沟通的类型

根据不同的划分标准，可以把沟通划分为不同的类型：正式沟通和非正式沟通、语言沟通和非语言沟通、上行沟通、下行沟通和平行沟通、单向沟通和双向沟通、浅层沟通和深层沟通，以及自我沟通、人际沟通、群体沟通、组织沟通和跨文化沟通等等。

1.3.1　正式沟通和非正式沟通

1．正式沟通

正式沟通是指在组织系统内部，依据规章制度明文规定的原则和渠道进行的信息传递与交流，包括组织对内对外的公函来往、组织内部的文件传达、召开会议、发布命令等。

2．非正式沟通

非正式沟通是不依赖组织的权力等级系统进行的沟通。比如组织成员工作之余的交往、茶余饭后的闲聊、小道消息的传播等都属于非正式沟通。和正式沟通不同，它的沟通对象、时间及内容等各方面都是未经计划和难以辨别的，它们可以反映员工真正的心态和动机，一般体现的是情感交流的功能。其沟通途径是通过组织成员的人际关系，这种关系超越了单位、部门以及级别层次等。

👉 说明

减少"小道消息"消极影响的建议：（1）公布进行重大决策的时间安排；（2）公开解释那些看起来不一致或者隐秘的决策和行为；（3）对目前的决策和未来的计划，强调其积极的一面，同时也要指出不利的一面；（4）公开讨论事情可能最坏的结果，减少由于无端猜测而造成的焦虑情绪。

1.3.2　语言沟通和非语言沟通

1．语言沟通

语言沟通建立在语言文字的基础上，又可细分为口头语言沟通和书面语言沟通两种形式。口头沟通是所有沟通形式中最直接的方式。它的优点是快速传递和及时反馈。在这种方式下，信息可以在最短的时间内被传递，并在最短的时间内得到接收者的回复。如果接收者对信息有疑问，迅速的反馈可使发送者及时检查其中不够明确的地方并进行改正。书面沟通是一种准确性较高的沟通方式，具有有形可见、长期保存、可作为法律依据等优点。一般情况下，发送者与接收者双方都拥有沟通记录，沟通的信息可以长期保存下来，便于事后查询。对于复杂或长期的沟通来说，这尤为重要。

2．非语言沟通

非语言沟通是指通过某些媒介而不是讲话或文字来传递信息。非语言沟通的内涵十分丰富，它的实现一般有三种方式，即身体语言沟通、副语言沟通、物体的操纵。身体语言沟通是通过动态无声的目光、表情、神态、手势语言等身体运动或者静态无声的身体姿势、衣着打扮、空间距离等形式来实现沟通的。人们首先可以借由面部表情、手部动作等身体姿态来传达诸如怀疑、恐惧、害羞、傲慢、愉快、愤怒等情绪。

👉**举例**

姿势沟通的主要研究者之一雷·伯德惠斯特尔把姿势沟通称为运动学，他估计两人沟通的局面中有 65%的"社会含义"是通过非语言传送的。但是人们往往会忽视了非语言沟通的重要性，因而在不知不觉中使沟通的效果大打折扣。事实上，在语言只是一种表面形式的时候，非语言的信息往往能够非常有力地传达"真正的本质"。扬扬眉毛、耸耸肩头、转身离去等，这些动作能够传达出许多具有价值的信息。一份会议备忘录即使内容再有趣、再充满热情，但人们读起来还是有些枯燥，因为它们抽取了非语言的部分。

副语言沟通是通过非语言的声音，如重音、声调的变化、哭、笑、停顿等来实现的。心理学家称非语言的声音信号为"副语言"（Paralanguage）。最新的心理学研究成果显示，副语言在沟通过程中起着十分重要的作用。一句话的含义往往不仅决定于其字面的意义，而且决定于它的弦外之音、话外之意。语音表达方式的变化，尤其是语调的变化，可以使字面相同的一句话具有完全不同的含义。物体的操纵是人们通过物体的运用和环境布置等手段进行的沟通。例如，历代中国皇帝通过威严神圣的皇宫建筑和以"龙文化"为特征的日常器具，来显示自己是天子。

👉**举例**

在你一天最忙碌的时刻里，有位职员却来造访，讨论一个问题。你和他把问题解决之后，这位职员却站着不走，并把话题转向其他非工作上的事务。在你的内心，很希望立即终止谈话而去继续工作，可是在表面上，你却只能很礼貌、专注地听着，然后，你把椅子往前挪了一下，坐直了身子并且整理你桌上的公文。不管这举动是潜意识的或故意的，它们都表现出你的感觉并暗示这位职员"该是离开的时候了"，除非这位职员没有感觉到或太专注于自己的话题，否则他就会意识到他应该离开了，从而结束这次谈话。

1.3.3 上行沟通、下行沟通和平行沟通

按照信息流向的不同，正式沟通又可分为上行沟通、下行沟通和平行沟通。在群体和组织中，从一个层次向另外一个更低层次的沟通称为下行沟通。主要指管理人员对员工进行的沟通，包括管理者给下属分配任务、介绍工作、指导员工解决工作中出现的障碍、指出员工日常工作中的表现等。下行沟通不仅仅是口头沟通和面对面的接触，还包括书面沟通等。上行沟通就是指员工向上级主管报告或建议的沟通；平行沟通是组织内部同阶层工作人员的横向联系。一般来讲，组织由上而下的沟通渠道很多，而且主管们常拥有较多说话的机会，因此，下行沟通不需要鼓励就可以大行其道。相对而言，上行沟通在很大程度上被忽视了，沟通渠道也不够畅通。应该说，上行沟通可以增加职工的参与感，而平行沟通可以打破部门间各自为政的低效率局面。

一个替人割草的男孩出价 5 美元，请他的朋友替他给一位老太太打电话。电话拨通后，男孩的朋友问道："您需不需要割草？"老太太回答："不需要了，我已经有一个割草工了。"

男孩的朋友又说："我会帮您拔掉花丛中的杂草。"老太太回答："我的割草工已经做了。"

男孩的朋友又说："我会帮您把走道四周的草割齐。"老太太回答："我请的那个割草工也已经做了，他做得很好。谢谢你，我不需要新的割草工。" 男孩的朋友便挂了电话，接着不解地问割草的男孩："你不是就在老太太那儿割草打工吗？ 为什么还要打这个电话？"割草男孩说："我只是想知道老太太对我的工作的评价。"

这个故事的寓意是：只有勤与老板或上级领导沟通，你才有可能知道自己的长处和短处，才能够了解自己的处境。但现实是，很多人因为怕领导打官腔，很少愿意去跟领导沟通。但是永远不沟通也不是办法。

1.3.4 单向沟通和双向沟通

根据沟通时的反馈情况不同，还可将沟通分为单向沟通和双向沟通。单向沟通是指信息发送者以命令的方式面向接收方，一方只发送信息，另一方只接受信息，双方无论在语言上还是情感上都不需要信息反馈。发指令、下命令、作报告等都属于单向的信息沟通。双向沟通是指信息发送者以协调和讨论的姿态面对接收者，信息发出以后还需及时听取反馈意见，必要时发送者与接收者还要进行多次商议沟通，直到双方沟通明确和基本满意为止。与职工谈心、召开座谈会、听取情况汇报、协议双方谈判等都属于双向沟通。

在企业管理中，究竟采用何种沟通方式，应当因人因事而异。一般情况下，在要求接收者接受的信息准确无误时，或处理重大问题、做出重大决策时，宜采用双向沟通。而在工作要求快速完成和维护组织正常的秩序时，或者执行例行公务时，宜采用单向沟通。

1.3.5 浅层沟通和深层沟通

根据沟通时信息涉及人的情感、态度、价值观领域程度的深浅，可以把沟通分为浅层沟通和深层沟通。

1．浅层沟通

浅层沟通是指在管理工作中必要的行为信息的传递和交换。如管理者将工作安排传达给部属，部属将工作建议告诉主管等。企业的上情下达和下情上达都属于浅层沟通。

浅层沟通的特点是：（1）浅层沟通是企业内部传递工作的重要内容，如果缺乏浅层沟通，管理工作势必遇到很大的障碍。（2）浅层沟通的内容一般仅限于管理工作表面上的必要部分和基本部分。如果仅靠浅层沟通，管理者无法深知部属的情感态度等。（3）浅层沟通一般比较容易进行，因为它本身已成为员工工作的一部分内容。

2．深层沟通

深层沟通是指管理人员和部属为了有更深的相互了解，在个人情感、态度、价值观等方面较深入地相互交流。深层沟通的作用主要是使管理者对下属有更多认识和了解，便于依据适应性原则满足他们的需要，激发员工的积极性。

深层沟通的特点是：（1）深层沟通不属于企业管理工作的必要内容，但它有助于管理者更加有效地管理好本部门或本企业的员工。（2）深层沟通一般不在企业员工的工作时间内进行，通常在两人之间进行。（3）深层沟通与浅层沟通相比，更难于进行，这是因为深层沟通必然要占用沟通者和接收者双方的大量时间，也要求相互投入大量情感，深层沟通的效果严重地影响着沟通过程本身。

1.3.6　自我沟通、人际沟通和群体沟通

根据沟通主体数目的不同，可以将沟通分为自我沟通、人际沟通和群体沟通等不同类型。沟通不仅可以在个人与他人之间发生，也可以在个人自身内部发生。这种在个人自身内部发生的沟通过程就是自我沟通。自言自语是最明显的、自觉的个人内部沟通过程。一个人在做事时常常会自己对自己不断地发出命令，自己再接受或拒绝命令。广义的人际沟通包括一切人与人之间的各种形式的信息和情感相互传递的过程。这是一种与人们的日常生活最为密切的沟通形式，每个人与家人、朋友、上级、下属和同事之间关系的建立和持续，都必须通过这种沟通来实现。当组织中两个或两个以上相互作用、相互依赖的个体，为了达到其各自目的而组成集合体，并在此集合体中进行交流，这就是群体沟通。

1.3.7　其他沟通形式

组织沟通就是涉及组织特质的各种类型的沟通，它不同于人际沟通，但包括组织内的人际沟通，是以人际沟通为基础的。一般来说，组织沟通又分为组织内部沟通和组织外部沟通。其中，组织内部沟通又可以细分为正式沟通和非正式沟通；组织外部沟通则可分为组织与顾客、股东、上下游企业、社区、新闻媒体等之间的沟通。

跨文化沟通是指发生在不同文化背景下的人们之间的信息和情感的相互传递过程。它是同文化沟通的变体。相对于同文化沟通而言，跨文化沟通要逾越更多的障碍。

1.4　管理与沟通

1.4.1　管理沟通的定义

沟通者为了某一目的，运用一定的策略和手段将某一信息（或意思）传递给客体或对象，以期得到客体相应的反应和反馈的整个过程，称为管理沟通。可以看出，管理沟通不同于一般意义上的沟通，管理沟通解决的是现实管理活动中发生的人与人之间、人与组织之间、组织与组织之间的沟通问题。换言之，管理沟通是围绕企业经营目标而进行的心理、知识传递和理解的过程，是实现管理目标的媒介，也是企业有效运作的润滑剂。

由此可见，管理沟通可以宽泛地概括为组织环境下的个体沟通、人际沟通和组织沟通三个方面的内容。个体沟通强调自知之明，培养自我沟通、战胜自我的能力；人际沟通强调掌握人与人之间沟通的技巧，其中包括倾听技巧、非语言沟通技巧、冲突处理技巧、口头沟通技巧、书面沟通技巧、压力沟通技巧等；组织沟通则是自我沟通能力和人际沟通技能在组织特定沟通形式中的综合体现，这些特定沟通形式包括纵向沟通、横向沟通、群体和团队沟通、会议沟通、面谈以及

危机沟通等。

1.4.2　管理沟通的特征

1．管理沟通是为了达成预定的管理目标

管理沟通不同于人们平常的"聊天"，最关键的在于管理沟通是以管理目标为导向的，也就是沟通者希望通过沟通解决管理工作中的现实问题，如为了推进公司改革，组织一个会议传达改革精神；为了激励下属，安排一个面谈；为了建立公司的良好形象，召开一次新闻发布会。但是，我们走路时遇到一个熟人问声好，或者因为好长时间没有碰到了，见面交流一下工作近况，不能算作管理沟通，最多只能称为人际沟通，因为这样的沟通的出发点不是为了解决管理问题。

2．管理沟通是沟通双方的相互行为

所谓沟通双方的相互行为，是指沟通者不但要把信息传递给对方，还需要了解对方的反应，确认信息传递出去之后的效果。如果信息传递出去没有达到预期的效果，就说明本次沟通失败了，需要设计另一次沟通。这与我们平时听演唱会、看电视不一样，因为这样的"沟通"是单向的，而不是双向的。

3．管理沟通需要有效的中介渠道

沟通首先要有"沟"，无"沟"不"通"，这个"沟"就是中介渠道。管理者为了达成信息的互通，必须建设好流程通道，还需要设计好信息传递的载体，例如，是口头沟通还是书面沟通，是正式沟通还是非正式沟通，等等。

4．管理沟通需要设计有效的策略

管理沟通是一个复杂的过程，原因在于：（1）沟通内容的复杂性。包括信息沟通和情感、思想、观点和态度交流，内在地表现为人际关系。（2）沟通心理的复杂性。信息发出者和接收者之间要考虑对方的动机和目的，需要考虑如何改变对方的行为。（3）沟通信息的复杂性。由于语言文字含义的复杂性、沟通心理的复杂性，导致对沟通信息理解的复杂性，会出现信息失真，尤其是沟通双方在见解和爱好、背景与经历、政治与意识等方面的差异，更加剧了信息理解的复杂性。正因为如此，需要沟通双方（尤其是沟通者）制定沟通的策略，以达到有效的结果。

1.4.3　管理与沟通的关系

如前所述，管理与沟通密切相关。良好的沟通会促进有效的管理。成功的管理必定要依赖有序的沟通。

1．管理职能与沟通

（1）计划。为了完成计划，实现预设目标，必须依靠有效的管理沟通活动，尤其是与下属沟通。因此，就计划职能而言，其中所发生的管理沟通基本上包括制定计划之前向下属搜集信息、意见和想法，以及计划制定之后向员工传达和布置任务。

（2）组织。组织是一个系统，组织中任何一个部分的变化都会对整个系统产生连带的影响。组织成员之间的协调互动过程本质上就是沟通过程。显然，管理沟通又一次为人员与工作的协调一致提供了帮助。事实上，组织中的成员之间不可能不进行沟通，即使是沉默，也会传达出一种态度。

（3）领导。越来越多的研究和实践表明，建立在职位基础上的权威对追随者的行为所施加的影响极为有限，因敬畏而带来的服从是被动的，现代人更愿意追随那些能够满足大家需要、实现共同愿景的领导者。因此，管理者必须借助管理沟通来展示自身的人格魅力、知识才华和远见卓识，淡化地位与权威的作用，唯有如此，才能赢得追随与支持。许多事实表明，卓越的领导者同时必定是出色的管理沟通者。

（4）控制。从实质上讲，控制就是不断获得反馈，并根据反馈制定对策，确保计划得以实现的过程。毫无疑问，这个过程也有赖于管理沟通的正常开展。没有有效沟通提供的准确信息，就无法进行有效的监控和及时的纠错，从而导致不能如期实现预定的目标。

☞ 说明

管理职能与管理沟通有着密不可分的关系。计划提出了管理者追求的目标；组织提供了完成这些目标的机构设置、人员配备与各自的责任；领导提供了激励员工的氛围，包括员工的自我激励与互动激励；控制对实现目标的进程进行精心评估与校正干预。显然，上述四项职能的执行都与管理沟通密切相关。而且，由于计划、组织、领导和控制等职能是相互关联的，因此四项职能的相互衔接和相互协调也离不开管理沟通。正如著名管理大师彼得·德鲁克所指出的：沟通是管理的一项基本职能。他强调了沟通在所有管理职能中的中心位置。

2．管理者的角色与管理沟通

当代管理学著名大师亨利·明茨伯格从管理者扮演的角色入手，考察了各项管理工作。他认为，管理者扮演了 10 种类型的管理角色，管理者在扮演不同管理角色时，应该意识到每种角色对如何进行管理沟通都提出了相应的要求。

（1）挂名领袖。作为挂名领袖的管理者，常常需要出席许多法律性和社交性的活动或仪式。在扮演挂名领袖的角色时，管理者成为观众瞩目的焦点，其举手投足、一言一行都代表着企业的形象，因此，这种角色对管理者的口头沟通能力和非语言沟通能力都有很高的要求。通常，挂名领袖要通过微笑、颔首致意等肢体语言，以及铿锵有力的声音、言简意赅的表达来显示企业的自信和能力。

（2）领导者。作为领导者，管理者主要负责率领和激励下属，为实现组织目标而工作。管理者要负责组织的人员配备、培训等，并统筹和协调所有下属参与的活动。这个角色要求管理者擅长面谈等口头和非语言沟通形式。当然，领导者可以通过发布倡导书等书面指令等来影响和改变员工的行为，但仅有书面沟通的形式是不够的，优秀的领导者一定要通过口头和肢体语言来激励和鼓舞员工，因为面对面的口头沟通加上相应的肢体语言能够更快、更直接有效地传达管理者的意图。

（3）联络员。通常，联络员通过召开跨部门的会议来分配和协调各部门的工作，通过与外部联络人洽谈等方式来协调企业与外部环境的沟通活动。显然，作为联络员的管理者必须具备优良的口头沟通和非语言沟通能力，尤其善于主持会议、与人面谈等。

（4）监听者。监听者充当了组织的内部、外部信息的神经中枢。这就要求管理者具备良好的书面沟通和口头沟通的技巧，特别是理解和倾听的能力。

（5）传播者。将与员工工作相关或有助于员工更好工作的信息传递给有关人员，就是管理者作为传播者的职责。有些是有关事实的信息，有些则涉及对组织有影响的各种人的不同观点的解释和整合。管理者几乎可以采用所有的沟通形式传播信息，如通过面谈、电话交谈、作报告、书面报告、备忘录、书面通知等形式将相关的信息传播给有关人员。正因为如此，管理者必须懂得如何通过多种途径完成沟通，或针对信息的内容选择恰当的沟通方式。

（6）发言人。发言人要通过董事会、新闻发布会等形式向外界发布有关组织的计划、政策、行动、结果等信息。这要求发言人掌握和运用正式沟通的技巧，包括书面沟通和口头沟通等。

（7）企业家。企业家要充当企业变革的发起者和设计者。这在一定程度上要求企业家具有良好的人际沟通能力，善于通过与他人沟通来获取信息、帮助决策，同时能与他人就新思想、新发展等观点进行交流。

（8）危机驾驭者。当组织面临重大危机时，这样的管理者负责开展危机公关，采取补救措施，并相应建立预警系统，防患于未然，消除出现混乱的可能性。主要措施包括召开处理危机的协调会议以及定期检查会议。因此，这样的管理者要具备娴熟的会议沟通技巧。

（9）资源配置者。管理者作为资源配置者，负责分配组织的各种资源，如人力、财力、信息和物质资源等，即这样的管理者要负责组织决策和组织实施，例如编制预算、安排岗位等。在实施资源分配时，通常需要使用书面沟通形式，如批示、指令、授权书、委任状等。

（10）谈判者。在重要的谈判中，管理者常作为组织的代表参与谈判，例如代表资方与劳方进行合同谈判，或为采购设备、购买专利、引进生产线等与供应商治谈。这都要求这样的管理者掌握谈判的沟通技巧。

上述十种管理者角色可以分为三大类，即人际关系角色（包括挂名领袖、领导者、联络员）、信息传播者（包括监听者、传播者、发言人）和决策制定角色（包括企业家、危机驾驭者、资源配置者和谈判者）。这些角色各有特点，但又密切关联。由此可见，管理者无论履行什么管理职能或扮演什么管理者角色，都离不开管理沟通。

1.4.4 管理沟通的内容

根据沟通的总体模型，管理沟通的内容是由沟通者发出的，以组织的运转和促进员工关系融洽为目的。根据组织运转的需要，管理沟通的内容总体上包括信息、知识和情感三个方面。

1. 信息沟通

一是任务信息的沟通。主要是指在组织的运转过程中各种工作任务协调中的职能型沟通。无论任何组织都有其自身的任务，只有能完成自身的任务才有存在价值，因此，任务沟通对于任何组织来讲都是最重要的内容。二是数据信息的传递。在组织信息传递中除任务信息传递外，也包括大量的数据化信息，主要包括：市场数据信息（如市场占有率、市场营销费用、顾客的信息等）；财务数据信息（如财务状况、成本费用等）；专业技术信息（如技术标准等专业知识）。

2. 知识沟通

作为组织知识的内涵，德鲁克认为知识是一种能够改变某些人或某些事物的信息，这包括使信息成为行动基础的方式，以及通过信息的使用使某个个体有能力改变或进行更为有效行为的方式。知识沟通的特点包括：沟通的频率较高，企业日常的常规沟通多围绕知识创新进行；沟通的层次多，正式沟通与非正式沟通并存。知识沟通的原则是要求层次简单，结构扁平，渠道畅通，以实现知识共享。

3. 情感沟通

情感是员工全面发展的需求，情感沟通可以具有动力支持和情绪调节的作用，能提高组织的凝聚力，并且可以使管理者了解员工对组织政策的好恶程度，培养员工对组织的热情和忠诚感。

> **小资料**

玫琳·凯的故事

　　玫琳·凯公司从 5000 美元和 9 个人起家，到 20 年后成为年销售额超过 3 亿美元、拥有五千多名员工的世界知名公司，其成功的秘诀就是精通人际关系原理，懂得情感的沟通。当玫琳·凯还没有创办自己的企业时，为了能同她所在公司的副总裁握手，玫琳·凯排队等了足足 3 个小时。当她终于见到副总裁的时候，虽然副总裁同她握手打招呼了，但玫琳·凯注意到，副总裁的眼睛却注视着自己的身后——他在看他需要接见的队伍还有多长！直到今天，玫琳·凯提到这件事情依然很伤心。但这件事给她以深刻的启发，她暗下决心：如果有一天她也成为领导者了，她一定要把注意力全部集中在站在她面前同她握手的人身上！这一天终于来了，她也做到了。她总是努力使每一个人感受到自身的价值，用良好的沟通技巧让她的员工感受到这种情感上的交流，让员工能够心甘情愿地为整个企业付出努力。

1.5　管理沟通的作用

1.5.1　影响管理沟通的主要因素

　　管理沟通是否能有效进行，受多方面的影响。在组织进行管理沟通的过程中，常常会因为各种因素的影响和干扰，使信息丢失或曲解，从而产生管理沟通障碍。

1．组织内部环境

　　（1）组织结构。组织结构是指一个正式的、有目的构化而成的职位结构或职务结构。根据不同的工作需要，进行精心的设计与描述，确定一系列的职务（职位），然后根据这些职务（职位）的要求确定担任职务的人员，建立起人与工作、工作与工作（即人与人）的相互关系，这就是组织结构的实质。人们在完成工作的过程中需要根据工作关系相互配合并进行协调，这自然离不开管理沟通这个"润滑剂"和"黏合剂"。这是因为每个员工的个性、价值观、生活经历等方面的差异，个体之间在工作中难免会有磕磕碰碰，产生矛盾冲突；要将组织中的个体聚集在一起，将个体与组织黏合在一起，就增加了管理沟通的难度。但同时组织结构本身就为管理沟通设定了一些必须遵守的规范和工作程序。因此，不同的组织结构会对管理沟通造成不同的影响。特别是处于变革型时期的组织，更应该考虑到这个问题。

　　（2）组织文化。可以说，有什么样的组织文化，就会产生什么样的管理沟通方式；组织文化是否良好，直接影响管理沟通的效果。组织文化是一个组织内共有的价值观、信仰和习惯体系，该体系与正式的组织结构相互作用，形成行为规范。显然，一方面，组织文化的建设与推广离不开管理沟通与全员培训，管理沟通是传播、倡导组织文化的重要工具；另一方面，管理沟通的开展也与开明、积极、向上的组织文化息息相关。在当前全球经济一体化和知识经济时代，组织开展管理沟通会越来越多地遇到许多新的问题和挑战，建设优秀的组织文化是提高管理沟通效果的前提和基础；要在不断强化实践证明有效的沟通方式的基础上，不断创造符合时代特点的新的管理沟通方式。

2．组织的外部环境

组织的外部环境对一个组织的管理沟通也有重要影响。组织作为一个与外界保持着密切联系的开放系统，需要不断与外部环境进行资源和信息的交换。组织的外部环境通常包括两个层面。第一，具体环境，由顾客、竞争者、供应商、投资与融资机构、行业协会和政府部门等相关组织构成；第二，一般环境，由经济、技术、政治、社会、法律、文化和自然资源等要素构成。外部环境最大的特点是具有不确定性，这种不确定性包括两个方面，即环境的复杂性与环境的多变性。外部环境的各种因素的复杂性及其发展变化，不可避免地带来组织结构的复杂性与组织变革；特别是外部环境的不确定性变化，给组织带来更复杂的协调工作，从而影响组织内部的管理沟通形式和效果。

3．管理者的类型及其管理模式

👉 **说明**

在管理中，管理者必须借助于员工才能完成各种工作，这就是说管理者必须依靠企业的员工才能完成任务。对于如何管理员工完成组织的任务（即进行领导工作），每个领导都有自己的领导模式。当管理人员与员工进行沟通交流时，领导模式对这种沟通交流具有很大的影响。

（1）管理者的类型。管理者分为四种类型：①双盲型。这种类型的特点是既不暴露也不反馈，占据双盲的位置，自我充满焦虑与敌意。这种类型的管理者往往采取专横独断式的管理方式，在他所领导的群体、团队或组织中，人际交往效率低，缺乏有效的管理沟通，下属缺乏创造性。②被动型。这种类型的特点是仅仅依靠反馈，缺乏自我暴露，是一种"面具式"的沟通。开始，下属与上司互相比较满意，但长此以往，如果上司不愿打开心扉与下属坦诚交流，下属就可能对其产生信任危机。③强制型。这种类型的特点是一味以自我暴露取代反馈，认为自我至高无上，他人一无是处。在与员工的沟通中，常常自己滔滔不绝，言过其实，以此巩固自己的地位与威信。由于这种类型的管理者采取的是强制灌输式的管理方式，因此下属会对其充满戒心，时时感到忐忑不安，甚至怨愤。④平衡性。这种类型的特点是合理使用暴露与反馈，达到最佳沟通状态。这种类型的管理者会自由而适度地暴露自己的情感，及时收集他人的反馈，注重自我与他人的互动，采取平衡有效的管理方式。下属会感到心情舒畅，与上司坦诚交流，其管理效率最高。

（2）管理模式。管理者的类型以及管理者的管理模式都会对管理沟通产生影响。根据任务的性质、员工完成任务所需要的知识能力，以及管理者对任务性质、员工所掌握的知识和能力的判断，管理者常采用的管理模式有以下 4 种：①命令式。这种领导方式的特点是管理者对员工以命令和强制为主，员工只能服从而不能表达自己的想法和意见。但如果你必须按时完成一项极其复杂的工作，而下属经验不足，缺乏主动性，由于时间紧迫，此时最适合的方式就是采取命令型的管理模式。②指导式。若下属比较主动且具有工作热情与较丰富的经验，你可以选择指导型的管理模式。你可以花时间与下属进行沟通，以友好的方式向他们详细说明工作性质，并激励员工努力工作。指导式管理最大的作用是帮助下属热爱他的工作。③支持式。若下属具有丰富的工作经验，而你与下属的关系又较为密切，此时，最适合的管理方式是支持型的管理模式。作为上司，你需要经常对下属良好的工作表现表示赞赏，明确他的绩效，与他一起讨论问题，倾听他的心声，共同进行头脑风暴，寻求改进方案。应该指出，倾力支持的行为对于增进彼此的信任与信心、保持旺盛的工作热情极为有益。④授权式。如果你与下属的关系非常密切，而且他们能够独立、有效地工作，此时，你就可以放心大胆地让员工自己去做。也就是说，你可以选择授权型的管理模式。对于具有一定成熟度的员工，你应该让他们承担重任，培训其他员工，共同讨论公司愿景，让其参与上层决策，与其他同事共享成功。

👉**建议**

一个高级主管不要常常坐在办公室里，应该坐在外面，这样你的员工能够接近你，就容易与你沟通，你若回到你的房间，就很少有人愿意敲门。英特尔的总裁就有这么个习惯：他在公司里有两张桌子，一张桌子摆在总经理的办公室中，漂亮的，华贵的；另外一张桌子摆在外面，跟员工坐在一起。这就是一种非常和善的，易于亲近的沟通暗示。

1.5.2　管理沟通的作用

管理是人类各种活动中最重要的活动之一，管理沟通是管理活动中不可缺少的组成部分，也是管理者最重要的职责之一。在一个组织中，要使每一个组织成员在共同的目标下方向一致地工作，就绝对离不开有效沟通。组织的成员要表达要求、交流感情、提出意见，组织的领导要了解民情、发布命令等，这些都离不开沟通。可以说，良好的沟通是组织效率的保证。管理沟通在经济全球化的今天发挥着日益关键的作用，从某种意义上说，管理沟通不仅是科学，更重要的是一门艺术。

如果我们把组织比喻成一个完整的有机体，那么管理沟通就是保持其良性循环的生命血液。构成该有机体的要素包括个体、角色、工作群体、组织和外部环境。换言之，处于组织这个系统中的个体，会扮演一个个特定的角色，然后，由这些扮演相同或不同角色的个体按工作需要组成一个个工作群体，多个工作群体就形成了组织。由于组织不仅需要集聚内部力量，而且需要获得外部力量，实现组织目标，因此组织必须与外部环境建立起一种互动、协调的关系。如图 1-5 所示，这些要素是紧密相连的，而连接各要素的正是管理沟通这个组织有机体的生命血液。试想，在这种生命血液循环的过程中，一旦发生障碍，或堵塞、或缺损、会导致什么样的后果？可见沟通在组织管理中具有很重要的地位。

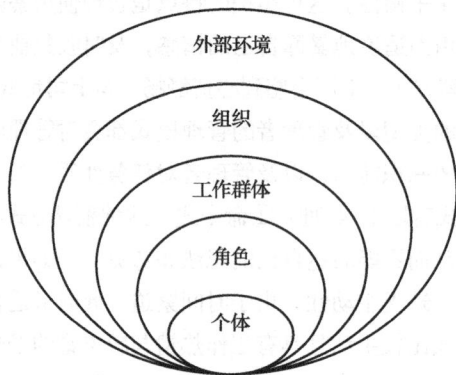

图1-5　沟通是组织生命有机体的血液

1.5.3　管理沟通对个人的作用

从个人角度看，有效沟通的能力往往是决定某一个人在职场上能否提升自我的一个关键性格特征。普林斯顿大学对 10000 份人事档案进行分析发现：智慧、专业技术、经验三者只占一个人成功因素的 25%，其余 75%取决于良好的人际沟通。哈佛大学的一次调查结果显示，在 500 名被解雇的员工中，因人际沟通不良而导致工作不称职的占 82%。可见，不管是国内还是国外，沟通能力在一定程度上决定了一个人的职业生涯的发展。沟通能力是一个内涵非常丰富的概念，它包括一系列广泛的活动技能：从写到说，再到肢体语言。尽管每项活动的能力都很重要，但对大多数管理者来说，面对面、一对一的沟通在成功的管理中起着决定性的作用。有研究在总结了一系列调查结果后认为，管理者的第一大问题可以被归纳为一个词语——沟通。一个管理者在清醒的时候，至少80%的时间在进行语言沟通。

1.5.4 管理沟通对组织的作用

1．联系与协调

组织要获得生存发展的机会，需要不断协调与外部环境的关系以及内部各部门之间的关系，只有达到内部各要素之间良好的协调以及与外部环境的良好适应，才能顺利实现组织的目标。沟通不仅能将组织内部、组织与外部环境都紧密地联系起来，还可以协调组织内外部的关系，融合成有机的整体。

2．凝聚

在人际情感上，沟通是技术性的，但比技术更有意思的是因此而建立起来的相互了解、相互尊重、使人能彼此坦率地讨论个人情感和个人问题的信心与信任。组织中员工间的交流有助于满足员工的心理需要，改善人际关系，使员工产生强烈的归属感。所以，管理沟通可以将组织中的个体聚集在一起，将个体与组织黏合在一起，使组织中的员工在其组织的发展蓝图中实现自己的理想，或是在构建自身的人生道路时促进组织的发展，同时与其他个体紧密协调合作，在实现公司愿景的努力和工作中，追求个人的理想和人生价值。

3．激励

👉 小资料

研究表明，一些规模中等、制度健全的组织，其员工平均只将15%的潜力施展在工作之中。主要原因是员工不清楚组织发展的目标，也不明白组织的发展目标与个体之间的关系。良好的管理沟通可以通过上司与下属、员工与员工的沟通和交流，增进员工对组织目标及愿景的了解和理解，从而激发员工内在的潜力和潜能，使大家团结一心，众志成城，实现组织的目标。

组织的领导运用领导艺术、采取措施调动员工积极性的基本前提是领导者必须了解员工的需求，才能采取有针对性的激励措施，而这就需要沟通来实现。在组织管理中，领导为员工设置具有心理挑战性的工作目标，对员工的工作绩效及时进行评估和反馈；工作过程中员工碰到困难、挫折时，领导的鼓励，哪怕只是一句问候，都能对员工产生极大的激励作用。这些都是通过沟通来实现的。

4．控制

任何组织的管理者对员工的行为表现都有一定的要求和期望，希望员工表现出理想的工作行为。因此，组织会制定一系列的规章制度、规则、程序、岗位责任、工作说明书等，对员工的工作行为加以规范。但这些东西只有被员工理解后才能对其行为产生约束作用。因此，有效沟通的前提是信息的传递和理解，组织中的信息沟通为控制行为提供了基本前提和改善控制行为的途径，同时沟通信息的及时性与可靠性成为影响控制效果的重要因素。

5. 创新

创新是组织的活力表现，沟通是组织创新的重要来源。有效的沟通机制能使组织中的上下层次实现有效沟通，使管理者迅速发现问题所在并获得大量的宝贵建议。员工的参与是组织创新的巨大动力，在这方面，知名企业松下的意见箱制度是一个很成功的做法。管理人员和专家间的良好沟通是创新的另一个源泉，在沟通过程中，沟通者相互启发、相互讨论、共同思考，往往能迸发出新的创意。著名的调查方法"德尔菲法"就是非常有效的沟通方法。

6. 支持

在管理的过程中，管理者实施新的计划、布置新的任务、甚至实施新的变革，这些管理活动的过程中必然会遇到各种阻力和障碍。管理沟通的目的就在于消除这些障碍，实现管理者的目标。管理沟通对管理者工作的支持作用，可以克服这些障碍，甚至把不利因素转化为有利因素。

1.6 管理沟通的环境与策略

1.6.1 外部沟通环境与沟通策略

组织的外部沟通环境因素包括了全部与企业沟通活动相关的、处于组织外部的利益相关者和社会、政治、经济、文化等因素。企业实际沟通行为是发生在与外部组织和个体之间的，而一般来说，一家企业的利益相关者包括竞争对手、终端顾客、中间商、供应商、政府、社会团体等，所以组织外部沟通往往发生在与竞争者之间、与供应商之间、与顾客之间、与政府部门之间以及与社会团体之间。分析外部环境就是要剖析这些外部利益相关者的特点，以采取相应的沟通策略。

☞ **举例**

一个业务经理对厂长说："厂长，这个订单你给插个单吧！"插单，就是在生产计划中临时来了一个订单，要把它插进去。厂长不能接受："这样插来插去，乱七八糟的，这个工厂还能干什么？"业务经理也不高兴了："厂长你不想插，那我也无所谓，公司都不在乎，我也不在乎，反正你看着办。"说罢就走了。厂长心想：跟我来这套？我就不插！过了一会儿，另一个业务经理也要插单，但他去找厂长时完全不是刚才那位经理的态度，他是这样说的："厂长，我刚刚坐上这个职位，好不容易抢到了一个订单，看起来是个小订单，但对我来讲是拼了半条老命才拿到的。厂长，我知道您的工作很满，但是我已经查了一下，下个星期二、三、四，您分别各有两个小时的空档，我这张小单四个钟头就可以做完了。您看看，下星期二到星期四，我能不能用您其中的四个钟头？"厂长还在犹豫，业务经理又说了："厂长，我会叫我的兄弟来帮忙，您看是搬材料还是搬机器？还有，厂长，我手上有一点点预算，两万块钱，我打算拨五千给您的兄弟们，大家加加菜、喝点饮料，您看怎么样？"厂长一听，笑了笑说："好吧，你的兄弟不用过来了。"当然不用过去，去了也是白去，他们又不懂工厂的生产，但是那5000元别忘记了。

1. 客户因素分析与沟通策略

这里的客户包括终端顾客和中间商，是企业最重要的外部环境因素。这里的沟通要点是首先把握客户的需求特点和心理特点，了解客户的利益和兴趣所在，从客户处反馈对本企业产品的意见和建议，并与客户建立良好的关系。具体对客户因素的分析，可以围绕三个基本问题来展开，即分析"他们是谁"、"他们了解什么"、"他们感觉如何"。

（1）充分认识客户价值。充分认识客户的价值是实现与客户建设性沟通的第一步。为了全方位了解客户的需求，要特别注意关注以下几个问题：在与客户面对面交流过程中应该采用什么样的态度？做出什么样的反应？怎样安排步骤循序渐进地找出客户真正的需求和顾虑，而最大程度使客户满意？

（2）营造良好的沟通氛围。在整个沟通过程中，营造以下一些良好的沟通氛围可以达到事半功倍的沟通效果：①要把客户当作家里人；②要学会捕捉客户的视线；③要给双方及时的响应。

2．政府因素分析与沟通策略

与政府建立良好的关系是管理沟通的重要任务，无论是公共关系管理、企业形象培育、品牌建设还是利益相关者管理，都要把政府放在重要的地位，因为政府的支持是企业赖以生存与发展的不可缺少的条件。在我国现有的体制下，政府不但是制度的制定者、监督者，还是资源配置的主导者，因此企业应做好以下几个方面的工作：①正确认识政府的地位与功能；②认真准备沟通的信息；③沟通过程论点简明、措辞谨慎、态度谦虚；④充分了解沟通对象的背景和信息需求；⑤适当的后续跟踪。

3．社会团体因素分析与沟通策略

社会团体往往是利益相关者的代表，比如，消费者协会是顾客的代表，行业协会是行业同行利益的代表，慈善机构是承担社会公众（尤其是弱势群体）公益事业的代表等。因此，处理好与社会团体的关系是外部管理沟通的重要内容，因为它有利于为企业创造良好的生存和发展环境。要处理好与社会团体的沟通，应注意做好以下一些工作：通过积极主动地向新闻媒体、大众传媒提供企业的信息，不断把企业的情况以及企业对社会的贡献等事实通过报道、杂志、通讯等形式传递给这些组织；通过开放企业让社会团体与组织来参观，了解企业内部的整洁、有序、人本化的工作环境，了解企业对员工的关爱，了解企业承担的社会责任等，提高企业的美誉度，给外部公众创造负责人的良好形象；通过座谈会和新闻发布会的形式让这些组织了解企业，通过参与或赞助社会文化、体育、教育、公共福利事业等方式树立良好的形象；通过做慈善、积极响应公益活动等形式树立企业良好的责任感的形象等方式，与政府和社会团体建立良好的沟通关系。

1.6.2　内部沟通环境与沟通策略

1．内部沟通环境的分析

对组织内部的沟通环境可以从内部组织结构、组织文化和内部技术环境三个方面来考察。企业内部组织结构反映了组织成员的权力关系、信息沟通渠道和业务流程等，它在本质上反映的是组织内部人与人之间的关系和联接方式。为了更好地解决好权力关系，保证信息沟通的顺畅和业务流程的优化，就需要采取有效的沟通技能。如根据组织结构的形成条件、过程和作用机理的不同，把它分为正式组织和非正式组织两类，为此，需要针对这两种不同的组织选择相应的策略。组织文化是组织内部全体员工共同遵守的行为规范、思维方式、意识形态、风俗习惯等，组织文化的本质是组织内部的价值观。由于每个组织及其子组织都有其自身的文化或子文化，也需要结合不同组织内部文化环境的特点选择相应的策略。技术环境在影响外部沟通环境的同时，也深刻地影响着组织内部的沟通。它一方面使组织内部的信息交换在空间上得到不断扩展，组织虚拟化生存成为可能，另一方面，由于组织管理从刚性的制度、规则管理走向个性化、柔性化管理，使组织内部成员日益从"社会人"走向"文化人"，也促使组织内部的沟通模式发生渐变。事实上，企业内部互联网、局域网的普遍采用，正从根本上改变着人的沟通模式。

举例

王先生是个成功的行销主管，带着自信和接受挑战的心情来到一家公司任职。所谓"新官上任三把火"，他决定在新公司的第一个星期就表现出自己的影响力。当他与下属会面时，感觉到他们个个都彬彬有礼、举止优雅、态度积极，就推断下属们还有很大的发展空间，他们必须挖掘出自己的潜力。于是，他给自己和部属设立了高标准，训练他们，鼓励他们，批评他们。在第一个季度结束后，王先生难以置信地发现，他的手下和同事们都讨厌他。他很困惑，唯一的结论是：这些人显然觉得我的能力和积极对他们造成了威胁。其实这就是典型的投射效应，王先生主观地将自己的能力和想法投射到他的下属身上去，下属们当然会感到压力剧增，从而导致关系恶化、沟通不畅了。

2. 内部沟通环境的沟通障碍分析

一般来讲，内部沟通环境中的障碍包括主观障碍、客观障碍和沟通方式障碍三个方面。

（1）主观障碍：①个人的性格、气质、态度、情绪、见解等的差别，使信息在沟通过程中受到个人的主观心理因素的制约；②信息沟通中，如双方在经验水平和知识结构上差距过大，就会产生沟通的障碍；③信息往往是依据组织系统分层次逐级传递的，而在按层次传达同一条信息时，往往会受到个人的记忆、思维能力、价值观等的影响，从而降低信息沟通的效率；④对信息的态度不同，使有些员工和主管人员忽视自己认为是不重要的信息，不关心组织目标、管理决策等信息，而只重视和关心与他们的物质利益有关的信息，使沟通发生障碍；⑤主管人员和下级之间相互不信任，这主要是由于主管人员考虑不周，伤害了员工的自尊心，或决策错误所造成，而相互不信则会影响沟通的顺利进行；⑥下级人员的畏惧感也会造成障碍，这主要由主管人员管理严格、咄咄逼人和下级人员本身的素质所决定。

（2）客观障碍：①信息的发送者和接收者如果在空间上距离太远、接触机会少，就会造成沟通障碍。因社会文化背景不同、种族不同而形成的社会距离也会影响信息沟通。②组织机构过于庞大，中间层次太多，信息从最高决策层到下级基层单位，由于层次太多而导致信息被不断改造和误读，产生失真，而且还会浪费时间，影响其及时性。这是由于组织机构所造成的障碍。

（3）沟通联络方式的障碍：①沟通的方式选择不当以及原则、方法使用不灵活所造成的障碍。②语言系统所造成的障碍。

3. 基于内部环境的沟通策略

（1）内部环境的沟通原则：①准确性原则。当沟通者所用的语言和传递方式能被接收者理解时，这个沟通才有价值。②完整性原则。根据统一指挥原则，上级主管不能越级直接发布命令，进行管理和任务的沟通，这样会使中间的管理者处于尴尬境地。③及时性原则。在沟通过程中，无论是主管人员同下级沟通，还是下级同上级之间沟通，都要注意沟通信息的及时性，这样可以及时发现问题并改善问题。④非正式沟通策略性运用原则。主管人员应当使用非正式沟通来对正式沟通进行补充，辅助正式组织进行协调工作，而对于一些涉及员工切身利益的信息，在不违背组织原则的前提下，尽可能通过正式渠道传递给员工，以防止小道消息蔓延，给组织带来不利的影响。

（2）内部环境的沟通策略。①组织沟通渠道优化。在管理沟通中，要想实现有效沟通，首先必须进行组织沟通的优化，使组织内的沟通渠道畅通。一方面，组织成员必须具备沟通概念的操作性知识，在此理论背景下，他们应有能力把这些沟通知识运用到实践中去；另一方面，营造良好的组织氛围。营造一个支持型的、值得信赖的和诚实的组织氛围，是改善管理沟通方案的前提条件。主管人员不应压制下属的感觉，而应有耐心地处理下级的感觉和情绪。②检查和疏通沟通网络。组织要经常检查沟通的网络是否畅通，发现问题要及时处理和疏通，以实现有效沟通。③在组织中应建立双向沟通机制。传统的组织主要依靠单向沟通，即在组织内从上到下传递信息和命令，下级无法表达自己的感觉、意见和建议。而以建议系统或申诉系统为形式的上行沟通渠道对下级表达想法和建议有很大的帮助，能增进管理沟通的效果。④应恰当选择沟通时机、方式和环境。组织进行管理沟通时，沟通的时机、方式和环境对沟通的效果会产生重大影响。如领导在宣布某项任务时，应考虑何时、采用什么方式才能增加积极作用，减少消极作用。管理者应根据要传递的信息性质，对沟通的时间、地点、条件等都充分加以考虑，使管理沟通的形式与沟通的时机、方式和环境相适应，以增加沟通的效果。

关键术语

沟通、沟通双方的参与性、沟通方式、沟通过程、语言沟通、非语言沟通、单项沟通、双向沟通、管理沟通、内外部沟通环境、沟通策略

本章习题

一、判断题

1. 沟通就是传递出信息，所以不需要接收的人对发送者信息的理解。（　　）
2. 管理沟通也就是沟通，和我们日常生活中的沟通是一样的。（　　）
3. 信息发送者和接收者在沟通结束后，并没有得出一致的结论，这样并不代表沟通失败了。（　　）
4. 如果信息发送者和接收者的知识与文化背景不同，可能影响沟通的效果。（　　）
5. 只要我不说话，别人就不会知道我对他们的看法。（　　）

二、选择题

1. 下列选项中，哪个不是沟通的特点（　　）。
   A. 沟通内容的多样性　　　　　　B. 沟通双方的参与性
   C. 沟通结果的不定性　　　　　　D. 沟通方向的单向性
2. 沟通的方式包括以下哪几项（　　）。
   A. 告知　　　　B. 推销　　　　C. 征询　　　　D. 参与
3. 下列选项中，哪些不是沟通过程中的噪声（　　）。
   A. 模棱两可的语言　　　　　　B. 不同的文化背景
   C. 交流环境　　　　　　　　　D. 接收者不同意发送者的观点
4. 组织中常有的小道消息和组织成员私下的交谈属于以下沟通类型的哪一个（　　）。
   A. 语言沟通　　B. 平行沟通　　C. 非正式沟通　　D. 群体沟通
5. 内部环境的沟通原则包括以下哪些（　　）。
   A. 准确性原则　　　　　　　　B. 完整性原则
   C. 及时性原则　　　　　　　　D. 正式系统策略性运用原则

三、思考题

1. 什么是沟通？沟通的特点是什么？
2. 沟通有哪些种类？为什么说非正式沟通是一种重要的沟通类型？
3. 管理与沟通有什么联系？管理沟通的含义是什么？
4. 管理者的类型及管理模式会对管理沟通产生什么样的影响？
5. 管理沟通有什么作用？

案例分析

小杨的困惑

小杨在一家小型家族企业上班，她的上级主要负责公司的研发工作，没有人力资源管理理念。小杨认为这有利于自己发挥能力，因此在到公司的第五天便走进上级的办公室。

"王经理，我有一些想法想和您谈谈，您有时间吗？"

"来来来，小杨，我本来早就应该和你谈谈了。"

"王经理，我认为公司主要的问题在于职责界定不清；雇员的自主权力太小，使员工觉得公司对他们缺乏信任；员工薪酬结构和水平的制定随意性较强，薪酬的公平性和激励性都较低。"

王经理微微皱了一下眉头说："你说的这些问题我们公司也确实存在，但是你必须承认一个事实——我们公司在赢利，这就说明我们公司目前实行的体制有它的合理性。"

"可是，眼前的发展并不等于将来也可以发展，许多家族企业都是败在管理上。"

"好了，那你有具体方案吗？"

"目前还没有，这些还只是我的一点想法而已，但是如果得到了您的支持，我想方案只是时间问题。"

"那你先回去做方案。把你的材料放这儿，我先看看然后给你答复。"说完，王经理的注意力又回到了研究报告上。

小杨似乎已经预测到了自己第一次提建议的结局。果然，她的建议书石沉大海。小杨陷入了困惑之中，她不知道自己是应该继续和上级沟通还是干脆放弃这份工作。

资料来源：馆档网

问题

1. 为什么小杨之前满腔热情地提出建议，而后又颇有挫败感？产生这一问题的原因是什么？
2. 请你给王经理提出一些改进上下级之间沟通的建议。

第 3 章 沟通语言

第 2 篇

管理沟通的技巧

第2章　非语言沟通

学习目标

1. 了解非语言沟通的概念、特点和作用
2. 了解非语言沟通与语言沟通的关系
3. 掌握常见的非语言沟通的各种形式及技巧
4. 理解并辨析常见的肢体语言

能力目标

1. 提高学生对非语言沟通在实际应用中的实践与分析能力
2. 注重学生对非语言沟通及其相关概念的认识能力

导入案例

研究普京肢体语言　预测其下一步行动？

据报道，美国国防部正支持一支研究团队对普京和其他国家领导人的肢体语言展开研究，以便更好地预测他们的行为和指导美国的外交政策。

"肢体线索"项目是利用动作模式分析原理来预测世界领导人未来如何行动。美国当局试图利用这一项目预测普京未来采取的行动。报道称，过去一周，普京下令俄罗斯军队进入邻国乌克兰，占领克里米亚半岛。随之而来的危机不但迫使美国和欧洲对俄罗斯进行制裁，大量的武器和飞机也被运往东欧诸国，大有冷战高峰时紧张局势再现之势。

文件显示，网络评估办公室一直支持"肢体线索"项目，美国海军战争学院研究员康纳斯任该项目主任。一直以来，网络评估办公室向那些和康纳斯共事的外部专家支付工资达30万美元。康纳斯曾向网络评估办公室递交过一份关于研究俄罗斯总统普京的动作、大脑和决策的文件。

资料来源：研究普京肢体语言，预测其下一步行动，现代快报2014年3月8日

2.1 非语言沟通概述

2.1.1 非语言沟通的概念

非语言沟通就是语言沟通和书面沟通以外的各种人际沟通方式，包括形体语言、副语言、时间安排、空间利用以及沟通环境等。大部分的非语言沟通都是通过身体语言来体现的。在一项关于交流的研究中，梅拉拜恩（Mehrabian）测算出在信息传递的过程中，观众一般将50%的注意力投向讲话者的说话方式，将42%的注意力投入讲话者的形象，只有8%的注意力投入讲话者的讲话内容。

☞ **小资料**

非语言沟通在日常生活与工作中十分常见。例如，演讲者和教师为强化自己的讲话内容的举手、用手比划、踱步等动作；当你在和一个人谈话时，如果他时不时地看表，并表现出很不自然的微笑，那么就说明对方已经不愿意再听你讲话了，你应该知趣地告辞了；还有，平时常见的眉头紧锁、餐厅座位、会客座位、鞠躬、敬酒、办公室的大小以及室内装饰等，凡此种种，这些非语言信息无处不表达着各种各样的信号：或紧张，或烦恼，或权势地位等。

人的动作更能真实地表达出一个人的"情感"和"欲望"。还有学者统计，在信息传递的效果中，非语言高达93%的百分比，远远超出了语言所提供的信息。其中在非语言中有55%是通过面部表情、手势和姿势来传递信息的，38%是通过声音传递，7%是词语。

非语言对沟通对象都有重要的作用。一方面，对于倾听者而言，非语言可以帮助倾听者明确讲话者在讲话时是否有诚意。就像人们所说的，"不仅要听他说什么，更重要的是看他怎么说"。一般情况下，一个人在说话时往往给自己戴上厚厚的面具，很多话都是言不由衷的，经过了大量的筛选和过滤，缺少真实感；然而他的肢体语言往往在潜意识下暴露出其真实的想法和意图，因此也常常不会被掩饰得那么毫无痕迹了。另一方面，讲话者也可以从非语言中获得关于倾听者的信息，例如可以通过观察倾听者所发出的非语言信息来判断他们是否理解所讲的内容。

2.1.2 非语言沟通的特点

非语言沟通与语言沟通相比，具有以下四个鲜明的特点，并且每个特点之间存在对立统一的辩证关系，如图2-1所示。

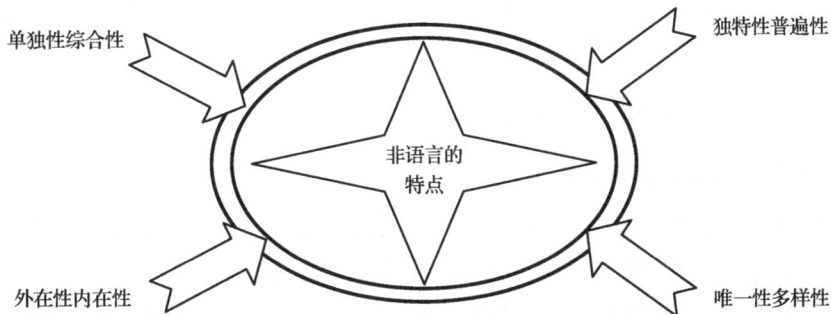

图2-1 非语言沟通的特点

1．单独性与综合性

（1）单独性。人们在沟通中能够通过非语言单独地表达相应的含义，比如通过表情、手势、动作等非语言的形式能向他人传递出我们的情感和态度，包括高兴、悲伤、愤怒、惊讶等。

（2）综合性。在交流中，单独地采用有声语言来表达，往往不能达到效果，也无法表达出全部的信息。但是如果采取多种形式的交流方式，辅以非语言的形式，就能达到非常有效的沟通效果。

2．独特性与普遍性

（1）独特性。非语言沟通往往受民族文化、生活习惯的影响而表现出独特性，因此不同的民族具有不同的非语言沟通方式。也就是说，人们在不同的环境下成长，从孩童时期就开始学习自己文化群体中的非语言，然后才形成独有的特性和风格。

☞ 小资料

各个国家不同的非语言信号：中国人用抓耳朵和脸颊来表示兴奋、愉悦；美国人每天拥有的谈话时间是日本人的两倍之多；北美人喜欢用谈话来打破沉默，而日本人则常常听任沉默的局面持续下去，后者认为如果两人必须要通过谈话来进行沟通，说明两人相互了解得还不够多；希腊人听到夸奖时会用嘴巴喷气；巴西人比美国人更喜欢插话，阿拉伯人更喜欢说话声音大一些，东亚人则喜欢沉默。用拇指和食指构成圆圈状来表示"OK"，以这个标志为例，美国人表示完美或"正中靶心"，在日本则象征金钱，对法国人来说代表"零"。在巴西、俄罗斯、新加坡和巴拉圭，这被视为一种粗鲁、亵渎的举动。当年，尼克松总统没有意识到这个手势在不同国家中具有不同的含义，在离开巴西时做了一个"OK"的手势，最后这一照片被报纸刊登，令他尴尬不已。

（2）普遍性。虽然非语言沟通具有独特性，但是随着社会文化的沉淀，人们不断传承下来一些共同的文化，通过交流、扩散和遗传等方式，许多的形体动作、面部表情、姿势姿态等非语言形式在全世界大多数人中具有相似性、普遍性和适应性。

3．外在性与内在性

（1）外在性。非语言沟通的外在性是指人们在进行非语言的沟通时，通过一种形象的、直观的形式将意思和态度表达出来。

（2）内在性。实质上，非语言沟通是人们内心活动的外在表现，它往往发自内心真实的感受。

4．唯一性与多样性

（1）唯一性。非语言沟通的唯一性是指同一的手势、动作在特定的时间、地点、情境下具有唯一的含义。

（2）多样性。非语言沟通的多样性是指由于受信息发送者、信息接受者及信息沟通渠道和沟通的物理环境的影响，同一种动作、姿势具有多种含义。

2.1.3 非语言沟通的作用

1．非语言沟通代替语言沟通的作用

在日常的工作、生活中我们常常会遇到"只可意会，不可言传"的情况，所以我们会有意识或无意识地使用这些非语言沟通，并以之代替有声语言。在这时，言辞过多则已无法表达其中的涵义。诚然，非语言沟通在舞台表演中表现得更为突出，演员往往会通过手势、表情、眼神等非语言沟通形式来表现舞台艺术。但是，在管理沟通中，非语言沟通的使用与舞台表演是不同的。如果像舞台表演那样过多地表现非语言形式，会让人们觉得有些矫揉造作，给人以虚假的感觉，从而影响沟通的效果。所以，在管理中我们要尽量使非语言生活化、自然化。

举例

美国某汽车公司总裁莫瑞，要求秘书给他呈递的文件放在各种不同颜色的文件夹里。红色的代表特急；绿色的代表要立即批阅；橘色的代表今天必须注意的文件；黄色的则表示必须在一周内批阅的文件；白色的表示周末时必须批阅；黑色的则表示必须由他签名的文件。

2．非语言沟通能够起到强化效果的作用

非语言沟通能够有力地强化语言信息的表达效果，使得表达更形象、更有力度。当经理在表达"我们一定要实现这一目标"时，有力地紧握拳头并挥动着；当主持人在节目结束时表达"我们的明天更美好"时提高语调，同时右手向前有力地伸展……在管理中，这些非语言的沟通形式极大地强化了管理者说话的分量，体现出管理者的决心与信心。

3．非语言沟通能够起到体现真相的作用

非语言沟通之所以重要，其原因是除了能够在特定的情况下代替有声语言、发挥信息载体的作用和强化有声语言的表达效果外，还有一个重要的原因就是非语言的行为在很大程度上是无意识的，是人们真实情感的自然流露；而且非语言沟通在交际过程中的可控性较小，因而能更真实地表达人的情感和态度。

2.1.4　非语言沟通与语言沟通的关系

语言沟通和非语言沟通是有紧密关联的，二者在交流中相辅相成，相互影响，相互依赖，在沟通交流中都起着非常重要的作用。但是研究表明，当语言沟通和非语言沟通所表达的信息相矛盾时，人们往往会依赖于非语言信息。概括而言，语言沟通和非语言沟通在以下四个方面存在关联性，如图 2-2 所示。

（1）重复。非语言信息和语言信息重复。例如，当你问同事某个文件在哪里时，他可能一边说一边用手指指着文件所在的方向。

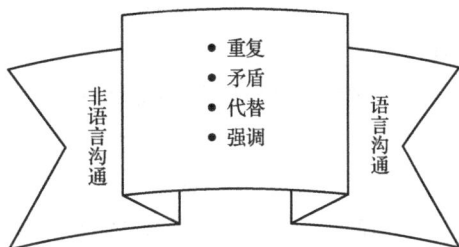
图 2-2　非语言沟通与语言沟通的关系

（2）矛盾。语言信息与非语言信息可能会发生矛盾，即非语言信息否认语言信息，其本身缺乏协调性。当语言沟通和非语言沟通发生矛盾时，人们常常接受的是非语言的信息所传递的含义，因为非语言的信息更会揭露事实的真相，也更让人信服。

（3）代替。非语言信息可以代替语言信息。当一个学生从考场中出来时，其表情沮丧，一脸憔悴，一句话都不说，这说明他肯定没考好。

（4）强调。非语言信息对语言信息起到加强和补充的作用。在公司的计划会议上，一位经理扬言要大干一场，却依旧垂着双眼，无精打采地蜷缩在椅子上，这时没人会相信你的豪言壮语，但是如果通过高亢的声音，挺直上身，始终与大家保持目光接触，或敲打桌子，这就强调了计划的紧迫性和艰巨性。无论何时何地，人们总是为强化一些重要的信息而表现出非语言的行为。

2.2　常见的非语言沟通形式

常见的非语言沟通形式如表 2-1 所示。

表2-1 常见的非语言沟通形式

常见的形式	包含的具体内容
身体动作	手势、头部动作、肩的动作、脚的动作
身体姿势	站姿、坐姿、走姿
面部表情	眉毛、鼻子、嘴、微笑等
眼神	眼睛注视对方的时间、部位和方式
副语言	语速、音调、音量、声音的补白与音质等
空间距离	空间位置、距离和朝向
时间暗示	与人约会、参加会议的到场时间等
服饰与仪态	服装、服饰、化妆及各种场合下的仪态

2.2.1 身体动作

1. 手势

手势是通过手和手指的动作来传情达意的，是人们交往时不可缺少的一种富有表现力的体态语言，也是身体动作中最明显、最重要的部分。手势分为三种：指示手势、抒情手势和摹状手势。

（1）指示手势，即指示出视觉可及范围内的事物和方向，有利于通过视觉器官来感受具体的事物。

（2）抒情手势，即讲话者用来表达自己的喜、怒、哀、乐的情感，使得表达更加形象、更有感情。

（3）摹状手势，即采用摹状的方式，比如用手势比划事物的大小、形状等，给对方一种形象可感的印象。例如我们想要表达爱心时，会用双手相接围成一个"心"的形状。

手势可以表达很多种含义，从冥思苦想（咬指头）到不耐烦（敲桌子、擦鼻子），从失望（绞手）到愤恨（紧握拳头），从无可奈何（双手在胸前摊开）到防备和敌视对方（双臂交叉于胸前，拇指翘起指向上方）……如何才能恰当地使用各种手势呢？表2-2明确了各种手势的含义。

表2-2 各种手势的含义

手势类型	含义
手指	食指伸出，其余的手指紧握，然后指点某个方向，这种手势表示镇压和威胁；十指指尖相触，撑起呈塔状，表示自信和耐心；十指交叉表示控制沮丧的心情，有时也表示敌对和紧张的情绪；双手合十表示满意；拇指和食指成一个圆圈状，表示"好"；分开食指和中指呈 V 字状，表示胜利；握拳表示愤怒或激动；用手捋发，表示对某事感到棘手，以此掩饰内心的不安与急躁
手掌	敞开手掌表示坦率、真诚和诚恳的态度；成人撒谎时，手掌往往放在口袋里，或双臂交叉，不露出手掌；掌心朝上表示谦逊、屈从和诚恳；掌心朝下则表示压制、强制和威胁
大拇指	大拇指显示的是一种积极的形体语言，表示当事者的"超人能力"。双手插在上衣或裤子口袋里，并伸出两根大拇指，显示的是"高傲"的态度；将双臂交叉于胸前，两个大拇指翘向上方，这个手势表示防卫和敌视的情绪（双臂交叉），也可表现出十足的优越感（大拇指翘起）
搓手	搓手一般表示此人跃跃欲试的心态，也表示对某一种结局的热切期待的心理
背手	背着手，一般显示出一个人自信满满、至高无上或狂妄自大的态度；人们在紧张、不安、焦急时也会背手，这样可以缓和紧张的情绪
亮出腕部	同是亮出腕部，男性和女性是截然不同的。男性亮出腕部，是一种力量的显示，表明积极向上的态度；由于女性的腕部比较光滑，如果露出腕部，则具有吸引异性的意图

手势类型	含义
双手搂头	双手交叉，十指合拢，搂在脑后，暗示出权威、高傲和优越感的心理，或者对事情抱有绝对的信心，并且也是一种暗示所有权的手势，表明当事者对某物的所有权；若是单手或双手抱头并俯视，这表示沉思和沮丧；若单手或双手支撑着头部，或双手握拳支撑在太阳穴的部位，并且双眼凝视着，这是一种思考的手势，在生活中常见
握手	握手是一种非常典型的身体触摸，是现代社会中习以为常的见面礼。实际上，握手的类型千差万别，握手的力量、姿势和时间长短都传递着不同的信息。握手的类型主要包括：支配性与谦恭性的握手；直臂式握手；"死鱼"式握手；两手扣手式握手；捏指尖式握手；拽臂式握手；攥指节式握手；双握式握手

总之，在管理工作中，有效地使用手势语言更有助于增强管理沟通的效果。图 2-3 描述了增强语言沟通效果的手势语言沟通方法。

（1）手势与口语表达应一致。当人们的手势和口头表达不一致时，人们常常更相信手势所表示的意义。所以，领导者在讲话或演讲时，手势与讲话内容保持一致能起到增强表现效果的作用。

（2）手势要自然适度。管理者在讲话时应该做到"情到于此，手自然来帮忙"。矫揉造作的手势动作会让人感觉不舒服，从而影响管理者的人格魅力。因此，管理者在讲话时切忌手势太多、动作太硬、速度太快、幅度太大等。

```
增
强         ┌─── 积极
沟         │      │
通         │      ▼
效         │   自然适度
果         │      │
的         ├      ▼
手         │  与口头语言协调一致
势         │      │
语         │      ▼
言         │  注意跨文化沟通
沟         └───
通
方
法
```

图 2-3 增强沟通效果的手势语言沟通方法

（3）尽量使用积极的手势。管理者应多使用具有积极意义的手势，比如竖起大拇指、举手致意、手掌向上等，这些会让下属感觉更亲切和友好，并可以大大提高工作效率；相反的，如果经常使用消极的手势，比如用手敲击桌子、用手指指着对方、手掌向下，都会给人不尊重对方的感觉。

（4）跨文化沟通时要注意不同文化间的差异。不同文化下的手势具有不同意义，比如竖起大拇指这个手势，在中国表示赞扬、夸奖别人，而在中东地区则表示否定；在德国和瑞士，如果用手指指向自己则表示侮辱他人。因此，对进行跨文化沟通的商务人士来说，应仔细观察手势的幅度和样式，适应当地文化，因人、因物、因情、因事来使用恰当的手势。

2．头部动作

头部的动作是身体动作的重要部分。其实，头部动作所传递出的肢体语言非常细腻，我们需要根据头部动作的程度并结合实际的条件来判断头部动作的信息。

（1）点头。点头这一动作虽然简单，但是所传递的含义有很多：赞成、肯定、理解等。另外，在特定的场合下，还表示礼貌和问候，是一种优雅的社交动作语言。

（2）摇头。摇头在一般情况下表示拒绝和否定。但是在特定的背景环境下，摇头还表示沉思的含义。

（3）歪头。在聆听演讲或其他时，我们会歪头，这表示很认真；在听到悲伤的消息时，一边看着对方一边歪着头，表示对别人的遭遇很同情。

3．肩部动作

耸肩这一动作在外国较常见，其含义是对此无可奈何、随你便、放弃等。假如有人求你办件

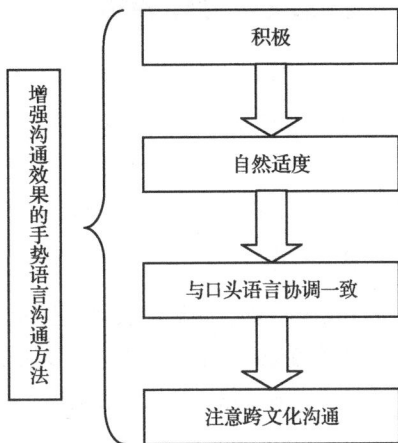

事，你做了耸肩这个动作，那么对方就明白你的意思了。举个小例子，同事对你说："嗨，老板想安排你去机场接一位贵宾。"你不好意思说你不想去，就做出耸肩的动作，意思就是：没办法啊，碰到了呗。

4．脚的动作

脚的动作虽然不易被察觉，但是更能直观地暴露出一个人真正的心理状态。挑衅时，双腿挺直；忧郁时，双腿无力；兴奋时，手舞足蹈；抖腿表明心情很轻松、很愉悦；跺脚表示兴奋，有时还表示愤怒；脚打节拍，这其实是一个预备性的动作，表示恨不得马上就采取行动；脚和脚尖点地表示轻松、无约束；脚步轻快表明心情舒畅；脚步沉重表示疲惫不堪，心事重重。

2.2.2　身体姿势

1．站姿

站姿体现出一个人的道德修养、文化水平以及与他人的交往是否有诚心。良好的站姿应该给人以挺、高、直的感觉，像松树一样舒展、挺拔，具体表现为：身躯要正直，头、颈、腿要和地面保持垂直；眼睛平视前方，挺胸收腹，切忌弯腰驼背、东倒西歪。

2．坐姿

在坐姿方面，我们不强调"坐如钟"，只要尽可能舒服地坐着就好，但不能降低自己的身份。如果你笔直地坐在直靠背椅上，这样的坐姿难免有些僵硬，最好的坐姿就是将身体的某一部位靠在靠背上，身体微微倾斜，显示出一种轻松的感觉。

👉 **小资料**

在面试中，我们要注意坐姿。应试者如果弓着背坐着，两腿合着紧紧地靠在一起，僵硬地坐在座位上，这就向负责面试的人传达了这样的信息："我很害怕，非常紧张"。这样，面试的成功将大打折扣；相反，如果应试者两脚撒开地坐着，一副慵懒的样子，则表现出他过分自信或过分随便，这样也会给负责面试的人不好的印象。

3．走姿

走路姿势最能体现出一个人的信心程度。正确的走路姿势应该做到三点：轻、灵、巧。具体表现为：身体保持正直，不要左顾右盼，也不要左右摇摆，双腿有节奏地交替并向前看，两臂要自然摆动，步履轻捷，不要拖拉。男士的走路姿势要稳健、矫捷，女士的走路姿势要轻盈、优雅。在工作中，如果你常出入办公室，最好随手带着材料或者夹个文件夹，这样不仅让你的手看起来不空着，还会让人感觉你讲求效率、工作认真，会得到同事和领导的认可、称赞。

2.2.3　面部表情

面部表情语言，是通过面部的各个器官（包括眉毛、鼻子、嘴和脸等）的动作和姿态来表示出要传递的信息，表现为人们常说的喜、怒、哀、乐，还有其他类型，如吃惊、害怕、鄙视等。

1．眉毛

眉毛的运动帮助眼神的传递，眉和目相连在一起向人们传递着问候、惊讶、疑惑和恐惧等信息。人们在谈话的时候常常会扬眉，尤其是演员等舞台艺人在演戏时做出的动作更为夸张。其实，扬眉表示有点儿不太相信对方的话，好像在用怀疑的语气说"是吗"，当然，扬眉也可能表示心情兴奋；当眉头紧锁，很明显，说明人处于焦虑之中；如果你眯起眼睛，眉毛稍微向下，那就表示你已陷入沉思之中。

2．鼻子

鼻子的身体语言，大部分用来表示厌恶、愤怒等情绪。如，鼻孔张大、鼻翼翕动表示非常愤怒。在生活中，我们常见"摸鼻子"这个身体动作。从潜意识的角度来讲，摸鼻子表示一个人很犹豫，可能他在说谎；因为他知道自己在撒谎，所以就下意识地去摸自己的鼻子，从潜意识上说，他正在遮住自己的嘴。所以，当看到别人在摸鼻子的时候，你一定要注意了，他很有可能是在说谎。

3．嘴

嘴的表情是通过口形的变化来体现的。比如，鄙视时嘴巴一撇，惊讶时张口结舌，微笑时嘴角上翘，生气时嘴唇发抖，忍耐时紧咬下唇。当然，嘴还可以和身体的其他部位配合，能表示出更多的含义。

4．脸

如果你在认真地做某件事情，你会微蹙额头；如果你遇到非常开心的事情，那么你的脸部肌肉会比较松弛。

5．微笑

微笑是无声的语言，但是"无声胜有声"。真诚自然、适度得体的微笑是沟通心灵的桥梁，是你接近别人的最好的介绍信，传递出诚意，为沟通创造一个轻松、愉悦的氛围，化解陌生、紧张的障碍。同时，微笑也能显示出你的自信和期待，希望会有一个良好的沟通。微笑的妙用主要表现在：让人更易接受你的建议；让你的赞美更有分量；让人更易接受你的请求；让人加倍领受你的谢意。

微笑是可以培养的。要培养微笑可以先从照镜子开始。当你面对镜子的时候，可以回忆一些你非常喜欢的、令人愉快的事情，然后将这种愉悦的感受传递到你的脸上，心里相信今天你会遇到许多快乐的事情。时间长了，随着这些想象酝酿出的良好感觉，你就会形成善意、真诚的微笑。

小资料

希尔顿饭店的"微笑服务"闻名于世。希尔顿能够在经济危机中幸存下来并率先进入新的繁荣期，微笑服务功不可没。希尔顿每天对服务员常说的一句话是："你对顾客微笑了吗？"即使旅店业务受到经济萧条的严重影响，他也常提醒员工："无论旅店本身遭受的困难如何，希尔顿饭店服务员脸上的微笑永远是属于旅客的阳光。"

2．2．4　眼睛

眼睛可以表现一个人心中的喜、怒、哀、乐等各种情感、心理，反映出他心灵中蕴含的内心世界。一位优秀的管理者在与人沟通时，总是善于巧妙地运用自己的眼神，充分发挥自己的口才，实现有效的沟通；如果眼睛总是没有表情，不善于用眼睛传情，那么，听众会容易分散注意力，造成管理沟通的失败。

1．注视

行为学家研究发现，只有在相互注视到他人，也就是说，同对方眼对眼时，彼此的沟通才会实现。在人际沟通中，保持目光的接触有着非常重要的作用，无论什么样的民族和文化对目光接触的重视程度都特别高，甚至远远超过了对语言沟通的重视。目光的注视主要表现在三个方面：注视的时间、注视的部位和注视的方式。

（1）注视的时间。①同性之间注视的交流情况：首先，当一个人与你注视的时间不超过全部谈话时间的三分之一时，这说明了对方可能不诚实或正在撒谎，此时你要特别小心。其次，当一个人与你注视的时间超过全部谈话时间的三分之二时，这说明了两个问题：他对你感兴趣，你正吸引着他，这时可以看到他的瞳孔是放大的；他对你不怀好意，正在向你发出无声的挑战，这时可以看到他的瞳孔是缩小的。②异性之间注视的交流情况：不论是男性还是女性最好都不要长时间地注视着对方的眼睛，否则让异性很不舒服，而且目光要诚恳、真诚和亲切，咄咄逼人的眼神往往让人反感。

（2）注视的部位。①公务注视。公务注视常常被商人和外交人员在商务谈判、洽谈业务和磋商交易中所使用。注视的部位为对方的上三角区域（以双眼为底线，前额为上角顶）。在交谈中，如果目光注视在这个上三角部位，可以显得严肃、认真和诚恳，更重要的是还把握了谈话的主动权、控制权，尤其在谈判中，注视这个部位可以占有主导地位。②社交注视。社交注视，即在社交场所上双方的注视。这些社交场所包括鸡尾酒会、舞会、演唱会或联谊会等。在这些场所，注视的部位为对方脸上的倒三角区域（以两眼为上线，嘴为下顶角），也就是在两眼和嘴之间的部位，注视这个部位，容易创造社交氛围。③亲密注视。亲密注视是指眼睛看着对方的眼睛和胸部之间的部位，在恋人之间常见，但是如果是陌生人之间则有些不正常。④瞥视。如果对方轻轻地瞥视你，这表示对你感兴趣或对你有敌意；若加上轻轻地扬眉或嘴角的笑容，这说明喜欢你，对你有兴趣；若加上皱眉或压低嘴角，这说明对你有疑虑、批评或怀有敌意。

（3）注视的方式。眨眼睛是人的一种注视的方式。一般情况下，人的眨眼时间在每分钟 10～15 次。如果在一秒钟内连眨眼几次，这表示对事物非常感兴趣，神情很活跃，也可能会表示因胆怯和羞涩而不敢正眼直看对方；眨眼时间超过一秒钟的闭眼则表示对事物的厌恶、厌倦，也表示对对方的蔑视，自己具有超强的优越感，显然这样的注视方式让人很不喜欢，同时沟通会失效。

2．视线交流的功能

在我们的日常生活交流过程中，双方视线的交流可以表达特殊功能和意义。

（1）爱憎功能。如果是亲昵的视线交流可以打破尴尬的僵局，使谈话顺利进行；但是如果在公共场合下，一个人对异性长时间盯视，则不怀好意，可能会引发不愉快。

（2）补偿功能。当两个人在交谈时，讲话者为了将更多的注意力放在表达的思路和内容上，所以往往是讲话的人看着对方的次数和时间要少于听者。一段时间后，如果讲话者将视线投向听者，那么就向听众暗示"你可以讲话了"。

（3）威吓功能。即长时间地把视线投向对方，给对方带来无声的压力和威胁，因此带有威吓的功能。常见于警察对罪犯、老师对不听话的学生。

（4）显示地位的功能。地位高的人和地位低的人在谈话过程中，地位高的人注视对方的视线，往往总是多于地位低的人投来的视线。

3．眼神的作用

（1）专注作用。眼神能够反映一个人对事物的兴趣程度。其中，瞳孔的大小最能体现出他对事物的注意力集中度和兴趣程度。如果你的兴趣非常强烈，那么你的瞳孔会不自觉地放大；相

（2）说服作用。在沟通中，劝说者往往为了使对方感到真诚、可信，他会保持与对方的目光接触；相反的，如果你的眼神离开被劝说者，不断地向左右看，而且会有过度的眨眼或眼皮的颤动，这些都会让人产生怀疑。

（3）亲和作用。目光在建立、保持和结束人际关系方面起着非常重要的作用。注视对方表明你对他很感兴趣，并且允许对方可以获得关于你的信息。

（4）调节作用。在双方的谈话过程中，当谈话进行得很紧张，尤其是当谈判进入僵局时，你可以通过友善的眼神来调节下气氛，促进谈话的顺利进行。

☞ **提示**

在管理沟通中，为了增强沟通效果，眼神应该配合沟通对话的内容与情境，与身体的动作、行为和面部表情同步化，做到手到、眼到、心到，面部表情自然，并流露出自然、自信、真诚的眼神。

（5）影响作用。当你注意到某个人的表情是热情的、亲和的或敌视的时，你可能会意识到，他的眼睛所表达的语言就是这些情感语言。当你希望去了解一个人所表达的感情是愉悦的还是悲伤的时，你可以直接通过眼睛的瞳孔来加以判断。如果他表达的是高兴的或幸福的，他的瞳孔会变大；反之，如果他表达的是悲伤或痛苦的，他的瞳孔会变小。

2.2.5 副语言

副语言是指在口头表达中所发出的有声但无固定语义的辅助语言（paralanguage），也是语言的一种表达方式。虽然，副语言是有声音的，但是因为它是不分音节的语言，像各种各样的笑声（如哈哈大笑、苦笑、冷笑、傻笑、假笑等）、呻吟声、叹息声、尖叫声等，这些都是副语言。辅助语言具体包括语速、音调、音量、声音补白、音质与暂停、沉默六个方面，因此，人们讲话时，虽然没有可视信息，但借助辅助语言去倾听对方的声音，也能够更好地理解对方，实践证明这是一种有效的方式。

1．语速

语速，即人们说话的速度。通过研究人员的统计分析得出，人们的说话速度通常在每分钟120~261 个音节。而且，还发现人们以正常的语速来说话时，每分钟为 100~150 个字。语速可以反映出一个人的观点和态度。如果一个人的语速突然慢下来，这表示他心中怀有不满；若忽然加快，可能在说谎，或心中怀有愧疚。平静沉默的人，忽然话多起来，且显得很不自然，那么，多半表示他的心中隐藏着秘密。

☞ **小资料**

如果说话者使用较快的语速，那么这被视为是更有能力的表现。但是如果说话太快时往往会影响语言表达的清晰度，让人们感觉说话者缺乏耐心，这难免会缺乏讲话的风度，尤其是在演讲和应聘时的自我介绍时，给人留下不好的印象。除非人们会在情况紧急或其他特殊情况下会说话很快。

2．音调

音调，即声音的高低，它决定了一种声音是否悦耳，也是表达信息一种方式。一般情况下，当人们高声说话时，即使非常重要的内容，但是高音调会给人们感觉紧张，令人不舒服，因此会对说话者存在排斥的心理；较低的声音让人感觉底气不足，所以被人们错误地认为是对讲话的内容没把握，或此人很害羞，不善与人沟通；反之，句末出现升调往往表明对方正在提问。如果你要想向对方请教问题，就不要让自己说话的音调太平淡，否则可能得不到对方的回答。

3. 音量

音量，即说话声音的响亮程度。在平时的讲话过程中，尤其是在演讲中，人们一般会喜欢声音洪亮的人，但是人们必须要分清场合来调节音量。例如，如果平时和朋友的交谈中，声音太洪亮，会给人盛气凌人的感觉。而相反地，如果我们使用常规声音或柔和的低音，则会给人平易近人的感觉。

👉 **小资料**

1940 年，大不列颠正处于二战战败的边缘，希特勒似乎正要统治整个欧洲，其转折点就是丘吉尔的一次演讲奇迹般地扭转了战局，并由此改变了历史。在演讲中，正因为丘吉尔声音洪亮、语气坚定有力，使演讲相当有气势，表现出与法西斯奋战到底的决心与勇气，促进了反法西斯战争的胜利。

事实证明，音量不仅为你的语言增添色彩，而且是人与人交谈的镜子，可以告诉你讲话者是个什么样的人，气质、性格和心理等个人特征也能表现出来。图 2-4 显示了如何用音量判断人的心理、性格。

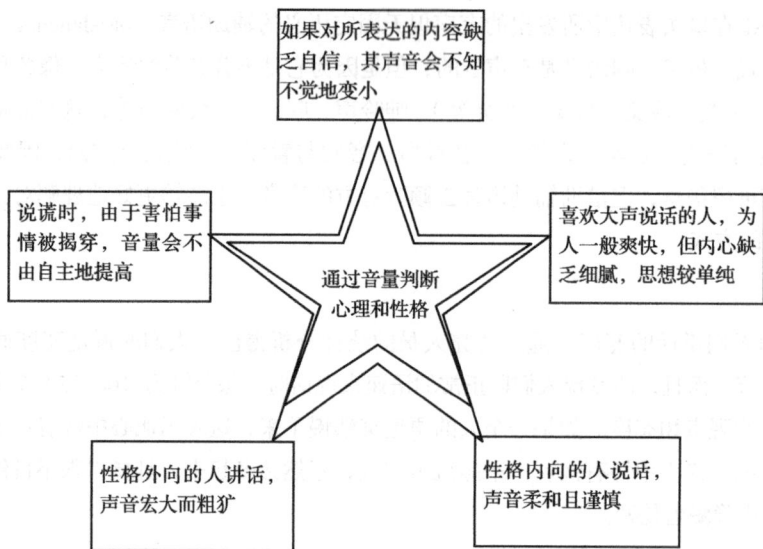

图 2-4　如何用音量判断人的心理、性格

4. 声音补白

声音补白，即在搜索要用的词语时，用于填充句子或用作掩饰的声音。比如，"嗯""啊""然后"和"你知道"等这些类似的短语，这些非语言表达方式其实是在发出一种信号，意思是讲话者在停顿或正在寻找正确的词语来表达，同时也给予讲话者说话的权利，因为它在表明"我还在说话，不要打断"。但是，人们要慎重使用声音补白，切忌使用过多，否则会产生沟通的问题。

5．音质

音质，即声音的总体质量。音质怎样是由其他声音特点所共同决定的，像语速、音调、音量、音质等。研究发现，声音有吸引力的人被视为更有能力、更有权威、也更为真诚；相反，声音不成熟的人被视为能力差、权力低、但更为诚实。

6．沉默

沉默并不代表没有声音。在商业或私人会谈中，适时的沉默是一项有效的沟通技巧。保持适当的缄默，让自己身处暗处，令人难以琢磨，反而更能占据主动。譬如，沉默可以作为一种策略来达到谈话的目的，或结束谈话，或寻求赞同。因此，人们应该在以下的情况下选择沉默：①在自己不了解情况时。如果你是领导者，当员工内部发生争执，要求你做个公断时，适当的沉默是缓兵之计。也就是，不了解情况时绝不表明自己的立场、发表自己的看法。②在自己大发雷霆时。发怒通常于事无补，于人于己都不利。沉默可以控制住情感。③在自己没有把握时。没有把握时保持沉默既能让自己表现得成熟、稳重，也可以避免暴露自己的无知。

👉 **小资料**

在研究"要怎么说话"之前，先了解"要怎么不说话"。沉默与精心选择这个词具有同样的表现力，就像音乐中的音符与休止符一样重要。如果在适当的场合下保持沉默能产生更和谐，更强烈的效果。

2.2.6　空间距离

空间距离就是两位沟通者之间的距离。通过控制双方的空间距离所进行的沟通，被称为空间沟通。空间距离受两种不同的因素影响，分别是友好协作的因素和个人隐私的因素。一般的，如果我们要表达更加密切、友好的愿望，往往会在形体上接近对方；如果我们要满足自己的隐私，那么我们会与他人保持一定的距离。

👉 **小资料**

在人际交谈过程中，人们通过把握空间的距离表达他们的价值观、文化背景以及风俗习惯等。例如，美国人要求自己拥有办公室，而且为了保持与他人的距离，要求办公桌面积大且能够升降，目的就是保护自己的隐私；而相反，阿拉伯人在公共场合下的交谈参与深层次的感觉器官，双方亲密无间，目光可以直接接触；德国文化带有浓厚的等级色彩，秩序井然，德国人能够非常清楚地划清私人界限，对个人隐私的需求非常明显。

1．空间位置

空间位置在沟通中所传达的最主要的信息就是"身份"。位置对沟通双方的影响是非常明显的。例如，你去拜访一位客户，当你在他的办公室谈话时，他坐在办公桌后面。这表示他是主人，掌控着全局，具有绝对的主场优势，你只是客人，只能按照他的安排去做。为了突出空间位置在沟通所产生的心理影响，在此简单地介绍三种位置：乘车位置、会客位置和餐厅位置。

（1）乘车位置。在日常生活中，很少有人会注意到乘车的礼貌行为。事实上，哪个座位是你的，哪个座位是对方的，究竟你应该坐哪一个，这是一门学问。表 2-3 体现了三种不同乘车情况的合理乘车位置。

表 2-3　三种不同乘车情况的合理乘车位置

乘车类型	合适位置
乘坐出租车时	后排右边的位置是级别最高的，左边其次，而司机旁边的位置是级别最低的位置
车主自己开车时	上车时，你应该坐在车主的旁边才是礼貌的表现。如果你坐在后面，表明你把车主当成司机看了，的确很不礼貌，所以坐在车主旁边才是礼貌的
乘坐火车时	最重要的位置为面对着行进方向并且靠窗的位置，最次要的位置则是靠近过道背对着行进方向的位置

👉 **小资料**

　　给男士们一个建议：如果和女孩子一起坐车，不管你的地位多么高，是总经理也好，董事长也罢，都不能让女孩子坐在中间位置，因为那是汽车主轴经过的地方，这个位置最不舒服，所以从礼貌的角度看，男士们应该表现得绅士些。

　　（2）会客位置。在会客室里，座位的安排同样也是有讲究的。如图 2-5 所示，面对门口靠右边的那个位置是主人的，当然主人的位置不能随便乱坐，而面对门口靠左边的位置则是给贵宾的，其他位置分别是面对主人和贵宾依重要性程度来安排，所以第二个位置和第三个位置在背对门的左右两边。人们要遵循一个原则，就是背对着门口的都是小位，面对着门口的是大位，所以从图 2-5 中看出，最小的位置在中间。

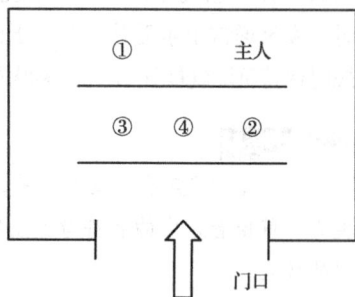

图 2-5　会客室的座位安排

👉 **小建议**

　　如果你的领导没有和你一起在会客室里，你也最好不要坐②号座位，而且与主人同排也会感受到压力，让人不舒服。

　　（3）餐厅位置。餐厅入座的规则是：凡是离门越远，面对着门的座位越是大位，而凡是离门越近，且背对着门的座位越是小位，图 2-6 所示。

👉 **举例**

　　如果公司经理和你吃饭，总经理应该坐在①号位，陪同总经理的部门经理坐在②号座位，你的下属在④号，而你应该坐在③号。这样安排座位的原因有两点：第一，菜、汤和饭等都要从门口进，辈分低的人坐在背对着门口且离门近的

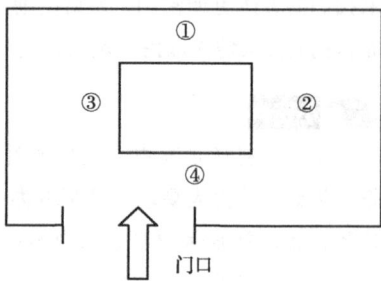

图 2-6　餐厅的座位安排

位置，可以给贵宾更多的方便；第二，你付钱的时候，离门比较近，所以动作比较快。

2．距离

　　图 2-7 显示了在与他人沟通时的四个层次的距离：亲密距离、人际距离、社会距离和公共距离。

　　（1）亲密距离。在亲密距离范围内，人们相互距离一般在 0~0.5m 之间，适应的对象一般是父母、夫妻、情人或知心朋友等，因为他们有意识地频繁地相互触摸。

　　（2）人际距离。在人际距离范围内，人们相互距离一般在 0.5~1.2m 之间。人际距离的适用对象是朋友或熟人，一般在进行非正式的个人交谈时最常见，比如在酒会中。在这种距离下，常常会有进一步的人际交往，也反映出人们保护个人隐私的心理状态；但如果超出这个距离，则谈话容易被他人听到，交谈也很困难。所以成功的沟通者在与他人接触时，会对人际距离保持足够的

敏感度。

（3）社会距离。在社会距离范围内，人们相互距离一般在 1.2~3.5m 之间，适用于面试、社交性聚会、商业活动和咨询活动等非个人交谈，而不适用于分享个人隐私。

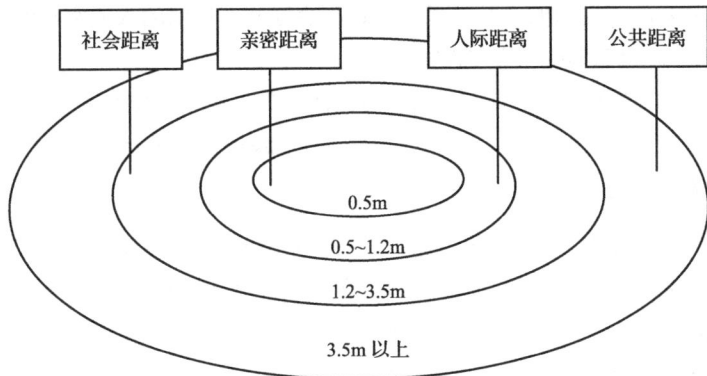

图 2-7　空间距离的层次

举例

社会距离的应用在办公室中表现突出。以办公桌为例，一般重要领导的办公桌大小能够达到使来访者与领导的距离达到社会距离，这可以体现领导的权威；而在有众多员工的大办公室里，办公桌的距离也是社会距离，这样员工可以把精力集中在自己的工作中，并且受其他人干扰的程度小。但是，如果员工要私下讨论某件事情时，会向前后左右移动，这样从社会距离移动到了人际距离内。

（4）公共距离。在公共距离范围内，人们相互距离一般在 3.5m 以上。通常适用于公共演讲中，人们说话的声音洪亮，沟通也变得更为正规和正式。公共距离可以分为两个部分，在较近的阶段（3.5~7.5m），这个距离对非语言信息的理解千差万别，多种多样；在较远的阶段（7.5m 以上），这个距离对人际交往是有破坏性的，也是没有意义的，因为声音要传递的真正含义可能会失真。

3．空间朝向

空间朝向就是在交往中，交际双方调整自己相对于对方的角度。

（1）面对面的朝向，也就是交际主体的面部和肩部都是相对于对方的。这种朝向表示双方的关系或者是亲密的，或者是严肃的，或者是敌对的，同时，也体现出双方集中于正在交际的活动。面对面的朝向在讨论问题、洽谈、协商或发生争吵矛盾时常见，人们就会无意识地面对面。

（2）背对背的朝向，也就是交际主体背对着背，和面对面的朝向是相反的。这种朝向表示出否定的含义。

（3）肩并肩的朝向，也就是交际主体的两个肩并成一条直线，朝向一致。这种朝向一般适用于比较亲密的人。

（4）V 形朝向，也就是交际主体的朝向呈一定的角度。这种朝向说明双方有着维持关系的兴趣，但是这种兴趣比面对面的朝向略有减弱。

4．影响空间距离的因素

（1）地位差异的影响。在平时的生活、工作中，我们都有这样一种体会，当我与对方的地位差距较大时，我们的沟通距离往往会随之增加；如果我们的地位低下，那么我们会不自觉地要与地位高的人保持一定的距离。同样，在办公室中，我们也会看到地位对空间距离的影响。譬如在美国以及一些亚洲国家，办公室的大小体现地位的大小。办公室越大，不仅越显气派，而且越能显示出领导在企业中的地位高，同时这样与来访者形成一定的距离。

（2）个性的因素。在与人交往时，性格外向型的人往往会与他人保持较近的沟通距离，相比之下，性格内向或者缺乏自信的人与人保持的距离会远些；自信的人通常与他人保持较近的距离；相反地，胆怯、缺乏自信的人会与人保持距离远些。

（3）人与人之间的亲密程度。通常，人们与自己的好朋友、亲人会保持较近的距离，对于陌生人则远之。显然，空间距离已经成为两个人之间亲密程度的重要标志。

5．办公环境的空间布置

（1）办公室空间的设计。美国明尼苏达大学的研究揭示了房间天花板的高度与人的思维之间的关系，根据此研究，市场学教授迈耶说，"头顶的高度能激活人脑中的某种概念，当人们进入天花板较高的房间时，就会产生自由的念头；反之，人们会倾向于产生拘泥狭隘的想法，然后影响解决问题的行为方式。"根据这个规律，管理人员最好在拥有较高天花板的办公室里工作，这样更有利于管理者对公司进行大胆地改革和创新。同样的道理，工程技术人员和会计所在的房间天花板最好相对低些，这样可以对工作精益求精，使他们的思维更集中在具体的事物和细节上。

👉 **小资料**

近年来，开放式的办公室空间设计在公司使用得很多，它使用流线型的办公桌，更能体现人性化的管理，桌下有暖气、工作灯等，这样员工可以更容易地掌控自己的办公场所。随着开放式的观念盛行，管理者为拉近与下属的心理距离，建立民主的气氛，增加与团队的沟通和协调，开放式的办公空间设计越来越受到大部分公司的青睐。实践证明这种设计使员工的工作效率大大提高。

（2）办公室房间的颜色。办公室房间鲜艳的颜色，如红色、黄色和橙色都会给人以刺激的感觉，所以带有这样颜色的房间的地板、墙壁、天花板和家具等都会刺激人的脑部活动，甚至让人血压升高、心跳加速等；相反，柔和的颜色则让人能保持正常生理和心理的活动。比如，浅绿色会让人平和安详，蓝色让人清醒、镇静。

（3）办公室的陈设。办公室的陈设，如办公桌的大小、形状以及位置，这些都会影响来访者在此停留的时间和主人给来访者留下的印象。正如高级轿车的座位设计一样，座位按照驾驶人的背部曲线来设计，让人感觉更舒服，这样可以防止长途行驶所带来的疲惫。

图 2-8 显示了 4 种办公桌摆放的方式。

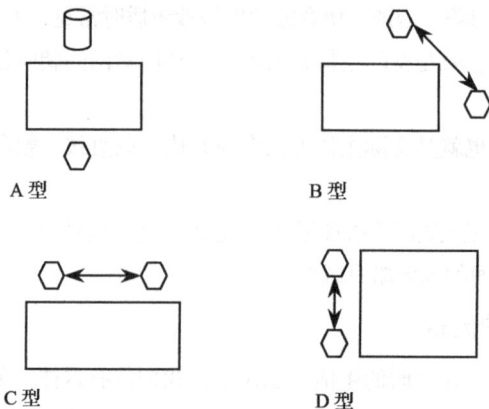

图 2-8　办公桌的摆放形式

A 型——这是一种标准的陈设方式。这种陈设方式中，房间主人坐在桌后，象征着权力，以绝对的优势主宰着整个办公室的空间，来访者坐在对面缺少主动性。这样方式不仅有利于建立各种规章制度，而且在批评、告诫员工时能取得较好的效果；但是如果你要为员工提供好消息时，却不太合适。

B 型——在这种陈设方式中，主人和来访者的椅子的距离拉近，这样双方有更多的个人沟通；但是主人的椅子仍在桌后，掌控着全场，因此仍显示出权威性。如果你希望尽快拉近与陌生来客的距离，那么这种 B 型的陈设方式最为理想。

C 型——这是一种桌背型摆设，完全没有障碍，来访者和主人的地位是相同的，没有差别。这样的陈设给人以亲切的感觉，适合于关系比较亲密的人；同时，也适合于同事间对工作问题和其他问题的谈论。

D 型——办公室的中立位置。椅子摆放的位置是办公室的非正式地方，一般是长沙发、长椅或围绕的咖啡桌等。显然，这样的布置适合于更为自由、更为友善的交流，看不出什么等级差别。如果你要与来访者讨论个人问题，或者要获得对方对目标的认同，这样的类型非常合适。

2.2.7　时间暗示

人们可以通过对时间把握的观察，了解到人们的地位高低以及对事件的重视程度。也就是说，你是否会准时赴约，或谁等谁，等多久，这些都反映了交际主体的职位高低和对事件的重视程度。

1．赴约的心理准备

如果两人约好见面，那么双方是否准时赴约取决于双方的价值估量。很显然如果你是和自己的领导赴约，那么你肯定不会让他等待，你会很早就恭候对方；但反过来，你是和下属赴约，那么你的赴约心理状态应该是轻松、随意的。可见，通过是否准时赴约的心理状态，可以看出人们地位、等级的差别。

2．参加会议的到场时间

通过对参加会议的到场时间先后顺序这个非语言信息，可以看出人们之间的差别。通常情况下，会议参与者会提前到达会场，而会议的主持人和领导则准时到达会场，确实可以从中看出不同职位上的人对时间的把握是有所差异的。

👉 小提示

一般来讲，无论是组织还是个体，虽然都会对他人的迟到和自己的等待有一定的容忍程度，但是若让他人等待得太久，超出对方的容忍度，那么就会引起对方的不满；同时，他人对自己的信任程度大大降低，破坏自己的形象。因此，在这点上，无论是组织还是个体，无论是领导还是下属，我们都要准时赴约。

2.2.8　服饰与仪态

在现代生活中，人们的衣着打扮更反映出一个人的精神面貌、个人风格、文化素养和地位等信息。显然，衣着打扮给人留下的是至关重要的第一印象，是进行非语言沟通的重要部分。

1．服装的解析

在与人沟通时，选择"合适"的服装十分重要。

（1）要符合年龄、职业和身份。生活中，不同年龄的人有着不同的着装要求。除了在正式的场合下，年轻人可以穿得随意、活泼些，这样才能体现出青年人的朝气蓬勃的精神；而中老年人的着装要庄重、雅致，体现出成熟和稳重的感觉。作为管理者，着装要充分体现自己的身份，注意自己的形象，这样才能给别人留下很好的印象。尤其是职业装更能表明一个人的身份，这能从无形中促使个人热爱本职工作、增强责任感。

（2）要符合个人的肤色、脸型和身材。人们要根据自己的肤色、脸型和身材来考虑着装，达到扬长避短的效果。一般情况下，个子较高的人，上衣应该适当地加长，搭配低圆领、宽大蓬松的袖子和宽大的裙子都可以给人以"矮"的感觉；衣服最好选择深色、单色和柔。个子矮的人，最好选择浅色的套装，上衣稍短一些，这样使腿比上身更突出些，服装的款式要求以直线为佳，上下颜色最好保持一致，切忌穿大画图案或宽格条纹的服装。

（3）要选择适当颜色的服装。在这样一个色彩缤纷的世界里，人们对不同的色彩有着不同的感觉。色彩被分为不同的色调，有暖色调、冷色调等，所以人们要了解色彩、色调所包含的象征意义。表 2-4 显示了各种颜色所代表的象征意义。

表 2-4　各种颜色所代表的象征意义

颜色	象征意义
黑色	代表权力，给人以强有力的感觉。作为管理者，在一些庄重而且正式的场合下穿黑色衣服，更能体现公司的实力和形象
灰色	代表冷漠，是一种冷色。身穿灰色服装有助于将各种事情平息下来，许多业务代理人员比较喜欢穿灰色服装，而且这也能表明他的身份，开展业务也会比较顺利
棕色	代表着友好而富有同情心，也代表着一定的权力和力量。作为企业管理者，你要给人控制力的影响，所以在参加会议时，穿棕色西装是明智的选择
深蓝色	代表着力量和权力，但不像黑色和灰色那样让人感到隔阂和冷漠。管理者在参加会议时也考虑选择深蓝色西装
深绿色、赤黄色、紫红色等	这些颜色非常鲜艳夺目，能更好地吸引人们的注意力，这样人们会过多地关注你的衣服，而不关注你个人本身
浅黄色、浅紫色、浅绿色	这些颜色代表软弱，是一种比较柔的颜色，在业务活动中我们应该避免穿浅黄色衣服，因为它会让你显得软弱，削弱你的态度，不自觉地就会把优势交给对方

2．服饰的解析

如果你的服饰搭配得当，那么就像是画龙点睛，让你在社交场合下更显潇洒飘逸。

（1）领带和领结。领带和领结被称为西装的灵魂，因此，男人在选择领带和领结时要下一番功夫才好。如果穿毛衣，领带应该放在毛衣里面；如果夹领带夹，应该在衬衣第二个扣子和第三个扣子之间。其中，在正式的场合下，佩戴黑色或白色的领结为好；在运动场或比较轻松愉快的场合下佩戴蝴蝶结会大受欢迎。

（2）腰带。男士的腰带分为工作和休闲两种类型。工作中佩戴黑色和棕色的皮制腰带为佳，而在休闲时候佩戴休闲的腰带没有什么特别的要求，只要自己喜欢就好。女士腰带的要求就是与服装相协调，另外还要注意体型的问题。

（3）纽扣。女士服装上的纽扣样式可以多种多样，但男士的纽扣不能过于新潮，还是以稳重为主。

（4）眼镜。在服饰搭配上，选配眼镜可以使人看上去儒雅端庄。眼镜搭配要考虑人的脸型。方脸人要选大圆框、粗线条的眼镜；圆脸人适合四方宽阔的镜框；椭圆形脸的人则宜选框型宽阔的眼镜。

（5）包。首先，在手提包的搭配上，女性手提包应该套在手上，而不是拎在手里，手提包的大小和个人体型相适应；男士在公务活动时常携带的公文包应以黑色、棕色等皮革为好。再次，在钱包的搭配上，女士可以随手携带钱包，或者将其放在提包里；男士的皮夹只能放在西装上衣内侧口袋里。

（6）男士三大配件。男士在社交活动中的三大配件分别为：钢笔、手表和打火机。这三大配件不仅是社交必须的，也是身份地位的象征。

3．化妆的解析

化妆和衣服一样，都是皮肤的延伸，不同的就是化妆更加接近人，效果也更强烈些。一般情况下，化妆的范围集中在脸部，目的就是重整脸部焦点的特征。化妆实际上是一种身体语言，即非语言沟通的一种。如果一位女士精心打扮，浅层次的含义是使自己更好看、更健美；还有两个深层次的含义：①她愿意花时间在化妆上，而时间就是金钱，所以说她的社会地位并不那么简单；②她的化妆品不是低廉的，这反映了她的财富多少。

4．仪态的解析

在社交场合下，管理者只有表现出大方、得体的仪态，才能展现出自己的修养和风度。

（1）办公室接待访客。在接待客人时，如果没有接待人员引导访客到你的办公室，那么你最好还是亲自出去迎接。反过来，如果你坐在自己的房间等他进来，这是一种极其不礼貌的行为，除非你的级别特别高，而他的级别很低，也就是说你们的地位相差很悬殊时可以这样。稍微有礼貌的做法，就是站在自己的办公室门口等候访客；再有点礼貌的话，就是站在公司的楼下等候访客；再有礼貌些，就是站在公司的大门口等候访客；如果允许的话，最有礼貌的做法，就是直接去机场接机。简言之，主人距离客人越近、距离自己的办公室越远就越有礼貌。在接待客人时，如果接待人员将他带到你的办公室，你应该马上站起来，从桌后快步走出，热情握手，寒暄一下，真诚地表达出你非常高兴见到对方，让对方感觉他是一个重要的客人，倍感尊重。然后招呼客人坐下，等访客坐下后，你再坐下，请客人喝茶，然后再进入到话题之中。但是，当约定的人到达办公室后，出现特殊情况，你也要显示出自己的修养和交际的技巧：当客人进来，你正在打电话，这时你应该立刻马上结束，并告诉通话对象，这里有点事情，等事情忙完再回电话过去，目的就是避免让访客等太久；当一件非常紧急的事情打乱你的接待时间，而必须让客人等待一段时间时，你应该首先跟客人问候，表明你深深的歉意，安抚好对方。

（2）谈判。谈判是一种非常正规的场合，它要求双方仪表举止端庄，展现风度，给人一种良好的修养的印象。首先在做自我介绍时，可以由第三方介绍。自我介绍要求自然大方，不必过分拘泥小节，讲清楚自己的姓名、单位和职务即可。在介绍别人时，要特别注意的是，社会地位较低的人总是被介绍给社会地位高的人。当然，介绍时，被介绍的人要面带微笑，并向对方点头示意，介绍完后，双方要互致问候和握手，最后交换名片。

☞ **小资料**

关于名片，日本人有两个小地方值得大家学习：第一，吃饭的时候，对方给的名片如果超过了 5 张，那么日本人不会立刻收起来，他们会怎么做呢？他们会将名片放在桌子上摆成一个扇形，而每张名片都对应着相应的人，当你在跟一个人说话时，会看一下他的名片，这样大大加深了对他们的印象。第二，日本业务员的名片都是非常高档的，一般都是烫金的或是皮革的，这充分体现了对对方的尊重。他们跟客户吃饭后，会马上站起来有礼貌地说"谢谢您的款待"，然后小心地将名片一张张地拿起来，放在非常精致漂亮的名片夹里，表示出尊重和礼貌。

（3）宴请。管理者在餐桌上的举止仪态特别能体现出他的风度和气质。男士穿西装时，要合体、优雅、符合规范。在宴请时，有两种情况出现，一种是你被邀请，另一种是你邀请别人，这两种场合的仪态有所不同。如果你是客人，等主人示意你坐下来后才能坐下。若主人径直坐下而没有示意你坐在哪里时，你最好就坐在最靠近他的位置。主人开始用餐，你才可以开始用餐；如果你是主人，则以缓和的手势示意客人落座。

（4）舞会。舞会作为一种非常高雅的娱乐活动，礼仪要求很多，无论是衣着打扮，还是行为举止都要遵循其中的礼仪规范。在舞会上，对话要彬彬有礼、举止大方，说话时要轻声细语、亲切自然，走路时脚步轻快，坐姿也要优雅端庄，跷二郎腿或抖腿都是不合时宜的行为。

2.3　常见形体语言的辨析

应该说，形体语言在沟通过程中传递着各种信息，比如，个人偏好、地位权力、自信程度以及情感变化等。

2.3.1　自信与开放

在沟通时的形体语言中，自信和开放的形体语言是最受人们欢迎的，而不自信的形体语言、封闭式的形体语言、防御式的形体语言往往不受人们欢迎。这 5 种形体语言的解析结果如图 2-9 所示。

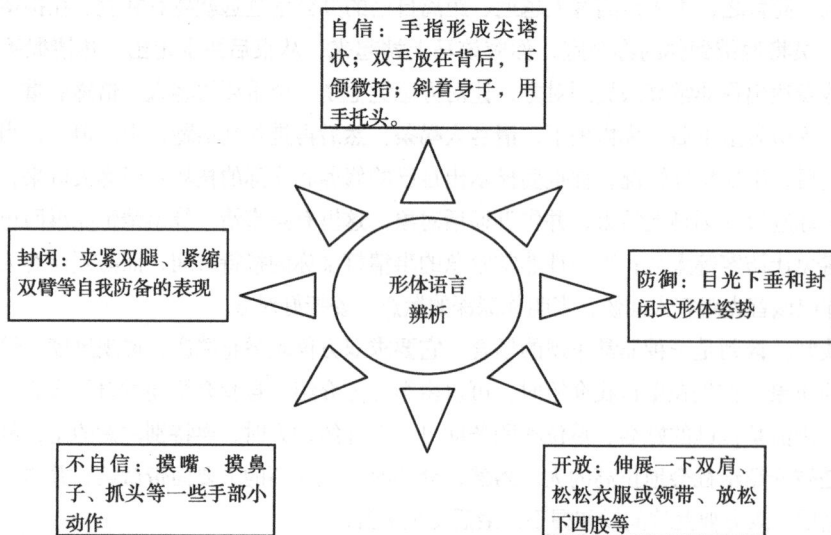

图 2-9　形体语言的辨析

在人际沟通过程中，形体语言在传递有关个人偏好、独断性、地位等信息方面起着非常重要的作用。所以，下面我们对常见的几种形体语言来进行简单地辨析。

2.3.2 喜欢与不喜欢

1. 喜欢

每个人都希望别人会喜欢你、认同你、信任你，这是人之常情。那么，如果喜欢一个人，你会不自觉地通过一些合适的形体语言表达出来，如下所示的特征：①在不期而遇时有身体向前的倾向；②肯定性的点头；③做出活泼的动作；④将身体和头部直接面对对方；⑤适当的接触；⑥形体姿态比较开放；⑦保持目光的接触；⑧与对方微笑；⑨有适当的放松；⑩拉近个人距离。一般情况下，这些形体语言都可以表达出一个人对他人的喜欢，但是在这样一个多元化的社会里，文化背景、风俗习惯和价值观念等都会有所差别，所以同样一种形体语言在不同的群体里可能代表的含义有所不同。图 2-10 显示了解形体语言应关注的影响要素。

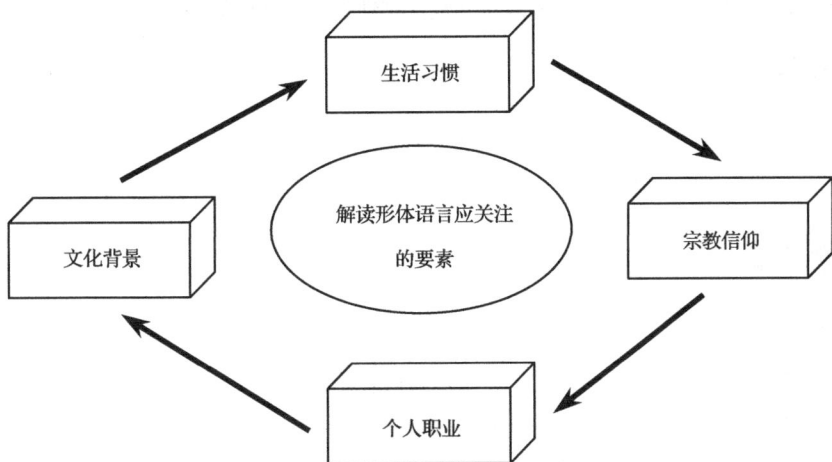

图 2-10 形体语言的影响要素

👉 **小资料**

俄罗斯人表露自己感情的方式比较矜持，认为说话时指手画脚说明你缺乏文化修养。在俄罗斯的风俗习惯中，如果你用手指指东西，尤其是人，这是非常不礼貌的行为；然而，在西班牙和拉美的民族里，人们在说话时总是时不时地配合手部、头部的动作以及面部的表情，用来加强语气，习惯上尤其是喜欢用手指指身边的东西。

2. 不喜欢

想要了解对方是否喜欢你，是否对你感兴趣，我们可以通过对方所表现出来的形体语言来解读。请看下面一系列的形体语言，你可以读出什么样的信息呢？①白眼；②面部表情很不高兴；③短时间的目光接触；④神情冷漠；⑤封闭式的形体姿态；⑥身体紧张；⑦身体僵硬；⑧手势相对较少。人们可以明显地看出，上述形体语言向你传递的是"不喜欢"的信息。另外，如果一个人希望得到别人的喜欢，但是过于自我表现的话，往往事与愿违，令对方不喜欢。

2.3.3 有权与无权

1. 有权

一般来讲，具有一定权力的人，不管他的权力大小如何，都希望受别人的欢迎和喜爱，所以，他们会自觉或不自觉地从形体语言中表露出其大权在握、强劲有力的权势和欲望。表达权势和地位的形体语言的形式如下：①放松的姿势；②果断有力的手势；③持续而直接的凝视；④昂首直立的身姿；⑤相对夸张的手势；⑥适当地瞪眼；⑦适时地打断别人；⑧适当地接近他人。在现实生活中，虽然很多人拥有权势和地位，他们也时时处处通过形体语言来表现出对权势的欲望和满足，但是他们在适当的情况下也会表现出一种相对服从的姿态。毕竟，除了至高无上的皇帝外，其他人都没有绝对的权力，因此都会对某些人表示服从和妥协。

2. 无权

也有这样一些拥有权势的人，他们并不渴望别人对他的认可和屈服，因此这些人不会是一个强有力的人，从他们的形体语言中也会发现这类人不会表露居高临下的权势感，如：①身体紧张；②不直接看别人；③频繁地向下看；④过度地微笑；⑤很早到场；⑥在他人发言时一直注意看；⑦坐在会议桌的一角；⑧注意力分散；⑨经常移动脚；⑩动作僵硬。

关键术语

身体动作、身体姿势、面部表情、副语言、语速、音调、音量、空间距离、时间暗示、服饰与仪态、自信与开放、有权与无权

本章习题

一、判断题

1. "此时无声胜有声"这句话是对非语言沟通的形象描述。（　　）

2. 如果你和领导乘坐出租车，那么领导应该坐在后排右边的位置，司机旁边的位置留给自己。（　　）

3. 在形体语言的辨析中，不同的文化群体有不同的含义，比如俄罗斯人认为说话时指手画脚说明你缺乏文化修养，但是在西班牙民族，这被看成是一种习惯。（　　）

4. 空间距离是两位沟通者之间的距离，通过控制双方空间距离所进行的沟通，被称为面对面沟通。（　　）

二、选择题

1. 从心理学的角度分析看，虽然非语言沟通是无声的动作，但是却更能表现出人的"情感和欲望"。以下体现了非语言沟通的特征是（　　）。

  A. 唯一性   B. 内在性   C. 外在性   D. 独特性

2. 用拇指和食指变成圆圈状来表示"OK"，这个标志在哪个国家表示一种粗鲁或亵渎的意思（　　）

  A. 美国   B. 中国   C. 巴西   D. 法国

3. 在会议上，如果一位经理通过敲打桌子来体现出任务的艰巨性和紧迫性，这体现了语言沟通和非语言沟通的关系是（　　）。

  A. 强调   B. 重复   C. 矛盾   D. 代替

4. 管理者在与人的眼神交流过程中，注视对方的部位很重要，如果注视对方脸上的倒三角区域，这是属于注视部位类型的（　　）。

  A. 社交注视 B. 公务注视   C. 亲密注视   D. 瞥视

5. 在人际距离范围内，人们之间的相互距离一般在 0.5~1.2m，那么这种距离是什么类型的距离（　　）。

    A. 亲密距离　　　　B. 社会距离　　　　C. 人际距离　　　　D. 公共距离

三、思考题

1. 通过所学的知识，如何理解"不仅听你说什么，更重要的是看你怎么说"？
2. 为什么说"眼睛是心灵的窗口"？
3. 作为管理者，如何提升自身的非语言沟通能力？

案例分析

非语言沟通的学习

小张是一家公司人力资源部的主管。他所在公司需要招聘一名文员，要求英语专业的女性。经过层层考核，留下了三个实力相当的应征者，小张让这三个人写一篇 800 字以内的中文作文，一方面考察她们的文字表达能力，更重要的是他要通过分析笔迹来判断谁最合适这个岗位。

A 小姐：英语水准和中文表达能力都极其出色，谈吐非常得体。在面试时，小张对她的印象很好。但通过仔细研究她的笔迹后小张发现，她的字体非常大、棱角过于突出，经常有一些竖笔画划到下一行的现象。通篇有一种不可一世、压倒一切的霸气。经过分析，小张认为她是个很有才气同时又很有野心的女孩，她不会安心于终日做一些琐碎日常的工作。

B 小姐：人长得非常漂亮，口齿伶俐，在面试时的一问一答都反应机灵而敏捷。她的英语口语非常出色。但小张在研究她的笔迹后发现，她的字体非常小而粘连，娇娇弱弱，字没有一点骨架，有很强的讨好别人的谄媚之相。研究后小张强烈地感觉这是个心胸很小、娇滴滴的、吃不了一点苦的而且还有极强虚荣心的人。

C 小姐：表面看她没有任何优势，她是通过英语自学考试拿到的英语本科文凭，无法与其他人光鲜的大学背景相比。虽然她英语口语和写作都不错，但相貌不出众，话少、声音很轻。但是她的字娟秀、整齐，笔压很轻，通篇干干净净，字的大小非常均匀，字体中适度的棱角让字体很有个性而又不咄咄逼人。从她的字可以判断出来她做事非常认真仔细，自律意识很强且安心做日常琐碎的工作，有自己独立见解但又不至于没有团队精神。

资料来源：http://wenku.baidu.com/view/5377b72fbd64783e09122bde.html

问题

1. 如果你是小张，你会选择哪位面试者？
2. 在这篇案例中，你看到了非语言沟通的哪些方面？
3. 从管理沟通的角度出发，此案例如何反映出非语言沟通的重要性？

第3章 倾 听

☑ 学习目标

1. 掌握有效倾听的技巧
2. 理解倾听的含义
3. 了解造成倾听的障碍因素

☑ 能力目标

1. 实现学生对倾听含义的深刻理解，提高学生对倾听在实践中的应用能力
2. 注重学生对倾听及其相关概念的认识能力

☑ 导入案例

成功从聆听开始

美国汽车推销之王乔·吉拉德曾有过一次深刻的体验。一次，某位名人来向他买车，他推荐了一种最好的车型给他。那人对车很满意，并掏出 10000 美元现钞，眼看就要成交了，对方却突然变卦而去。

乔为此事懊恼了一下午，百思不得其解。到了晚上 11 点他忍不住打电话给那人："您好！我是乔·吉拉德，今天下午我曾经向您介绍一部新车，眼看您就要买下，却突然走了。"

"喂，你知道现在是什么时候吗？"

"非常抱歉，我知道现在已经是晚上 11 点钟了，但是我检讨了一下午，实在想不出自己错在哪里了，因此特地打电话向您讨教。"

"真的吗？"

"肺腑之言。"

"很好！你用心在听我说话吗？"

"非常用心。"

"可是今天下午你根本没有用心听我说话。就在签字之前，我提到犬子吉米即将进入密执安大学念医科，我还提到犬子的学科成绩、运动能力以及他将来的抱负，我以他为荣，但是你毫无反应。"

乔不记得对方曾说过这些事，因为他当时根本没有注意。乔认为已经谈妥那笔生意了，无心听对方说什么，而是在听办公室内另一位推销员讲笑话。

这就是乔失败的原因：那人除了买车，更需要得到对于一个优秀儿子的称赞。

乔·吉拉德恰恰没有"站在对方立场思考与行动"。他只是想当然地以为"已经成交了"。

资料来源：http://edu.qq.com/a/20120412/000353.html

3.1 倾听概述

3.1.1 听与倾听的区别

众所周知，人类的几项基本沟通技能（听、说、读、写）中，听是我们从婴儿时期就最先开始的技能，即便当时我们完全听不懂。在以后的日子中，听一直存在于人们身边，既有主动的听也有被动的听。在人的一生中，听得到运用的时间是最多的，也是最频繁的，但是往往很少有人能够真正做到会听，听是最缺乏锻炼的也是最需要得到锻炼的基本沟通技能。表 3-1 描述了四种沟通模式所占相对时间的比例。

表 3-1　四种沟通模式所占相对时间的比较

	听	说	读	写
习得顺序	第一	第二	第三	第四
运用时间	45%	30%	16%	9%
获得训练	最少	较少	较多	最多

其实，上面所说的只是简单意义上的听，而非倾听。听不一定就是倾听，但是倾听却一定是在听。区别听与倾听，一个最简单的区别便是：态度。

👉 **小资料**

有一句话是这么解释人为什么有两只耳朵，但却只有一张嘴的：因为人们想要听的是用嘴巴说话的内容的两倍。

1．倾听比听更需要专心的态度

听只是简单的听对方讲，至于是否有将对方的话听进去并记住则不一定。但是倾听不一样，作为倾听方，在倾听对方的谈话时更多地会用心去感受，一边听一边试图假设自己在对方的处境上，从而更好地理解获取对方表达的意思。同时，也会对倾诉者所说的话进行过滤，选择最有用的信息，提高倾听的效率。

2．倾听比听更需要客观的态度

听只是就听的内容论事，至于事情是否真实或者倾述者说的是否客观公正则没有判断。但是倾听则不一样，当对方在表达自己的意思时，倾听方不是单纯地听并且就所听内容发表自己的意见，而是更多地能够摒弃所述内容中的主观色彩，站在客观公正的角度上听取意见并发表自己的看法。

3．倾听比听更需要完整的态度

听只是听过，听到多少就多少，有时候只听到部分，便会产生断章取义的后果。而倾听却不是这样，它更多的是能够完整地听出对方的意思。何为完整的态度？就是在倾听对方的谈话时，不仅能获取对方所说内容的表面意思，同时能够听出对方话语中的隐藏意思。这便是完整的倾听对方的所有表达内容。

3.1.2　倾听的概念与作用

在沟通过程中，倾听与演讲是其基本构成内容。成功的管理者在管理过程中通常更注重倾听。倾听作为一项基本沟通技能在人类的日常生活中占据着十分重要的地位。它使得我们与周围的人保持联系，能够及时获取对方的想法并分析了解。一旦失去倾听能力，我们失去的可能便是诸多与他人一起生活、工作的机会。由倾听在日常生活中的明显作用我们不难看出，在有着复杂性、灵活性等特性的管理工作中倾听占据着更为重要的地位。

👉 小资料

一位擅于倾听的管理者在他的工作中会花更多的时间在倾听上下级，同事，顾客的讲话内容。在与这些人的对话交谈中，管理者会及时获得信息并对这些信息进行思考，形成自己的观点意见。著名的企业家松下幸之助先生将自己的所有经营秘诀归结为一句话："首先细心倾听他人的意见。"

那么，什么是倾听呢？国际倾听协会对倾听的定义为：倾听（listening）是接收口头和言语信息、确定其含义和对此作出反应的过程。倾听对管理者在管理中所发挥的作用主要体现在如下几个方面。

1．倾听能够对说话者产生激励作用

就倾述者本身而言，当看到有人能够认真地听他讲话就是一种最简单的鼓励，他会更加积极地讲述表达自己的观点。如果倾听者同时以友好语言或者眼神来肯定倾述者，那么，倾述者可能会放松自己的警觉，将自己原本要隐藏的想法也表达出来，这也更加有利于倾听者获取更多的有用信息。员工在对上级进行汇报时，上级如果同时给予他们认真倾听的态度，他们自然就会在汇报中表现更为积极以及突出，这也在一定程度上对他们的工作产生激励作用。

👉 小提示

人们可以看到许多欧美公司里面的管理者通常会在工作闲暇之余邀请下属聚餐或者简单地喝杯下午茶。这个时候，他们会看似有意无意地问员工一些工作上的问题。员工在这种时候一般的心理感受便是上司专门花时间来听取我们的意见。这样做的结果便是，员工更愿意讲实话，同时上下级之间的感情也得到了良好的沟通。

2．倾听可以获取完整有效的信息。

从在前面我们对听与倾听所作的对比不难看出：认真的倾听能够对倾述者所说的内容进行判断，吸取其中的有效完整信息。当你很轻松地跟一大群朋友闲聊，所聊内容你可能在当时或者那几天还有印象，但是过几天你就很可能全忘记了。但是，在多年前的某一天跟一个朋友的彻夜长谈，内容仍旧让你记忆犹新，里面的某句话，某个观点至今想起来还是印象深刻。基本上，这两种经历我们每个人都有过，是什么造成了区别记忆吗？不是。原因是前者是简单的听，而后者却是认真的倾听。

3．倾听能够使管理者与下属的关系更为融洽

当面对一个愿意倾听你讲话的人，并且那个人还是你的上司时，你的感觉是什么，是不是立刻对这个上司的印象相当不错。的确，面对一个愿意用心来倾听你讲话的人，我们会逐渐对对方产生信赖，更愿意将自己的真实想法和盘托出让对方知道。同样，管理者在管理下属的时候，愿

意花时间倾听下属，了解下属的想法，那么他便更会在工作中体谅下属，照顾下属。于是，双方的相处关系自然而然地变得融洽，上下级之间的关系也更加友好。

👉举例

在畅销书《艾柯卡传》中，艾柯卡曾对管理者的倾听有过精辟的论述："我只盼望能找到一所能够教导人们怎样听别人讲话的学院。毕竟，一位优秀的管理人员需要听到的至少与他所需要说的一样多，可是，许多人不能理解沟通是双方面的。"他还说："假如你要发动人们为你工作，你就一定要好好听别人讲讲话。一家蹩脚的公司和一家高明的公司之间的区别就在于此。"

4．倾听能够使管理者更加有效地解决问题

假设你临时要担任某部门的管理人员，经验的缺乏可能会让你很被动，你会在工作私底下积极地去咨询他人，询问他们在处理相同事情时会采取哪些措施。这个时候，你更多的是扮演倾听方，听取别人意见的倾听者角色，再根据他们的意见加以自己的判断，将所听取的内容理解整合形成自己的一套方案，以备再出现类似事情时能够更加有效地解决问题。

3.1.3 倾听的过程

倾听的过程具有能动性，它是对所获得的信息进行能动地处理后再能动地反映自己主观感想的过程。在这一过程中，主要可以分为以下几个阶段：预测信息、感知信息、选择信息、组织加工信息以及解释理解信息。这五个阶段，每一阶段都是相互影响的，一旦任何一个阶段出现问题，倾听都有可能是无效的。而且这五个阶段的发生几乎是在一个时间点内就可以完成的。很多时候，这一过程不是按顺序进行，而是互相重叠地进行，从而构成人们倾听过程的全部内容如图3-1所示。

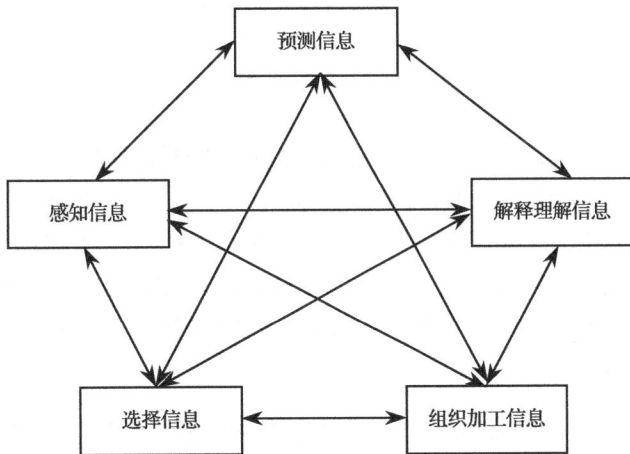

图3-1　倾听的过程

1．预测信息

倾听的时候，我们往往能够根据对方的性格特点或者处事风格做出适当的、相应的反应，预测他们即将采取的行为。倾听者在听之前预言将要发生什么，于是，预测便在倾听的过程中发挥了承上启下的作用。当然，预测结果的正确与否关键在于之前的相关经验。

👉小资料

孩子在家里不小心摔碎了一个碗，如果是那种很严厉的家长，孩子便会承认错误并且听家长的训斥，同时默默告诉自己以后要小心，而不会是在那狡辩自己所犯的错误。因为他们知道，狡辩换来的可能是一顿"胖揍"。

2. 感知信息

在交谈中，谈话者发出的声音传入到倾听者的耳朵内，产生刺激，这些刺激经过大脑的反应，便成为人们所获得的信息。当人们只是听时，听到的是声音或词语说出的方式；而在倾听时，人们则要做出更多的反应。也就是说，听只是一种涉及听觉系统的生理过程，而倾听是涉及对他人整体的更加复杂的知觉过程，需要同时理解口头语言和非口头语言所传达出的信息。

👉 **小资料**

如果一个人对你说"滚开"，你会发现说这句话的是一位你根本不认识的人，而且他在说这话时还表现出极大的愤怒。这时，你可能会感觉莫名其妙，在想自己是不是有什么得罪他了。在进一步了解事情的真相后，你会选择离那个人远远的；反之，当这句话是出自一位漂亮的美女，她在说这话时是与你正在谈笑聊天，这时，即便她说的是"滚开"二字，你也不会走开，而是继续待在她身边。

3. 选择信息

在应对扑面而来的众多信息时，我们总是会选择获取或者是接收其中的部分信息，这些信息中不乏那些自己极其关注和感兴趣的，同时我们也会自然忽视其他一些自己不感兴趣的信息。

👉 **小资料**

我们都有过这种经历：在嘈杂的环境中，你在跟一群人交谈，忽然，在你身后不远处有人说到你的名字，你的反应可能便是立即转身朝发出声音的地方看。这是因为你对自己的名字很敏感，能立即意识到任何有关自己的谈话并反应过来。

4. 组织加工信息

在倾听对方的谈话时，你会选择对自己感兴趣的信息进行组织加工。这一过程包括识别、记忆、赋予信息含义等一系列程序。人们把杂乱无章的信息分门别类，集中贮藏起来，把那些过于简略的信息加以扩充，把过于冗长的信息进行浓缩，使他们成为自己所拥有的知识和经验的一部分。即便人们不可能记住所有的语言以及非语言信息，但对于那些自己认为十分重要的信息，人们还是会想方设法将其存储在自己的大脑里，而通常采取的方法之一就是记笔记并且不断背诵。

5. 解释理解信息

在对组织加工后的信息进行储存之后，人们会在这些信息上加入自己的理解以便成为自己的经验。这一阶段里，人们对信息进行评价，并用自己的知识和经验来衡量对方所说的话，或者质疑说话者的动机和观点。当然，这些需要自身良好的判断，推理能力，在对说话者所表述的内容进行解释理解时，人们也会对他们在说话时的表情，语气，手势等一系列动作加入自己的看法。

3.2 倾听的障碍

在沟通交流中，人们比较倾向于语言交流中的说，至于听则习惯简单地听听而已，很少注意最后听的效果怎么样。不难发现，这是因为在倾听的过程中我们遇到很多的障碍。倾听障碍的产生不仅仅在于主观的原因，许多客观因素也造成了倾听的障碍。

3.2.1 倾听障碍的因素

1. 环境影响

任何交谈沟通都是在一定的环境中进行的。具体来讲，环境因素主要包括两类：主观环境因素以及客观环境因素。主观环境因素主要包括交谈双方的心情、性格、谈话主题等；而客观环境因素则包括谈话地点、灯光照明环境、气温条件、天气情况等。这些内在以及外在的因素在很大程度上影响着倾听的效果。一方面，环境会使传递的信息受到干扰，以致信号在传递过程中发生扭曲、增减以及失真；另一方面，环境的不同会直接造成倾听者是否愿意去认真听。这两者很简单地便证明了，人们在进行一场有效谈话时，为什么会慎重选择谈话地点。表 3-2 描述了环境类型特征及倾听障碍源。

👉 小资料

上级在会议厅里向下属征询建议，下属会十分认真地发言，但若是换在餐桌上，下级可能会随心所欲地谈自己的看法，甚至谈一些自认为不成熟的想法。出现这些差别是由于不同场合人们的心理压力和情绪以及交谈氛围大不相同。另外，说话者和倾听者在人数上的差异也影响倾听的效果。在交谈中，是一个人说话一个人倾听，还是一个人说话多个人倾听，或者多个人说话多个人倾听，这种不同的对应关系也会产生不同的倾听效果。当一个人说话一个人倾听时（如两人促膝谈心），会使倾听者感到自己角色的重要性，注意力自然集中；当一个人讲话多个人倾听时（如听课、听报告），会使听者感到压力较小，所以经常开小差；而当倾听者只有一位，发言者为数众多时（如多家记者向新闻发言人提问），那么倾听者将是全神贯注，丝毫不敢懈息。

表 3-2　环境类型特征及倾听障碍源

环境类型	封闭性	氛围	对应关系	主要障碍
办公室	封闭	严肃认真	一对一，一对多	不平等造成的心理负担，紧张，他人打扰
会议室	一般	严肃认真	一对多	对其他在场的人得顾忌，时间的限制
现场	开放	可松可紧，较认真	一对多	外界干扰，事前准备不足
谈判	封闭	紧张，投入	多对多	对抗心理，说服对方的愿望太强烈
讨论会	封闭	轻松，友好，积极投入	多对多，一对多	缺乏从大量散乱信息中发现闪光点的洞察力
非正式场合	开放	轻松，舒适散漫	一对一，一对多	外界干扰，易走题

2. 语言理解上的差异

说话者，倾听者的语言文化水平，文化素质，职业特点以及年龄阅历的不同都会使信息的互相传播造成很大的障碍。假如说话者有着浓重的地方口音、讲话结巴、语法错误，那么倾听者在倾听时必然会感觉十分困难。而如果倾听者此时对说话者的讲话抱有疑问而不能及时解答，则倾听这一简单过程就碰到了严重障碍。另外，职业身份等不同使得在交流倾听过程中有很多专业术语，这也在一定程度上影响倾听的效果。

☞ **小资料**

你有没有遇到过这种情况：你让别人帮你带话给另一个人，话还是那句话，但是语气或者语调的变化让你原本的意思全部改变？又或者我们所熟知的流言蜚语，原本事情的真相是这样的，但是经过悠悠众口之后，真相被改变得面目全非。当然，在讨论以上这些情况时，我们不考虑那些故意曲解传播的因素，而是思考在这些话语的转播过程中，是什么影响了有效的倾听。

3．被动倾听的影响

很多时候，我们的倾听存在很大程度上的被动，即便是我们坐在教室里上课，人们也会发生被动倾听的情况。被动倾听是人们毫无意识，缺乏倾听训练造成的。在管理中，被动倾听是经常发生的，因为上级管理者通常为保持他们在组织中的领导地位，显示自己的权利经常会对下属发号施令，多说少听，此时，下属就保持一种倾听状态，而这些倾听，很多情况下便转化为被动倾听了。所以，一般被动倾听时常发生在组织中上层对下层的沟通上。

4．过滤谈话内容

忠言逆耳，很多人对于甜言蜜语非常喜欢听，但是对批评自己的话语则不喜欢听或者选择忽略。每个人都选择自己喜欢听的来听，当某人说到一些自己感兴趣的话时，我们会"竖"起耳朵，接收所有的信息；相反，遇到不想听到的内容时，我们会本能地排斥，也不管这些内容对自己是否有用。可以说，在倾听过程中，情感起到了听觉过滤器的作用，有时它会导致盲目，而有时它排除了所有倾听的障碍。但要注意，运用感情过滤信息，又可能就无法正确地倾听并理解说话者所讲内容的含义。所以，过滤谈话内容会对倾听造成很大的障碍。

5．缺乏倾听能力的训练

正如我们在前面所说的一样，人类的听、说、读、写几项沟通技能中听力虽然得到了很多运用机会，但是真正的有效倾听技能却从来没在实践中得到训练。相关倾听技能的教育以及训练的缺乏，使得绝大多数人养成了不良的倾听习惯，这对有效倾听产生了不小的障碍。

6．心智时间的差异

科学实践证明，正常人类大脑运转处理语言的能力极高，可以达到每分钟处理 500 个字以上。而一般人们在讲话时说话的速度是每分钟 150 个字左右，这便产生了听者的心智时间差问题。这个差异造成的后果便是，你在思考完对方的讲话后，发现还有很多的空白时间，于是在继续听对方讲话的过程中，你的大脑自然游走到其他的地方去了，突然当你回过神，你发现已经遗漏了许多对方的讲话内容。这可以说是一种很正常的心理反应的结果状态，但是为了获取更好的倾听效果，我们不得不学会控制。

7．男女的倾听习惯

男人跟女人的不同身体构造使得他们在倾听过程中态度上有着很大的差别。例如，女性在谈话过程中通常选择的姿势便是面对面，身体前倾，面部表情很丰富，会不时点头同时发出"嗯"等声音以证明她在认真倾听对方的讲话。而男性在谈话过程中更多的是采取自然放松的坐姿，基本没有面部表情，较少的眼神接触，并且更多的时候他们会很安静。于是，就以上倾听习惯我们不难看出，假如男性在跟女性谈话，便会有很大的障碍产生。就以女性在谈话中发出"嗯"的声音来说，男性看来会认为女性没有在认真听他讲话，或者会认为女性十分赞同自己的观点。而实际上，女性只是在表示自己在听并且听懂了的意思罢了。而男性在谈话中的沉默同样也会造成女性的误解,她们会认为对方并没有在认真听自己讲话。而实际上,男性只是在保持沉默以便让自己能更加专心地思考对方的讲话内容。所以,男性女性之间的倾听态度同样会影响倾听的效果。

3.2.2 不良倾听习惯

在倾听的过程中,不同的人采取的倾听习惯是不一样的,很多时候,不良的倾听习惯是人们在日常交谈中不知不觉养成的,这些倾听习惯的不同会直接影响到倾听的效果。

1.打断发言

打断别人说话,不仅是一种不礼貌的行为,而且不利于倾听。即使对方在反复说一件相同的事,你还是要耐心等候,这样做的收获会比插嘴说话的收获多得多。倾听者一定要让说话者讲完自己的想法,当他说完时你就会知道他说的是否真的有价值。

2.吹毛求疵

你有没有遇到过这种情况,当你在跟一个人讲话时,他很明显不是在关注你讲话的内容,反而不时地提醒你在讲话中的语法、用词错误、并乐此不疲地挑剔你的口音、观点或者说话风格。很显然,对方并不是在认真听你讲话,而是很可能怀着敌对的情绪在倾听,这必然会造成他在倾听过程中无法完整、客观地听别人讲话。

3.喜欢笔记要点

一般情况下,人们记笔记的速度往往跟不上讲话者讲话的速度,往往讲话者已经讲完三句话了,我们却还在写第一句话。又或者我们忙于记笔记,对方真正的讲话内容精髓却没有被我们抓住。这种情况也是属于不良倾听的习惯,它会造成我们忽略完整的倾听。

4.联想自己

有些时候很多倾听者在听别人讲话时喜欢联想自己,过于表现出自我的心态,不管别人说什么,他都会扯到自己身上。例如,他们往往以"我也是这样……"等话语。这不得不让讲话人停止自己的讲话来听他侃侃而谈,于是很多情况下,谈话主题便被引开了。

5.缺乏耐心

跟第一种情况类似,他们忙于事实或说话者的遗漏,很多情况下,他们好像知道讲话者的下一句话内容。在对方还在讲时就打断,帮助对方继续然后结束对方的句子,于是,这种情况下,倾听者往往忽略对方正在说的谈话主题。

6.忙于自己的事

假设你想跟一个人讲你最近发生的事,你在这边口若悬河夸夸其谈,对方却在那不停地打着毛衣或者接电话。你很容易就产生对方没有认真听你讲话的感觉,你往往会尽快结束自己的谈话并且快速离开。

7.假装倾听

假装在那倾听别人讲话的人通常会装出认真听的样子,他们可能会在讲话者讲话过程中点头表示赞同又或者皱眉表示不理解,或者说些类似"嗯,我知道"、"是吗"等字眼,讲话者以为他们是在认真思考自己的讲话内容,其实不然,实际上,他们并没有把注意力放在说者那里。

8.总是多说

大多数人乐于畅谈自己的想法而不是倾听他人所说。尽管说话可能更有乐趣,而沉默使人不舒服，但我们不可能同时做到听和说。一个好的接受者，是能够做到多听少说的。

9．轻易下结论

对说话者的肢体语言、面部表情或音调所传递的信息，如果自己心存疑惑，最好开口问问；如果不好意思问，也可以用非语言方式表达出自己的想法。不能凭借自己听到的只言片语轻易下结论，一定要把说话者的真正目的和意图了解清楚后再做出判断。也就是说，倾听者要尽力避免对别人进行臆测，虽然有时候臆测可能是正确的，但是最好尽可能避免臆测。

10．心存偏见

人们在与别人沟通交流之前，总是以自己的主观印象或思维定势来推测对方的动机，戴着有色眼镜去看待别人，结果是对方还没有开口说话，自己就表现出了不想听、不耐烦或不感兴趣，从而错过了倾听一些重要的信息。因此，倾听时应尽量不心存偏见，要诚实地面对，承认自己的偏见，并且倾听对方的观点，容忍对方的偏见。

11．分心的举动和手势

在倾听时，注意不要进行如下几类活动：看表，心不在焉地翻阅文件，拿着笔乱写乱画等，这些会使说话者认为你很厌烦或不感兴趣。更重要的是，这也表明你并未集中精力，因而很可能会遗漏一些说话者想传递的重要信息。

3.3　有效倾听的技巧

3.3.1　注重倾听中的提问与反馈

提问能使倾听更具有含金量，而反馈能让倾听达到更好的效果。

举例

一位经理当着大家的面对一位下属的报告进行这样的反馈："你的报告提交得太晚了，不仅如此，字号还小得像蚂蚁一样。重新打印一份马上交给我！"很明显，这样的反馈虽然具体明确，但在心理上却完全没有平等的沟通，所以是无法与对方建立起信任和理解的关系的。

1．倾听中的提问

人们在倾听的过程当中，在恰当的时候提出问题，并且将自己的思想与意见与对方进行交流，往往十分有助于双方的互相沟通。沟通的目的不仅是为了获得信息，更多的也是为了知道彼此在想什么和要做什么。有些时候，适时、适度地提问，不仅能够促进、鼓励讲话人继续谈话，还能够从对方的谈话中获取更多的信息，这些信息包括谈话的内容、方式、态度、情绪等，从这些方面中，我们可以更好地了解对方，也会让对方觉得我们是在尊重他，从而促进双方和谐关系的建立。

在提问的时候，一些必要技巧的掌握是十分重要的。恰当的提问能够使倾听的效果锦上添花，而不适当的提问不仅使倾听的过程变得本末倒置，而且还有可能带来许多新的问题和矛盾，甚至引起别人的厌烦和不满。总体而说，想要掌握适时、适度的提问方式，需要注意以下方法和技巧。

（1）问题要明确。在谈话中，不管谁来提问，提出的问题一定要明确具体。这里所说的明确具体，既包括表述问题的词义明确具体，便于理解；也包括问题的内容明确具体，便于回答。

（2）问题要少而精。如果你在交谈中有很多问题打算向对方提出，你可以适当将问题压缩精简，在对方表达完自己的意思后再提出自己的疑问。必要时，在交谈中一定要控制自己提问的数量。

（3）问题要紧扣主题。对方的讲话内容如果偏离了自己想要的主题范围，那么要能够通过提问将对方的讲话引入自己需要的信息范围之内。这对提问者的要求比较高，要求能够在提问中紧紧围绕谈话的主题和内容进行。

（4）问题要适时提出。过早的提问会打断对方思路，而且显得十分不礼貌；过晚的提问会被认为精神不集中或未能理解，也会产生误解。

（5）问题要礼貌委婉。提问时应避免使用盘问式、审问式、命令式、通牒式等不友好、不礼貌的问话方式和语态、语气。解决方法之一就是用开放性的、友好的问句代替"为什么"型的问题。

☞举例

为避免造成紧张的防卫气氛，我们最好不说"你为什么没准时到，让我们误车了"，而应说"由于你没能准时到场，我们误了车，以后如果再有类似情况，你事先通知我们一声好吗"。

2．倾听中的反馈

在倾听过程中，有效反馈可以起到激励和调节的作用。但要做到有效反馈，不仅需要沟通双方努力创造良好的沟通氛围，建立起相互信任的关系，而且还要注意以下几点。

（1）语言要明确具体。反馈中要注意使用具体明确、不笼统、不抽象和不带有成见的语言。

（2）态度应是支持性的和坦诚性的。支持性和坦诚性的态度有助于沟通双方建立起理解和信任的关系。

（3）氛围是开放轻松的。因为在开放、轻松的沟通氛围中，双方内心的满意度都比较高，尽管人们有可能存在着不同的意见，但是他们通常对事不对人，出发点都是为了解决共同的问题。

（4）反馈时机是适宜的。一般情况下，应给予对方及时的反馈，及时反馈往往有利于问题的解决，否则矛盾逐渐积累，会越发不可收拾。

（5）反馈必须要适度。尽管反馈在沟通中十分重要，但反馈也必须要适度，因为不适当的反馈会让对方感到窘迫，甚至产生反感。

3.3.2　策略

倾听环境、倾听者、说话者这三个因素无疑是引发倾听障碍的主要原因，因此，克服倾听障碍也应该从这三个方面做起。

1．创造良好的倾听环境

倾听环境对倾听的质量和效果具有重要的影响，交谈双方如果能够选择并营造出一个良好的倾听环境，就能够在很大程度上改善倾听的效果。一般来说，良好的倾听环境包括以下内容：

（1）适宜的时间。如果有可能，可根据沟通的需要，慎重选择有助于倾听的时间。某些人工作效率最高的时间是早晨，所以他们适合把重要的汇报安排在早晨。对多数人来说，一天当中心智最差的时间是在午餐后和下班前，因为在饱食后很容易疲倦，而人们在下班前不愿被过多的耽搁。因此，应尽量避免在这些时间里安排重要的倾听内容。

（2）适当的地点。地点的选择必须保证交谈时不受干扰或打扰，要尽量排除所有分心的事，告诉秘书代为接听你的所有电话，或者摘下电话听筒，或者在门上挂一块免扰牌。

（3）平等的氛围。要根据交谈内容来营造氛围。讨论工作上重要的事情时，应该营造一个严肃、庄重的氛围；而在联欢晚会上，则要营造一个愉快的气氛。要知道，同样的一句话在不同的氛围下传到听者耳朵里的效果是不同的。

2．提高倾听者的倾听技能

克服倾听的障碍，关键在于提高倾听者的倾听技能。

（1）完整、准确地接收信息。在交谈中，倾听者仔细聆听讲话者说出的话是非常重要的，因为它告诉我们说话者在想什么。但是，好的倾听者不仅要听讲话者说出来的信息，还要能够听出言外之意，即不仅要听说出的事情，而且要听某事是如何说出来的。许多时候，人们的非语言行为透露了人们真实的意图，所以倾听时尤其要注意观察与语言表述相抵触的那些非语言行为，这样才能避免接受信息的偏颇和遗漏。因此，作为倾听者应该注意以下几点：①精心准备。要求倾听者在谈话前列出自己要解决的问题，以便在谈话过程中注意倾听对方对这些问题的回答。②摘录要点。对于谈话中涉及的一些关键问题要一一记下来，可以适当重复对方的话来验证所获得的信息，也可以换个角度说明对方的信息，这既可以帮助你获得正确的事实，同时也是对说话者的一种反馈。③会后确认。在会谈接近尾声时，应与对方核实自己理解是否正确，尤其是关于下一步该怎么做的安排，这有利于按照对方的要求正确地采取下一步的行动。

（2）正确地理解信息。交谈双方文化水平、社会环境的差异常造成双方对同一事件的不同理解。产生误解的一大原因就是习惯思维。一个人在对问题的理解上总是先调动自己以往的经验，然后推测将来的发展趋势。因此，要防止误解的产生，倾听者要尽量做到以下几点：一是从对方角度出发，考虑他的背景和经历，想想他为什么要这么说，他希望我听完之后有什么样的感受；二是消除成见，克服思维定势的影响，客观地理解信息；三是不要自作主张地将自己认为不重要的信息忽略，最好与信息发出者核对一下，看看自己对信息的理解是否存在偏差。

👉 **小资料**

一个人总会被自己的好恶感左右：喜欢某个人，只要那个人讲句话，不管对与错，都认为他讲的就是正确的；讨厌某个人，连见一面都觉得难受，更别说坐下来耐心听他讲话了。其实，这种倾听方式对双方的沟通会造成很大影响，容易使信息失真。

（3）适时、适度的提问。作为一个倾听者，尽管其主要任务在于倾听他人所说。但是，如果倾听者能以开放的方式询问所听到的事，成为谈话的主动参与者，就会增进彼此间的交流和理解。可以说，提问既是对说话者的一种鼓励，即表明你在认真倾听，同时也是控制和引导谈论话题的重要途径。

（4）及时地给予反馈。说话者会根据倾听者的反馈做出适当的调整，这样会更加有利于倾听者的倾听。因此，在倾听时对说话者的信息做出反馈是十分必要的。反馈可以是语言的，也可以是非语言的，但要注意反馈应清晰，易于为人所了解、接受。

（5）防止分散注意力。在倾听时能使人分散注意力的因素有很多，如一定的生理疲劳会使人们感到厌倦，而其他的新异刺激也能将人们的注意力转移到其他人或事上。除了周围的噪音，讲话者的口音和方言也可能让倾听者分心。但是，好的倾听者会排除干扰，并努力倾听说话者信息中的要点，采用良好的坐姿，使自己保持在觉醒和兴奋状态，帮助自己在倾听时克服分心。

3．改善说话者的说话技巧

一切沟通技巧从本质上说只为两个目的服务：让别人懂得你以及让你懂得别人。如果你的谈话方式阻碍了其中任何一个目的的达到，你就步入了危险的沟通雷区。讲话者常犯的毛病主要有以下几个方面。

（1）说话速度太快。高频率的长篇大论只会给人以喋喋不休的感觉，听众没有时间完全理解讲话者要表达的东西。

（2）太注重细节。在说明一个问题的时候，总想把所有的细节都解释清楚，可是到了最后往往连自己也不知道要讲的中心问题是什么了。

（3）过于紧张。有些人觉得在很多人面前发言是一件很可怕的事情，并且因为紧张连发言也莫名其妙地颠三倒四。

（4）对人不对事。"每次和同事有争执的时候，我都会觉得脑袋里的血呼地一下就往上涌了，然后我说出来的话就不那么理智，有点儿意气用事的味道了。"这也是人们经常会遇到的问题。

讲话者这些毛病和缺点的存在，直接影响着倾听的质量和效果，因此，作为谈话中的引导者，讲话者应该克服这些毛病，引导倾听者的兴趣，提高倾听效率。

3.3.3　倾听方法

1．努力培养倾听的兴趣

在倾听时，倾听者既要保持良好的精神状态，又要以开放的心胸和积极的态度去倾听，这样不仅能够听到谈话的主要内容和观点，而且能够很容易地跟上说话者的节奏。即使自己对说话者所说的话感到失望，也要努力试着倾听正面的及有趣的信息。

（👉）提示

有效倾听既是一种技巧，又是一种极富警觉性与极费心思的历程。在面对面沟通的场合里，倾听不仅要做到"耳到"，还要做到"眼到"、"心到"与"脑到"。所谓"眼到"，就是要用眼睛去观察对方的表情、眼睛、手势、体态与穿着等，以判断他的口头语言的真正含义。所谓"心到"，就是要以换位思考的态度站在沟通对方的立场与角度，去体会他的处境与感受。所谓"脑到"，就是要运用大脑去分析对方的动机，以便了解他的口头语言是否话中有话、弦外有音。

2．保持目光交流

眼睛是心灵的窗户。一位细心、敏感的倾听者会适当注视对方的眼睛，并保持与说话者的目光接触，而不是看窗外、看天花板。如果直视他人的眼睛很困难的话，也可以用弥漫性的目光注视对方的眼睛周围。目光接触是一种非语言信息，表示"我在全神贯注听你讲话"。

3．了解对方的看法

倾听时可以不同意对方的看法，但至少要认真接纳对方的话语，可以点头并不时说"原来如此"、"我本来不知道"等，鼓励对方继续说下去。说不定他说的是正确的，你或许也可从中获益。如果你不给对方机会，就永远也不知道对不对。

4．采取开放式的姿势

人的身体姿势会暗示出对谈话的态度和兴趣。自然开放性的姿态代表着接受、容纳、尊重与信任。调查研究发现，攻击的、恳求的或不悦的声调以及弯腰驼背、手臂交叠、跷脚、眼神不定等肢体语言，都代表并传递着负面的信息，并影响沟通的效果。所以，在倾听过程中，使用深感兴趣的、真诚的、高昂的声调会使人自信十足；恰当的肢体语言，如用手托着下巴等，也会显示出倾听者的态度诚恳，这些都能让说话者感受到倾听者的支持和信任。

5．及时用动作和表情给予呼应

有效的倾听者不仅会对听到的信息表现出兴趣，而且能够利用各种对方能理解的动作与表情及时给予呼应和反馈，如可以用赞许性的点头、恰当的面部表情与积极的目光接触相配合，向说话人表明你在认真倾听；也可以利用皱眉、迷惑不解等表情，给讲话人提供准确的反馈信息以利于其及时调整。

6．学会复述

复述指用自己的话来重新表达说话者所说的内容。有效的倾听者常常使用这样的语言："我听你说的是……""你是否是这个意思……""就像你刚才所说……"复述对方说过的话既表示了对说话者的尊重，同时又能用对方的观点来说出自己的想法。这样，倾听者不仅能够赢得说话者的信任，而且还能够找到沟通语言，从而拉近彼此之间的距离。

7．抑制争论的念头

沟通中难免会出现不同的认识和看法，当自己的意见和看法与别人不一致的时候，倾听者一定要学会控制自己的情绪，尽量抑制内心争论的冲动，要有耐心，放松心情，一定要等着对方把话说完，再来表达自己的看法和见解。

关键术语

听、倾听、倾听障碍、被动倾听、不良倾听习惯、有效倾听、倾听中的提问与反馈、倾听策略、倾听方法

本章习题

一、判断题

1．倾听是听，但听不是倾听。（　　　　）

2．倾听的过程具有能动性，它是对所获得的信息进行能动的处理后再能动地反映自己主观感想的过程，其包含的五个阶段是按顺序进行的。（　　　　）

3．安静、严肃的谈话场所更有利于双方的谈话。（　　　　）

4．"好记性不如烂笔头"，在听别人讲话的时候，要随时记下对方的讲话内容防止忘记。（　　　　）

5．倾听时要注意观察与语言表述相抵触的那些非语言行为，这样才能避免接受信息的偏颇和遗漏。（　　　　）

二、选择题

1．人类的几种沟通模式中，运用时间所占比例最多的是（　　　　）。

    A．听　　　　　　　B．说　　　　　　　C．读　　　　　　　D．写

2．造成倾听障碍的最普遍的因素是（　　　　）。

    A．被动倾听的影响　　　　　　　　B．过滤谈话内容

C. 男女的倾听习惯   D. 环境影响

3. 良好倾听环境的创造不包括（   ）。

   A. 适宜的时间   B. 适当的地点   C. 平等的氛围   D. 选择合适的人

4. 作为倾听者完整、准确的接收信息应该避免以下哪一点（   ）。

   A. 精心准备   B. 不懂也不问   C. 会后确认   D. 摘录要点

5. 倾听的过程主要有哪几个阶段（   ）。

   A. 预测信息   B. 感知信息   C. 选择信息

   D. 组织加工信息   E. 解释理解信息

三、思考题

1. 什么是倾听？

2. 在人际交流沟通中，哪些因素造成了倾听的障碍？

3. 不良的倾听习惯有哪些，如何解决？请结合自身谈一谈。

4. 在倾听中怎样进行提问和反馈？

5. 倾听的策略和方法的运用有哪些，要注意哪些事项？

案例分析

索尼的倾听之道：倾听玩家与开发者的声音

"以需求为驱动"，这是 PS4 整个开发过程中紧紧围绕的原则与核心。那么需求来自于哪里呢？

对于一款游戏主机而言，游戏开发者需要有良好、舒适的开发环境，这是开发者的需求。

而另一方面的需求则来自于玩家，能不能提供足够吸引玩家的游戏，往往是新主机所面临的第一个挑战，而能否在与其他主机的第一轮首发血拼中获胜，独占游戏与游戏数量、品质等因素，也往往起着决定性作用。

在这两个方面，PS4 开发团队是如何去做的呢？

首先针对开发者而言，以塞尼为首的团队多次亲赴第一线接触游戏开发者们，倾听他们的看法，并且适时做出相应的调整。比如在 PS4 架构设计之初，鉴于 PS3 时代 CELL 基于的 Power PC 架构给开发者带来的艰难开发环境，塞尼果断选择了成熟的 X86 架构，同时，在 Intel 与 AMD 之间，选择了成本更低，GPU 与 CPU 融合方面更具优势的 AMD APU 平台。

采用 X86 架构的 PS4 拥有比 PS3 更加舒适的开发环境。八核"美洲虎"加上专门定制的 1.843 Tflops（浮点运算能力）Radeon 图形显卡，是 AMD 为 PS4 打造的终极硬件平台，同时，PS4 开发团队给开发者们提供了高达 8GB 的 GDDR5 统一内存。

其实 PS4 采用 8GB GDDR5 统一内存的消息一出，很多人都不理解为什么这样做。于是当 PS4 公布之初有记者问到为什么 PS4 要使用 8GB GDDR5 统一内存时，塞尼表示，在确定 PS4 内存之前，他向很多第三方游戏开发商进行了咨询，并希望从他们那里得到有用的信息，最直接的问题就是问他们喜欢看到什么样的新主机。其中，有 30 多个开发商所给出的反馈都是有关主机内存的，因为 PS3 的内存设计让很多开发团队很受影响，希望 PS4 采用统一内存，不再把显存与内存分割开来。

正是因为了解到了开发者的需求，于是大容量统一内存被提供给开发者们，帮助他们在开发游戏时更加游刃有余。

因此我们可以看到，索尼在 PS3、PS2 以及 PS1 时代里，都是以主机为中心，我设计出什么样的主机，你开发游戏时就怎么用好了，至于有什么困难，这不是我考虑的范围；而到了 PS4 时代，主机的设计紧跟开发者的需求，这一转变，同样为 PS4 的成功奠定了基础。

那么对于玩家而言，索尼又是如何听取意见的呢？

拥有 PS 游戏主机的朋友一定会发现 DualShock 4 采用不同于以往的设计，Select 与 Start 键取消，取而代之的是 Share 键与 Option 键。其实，Share 键的诞生就来自于玩家的诉求。网络时代里，玩家不再是一个人躲在家里默默的玩游戏，而是希望把自己的心得、通关视频、技巧视频放到网上与其它玩家分享，而 Share 键的设计正是为满足这些玩家的需求而诞生的。

Share 键应玩家需求而定制。而 Share 键的实际表现怎样呢？据索尼官方统计，PS4 发售不到 1 个月内，Share 键被按下超过 650 万次，前不久举办的 2014 E3 游戏大展上，SCEA 总裁兼 CEO Shawn Layden 宣布，Share 键迄今为止已经被按下了 2 亿 2 千万次，广受玩家的喜爱。

可以说，PS4 正是同时听取并采纳了来自开发者与游戏玩家的声音，才能在次世代主机的第一轮血拼中获得先机，并且率先冲破千万销量，这不得不说是索尼又一次伟大的成功。

资料来源：中关村在线，PS4 神话如何缔造 解读索尼的次世代攻略：http://nb.zol.com.cn/476/4762012.html?keyfrom=front

问题

1. 索尼是如何倾听的？
2. 索尼的成功说明了什么？

第4章 面谈与面试

学习目标

1. 掌握面谈的含义及特性
2. 理解面试时应注意的沟通问题
3. 了解面试时的准备和技巧

能力目标

1. 提高学生面谈与面试实际应用中的有效性
2. 注重学生对面谈与面试及其相关概念的认识能力

导入案例

大公司压力面试，你能扛住吗？

"一架波音 737 飞机有多重"、"你要是死了，想在自己的墓碑上写句什么话"……面试得好好的，考官忽然话锋一转，甩出个听起来像开玩笑一样的怪问题，你该如何作答？面试大公司，你可得做好顶住压力，坚持"战斗"到底的准备。

去年年底的一天，梁先生精神抖擞地去一家跨国通信公司面试。考官是个 30 多岁的香港人，看上去很精干。他先从桌上拿起一张纸，拎在手里抖得哗啦哗啦响，然后有些傲慢地拖起了长腔："这就是你的简历吗？"梁先生一愣，礼貌地回答："是的。您觉得还有什么需要说明的问题吗？"他松开手，让简历飘落到桌上，很凶地盯着梁先生："很有问题。你不是上海人吧？不会说上海话，你在上海怎样开展工作？""说不定他是想先给我个下马威，看我扛不扛得住压力呢！"想到这里，梁先生冷静地回答："上海是个国际大都市，我想会不会说方言应该不会对工作造成实质性的影响。如果工作确实需要，我会马上去学上海话。"

考官无从发作，又拿起他的简历，看了一会儿突然发问："你是和母亲单独住吗？现在公司有项紧急任务，但你又接到电话说母亲住院了，你准备怎么办？"梁先生沉默了一会，镇定地说："我想先找个同事帮忙把工作处理一下，自己马上赶到医院，如果情况不严重的话，再立刻赶回来。"谁知考官步步紧逼："工作是没有办法找人代的，你考虑好怎么办了吗？"梁先生一咬牙："对不起，我只能先赶回去。事业再重要，也没有生我养我的母亲重要！"

考官洋洋得意地往椅背上一靠，"我对你的表现非常失望。"梁先生还是按下怒气，三言两语答完几个常规问题后便起身告辞。走到门口，梁先生想了想，回头说："我觉得您今天有一些问题问得不太礼貌。""是吗？你要那么想我也没办法啦！"他歪在椅子上，一边抖腿一边挑衅地盯着梁先生。梁先生不愿再和他啰唆，昂首推门而出。

不久，梁先生居然接到了这家公司的 OFFER。据说那个香港考官很赞赏他，因为他"面对强大的压力"，还"能充分保持冷静和克制，是块干客服的好材料"。

有些考官喜欢 PRESSURE INTERVIEW（压力面试），往往先提一个不甚友好的问题，一开始就劈头浇你一盆冷水，让你在委屈和激愤中露出本色。在他看来，击溃你的心理防线，才能筛选出真正有心理承受能力的智者，找到能面对劣势和压力的"新鲜血液"。上文那位考官"思路"蛮好，就是选的例子稍微过分了点，应聘者的反应也无可厚非。假如工作中真遇到蛮不讲理的客户，你是不是也能一避了之呢？

资料来源：选自 http://www.mian4.net/mianshijingyan/27569.html

4.1　面谈概述

4.1.1　什么是面谈

1．面谈的含义

说到面谈，很多人可能会误解为简单的谈话、聊天。其实不然，面谈是指组织中与工作有明确关系的、有目的的和受控制的两个人或多个人参与的面对面的沟通方式，是一种有组织、有计划开展的交换信息的活动。由于面谈是面对面的及时沟通，所以它需要比书面沟通更快的反应，在信息的组织和表达上也更灵活，对面谈者谈话内容、表情、动作等及时分析的技能也要求较高。

2．面谈的特性

（1）面谈具有目的性。面谈与普通的聊天，谈话是不一样的。一个很简单的例子，当你在逛街的时候碰到一个朋友，你们可能就在碰面的那个地方闲聊几句，这种聊天显然不是面谈，因为它是没有带任何目的性的见面打招呼。

（2）面谈具有计划性。当选择与某个人进行面谈之前，一般情况下我们都会事先做好准备。例如了解对方的谈话方式，性格特点，从而选择适当的谈话策略与沟通策略，制定出一套面谈计划，既可以使自己在面谈中游刃有余，同时也能避免面谈中出现无话可说的尴尬局面。

（3）面谈具有技巧性。面谈是一项极具技巧性的沟通方式。当进行面谈时，人类的大脑处理说话以及思考语句的速度十分快，很多时候我们既要注意接受理解对方的谈话内容，同时也要在适当时候发表出自己的意见与看法，这在很大程度上靠的便是在谈话中的技巧性：快速的反应，灵活的信息组织技巧，以及及时的分析技能。

4.1.2　面谈类型

1．招聘应聘面谈

采取招聘面谈的方式来选取适合岗位的人才，这是如今很多企业单位采取的方法。在进行面谈时，一方面企业希望能进一步地了解求职者的专业知识能力，谈吐，为人处世，考察他们是否适合该岗位。另一方面，企业也希望借由面谈能向前来应聘的求职者进行企业宣传，提高企业在业内的知名度。优点便是可以防止面试官在面试时直接根据主观印象给分。

招聘应聘时的面谈主要有以下几种类型：

（1）模型式面谈。即：在还未进行面谈前就准备好相关的提问，不管应聘者是谁，都按照事先的问题进行提问。

（2）开放式面谈。即：招聘方给予应聘方很大的自由，通常的方式是：提出一个主题，然后让对方就该主题谈谈自己的看法。在应聘者发表自己的观点时，招聘者会根据他的谈话内容考察其逻辑是否清晰，谈话方式是否符合该职位应有的特点，以及想法是否成熟等。

（3）团体式面谈。即：招聘方往往专门形成一个面试团，该面试团具体的职能分配都有专门人员进行，包括记录，提问等。一般情况下，应聘者与面试团进行交谈时，他需要应付来至各方的挑战，很多时候，面试团里会有不同的人员来与之交谈。该方法选拔人才是比较全方位的，往往能够招聘到适合企业的最佳人员。

👉 举例

招聘面谈的参考问题

能力：

1．你曾经做过什么工作（工作经验）？

2．你上一份工作是什么？

3．在以前的工作中你有何业务或者技能比较突出？

4．你认为在工作中什么任务比较难以处理？为什么？

个性：

5．谈谈你对你上一个工作单位的看法？

6．你平时喜欢独立完成工作还是喜欢团队合作？

7．你以前的上司是一个什么样的人？

8．业余时间你一般怎么打发？

9．请描述一下你上一次受领导批评时的情景。

自我提高：

10．你将来的职业目标是什么？

11．谈谈你对我公司或该行业的一个大概了解。

12．你认为就目前自己所受教育，还愿意花时间精力去提升吗？

13．你如何衡量自己在工作中的得与失？

14．你有做过职业生涯规划吗？从什么时候开始的？

2．绩效评估面谈

在公司的绩效考评中，一般会有绩效评估面谈这一环节，这也是绩效评估反馈阶段的主要任务。绩效考评的目的就是考察组织成员对组织目标是否完成，完成情况的反馈，以及对以后工作的指示情况。在这个考评阶段中，不是简单的上下级将考评结果进行公布，通告，而是上下级之间就考评的工作情况进行沟通交流。在沟通交流中，考评结果主要是将大家在工作中表现不好的方面提出以便协商调整修改，同时也将好的方面提出，方便大家模仿跟进，提高组织的效率，在这之后，提出组织的下一个目标。在员工的绩效上给出正确的反馈是十分重要的，但同时，管理者也得注意反馈时采取的方式，注意照顾员工的情绪，以免打击员工的积极性。

（1）绩效评估面谈的一般流程。绩效评估面谈前的准备包括：对面谈对象的分析和准备工作两个环节。一般来说，依据不同类型的员工所采取的面谈方式是不一样的，对他们面谈时考虑的目标也是不一样的（见表 4-1）。

表 4-1　面谈对象和目标

工作绩效评估面谈对象	工作绩效评估面谈目标
令人满意，可以提升	制定开发计划
令人满意，不能提升	维持现有绩效
不令人满意，可以改善	绩效改善计划
不令人满意，无法改善	不需面谈（解雇或放任自流）

令人满意，可以提升——对于这种面谈对象，绩效评估的结果是十分令人满意的，由于其即将面临着提升，所以在面谈中，上级领导与他们之间的谈话氛围是十分和谐轻松的。这种面谈是最容易进行也是双方最喜欢的。令人满意，不能提升——在这个面谈中，绩效评估的结果也是不错的，面谈氛围比较轻松。因为员工知道自己所做的努力领导看到了，只是迫于现状可能上面没有空余职位或者自己上升的空间有限而无法得到提升。不令人满意，可以改善——绩效评估的结果不太令人满意，但是该员工有相当大的改善空间。这种面谈中的氛围刚开始可能会比较尴尬，因为一开始一般会是将考评结果进行公布与分析，但是当涉及后面的改善计划时，氛围会稍显融合。不令人满意，无法改善——绩效评估的结果十分不令人满意，并且该员工也没有任何的改善空间，这种情况下，面谈便不需要了，因为纯粹是浪费时间跟精力。

👉 **举例**

张经理在午餐时对另一位经理说："今天早上我突然想起今天是绩效评估的最后一天了，可是我还没有给李明做评估，于是我把他从预算会上叫了出来，他说没时间准备，我对他讲了几个我不太满意的地方，并好心告诉他应该怎么改正错误，而他却只是一个劲儿地说他在几个问题上不同意我的说法，并要我对每个批评都举例说明。我简直不能相信他的反应，我得到的回应只有愤怒和沉默，是否现在人们都不太关心提高自我了？平时他还挺不错的，但是他在评估中似乎很不高兴。你说他是怎么回事？"

在这个案例中，我们不难看出张经理在绩效反馈这个环节上犯了以下几个错误：在进行绩效评估面谈前要做好事前安排，对绩效评估的资料进行整理和分析，安排好面谈人员和时间，对即将进行面谈的员工进行简单的分析了解，先各自做好评估，将员工的实际工作绩效与绩效标准进行比较，并对其原来的工作绩效档案进行审查。张经理对这次绩效面谈明显没有做好事前的准备工作，在他想到今天是最后一天绩效考评时临时拉出李明来做面谈。不仅仅是他，连李明也没有做好准备，这种面谈能取到什么样的效果呢？

面谈前的准备工作主要有以下几点：一是明确面谈的目的：双方就被考核者的表现，达成一致的看法；指出被考核者优点之所在；辨明被考核者的不足与努力方向；共同为被考核者制定相应的改进计划。二是安排合理的面谈时间：让进行面谈的员工有充分的时间做好准备，让他们能够对自己的工作进行审视，分析，以便在之后的面谈中有时间让他们提出自己的意见和看法；同时，面谈时间应该尽量安排在被考核者方便的时候。三是安排合理的面谈地点：面谈地点的选择是十分重要的，一场轻松愉悦的面谈能够使双方都能将自己的真实想法表现出来，使面谈效果更为显著；面谈场所最好选择相对封闭，方便双方进行沟通、安静且不易被打扰的环境。

（2）绩效评估面谈的进行。绩效评估面谈是一门艺术也是一种技术性很强的工作，它没有专门的固定模式，是随着交谈对象的不同而呈现出不同的特点，因此，绩效面谈的进行需要掌握以下几个要点：一是谈话内容要具体；二是讲话要直接明了；三是让员工多开口；四是给员工制定工作计划。

3．信息收集面谈

信息收集面谈是你想要获取某一方面的信息资料或者想要获得某种帮助时进行的面谈。你想了解某一方面的信息，你便可以去该领域找相关人员进行面谈，为了准确有效地获取你想要的信息，你可以提前做好准备计划，包括目的、人员分析、安排时间、地点、准备预期问题等。在信息收集的面谈过程中应注意以下问题：（1）面谈应结构化。在面谈前应确定收集信息的内容并制定详细的提问单，把握住所提问题与目的间的关系，并注意挑选参加面谈的人员。（2）面谈过程中应保持友好、亲善的态度。（3）进行信息收集。面谈的发起者应同有着较多经验或者对该领域较为熟悉的人员进行面谈，从而使所获面谈资料更为准确可信。

信息收集面谈很像闲聊，有些时候在进行信息收集面谈时，与你谈话的对方都没有意识到你正在收集信息，因此，很多时候你们谈话的内容、主题会背离你的初衷。所以，作为面谈的发起人在进行讲话时必须要灵活有技巧地进行谈话，循序渐进，引导对方向主题靠拢。

4．激励面谈

这种面谈是在员工违反纪律或者工作出现差错时，对员工实施教育的面谈，此时的面谈是属于负激励的。当员工工作进展十分优秀取得相当大进步时，对员工进行表扬的面谈就属于正激励面谈。不管正激励面谈还是负激励面谈，在公司或者单位中，这些面谈都是经常用到的。

👉**建议**

在进行激励面谈时，要注意时间、地点的选择。如果打算进行负激励面谈，时间上最好选择下班后或者工作休息时，找一个比较安静人少的空间进行。因为负激励面谈的氛围一般情况下较为压抑，周围没有人以及安静的环境能让对方更能接受面谈内容。对于正激励面谈的进行，可以选择在人多的场合，表彰大会或者一些非正式场合，这样可以使被激励者获得更多的自我满足感，更有利于他之后在工作上的努力。

4.2 面谈的过程和技巧

根据面谈的基本内容，可以把面谈的过程划分为以下几个部分：面谈前的准备、面谈的实施和面谈后的跟踪，不同阶段需要掌握的面谈技巧也是不一样的。

4.2.1 面谈前的准备

1．确定面谈的目的

明确、清楚的目的有助于随后的计划和行动，面谈的主要目的有：（1）选择适当人员完成特定的工作。（2）提供、获取或者交流信息。（3）寻求信念和行为的改变。（4）咨询、商讨并解决问题。（5）给予劝告。如果下属因为自身的原因，最近一直处于不良的情绪之中，并且有波及到日常工作上，可以与之进行面谈。

2．确定资料信息的准备

面谈前的资料信息主要有分析面谈的参与者、为应对对方提问而事前准备的资料信息。在面谈之间，面谈者会根据面谈的目的阅读有关的文件，把面谈中要获取的信息进行归类，并且按照内容网的逻辑关系进行排序，剔除那些重复的问题，然后将需要收集的信息列成一览表，这样既有助于对具体问题做出决定，也可以避免忘记。要注意在收集资料的过程中，应考虑对方可能会在面谈中的回答与提问，他们会问什么样的问题，怎么问？不同的生活环境、背景、性格特点都会对面谈中的问题起到很大的影响。

3．确定面谈的时间地点

在地点的选择时，要注意尽量选择一个轻松熟悉的环境，轻松熟悉的环境对面谈时情绪的放松有很大的作用。如果不能做到，则可以选择一个对双方来讲中性的环境，从而营造一种宽松的环境。

时间上的选择也十分重要，时间仓促的面谈只能是草草收兵而难以达到预期的效果，如果是重要的面谈，应该安排在双方都有比较宽裕时间的时候。因此，面谈的时间应尽可能提前安排，以便双方安排好各自的工作，也使面谈可以在不受干扰的情况下进行。

👉 提示

表 4-2 是一份面谈的准备清单，可以帮助大家清理要做的准备工作。

表 4-2　面谈准备清单

准备要素	准备问题
Why	1. 面谈的主要类型是什么？ 2. 面谈希望达到的目的是什么？ 3. 你寻求和传递信息吗？如果是，是什么类型的信息？ 4. 会寻求信念和行为改变吗？ 5. 要解决问题的性质是什么？
Who	1. 他们可能的反应和弱点是什么？ 2. 他们有能力进行你所需要的讨论吗？
When/Where	1. 面谈在一天的什么时候进行？ 2. 面谈可能会被打断吗？ 3. 面谈在何地进行？ 4. 面谈前可能会发生什么？ 5. 你在这件事情中处于什么地位？ 6. 需要了解事情的全貌，还是只需要提示一下迄今为止的最新情况？
How	1. 如何实现你的目标？ 2. 你应该如何表现？ 3. 以友好的方式和直接切入主题，哪一种更好？ 4. 你必须小心处理、多听少说吗？ 5. 先一般性问题再具体问题，还是先详细信息再一般性问题？ 6. 你如何准备桌椅？ 7. 如何避免被打扰？
What	1. 确定包括的主题和提问。 2. 被问问题的类型。

4．确定面谈的结构形式

面谈结构形式的确定是面谈的准备工作的最后一个阶段，其内容主要包括三个部分：开始、主体和结尾。面谈开始的任务要确定一个简单的欢迎仪式，使得随后的面谈工作能在友好的关系与氛围内进行；在问题解决或者获取信息上，与参与者建立共同的立场；使参与者清楚地了解并认同面谈的目的。面谈的主体包括从何处开始，从何处着手表明目标；按计划展开主题，充分展示证据，加强所要表达的观点；总结并认可有关结论和所采取的行动；是否需要安排下次面谈，是否有必要并确定何时结束面谈；可能出现的尴尬有哪些？如何清楚？如何达到目标？计划实现了吗？是否有必要按备选方案与策略进行面谈而放弃手头的计划？面谈中如何做记录等？在面谈结尾时要注意对此次的面谈内容进行概括和总结，强调所达成的协议和将要采取的行动，并感谢参与面谈的人员。

4.2.2 面谈实施的一般过程

要想面谈能够取得成功，在掌握必要的控制技能时，了解面谈的一般步骤也很重要，图 4-1 显示了面谈的一般步骤。

1．建立融洽的氛围

一个有着融洽氛围的开头是所有成功面谈的基础，不同的面谈对象、主题以及目的需要不同的面谈开始方式，面谈开始方式有很多种，但是它们围绕的原则只有两个：一个是开诚布公；另一个便是融洽氛围

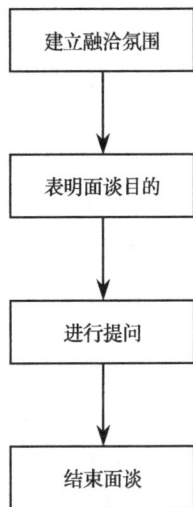

图 4-1 面谈的一般步骤

的营造。有资料显示，面谈中至少开始 5% 的时间是要用来建立融洽的氛围。简短的题外话有助于迅速拉近彼此间的距离，可以融洽气氛、增进感情。题外话通俗叫闲聊，也就是沟通。闲聊很关键，这样可以化解下属见上司的紧张情绪。说题外话的时间一分钟最佳，也可以开一句玩笑。如果能把第一句话说好，那么这个头基本上就开得很好了。

举例

访谈者：感谢你今天花点时间和我谈谈。

被访者：噢，这一点不成问题。我能帮你做什么吗？

访谈者：我想知道你能否对我讲点有关上星期在办公室发生的那件事。首先，你知道它是怎样开始的吗？

被访者：不知道。当时我正在干我的活，突然，那两人就动手了。

访谈者：我明白。你没有听到他们在动手前的谈话吗？

被访者：我没听到。照我看来，好像起因于那个穿蓝衣服的人。

访谈者：你没有留意吗？

被访者：我怎么知道他们会要打架。

访谈者：是的，你真的没有预料到这种情况。然而，或许你能向我描述一下打斗之后发生了什么。

上面这个例子很好地说明了在面谈中我们应该注意的一些要点：语气、氛围；目的；他或她将怎样助于达到那个目的；将怎样利用面谈中获得的信息。虽然在面谈前我们有做好预先的准备计划和方案，由于面谈的不可控性，往往在面谈过程中仍然存在着很大的变数。

2．表明面谈目的

提出面谈的目的是在面谈中提高谈话效率，内容围绕主题。

3．进行提问

进行提问是面谈的主体阶段，在这一阶段中应该做到提出和回答问题、寻求问题的答案、努力说服被面谈者接受你的观点或产品。不同问题类型的作用和要达到的目的是不一样的，因此在提问时运用的技巧也是不一样的。

（1）开放式问题。开放式问题能够使对方必须回答你的问题，例如："你对目前的市场形势的看法是什么样的"、"你对绑定销售这一做法的看法是什么"。这种提问方式是在面谈中运用最多，也是最正确的提问方式之一。

（2）封闭式问题。这种问题的提出是最简单的，对方只用回答"是"或者"不是"，例如："你是不是对目前的工作范围有所了解？"、"你喜不喜欢自己目前的薪水水平？"。这种问题相对于提问者而言是方便的，但是最好不要经常用，因为这样的提问方式没有给对方鼓励，会让他认为自己只用肯定或否定完你的问话后，就不用再说些什么了。

（3）引导性问题。引导性问话的目的在于引导对方回答你心中所希望的答案。例如，"你觉得我们还是应该招那个在面试中表现得很没有礼貌的家伙吗"、"你觉得今年的工作结果还是很令人满意的，对吗"这种引导性问话一般情况下最好在面谈中较少应用，因为它很容易将你自己的思维引入对方的想法中，造成无法获知对方真实想法的后果，除非你自己心中有数。

（4）假想式问题。这种问题通常是以"如果"、"假设"开头进行提问的，例如，"假设你在这个职位上，处在和我一样的环境中，你将如何做抉择"、"如果你处理这件事后，你将怎么办"。这种提问方式在招聘面谈中经常会用到，因为如果运用合理，能够看出前来面谈者的想法和能力。

（5）追踪性/深入调查问题。例如："为什么你还是觉得这个政策是有利于扩展市场的呢"，这种提问能够使对方就刚才的观点做出深层次的解释，让自己更容易理解。

（6）重复性问题。重复性问题的提出很多情况下是在理解完对方的讲话内容后对自己获知内容的再一次确定，这有利于确保双方信息的对称。例如："你刚刚所说的意思是，你比较善于与人沟通是吗？"

在提问过程中，谈话者必须要注意随时控制和引导谈话的进程，尽量使谈话按照预先设计好的计划和步骤进行，同时需要密切关注对方在谈话中的语言和非语言的反应和反馈，保证谈话是按照原本的主题和内容进行的。对谈话气氛的把握也要适当，适当时候的氛围烘托和调节，保证对方的谈话情绪，避免不必要的争执和冲突。如果双方的谈话达成共识，那么应立即做出结论并转移至下一个话题，或者结束面谈，这样，可以防止再一次的讨论而出现节外生枝的现象。

4．面谈的结束

结束面谈时，需要做到以下几点：对今天面谈结论的成果进行总结或者是评价；对参与面谈的人员进行感谢；商议下一次的面谈或者落实下一步的行动。最后，待送参与面谈的人员走后，进行现场整理，包括谈话记录、现场设备的还原、清洁等。

4.2.3 面谈的跟踪

面谈有很多种类，例如，绩效考评面谈往往需要进行事后的跟踪。面谈后的跟踪往往是对面谈的继续以及对面谈中商议的事项的落实。一般情况下，人们采取的跟踪方式主要有：

1. 核对面谈后的结果是否符合自己的计划目标

尽管有些时候你很好地计划了这次面谈，并将事前准备好的问题、疑问都提出，并且对方也回答了你的提问，但是，由于谈话中信息量的庞大，以至于有些时候，你忘记对方是怎么回答你的。这种时候，最好是麻烦对方做一次确认，以保证所获信息的准确性。

2. 确保面谈中达成承诺的兑现和落实

很多情况下，面谈双方的谈话很愉快，签署协议也很迅速，但是当真正到要做时往往得半天才能得到落实。这种时候，进行跟踪是十分有必要的，进一步地确保面谈的成功。

3. 对面谈后的结果及时地做出反馈

面谈中提出的假设，在面谈后采取实质的进展，具体进展如何往往需要反馈，及时有效地反馈有利于双方发信息的对称，进一步保证了双方面谈的成果。

4. 查看是否还有新的疑问产生

面谈按照事前准备好的计划和步骤进行，也按照事前准备的问题进行研究，但是往往在面谈进行中会发现更多的问题，这些问题是临时的，也是必须解决的。

5. 对谈话者提出的难题进行解答与帮助

很多情况下，发起面谈的面谈者只考虑到了自己的情况，而忽略了对方的情况，在达成协议时，对方也可能有难处，这时，我们也要尽可能地为对方排忧解难，因为这不但是为对方解决问题，更是为大家的共同利益着想。

4.3 面试的组织

案例

某大型房地产公司欲招聘部门经理，这家公司规模恢弘、资金雄厚、环境优越、待遇优厚，招聘广告在报上登出后，立刻收到几百份应聘材料，公司经材料筛选、初试、复试、领导会商，A 和 B 脱颖而出，他们被告知在一星期内听候通知。

对比两人情况，从"软件"来看，A 和 B 实力相当，难分高低；从"硬件"来看，A 有一点略占优势，他应聘的职位刚好是大学所学的专业，且具备此专业丰富的工作经验；而 B 却只有经验，学的是相关专业。

在等候通知期间，A 信心十足，只静候通知。B 则主动与该公司人事主管通过两次电话。第一次电话中，B 对该公司提供给自己面试的机会诚恳表示谢意，并感谢人事主管的关照和帮助，祝他工作愉快、顺心！第二次电话，B 说明公司对自己有强烈的吸引力，表达了经慎重考虑后十分想为公司效劳的愿望！每次言辞恳切，只是寥寥数语。

一星期后，B 接到了被录用的通知。

一个企业的长久发展取决于企业中是否有适合企业发展的人才，而人才的选拔则取决于有效的面试。通过面试，企业找到了人才，并适用适才，把合适的人才放在合适的岗位，为岗位选拔合适的人才，又间接地对外宣传企业形象。那么，一场有效面试的组织过程是怎么样的呢？

4.3.1 面试的过程

1．挑选简历

挑选简历的标准是参考所招聘职位的岗位说明书以及为考察是否适合该岗位而设置的核心考核维度。招聘的时候由于每一个职位的要求特点不同，设置的核心考核维度是不一样的，凡是满足相关岗位核心考核维度的求职人员都能够被通知面试。在面试之前，做好面试的准备工作，对即将参与面试的求职者的简历进行研究，在觉得有疑问的地方做上记号，以便在面试的时候，可以就相关疑问询问求职者，从而更好地考核求职者是否能够胜任该工作。

2．通知面试

一般通知面试时有很多种方式，包括邮件，短信以及电话等，权衡考虑不同方式带来的利弊，一般采取电话通知的方式。电话通知面试时，电话礼仪的注意是十分重要的，常用的语言中既有专业的规范也有礼貌用语："您好，是**吗？我是**公司负责招聘的**，我们在**收到您的简历，您符合我们公司招聘的**岗位要求，为此特邀请您来面试。"在对方确定有意向来面试的情况后，与应聘者约好面试时间和面试地点，面试地点最好用手机短信方式告知对方乘车路线，并主动告知对方来面试时的联系方式等信息。

3．正式面试步骤

（1）求职者来到公司等候的时候，应该先让他坐下，然后倒上茶水。

（2）一般情况下一位求职者的面试时间大概为 30 分钟，在进入正式的面试提问面谈时，前面用来与求职者寒暄的时间大概不能超过 3 分钟。

（3）在寒暄过后，我们最好简要地向求职者说明本次面试的相关内容，包括面试时间、面试对象、面试考核的环节及考核标准等等，这个大概得花费 1 分钟，然后再用大概 2 分钟的时间简要地向求职者介绍公司的基本情况。

（4）就之前在简历上存在的疑问，正式向求职者提出并核实，时间大概控制在 8-10 分钟。

（5）不同的职位特点需要的面试时间是不一样的，有些职位如果需要的应聘的人数比较多的话，可以将面试的时间控制在 20 分钟之内，并采取一些其他的考核方法进行，例如情景模拟、公文筐、无领导讨论、专业问题笔试、职业性格测试等。

（6）对面试或考核后的结果给出结论，如果自己有录取的权力时，可以根据面试的结果及时地给出回复。如果自己没有录取的权力，并且需要对求职者进行更多的考核时也需要及时地对求职者进行回复。

（7）有些时候，面试不是简单地对求职者进行提问，许多企业比较欣赏那些能对公司进行提问的求职者，因为往往在他们的提问中，能够发现求职者的很多闪光点，同时这些问题很多也是公司没有意识到的隐患。

4．小结与建议

一场面试结束后，最好能够对求职者现场的表现做出一点小结，让他们知道自己描述的工作经验等内容中存在的缺点，当然最好是以一种委婉的方式来对他们进行合理的建议，即便可能公司没有录取他们的机会。这种做法一方面可以促进求职者的成长，另一方面能够使求职者觉得该公司比较负责任，更好地起到了为公司进行宣传的作用。

5．面试回复和跟踪

在面试结束后，很多公司会对那些自己比较满意的求职人员留下联系方式和联系时间。所以，待选拔完毕之后，到了时间应该主动和求职者进行联系。那些在面试中明确表示要进行随后斟酌的更要及时联系和回复跟踪。

4.3.2　面试人员应该注意的沟通问题

1．营造和谐的气氛

在招聘面试中，应聘者总免不了有些紧张，和谐的气氛就显得尤为重要。一般情况，尽可能在面试刚开始时，问应聘者一些比较容易回答的问题，如让应聘者做一般性的自我介绍，询问其工作与学习经历等，以缓解面试的紧张气氛，使应聘者在从容不迫的情况下，表现出其真实的心理素质和实际能力。

2．紧密围绕面试主题

不管是面试官还是前来面试的应聘者，在面试的过程中都会无意识地岔开话题，或者是将目标引开，这样的后果就是既浪费时间又达不到目标。在面试中，紧密围绕面试的主题是十分重要的。

3．用鼓励的眼光看待应聘者

有些时候在面试的过程中，一些面试官会表现出对应聘者一种漫不经心的态度，这样会使得应聘者感觉到自己受冷落，就不会积极地做出反应，面试官也就无法了解应聘者真正的心理素质和潜在的能力。因此在面试的过程中，作为面试官应该用鼓励的眼光来看待应聘者的表现，让他们更能展现自己的真实能力。

4．注意非语言

人类很多的真实内心往往不是从他们的语言中表现出来，而是从一些非语言上表现的，因为人们的语言很多是通过大脑的深思熟虑才讲出来的。尤其是在面试的时候，应聘者往往事前做过充足的准备，他们在讲话的时候通常将自己最好的一面表现出来。所以在这种情况下，面试官想要真正了解应聘者的真实内心想法和心理素质，就应该不时地仔细观察应聘者的表情、动作、语调与非语言行为。

5．避免产生同情心理

所谓同情心理便是指当听到应聘者的某种背景和自己相似时，就对他产生好感，产生同情的一种心理活动。

6．避免晕轮效应

晕轮效应是指根据不完全的信息做出以偏概全的判断，许多面试官在招聘面试的时候很在乎第一印象，第一印象好就留下，不好就拒绝对方。有科学研究表明，85%的面试官在面试之前，就前来面试的应聘者的资料简历或形象就已经形成了自己的看法。这种由晕轮效应引发的不公平十分有损面试的有效性和公平性。

7．避免顺序效应

面试的顺序效应指的是在面试的过程中，如果连续面试了好几个表现得十分突出的应聘者，接着面试一个中等水平的应聘者，那么面试官一般给这个中等水平的应聘者的评价会普遍低于其真实水平。同样，如果连续面试的是表现较差的应聘者，那么当一个中等水平的应聘者出现时，面试官给其的评价往往会高于其真实水平。

8．控制说话的时间

在一些面试中，很多面试官会利用面试的时间在那侃侃而谈，让应聘者在那听其讲话。这种情况造成的结果便是极大地耽误了面试官和应聘者的时间。或者在面试的过程中，应聘者由于激动或者什么原因在那高谈阔论，夸夸其谈，不注意自己的时间。

9．防止以偏概全的评价模式

所谓以偏概全的评价模式，就是指面试官根据自己对应聘者某一方面的喜好而决定自己对应聘者的态度和看法。比如，应聘者在面试的时候经常习惯做某个动作，而恰好面试官对这个动作十分反感，于是在随后的面试中，面试官带着对其很大的成见看待其整个的面试表现。这种以偏概全的评价模式十分不利于面试的有效性和可信度。

4.3.3　确保面试的有效性

确保面试的有效性，是每一个公司在进行面试招聘时必须考虑的，作为负责整个公司进行招聘的人力资源部门通常会从以下几个方面入手来提高面试的有效性。

1．确定明确、具体的面试目标

常见的面试目标包括考核应聘者的预期工作能力，影响应聘者的工作选择以及帮助应聘者做出正确的工作选择等。这三种目标虽然共存于同一面试过程中，但是由于组织及其工作岗位的实际情况不同，三种目标的相对重要性也会不同。因此，对于每一次面试，都应明确目标，并突出重点，这样才能为面试官成功地主持面试提供明确的方向。

☞ 建议

在面试开始之前，由招聘经理制定出应聘者来访的活动日程，确定面试的具体目标，交由人力资源经理或高层经理审校，再由人力资源部召集面试官开会，详细地讨论各面试目标的具体负责人以及面试时间的安排，使面试官对何时考核应聘者、何时进行公关宣传、何时开始实况简介达成共识。

2．确定工作岗位的预期业绩

预期业绩是指组织对应聘者业绩水平的期望标准。由于考核应聘者能否达到工作岗位的预期业绩是面试目标的关键，因此，确定预期业绩是准确考核，乃至成功面试的首要步骤。预期业绩包括目标、工作障碍和能力要求三部分，确定预期业绩时也应从这三部分着手进行。

（1）目标的确定。目标作为预期业绩的组成部分，必须是具体的与可衡量的。

（2）工作障碍的确定。工作障碍指的是为了实现目标所必须克服的问题。确定工作障碍的前提是能够区别绩效不同的员工。

（3）能力要求的确定。能力要求指的是员工在面对工作障碍时所采取的组织期望的一些处理行为。但在有些情况下，面试官可能并不介意应聘者采用了什么行为，只要问题解决了就行。然而员工如何处理工作障碍往往是区分绩效的关键所在。

3．提出有效的面试问题

通过面试提问必须要能够得到考核应聘者所需要的相关信息，因此，有效的面试问题应该包含着以下几种有效的假设：通过考核应聘者过去的行为可以很好地预测其将来的行为；与预期业绩紧密相关的问题能够更好地预测应聘者的工作能力。根据以上假设，可以制定出面试提问的相关战略：（1）要求应聘者示范实现工作业绩的关键行为。（2）要求应聘者描述相同情形中的以往经历。（3）要求应聘者描述类似情形中的行为。（4）要求应聘者描述过去行为与预期业绩的关系。（5）要求应聘者描述成就。

4．确定面试问题的答案

很多组织都没有确定过面试问题的答案，而只是通过对比应聘者的回答来做出聘用决定，从而导致面试的失败，因为相对最好的应聘者也可能是面试不合格的。因此，只有明确面试问题的答案，才能使面试官有所依据地筛选应聘者，做出正确的选择。

（1）确定答案的范例。确定答案的目的是为了区分不同的预期业绩，因此既要确定有效答案又要确定无效答案，无效答案有助于淘汰最低预期业绩标准之下的应聘者。

（2）把答案的范例视作一系列回答的参考范本。比如"试图找到客户问题的真正根源"这一范例就可以作为许多问题的有效回答的参考范本。

（3）答案应尽可能地保证行为上的具体性。只有把答案描述成具体的行为，才能便于面试官识别有效回答与无效回答。

5．运用科学的方法

组织面试顺利完成前述的面试程序只是面试成功的一个开端，还要运用科学的方法来组织面试，才能最终招聘到优秀的员工。具体方法如下。

（1）制定与使用面试官指南。面试官指南是进行面试的一项计划方案，它的制定与使用可以确保面试官运用相同的标准对所有应聘者进行评估，提高面试的公平性，并可以减少多个面试之间的重复内容，节省面试时间。面试指南中一般包括以下内容：面试过程中，面试官需要遵循的指导方针；关于如何开始面试的建议；在考核部分列出预期业绩，问题及答案的范本；把类似的问题放在一组，并要求面试官按难易顺序进行提问；关于如何结束面试的建议。

（2）预先介绍面试过程。预先介绍面试过程可以使应聘者心里有数，更好地与面试官进行沟通。

（3）探查出完整的信息。精于面试的应聘者在回答行为问题时，往往只说出干过什么而不会描述采取了何种行动，探查的目的是理解应聘者的行为与行为的结果，而不是获得正确的答案，因此，面试官不要做出是与非的判断。

（4）表现出专业的形象。在面试过程中，面试官应该通过语言或非语言的行为给应聘者留下专业的印象，因此，既要注意说话的内容也要注意说话的方式。具体可以依照以下原则来进行：职业化着装；微笑着打招呼并称呼应聘者的名字；通过面部表情和恰当的语言真诚地表现出对应聘者的兴趣；在提问与探查时始终保持职业化的举止；即使在做记录时，也要与应聘者保持频繁的目光交流。

（5）营造良好的面试环境。良好的面试环境能够保证双方进行轻松自如的沟通，营造良好的面试环境应注意：选择一个没有任何干扰、温度适宜、灯光柔和的安静环境；给双方提供舒适的座位，摆放的距离与角度应有助于双方的沟通；尽可能使用圆桌，缩小双方之间的权力差距。

（6）使用团队面试。使用团队面试，能够消除多轮面试的重复，减少应聘者的疲惫，提高聘用决定的准确性，表现出组织重视团队合作。有利于面试官之间相互学习。

6. 运用行为决策法

做出聘用决定是面试工作的完结部分，也是成功面试的关键环节。然而却有很多面试官不清楚如何正确地做出聘用决定。以下列举的有关行为决策法策略将有助于解决这一难题。

（1）翔实地记录并做出聘用决定。做出聘用决定涉及到收集信息、记录信息、分析信息、陈述聘用依据等一系列工作，所有工作所包含的信息都应进行书面记录，以提高聘用决定的准确性。

（2）重新审查面试过程和聘用决定。对于某些关键岗位，在提出聘请之前应该对面试过程和聘用决定进行重新审校。审校不仅可以评估面试过程的有效性，而且能够督促面试官使用与工作有关的信息，提高聘用决定的准确性。审核工作可以通过对聘用过程书面记录中的信息进行提问来开展。

4.4 应聘准备与技巧

4.4.1 应聘准备

1. 应聘前的准备

（1）对社会需求进行了解。了解的内容包括目前的工作市场需求以及社会行业的发展趋势，要知道目前市场中哪些行业属于新兴行业，哪些行业正处于市场上升时期，哪些行业正处于发展平稳期以及哪些行业正处于下滑时期，做出比较，以便选择自己既感兴趣又有前途的行业领域。

（2）对自己进行了解。对自己的了解最简单的方法便是做一个 SWOT 分析，了解自己的长处和短处，进行全面的分析。充分、严格、诚实地审视自己，不妨问问自己"别人喜欢你什么"、"你最擅长什么? 不擅长什么"、"工作中同事是怎么看你的"等。在分析过程中适当考虑自己的工作要求条件例如薪水水平，工作环境，职位要求等。经过以上的仔细分析和了解后，再确定自己将进入什么公司应聘何种职位。

（3）确定就业领域。经过对社会行业以及自身的分析，应该选择那些自己最熟悉的行业和自己最熟悉的职业，这样才有可能全身心地投入到工作中去，既能从工作中得到乐趣，也能在工作中有所发展和创造。

（4）考虑应聘时间。所谓应聘时间，是你打算在这个工作岗位上待多久，或者自己打算什么时候进行就业最合适。很多情况中，求职者应聘某项工作时只是为了给自己以后的目标工作进行经验的积累，以谋求更大的发展。

（5）考虑跳槽。跳槽并不是一个不好的行为，对于那些在选择工作时没有经过慎重考虑，选择后发现自己并不适合该工作，且毫无兴趣的人来讲，不妨进行跳槽，换一个新的职业，也许这是一个新的转机。

怎样选择就业领域通常有很多的参考标准，一般情况下遵循以下原则：选择自己感兴趣的——如高考时报考自愿一样，很多人在进入自己不喜欢的专业进行学习时，往往由于兴趣使然，不会对专业知识进行深究，选择就业领域也是一样的。选择自己擅长的——现在许多公司招聘、选择人才时比较看重求职者的特长。即便你所学专业并不是跟该职位对应——很多人并不在乎所做的工作是什么，只要待遇水平好就行。选择符合自身条件的——有些时候，即便自己对某个行业感兴趣而且也拥有相关的知识水平，但是自身条件的限制是一个很大的障碍。所以，选择行业时必须要考虑自身的实际情况，不要做一些不切实际的选择。选择有挑战性的——一份有挑战性的工作不仅仅是对自身能力的锻炼，而且也能使自己不断保持对该工作有兴趣。

👉 **提示**

在面试现场求职者也应该表现出相应的礼仪，在进入会场的时候，求职者一定要注意随时表现出自信的一面，保持实事求是的态度对面试官的问题逐一进行回答，态度上要积极热情，谈吐中要谦虚谨慎，举止上要文雅大方。不管在应聘中你的实力是什么样子的，你都要表现得很优雅从容，要自信的微笑，并始终表现出自己十分愿意加入公司，愿意为公司效劳的诚意。

2．应聘中的准备

得到一份自己心仪已久的企业的 offer，绝非一件易事。不管你是一个刚出象牙塔的应届生，或者只是一个想换工作换心情的经验人士，在应对求职工作岗位的应聘时，都要做好相应的准备。

（1）必须要充满信心，要相信自己是一匹千里马，总有伯乐会相中。随时保持良好的心理状态，做好随时的准备。

（2）对自己的应聘工作做好规划。正确地分析自己，对自己的能力进行考核，对自己进行正确的定位。必要的时候，根据实际需要对自己不擅长的地方进行补习，不时充充电。

（3）将自己梳洗打扮一番，带上最能表现出自己的简历，接受即将到来的应聘面试。

如果你的简历受到了用人单位的青睐，那么，面试这一环节就是你必须面对的了，这时，你应该做好更充足的准备。

（1）确定面试时间。在获得面试机会的时候，首先要确定自己的面试时间以及地点分别是什么。然后，根据面试时间以及地点合理地安排自己最近的日程，避免日程的冲突。到面试那一天，不要迟到，最好能提前一刻钟就到达，以便有时间安抚自己紧张的情绪以及整理好自己的仪容。

（2）注意面试礼仪。面试时的基本礼仪中一个很重要的方面就是求职者的仪表：男生进行面试时最好不要留长头发，除了一些特别职业（艺术创作等）外，保持面部的干净整洁，最好是西装革履；女生最好是化一个舒服的淡妆，给自己自信，也是对他人的尊重，切忌浓妆艳抹。

（3）合理应对面试。在面试的过程中，对自己简历、学历上的相关内容进行解答是必要的，除了这些，还应该准备好回答面试官的提问。

4.4.2 应聘技巧

俗话说，"工欲善其事必先利其器"，要想在一场面试中取得胜利，得到用人单位的青睐，求职应聘者必须要在面试应聘中注意端正态度，避开面试的禁忌，擅于在面试中使用技巧。

1．应聘的禁忌

👉 **举例**

求职者李惠在面试前习惯把各种典型面试题根据自己的情况作了答案，熟记在心。竞争激烈，不轻易通过，只好早点下手。这一次接到面试通知，又把问题重新复习一遍，满怀信心去参加面试。工夫不负苦心人，果然答得不错，看样子面试官很满足，面试结束时，面试官问她："你还有什么问题需要与我们交流？"李惠迟疑地说："我想问一下，咱们公司是不是也常加班？每个星期都有双休日吗？"面试官看了李惠一眼，没有正面回答。但是，在研究录取名单中，却没有李惠的名字。是什么造成了李慧面试的失败？

在面试中求职者应该努力避免的行为包括以下内容。

（1）消极的情绪，始终认为别人比自己强，没有充足的自信。很多时候，在招聘现场，一些女性求职者会问招聘人员"你们要不要女的"，这是一种明显缺乏自信的问话，问这些话的女性性格上往往是胆怯的，这时候，负责招聘的人员有时会"顺水推舟"，予以拒绝。不要觉得自己出身很低就灰心丧气，拿出充足的自信，相信自己能行的。

（2）询问薪水待遇。薪水待遇不得不说是每个求职者在考虑工作时的一个重要参考标准，但是很多时候，一些求职者在面试过程中对薪水待遇的询问存在着很大的问题，他们不敢向用人单位提出自己心目中的理想薪水水平，怕对方觉得太高而不要自己，从而降低了身价；或者在双方还未谈妥工作具体事宜时，就急忙询问对方"你们这边的薪水待遇水平怎么样"，这种急切的询问往往会造成用人单位的反感，认为你工作都没干，就先提条件了，更何况公司要不要你还是个问题。

（3）应对招聘人员的问题时反应迟钝。一些时候，求职者在面试时由于紧张，面对招聘人员的询问，不知道回答什么，或者答非所问。例如招聘人员问的是"谈谈你的缺点"，而求职者回答的却是"我没有缺点，我的优点是……"，这会让招聘人员觉得你的理解上有问题甚至觉得你很自负。

（4）反问招聘人员问题。招聘人员一般会问求职者"你对薪水的期望是多少"，求职者反问一句："你们打算给我多少工资"，这是一种典型的反问，会显得求职者很没有礼貌。也会让招聘人员觉得不快。

（5）暗示自己在公司有熟人。一些求职者在面试过程中会说"我跟你们某某部门的 xx 关系很不错"，或者"我跟你们老板一起吃过饭"等等，这是一种很明显的暗示，这些话在招聘人员听来大多时候会觉得很反感，会认为你是在威胁他，如果招聘人员恰巧与你所说的那位熟人的关系不好，甚至有矛盾，那么，上面这些话会引起更糟的后果。

（6）小动作频现。很多时候在进行面试的过程中，应聘人员会注意观察求职者的小动作，一些求职者往往忽略了自己的小动作，例如坐着的时候抖腿，跷二郎腿等，这些动作会让招聘人员觉得你在回答问题时不太认真，很敷衍，表现得很没有礼貌。

2．应聘的态度

俗话说，"态度决定一切"，在应聘面试过程中，求职者应该要学会摆正自己的态度，应聘时应该保持的态度有以下几种。

（1）深思熟虑，充分准备。对于求职者而言，流利自如、文雅幽默的谈吐是面试成功的必备条件。这些需要在平时就要有意识地加强语言表达能力的训练，渐渐养成与陌生人自如交谈的习惯。多参加集体活动，进行讨论发言，也有助于讲话能力的训练。在进行面试之前，进行一段简短的模拟面试训练，对着镜子看自己在讲话时的表现，纠正不好的地方，以使自己在面试时表现得更好。

👉**提示**

一般情况下，招聘人员的提问往往与本公司或单位有关。因此，作为求职者，在面试之前应该尽可能地对自己即将要应聘的公司情况进行了解，公司性质、业务范围、发展情况等做到心中有数。另外，要对自己去应聘的工作岗位的技能知识要求等做好充分准备，以便在面试时能够有针对性地展示自己的特长。当然要做到以上这些并不是一件容易的事。需要事先大量的调查研究和精心准备工作。

（2）机智应对，从容不迫。招聘人员在面试时往往从询问求职者的有关情况作为切入点。很多时候，一个简单的问题并不是每个人都能够应付自如的，目前在很多面试中，招聘人员比较喜欢用情景假设的试题来考察求职者的实际工作能力，一个情景的试题，往往能将求职者的性格特征、办事效率和应变能力表现出来。

（3）仪表端庄，举止大方。一个人的衣着举止往往反映着他自己的内在素养，整洁合适的服装不仅体现着求职者的精神面貌，同时也让招聘人员觉得求职者是用了心来应对这场面试。仪表往往左右着招聘人员的第一印象，因此，面试时应该注意自己的衣着打扮。什么场合就应该穿什么样的衣服。一般情况下，不管男女，应统一着正装参与面试。衣着不整、蓬头垢面会让人觉得求职者看起来很邋遢；而过于前卫的衣服又会让人觉得求职者性格不踏实或不能信赖。

👉 **举例**

汉语言文学专业的毕业生小王在学校里以一手好的文笔而出名，并冠以"才子"的称号，他本人也自我感觉十分良好。但是他平时不怎么修边幅，穿着十分随意大胆，喜好奇装异服。毕业来临之际，他接到了很多用人单位的面试通知，可是最后，用人单位都以各种理由拒绝了他，他一直不理解自己的能力那么突出为什么就不能成功呢？最后，在同学和老师的审视帮助下，他明白了自己的问题。其实很多用人单位在招聘过程中往往喜欢那些整洁、大方、朴素端庄、朝气蓬勃的求职者，作为求职者一定不要将自己打扮得太过夸张了，保持本色最重要。

（4）越挫越勇，锲而不舍。基本上所有经历过面试的求职者都有过失败的经验，要明白被用人单位拒绝也是最终求职成功的必要组成部分。在面试时，即便感到自己已有失败的苗头，也千万不要轻易就放弃，要有不到最后就不罢休的精神。就算最后真的失败了，也要能够静下心来反思自己失败的原因是什么。

👉 **案例**

松下电器创始人松下幸之助，起初家境十分贫寒，家里全靠他一个人养家。松下失业后，一家人的生活更是雪上加霜。一次，他到一家电器公司求职，应聘的是一个十分低下，工资很低的工作，但是由于他的身材十分瘦小，并且衣着不整，但是又不便明说，负责人就随便搪塞他说："现在公司里不缺人，过一个月你再来看看吧。"对方明显是在推托，一般人都能听出这话里就是拒绝。但是松下没这样想，一个月后，他再次来了，那位负责人就推托说现在有事，没时间接待他。过了几天，又来了，那位负责人就表现得不怎么耐烦了，说："你这样子，脏兮兮的，谁会招你进来？"松下于是回去后借钱买了一套新的衣服，穿戴整齐的又来了。这位负责人一看，觉得不好说什么了，又难为："我们是搞电器的，从你的材料看，你对电器方面的知识了解得太少了，不能录用。"两个月后，又来了，说："我已经下功夫学了不少电器方面的知识，您看我哪个方面还有差距，我再来一项一项地弥补。"这位负责人盯着松下看了半天，感慨道："我干这项工作已经几十年了。头一次见到你这样来找工作的，真佩服你的这种耐心和韧劲。"就这样，松下终于打动了该负责人，如愿地进入了这家公司。经过他不懈的努力，终于成为享誉全球的"企业经营之神"。

（5）定位自己，定位目标。高薪、轻松、有发展前途的企业单位都是求职者十分向往的，也是十分热门的。因此这些单位的工作岗位要求通常比较高。求职者去人才市场应聘的目的应该是选择自己想要的工作，顺利接受自己的以获得面试机会。在面对招聘单位时，求职者应该注意不要将目标定得过高，要恰到好处，既符合自己现在的实际状况，也要符合应聘单位的要求。

3．应聘的细节

细节决定成败，做好了以下细节并不能保证你的面试成功，但是忽略了以下细节则一定会导致你的面试的失利。

（1）准备工作。正如前文中已提到面试之前的准备工作，这里要说的是学会触类旁通。假使你之前有做自我介绍的准备，在面试中对方在问"你之前的工作是做什么的"时，求职者便可以将自我介绍中介绍自己工作经验的内容拿来应对这个问题。很多时候，求职者可以试着去记下一些万能的句子，当面试时提出相关问题时，将这些熟记脑海中的话说出，不乏也是一种较好的方法。

（2）确定对方需要什么。知道用人单位的需求，然后向他们表明自己将如何能满足其需要。作为一名求职者，应该事先了解自己所应聘的单位工作职责以及理想的人选应该具备何种特征。在面试的时候可以就自己所了解的内容以及疑问对招聘人员加以证实，如果对方的回答与自己之前了解到的内容不一致，那么自己应该明白必须要立即调整或者修改谈话的内容。

（3）以最佳的方式开始面试。科学研究表明，决定求职者是否能被录取取决于开始前的几分钟表现。如何才能够在面试的前几秒钟之内就给人留下好的印象呢？参考以下几点的做法：面试前一天就准备好第二天要穿的衣物，提前弄清楚自己的面试地点究竟在哪里，怎么走，怎么打车；要准时，千万不要在面试的时候迟到，这是相当犯忌讳的；对接待人员也要表示感谢，态度要和蔼；试着在面试陷入冷场的时候自己主动打破沉默；待对方招待你坐下以后再坐下，千万不要自己在那乱动。

（4）随身携带笔和纸。面试的时候能够做一些笔记是十分有益的行为，不过千万不要只是在那不停记笔记而忘记与对方的交流。

（5）使用聆听的技巧，注意观察。自己不要在面试中只是一味地在那滔滔不绝推荐自己，因为此时你的所有注意力都用来思考自己接下来要讲什么，而没有将招聘人员说的话听清。

（6）注意应聘的收尾。为了能够给今后进一步的联系创造机会，求职者可以问招聘人员一些问题：贵公司何时能够将录取名单公布出来？如果我还有一些疑问，能跟你们联系吗？

关键术语

面谈、面试、招聘应聘、绩效评估、面谈跟踪、应聘准备、面试面谈的有效性、以偏概全、晕轮效应

本章习题

一、判断题

1. 面谈相比书面沟通主要是反应更快，对信息的组织和表达上也更灵活。（   ）

2. 面谈场所最好选择相对封闭，方便双方进行沟通、安静不易被打扰的环境。（   ）

3. 通知面试的时候一般采取短信通知的方式，因为可以对信息的描述更为详细。（   ）

4. 很少有面试官在面试时会有晕轮效应产生。（   ）

5. 应聘时最好不要提薪水待遇的问题，以免对方觉得自己要价太高而不愿意录用自己。（   ）

二、选择题

1. 下面不是面谈特性的是（   ）。

    A. 相关性　　　　B. 计划性　　　　　C. 技巧性　　　　　D. 目的性

2. 招聘应聘面谈的类型不包括（　　）。

  A. 模型式面谈 B. 开放式面谈   C. 团体式面谈   D. 激励面谈

3. 面谈中哪种提问方式是运用最多的（　　）。

  A. 封闭式提问   B. 开放式提问

  C. 引导性问题   D. 重复性问题

4. 面试人员应该注意的沟通问题有（　　）。

  A. 围绕面试主题   B. 注意非语言

  C. 避免顺序效应   D. 确定工作岗位的预期业绩

5. 应聘时的态度应该是（　　）。

  A. 深思熟虑，充分准备   B. 机智应对，从容不迫

  C. 仪表端庄，举止大方   D. 定位自己，定位目标

三、思考题

1. 面谈的含义和特性是什么？

2. 面谈的类型有哪些，分别有哪些特点？

3. 面谈的过程是怎样的？

4. 如何确保面试的有效性？

5. 应聘者的准备工作及技巧有哪些？

案例分析

面谈比简历更重要

  李林在爱声公司担任培训师已经十余年了。她当年找工作时，爱声公司才有两年的历史，规模也大不如现在。当时爱声公司给她的反馈是："虽然我们眼下不打算招聘培训师，但你还是可以马上把简历寄过来，因为我们总是在挖掘人才。"

  翌日，在爱声公司刘总的办公室里，秘书拿来了李林的简历，并说："我告诉她和您面谈的话得预约，可她执意要见您。"刘总扫了几眼简历，发现还不错，但没有什么精到的过人之处；他感觉她有点咄咄逼人，但出于礼貌，他还是答应接见了李林。就在他见到她的一瞬间，他发现女孩本人比她的简历更能打动人。

  她的从容淡定，明亮的嗓音，充满朝气的举止，优雅的姿态和真诚的笑容，无一不在流露出自信，体现出才能。就在他们见面握手的那30秒钟，刘总感觉，自己已经进一步了解了超过简历之外的那个李林。

  他们面谈了半个小时。两个月后，李林终于如愿以偿地被录取了。

资料来源：冯光明.管理沟通.经济管理出版社，2012

问题

1. 为什么面谈比简历更重要？

2. 李林的经历，对你有什么启示？

第5章 谈 判

☑ 学习目标

1. 掌握谈判的技巧
2. 理解谈判的基本概念
3. 了解谈判的一般过程与策略

☑ 能力目标

1. 提高学生运用谈判技巧在实践中的实际应用能力
2. 注重学生对谈判及其相关概念的认识能力

☑ 导入案例

一次成功的谈判

澳大利亚 A 公司、德国 B 公司与中国 C 公司，谈判在中国合作投资滑石矿事宜，中方 C 公司欲控制出口货源。但又不能为该合作投入现金，只想用人力与无形资产投入。

A 公司和 B 公司代表来华欲参观考察矿山，C 公司积极派人配合并陪同前往，整个日程安排周到，准备有效，在有限的时间里满足了 A 公司和 B 公司对该次访问的要求，双方在预备会和小结会上对合作投资方式进行了讨论。

A 公司：我公司是较大的滑石产品的专业公司，产品在国际市场占有相当份额，尤其在精细滑石产品方面。

B 公司：我们在中国投资过，但失败了，正在纠纷中，但我们认为中国资源丰富，潜在市场大，很想找一个合作伙伴再重新干。

C 公司：贵公司算找对了人了。谢谢贵方这么着重我公司，贵方欲与我公司怎么合作呢？

A 公司：我公司计划是在中国找一个有信誉有能力的大公司，一起投资中国矿山。

C 公司：我公司是出口滑石的公司，若要投资则需集团审批，据我集团的近期发展规划看，这个行业不是投资重点。

B 公司：贵公司的情况，我们理解，不过 A 公司却有心在中国投资，由于第一次的失败，使这次投资十分犹豫。

C 公司：的确，中国是个投资环境不平衡的地方。有的地区发达，有的地区不发达，要钱时，说的很好，钱到手后就不是那么回事了，尤其是采矿投资，与地质条件关系很大，而当矿床跨越不同村镇时，还发生所有权的问题。过去，我们已遇到这类的问题，作为外国投资者需要解决：地质探测、矿山合伙人选择、国家政策、人文、商务法律、市场等问题。这些均影响投资成本和成败。

A 公司：贵公司讲的正是我们担忧的，我们希望像贵公司这样的公司可以解决这些问题。

C 公司：我公司是国际化的公司，按国际规范进行工作，尽管我们是中国人，但我们认为，使中国企业按国际规范与外国投资者合作是中国经济发展的重要条件。

B 公司：若贵公司能参与合作，将是有意义的。

C 公司：刚才我们已谈到贵方这样投资的问题所在，但我们十分赞赏贵公司对中国投资的勇气，作为中国公司，我们很愿意提供帮助，不过，我方将不以现金投入，而以我们的商誉和协助解决上述问题的义务投入。

A 公司：贵方这种投入也是有意义的。

C 公司：如贵方认为是有价值的，那么我建议贵方可以将它罗列出来，并予以作价。当贵方与中方矿山谈判合资时，我方可与贵方作为一方谈判。我方在合资企业的股份，将从贵方所占份额中划出。

B 公司：贵方的建议可以考虑。

C 公司：若贵方同意我方合作的方式，那么，请贵方提供协议方案以确定双方关系，便于以后的工作。

C 公司：待我回国汇报后，将书面回答贵方。

A、B 公司代表回国后三周，给 C 公司来电，同意 C 公司以其商誉和服务入股。C 公司为保出口货源和不出现金入股的方案谈判成功。

资料来源：选自 http://www.795.com.cn/wz/77127_2.html

5.1　谈判概述

5.1.1　谈判的概念

谈判中的"谈"是指双方或者多方之间的交流与沟通，"判"是就交流与沟通达成的最终结果。谈判只有在双方交流与沟通，尊重对方的意见，了解对方需要的基础上达成一致,才能被称为谈判。即谈判就是讨价还价，达到自己的目的的同时又不会让对方觉得不快。

谈判是由以下四个部分组成的：谈判代表，参与谈判的人员；谈判内容，即谈判的客体；谈判目的，自己的要求以及妥协程度；谈判结果，每一场谈判都有一个对应的结果，不管是成功还是失败。因此，我们可以把谈判理解为：谈判是谈判各方为了各自的需要而相互协商的活动。谈判是一门艺术，也是具有多种学科特性的交叉产物，它涉及到社会学、行为学、心理学、管理学、语言学、逻辑学、公共关系学和众多经济、技术科学等，它需要综合运用多种技能和技巧。

5.1.2　谈判的基本特征

1．谈判是以满足某种利益为目的的活动

只有在谈话中有目的，知道为什么要进行这场谈话，以及自己在讲什么才能称作谈判，不然

只是简单的聊天或者是闲谈。因此，目的是人们进行谈判的动机，也是谈判产生的原因。

2．参与谈判的人员至少要有两人

因为谈判是双边或者是多边性的行为和活动，谈判时是要有谈判的对象才能够进行下去的，只有一个人参与的谈判并不能叫作谈判，而且即便是两个人，只有双方都想在对方身上获得满足时，才会产生谈判。

👉 小资料

在菜市场购买商品时，你与卖家进行讨价还价，这就是谈判；而你在超市选购商品时，只有你自己一个人，没有所谓的卖方跟你商议价格，那么这就不能叫做谈判。

3．谈判具有一定的协商性

因为参与谈判的人员是抱着自己的目的来的，希望自己的需求能够得到满足、自己的问题能够得到解决。谈判不是命令，也不是一方说了算。在谈判的过程中，既要表明自己的立场和观点，也要认真地听取对方的讲话内容和要求，并且不断地调整对策，以沟通信息，增进双方的了解，缩小双方的分歧，最终达成共识。

4．谈判地点与时间的选择必须是合适的

这对区分谈判是狭义还是广义时是十分重要的依据。因为不同谈判时间还有地点会对谈判的结果造成很大的影响。特别是涉及国际上重大事件，国家间利益时，地点、时间的确定更为重要。

5.1.3　谈判类型

谈判的类型有很多种，按照不同的参考标准可以有不同的划分方法。

1．按照谈判人数划分

谈判时双方派出的人数可以是一个，也可以是多个。如果是一人参与的谈判就称为个体谈判，又或者称作一人谈判。如果双方人数较多，那么该谈判就称为多人谈判，也叫做集体谈判或者是小组谈判。

（1）个体谈判或一人谈判。在个体谈判中，双方派出的谈判人员承担了谈判中所有的任务，他必须是全能型的，能够具备这场谈判中需要涉及的所有能力以及技巧。一般情况下，商品的采购人员和推销人员的谈判，以及顾客与推销人员的谈判都是属于个体谈判的类型。

（2）集体谈判或者小组谈判。集体谈判一般适合于正式谈判，特别是内容比较重要、复杂的谈判。在集体谈判中参与谈判的人员通常是某个方向比较擅长的人，比如法律、技术、经济、沟通等。将这些人员聚集到一个小组中，知识互补，各施其长，共同构成一个有力的谈判小组。

👉 说明

集体谈判有很大的灵活性，将每个人的特长发挥出来可以更好地运用谈判的谋略和技巧，更好地发挥谈判人员的创造性；由于人多，能够在谈判中显得十分有气势，因为大家会觉得并不是自己一个人在战斗，集体的力量和智慧让大家觉得更有信心；多人进行谈判也可以随时调整谈判的氛围，如果双方谈判进入僵局，其余的人可以担当谈判中间人或者调解人的角色，提出建议缓解氛围。集体谈判是团结和配合的谈判，因此，选择合适的人员参与进来是集体谈判取得成功的必要条件。

2．按照谈判地点划分

按照谈判的地点的划分可以将谈判分为主场谈判、客场谈判这两种。

（1）主场谈判。主场谈判只是针对谈判中的某一方而言的，就是在其所在地进行谈判。例如，A国与B国进行商务谈判时大多会安排在A国境内，这时，A国就是属于主场谈判的位置。

（2）客场谈判。客场谈判是到对方所在地进行谈判。客场在一般情况下指的是非主场以外的所有地方，例如海外、外省、对方公司等。不管距离是多少，只要是到对方的地盘内进行，都被称为客场谈判。

👉**说明**

客场谈判通常来讲缺点比较多，假使你到国外去参与一场谈判，至少你得先学会该国的语言，并熟练掌握；身处异地很多时候会造成自己的不适感，以致造成在谈判中会产生心里紧张以及情绪的不稳定等不利影响。当然，客场谈判的一个极大的优点便是省却了作为主场谈判的准备工作，可以让自己把更多的精力放在准备谈判之上；同时，到对方所在地进行谈判能够使自己更了解对方并准确地认识对方，从而更好地采取相应对策。

3．按照谈判性质划分

按照谈判的性质划分可以将谈判划分为政治谈判、军事谈判以及私人谈判几种，不同性质的谈判决定了谈判中的氛围，对策的不同。

（1）政治谈判。政治谈判也可以被称为行政谈判，它是指参与谈判的人员代表的是政府、国家、政党或者是社会团体，他们就政治或者是行政的目的而展开的谈判。

（2）军事谈判。军事谈判的参与者都为军事组织，围绕的谈判内容也是军事领域，为了达成某种军事目的而进行的谈判。

（3）私人谈判。私人之间的谈判可以说是社会生活中最常见的了，其广泛存在于人们身边。不管是协调关系，化解矛盾还是寻求理解与支持，任何私人之间的日常交涉活动在本质上便是一种谈判活动。

4．按照表达方式划分

谈判的表达方式有很多种，例如现在广泛使用的可视视频谈判，当然，运用最多的通常就是口头谈判和书面谈判的方式。

（1）口头谈判。口头谈判是谈判期间，双方直接用口头语言进行磋商，而不用提交任何书面的文件，这种方法包括面对面的交流以及电话谈判两种方式。其主要特点是直接性、灵活性与广泛性等。

（2）书面谈判。书面谈判是指谈判双方不直接见面而是通过电报，信函等方式进行的谈判。一般情况下书面谈判多运用于经济、贸易等方面的活动中。例如，在国际商品贸易中，由于双方相隔距离较远，通常会采取传真或者是电函的方式传递信息，达成协议。这种行为便可以称为书面谈判。

（3）视频谈判。视频谈判是谈判双方借助计算机网络技术，不用出门面对面地进行交流与沟通的谈判方式。它是高新技术下的产物，其特点是方便、快捷以及费用低。

👉**说明**

可以说，书面谈判与口头谈判的作用是互补的。一般情况下，口头谈判的优点便是书面谈判的缺点，同样，口头谈判的缺点也是书面谈判的优点。例如，口头谈判中的察言观色获取的信息在书面谈判中是不可能获得的。当然书面谈判也有自己的优点：谈判压力较小，在接收到对方发过来的书面文件时，自己即便不是很理解也可以有时间查询或者询问同事，而不会像口头谈判时需要立即给予回复；在谈判的过程中，成本比较少，因为只需要支付电函或者是传真的费用即可；在书面谈判中表明自己的观点所用的书面语句是相比较口头表达更为坚定有力的；很多时候一些话、一些拒绝不好当面说出，通过书面谈判便可以方便说出。

5．按照交易地位划分

按照交易地位划分的谈判通常可以划分为：买方谈判、卖方谈判、代理谈判以及合作谈判四种。

（1）买方谈判。买方谈判指的是主动发起谈判的人员是求购者的身份，要求对方能够为他提供商品、证券、服务或者是自己所需的有效信息等，这种谈判就被称为买方谈判。例如在市场中购买商品的消费者就是典型的买方谈判。

（2）卖方谈判。卖方谈判指的是主动发起谈判的人员是销售者的身份，希望能够向对方提供商品、证券、服务或者是自己拥有的有价值信息等，这种谈判就称为卖方谈判。例如在人才市场中的求职者便是卖方谈判的例子。

（3）代理谈判。代理谈判指的是参与谈判的人员不是当事人，而是受委托参与谈判。代理谈判通常有两种情况：只有谈判权、无签约权与全权代理的资格。

（4）合作谈判。合作谈判指的是谈判中，参与人员愿意以自己的人力，物力、财力或者技术等来与对方进行协作，从而完成共同的目标，并在最后根据个人所贡献的力量分享实现预定目标后所带来的利益。例如合资经营以及合作生产都属于这种谈判。

提示

采取合作谈判的谈判人员之间因为自己无法单独完成任务而不得不寻求对方的帮助，所以在进行合作谈判时，共同语言比较多，而且气氛上会比较和谐。在谈判时大家一般直奔主题，不喜欢中间过多的环节，一则不易直接了解合作对方的意图；二则合作的复杂程度较高，中间环节会破坏对合作的直接控制权；三则也会在实际合作经营中加重费用的支出，进而影响效益。

6．按照谈判进程划分

按照谈判进程进行划分可以将谈判划分为探询性谈判，实质性谈判以及决定性谈判三种。

（1）探询性谈判。探询性谈判是指双方在确定谈判时间以及地点后，先派遣一般人员进行试探性的谈判。

（2）实质性谈判。实质性谈判有时候也称为实务性谈判，是指谈判双方就所提的谈判条件做进一步磋商的阶段。实质性谈判进行之前必须要进行多次的谈判，才能够就实质性的问题进行商议达到共识。对于实质性谈判，需做好对每次谈判的记录才行，记录必须要准确无误，并且还要经过双方的认同签字。

（3）决定性谈判。很多时候决定性谈判为所有谈判中的最后一次，决定了谈判的成败，所以也被称为关键性谈判。因为是关键谈判，所以谈判的内容大多数是之前谈判中遗留下的难点问题和棘手问题，以及被遗漏的问题等。

举例

一次，一家德国公司与我国某公司谈业务，想要签订合作合同。当时，对方公司的工作人员不管男士还是女士都是着正装出席，男士西装革履，女士也是职业装。但是作为我方的代表，除了个别人员穿的是西装以外，其余的人大都穿着休闲服，有的甚至穿着工作服就过来了。最后，这项合同没有能够签成功，当然，其中一个最重要的原因便是德方认为我方人员并没有把这次合同谈判看得很正式，随便的穿着让他们觉得没有受到应有的尊重。

7．其他谈判类型

（1）按照谈判时的透明度划分，可以将谈判分为：公开型谈判和秘密型谈判。公开型谈判指的是谈判中涉及的时间、地点、主题、参与人员、进程以及结果等都向外界公开。秘密型谈判则相反，不能够向外界公开。采取公开型谈判的目的一般是为了制定特定的效果或者是不可避免地公开舆论传播。而采取秘密型谈判通常的目的是防止谈判的过程以及结果受外界舆论等的干扰，由于谈判结果的重要性，受到影响会产生很大的不利局面，此时双方比较倾向于秘密型谈判。

（2）按照谈判各国的状况，可以将谈判划分为国内谈判以及国际谈判。国内谈判指的是谈判的进行以及人员都是在国内范围内进行的。国际谈判指的是就某一个问题，两个或者是两个以上国家的人员在一个地点或者是多个地点进行的谈判。

5.2　谈判的一般过程

5.2.1　谈判准备

1．人员的准备

谈判的主体是人，从一定意义上来讲考验的是谈判人员的实力，谈判能否成功，关键在选择的谈判人员的表现发挥。因此，对谈判人员的准备是一件十分重要的工作。在选择合适的谈判人员之前我们必须要先确定：本次谈判需要派遣几个人？如果是小组谈判，那么选择谁当谈判小组的领导？谈判的领域是哪一方面的？如何才能保证该团体能够在协作上团结一致等。

人员的准备工作主要包括：（1）确定谈判人数。一般谈判小组的人数最多不超过 12 人。（2）确定成员构成。（3）明确人员分工。表 5-1 描述了谈判人员的角色分配与责任。

表 5-1　谈判人员的角色分配与责任

角色	责任
首席代表 任何谈判小组都需要首席代表，由最具专业水平的人担当，而不一定是小组中职位最高的人	• 指挥谈判，需要时召集他人 • 裁决与专业知识有关的事——例如，决定是否有足够的财力来支持公司并购的投标 • 精心安排小组中的其他人
白脸 由被对方大多数人认同的人担当。对方非常希望仅与白脸打交道	• 对对方的观点表示同情和理解 • 看起来要做出让步 • 给对方安全的假象，使他们放松警惕
红脸 白脸的反面就是红脸，这个角色就是使对手感到如果没有他或她，会比较容易达成一致	• 需要时中止谈判 • 削弱对方提出的任何观点和论据 • 胁迫对方并尽力暴露对方的弱点
强硬派 这个人在每件事上都采取强硬立场，使问题复杂化，并要其他组员服从。用延时战术来阻挠谈判进程	• 允许他人撤回已提出的未确定的报价 • 观察并记录谈判的进程 • 使谈判小组的讨论集中在谈判目标上
清道夫 这个人将所有的观点集中，作为一个整体提出来	• 设法使谈判走出僵局 • 防止讨论偏离主题太远 • 指出对方论据中自相矛盾的地方

☞ **举例**

有一家日本公司驻美国分公司的经理，能够讲得一口流利的英语，但他在商务谈判时始终使用的是日语，通过翻译与对方进行交流。到了上午谈判结束后的庆祝会上，他却用英语和对方谈笑风生，令对方大吃一惊而又迷惑不解，有人问他："为什么在刚才的谈判中，你不用英语和他们交谈？"这位日本经理回答说："在一项交易中，存在着很多微妙的问题，往往在当时的气氛下，考虑不周而说了出去。事后，才发觉讲错了话，然而，要收回来确实很难了。通过翻译进行谈判时，则可以将原因推到翻译身上。比如，翻译在用词上不恰当，或者把自己的意思翻译错了，这样，万一受到对方的攻击，自己也很容易避开。此外，在翻译转述的时候，自己可以利用这段时间进行思考，同时还可以观察对方的反应，有这么多好处，我为什么不利用呢？"

2. 资料的准备

谈判资料的准备有助于谈判中制定不同的谈判战略，加强谈判中的沟通以及控制谈判的过程。一旦资料的准备失真，就会造成谈判过程中的误解，从而误导谈判；或者资料的准备比较迟缓，也会造成谈判时机的延误；如果谈判时没有准备资料应对反馈，则会使得谈判过程失控。

收集的资料通常有市场信息、科技信息、有关政策法规、金融方面以及和对手有关的资料这几个方面的内容。在这些内容里面，与对手有关的资料收集是最具有挑战性的，它包括对方当前的需求、利益和谈判实力；对手的目标、声誉；对方的权限和谈判策略、对方的小组成员情况，是什么职位、性别等。

☞ **举例**

美国谈判专家荷伯·柯恩的经历值得借鉴。一次，他代表某公司与另一家公司进行谈判，由于谈判地点设在对方公司所在地，因此，在休息时，他与该公司所辖工厂的领班聊起来。这位领班告诉柯恩，他用过许多公司的产品，但是只有柯恩所代表的公司的产品通过了实验，符合他们的规定。然后，他又进一步补充说明，他们期待谈判会很快有结果，这是因为厂里的存货快用完了。可想而知，柯恩掌握了这些信息，对他控制谈判的主动权会有多大的帮助。

3. 方案的准备

谈判的方案指的是在谈判进行前由企业的高层或者是领导拟定的谈判的主要内容和具体实行步骤。细致周密的谈判方案的确定是保证谈判能够顺利进行的必要条件。如何制定谈判方案必须要根据谈判的规模大小、形式而定。一般谈判方案应该遵循以下标准。

（1）简单明了，尽量能够使参与谈判的人员记住方案的主要内容和基本原则，从而更好地运用谈判方案与对方进行谈判。

（2）具体明确。即便是简单的谈判方案最好也要与所谈内容相结合，不要只是空洞和模糊的。

（3）能够应变。很多时候，谈判并不是按照事先预想的那样进行，任何的突发状况也会让谈判的局势发生很大的变化，因此在制定方案的时候，必须要考虑各种情况，使得方案能够及时应对随时的突发状况。

☞ **举例**

英国前首相"铁娘子"撒切尔夫人在谈判中就经常采取鹰派的风格，在二十世纪七十年代的欧共体首脑会议上，她提出减少英国每年的负担10亿英镑，这个提议在会议上受到了其他欧共体成员的反对，并称其为"天方夜谭"。但是，撒切尔夫人仍然坚守自己的态度，利用顽强的意志将最终的谈判结果定格在每年减少8亿英镑。

谈判方案的主要内容包括以下三点。

（1）谈判目标的制定。具体来讲谈判目标包括最优期望目标、可接受目标以及最低限度目标三类。最优期望目标指的是谈判方自己制定的最为理想的谈判目标，它一般是在满足自己基本利益以外，再加上的一个增加值。可接受目标是指谈判人员根据自己手头掌握的资料以及收集的相关线索，经过科学的推论、预测和决策所确定的目标。最低限度目标是谈判方最后的底线，即如果该目标再不能够实现，则谈判就破裂。在谈判中不管是最优期望目标、可接受目标还是最低限度目标的制定都必须要有很大的弹性，避免在谈判过程中过于死板、僵化而让谈判陷入僵局。

（2）预测谈判中可能出现的问题。很多时候，在谈判的准备阶段中就要预测即将开始的谈判中可能会出现的问题，以做好充分的准备工作，有备无患。需要考虑的问题一般包括：双方的实力和成功的可能性。

（3）确定谈判的方式。目前谈判中常用的代表风格主要有两种，并且有着相当明显的区别，它们分别是"鸽派"风格和"鹰派"风格。鸽派风格就是采用温和的方式、规劝的行为争取对方的同意。在这种态度中的谈判方式就是竭力避免冲突、僵局，语气和善，措辞婉转，善于在和风细雨中化敌为友，使其心悦诚服。而鹰派风格的谈判便是正面冲突和对抗，十分坚持自己的立场，采取强硬的态度和手段，是一种带有进攻性质的谈判风格。

5.2.2 谈判开局

谈判的开局即双方进入到面对面的开始阶段。这一个阶段中，虽然双方事前有做准备工作，但都是无实质性的接触，一些新的问题或者是未准备的问题的出现往往会让双方感觉比较紧张，态度都比较谨慎。于是在此阶段，双方要做的便是在一个轻松的氛围下陈述自己的观点，探测对方的心理等这些不是很实质性的谈判。虽然这些谈判不是那么具体，但是一场谈判的开局是否成功往往对后面整场的谈判有着很大的影响。

1．建立适宜的谈判气氛

任何一场谈判中都有不一样的气氛，有的欢快、有的严肃、有的紧张、有的轻松。一般谈判气氛主张热烈友好积极向上，而拒绝严肃低落紧张的低调谈判气氛。要建立前一种气氛，谈判人员必须要做到以下几点：（1）以友好的态度出现在对方面前，在对方面前表现出可信、可亲和自信，注意自己的眼神、动作以及手势等。（2）穿着打扮要符合谈判。尽量穿着大方，正式的服装，不要选择颜色过于鲜艳，式样过于花哨的服装。（3）讲话时态度要自然、大方，不要表现得很紧张。

👉 **说明**

客观因素对谈判气氛也是有影响的。例如是否设置了谈判桌，桌子是圆的还是方形的；谈判时双方人员是各自坐在一起还是交叉而坐或者是任意就坐。1991 年 10 月，中东和会在西班牙首都马德里的王官圆柱大厅举行。厅中放了一张"T"形长桌，举办者美苏两国和代表坐在 T 字顶头，各国代表分别坐两旁，以色列则坐在 T 字桌的底部。因为，1973 年的中东战争之后，在日内瓦曾经召开过一次中东和会。当时，只有美国愿意和以色列坐在一起，其他各方代表都不愿意和以色列同桌，致使谈判只进行了一天便不欢而散。

2．陈述

陈述便是谈判的双方根据谈判的大致设想进行各自的阐述，一般由谈判的发起方首先发言。陈述的重点是本方的利益，但它不是具体的，而是有原则的，简明扼要地把本方的观点主见提出来，至于具体的本方利益以及观点得在报价阶段提出。开场陈述的方式可以是诚挚和轻松的。

☞**建议**

在陈述时，一定要注意现场的语气氛围，陈述是让对方了解我方的意图，而不是向对方进行挑战，或者是威胁、强加条件。同样，在对方进行陈述时，也要注意倾听，听对方陈述的内容，对不懂的，先记下来，等一会再向对方提出疑问，请求解释；对对方陈述中的内容要学会归纳总结，能够抓住对方陈述的关键点；一定不要在对方进行陈述时，花精力在寻找对付对方的对策上。

3．报价

在任何一场谈判中，报价都是极其重要的一环。这里所说的"价"，并不仅仅指商品的价格，还包括谈判中一方向对方提出自己的所有要求，或者是谈判双方互相提出各自的要求。无论是在商品的交易、劳务交易或者是工程项目的承包，谈判的重点都是围绕着价格来讲的，因为其中的价格条件具有重要的位置。报价的形式一般分为书面报价和口头报价。书面报价是指谈判的一方为谈判事先准备的较为详细的文字材料、数据、图表等，将本方愿意承担的责任和义务，以书面的形式表达清楚，使双方有时间对报价做出充分的准备，从而使谈判进程更为紧凑和严谨；口头报价是参与谈判的双方在谈判的过程中，用口头的方式把各自的报价即所有的交易条件表现出来。

报价的基本原则是：价值在先，价格在后。报价时得要看准时机报价，先报价或者是后报价各有其利弊。先报价的利表现在：一旦报价，就如同为之后的谈判规定了一个基准线，之后的协议基本上就在这个基准线附近达成了；另外，先报价能够出其不意，出乎对方的意料，那么就可以打乱对方的计划，使对方失去进一步争取的信心。先报价的弊端也有很多：对手在听到你的报价之后，往往可以根据报价调整他们自己的原有想法，比如说，在购买商品时，你报的价格比卖方预先打算要售出的价格还要高，那么，卖方就可以获取更大的利益；另外，先报价的一方如果乱报价，会让对手觉得你没有认真对待这次谈判，从而感觉反感甚至不愿意再继续谈判了。

5.2.3 谈判协商

1．价格的解释以及评论

价格的解释指的便是在谈判过程中，双方就所报商品的价格进行的介绍、说明和解答。解释的依据包括商品的特点、价值基础、行情依据、计算方式等。进行价格解释对买方和卖方都有很重要的作用：从买方的角度来看，通过价格解释可以了解对方报价的实质和是否可信，找出对方的薄弱环节，以此来进行讨价还价，对后面的价格评论也有很大的作用；从卖方的角度来看，利用价格解释可以充分表明价格的真实性、合理性，增强其说明力，软化买方的要求，从而迫使买方接受报价或缩小买方讨价的期望值。

价格的评论是对讨价之前的必要铺垫。指买方对卖方所报价格以及金额的评析和论述。价格评论的内容应该与价格解释的内容基本对应一致。同时，也应该注意根据价格解释的内容逐一予以评论。价格评论的原则表现在：针锋相对，以理服人。具体技巧有：既要猛烈，又要掌握节奏；重在说理，以理服人；既要自由发言，又要严密组织；评论中再侦察，侦察后再评论。

2．价格商议

☞**提示**

有一个橘子，姐姐和妹妹都想要，争抢的结果是从正中间切开，一人一半。这样的分配结果是否是最佳办法？结论是双方都没有获得最大的需要满足。原来，姐姐争橘子的目的是想用橘子皮蒸蛋糕，而妹妹的目的是想吃橘子肉，将橘子从中间切开，看似圆满，实质双方都白白丧失了一部分利益。引入到谈判上，特别强调谈判前了解对手需要的重要性，避免在谈判中出现"自己花了很大代价却瞄准的是对方无关紧要的需要"。

价格的商议指的是谈判双方就价格的问题展开的激烈的讨论，经过多次的磋商，最终达成协议的过程。商议的内容一般就是讨价与还价。讨价是一方报价之后，另一方根据对方的报价解释，对价格进行评论，当评论的结果是否定态度时，要求对方重新报价。包括：评价、深入讨价的评价以及全面讨价与针对性讨价；讨价时要注意尽量避免用文字或者是数字回答对方的问题；要持平静信赖的态度，给对方台阶下；在讨价时要学会适可而止。

讨价时也要遵守一定的技巧。

（1）以理服人。讨价是伴随着价格评论进行的，所以，应本着尊重对方和说理的方式进行。特别是初期、中期的讨价，务必保持信赖和平的气氛，充分说理，以理服人。

（2）见机行事。买方做出讨价表示并得到卖方回应后，必须对此进行策略性分析，若首次讨价，就能得到对方改善报价的迅速反应，这可能说明卖家中策略性虚报部分比较大，价格中所含虚头、水分比较多，或者也可能表明对方急于促成交易的心理。

（3）投石问路。价格谈判中，当遇到对方固守立场，毫不松动，己方似无计可施的情况时，为了取得讨价的主动权和了解对方的情况，此时，不妨可以"投石问路"，即通过假设询问对方做何反应，来进行试探。

还价一般指针对卖方的报价买方做出的反应性报价。还价以讨价为基础。还价的策略主要包括：还价前的筹划、还价方式、还价起点的确定、还价技巧等方面。

（1）还价前的筹划。针对卖方的报价，并结合讨价的过程，对己方准备做出的还价进行周密的筹划。

（2）还价方式。按照谈判中还价的依据，还价方式有按可比价还价、按成本还价以及单项还价三种，按可比价格还价是指己方无法准确掌握所谈商品本身的价值，而只能以相近的同类商品的价格或竞争者商品的价格做参照进行还价；按成本还价是指己方能计算出所谈商品的成本，然后，以此为基础再加上一定比率的利润作为依据进行还价；按单项还价是指所报价格的最小单位还价，或者对某个别项目进行还价。

（3）还价起点的确定。还价起点的确定，从量上来讲有三个参照因素：报价中的含水量；成交差距，对方与己方准备成交的价格目标的差距；还价次数。

（4）还价技巧。吹毛求疵——对对方的商品想尽办法寻找缺点，即便是满意的地方也要说成不满意，并故意提出令对方无法满足的要求，表明自己"委曲求全"，以此为自己的还价制造借口。积少成多——一般情况下，人们通常对微不足道的事情不太计较，并且细分后的交易项目因为其具体，容易寻找还价的理由，使自己的还价具有针对性和有根有据，从而易于被对方所接受。最大预算——使用最大预算的技巧通常是在还价中一方面对卖方的商品及报价表述出兴趣，另一方面又以自己的最大预算为由来迫使卖方最后让步和接受自己的出价。最后通牒——即指买方最后给卖方一个出价或期限，卖方如不接受，买方就依然退出谈判。进行最后通牒的出价时应该使对方有接受的可能性。感情投资——还价中，感情投资的运用一般有以下要求：要正确对待谈判，正确对待对手；对于一些较为次要的问题，可以不过分计较并主动迎合对方，使对方觉得你能站在他的角度考虑问题，从而赢得好感；注意利用谈判中的间隙机会，谈论业务范围以外对方感兴趣的话题。

5.2.4 谈判成交

经过前一阶段的讨价还价，谈判就进入了收尾阶段，这也是谈判的最后一个阶段。在这个阶段中，包括最后报价、总结谈判、谈判记录的整理、签订成交等内容。

1．最后报价

这是双方经过前面的谈判后的最后一次报价。

（1）不要匆忙地报价，否则对方会认为你在做让步，进而希望能再得到更多的利益；当然，如果报价很晚，那么对局面就起不到作用或者作用很小。

（2）最终报价时的让步大小，很大程度上可以预示最后的成交能否成功。

（3）如果在最后有让步，可以试着将部分要求提出。

2．总结谈判

（1）确定是否所有的内容都已经谈妥了，是不是还有没能解决的问题，以及这些问题将如何解决。

（2）确定最终的交易条件是不是满足我方的期望交易目标。

（3）最后的让步项目和幅度。

（4）安排随后的谈判记录。

3．谈判记录的整理

谈判如果最终成交，应立即写一份简短的报告或者是纪要，并向双方公布，在一项长期而复杂，有时甚至要延伸到若干会谈的大型谈判中，每当一个问题谈妥后，都要通读双方的记录，核对一遍，以免含混不清的地方。最后阶段应检查、整理记录，双方共同确认记录正确无误。会谈记录所记载的内容是起草书面协议的主要依据。

4．签订成交

书面协议的签订原则是：内容完整、表意清楚、责任明确、有理有利、符合法规。同时还要注意以下几个方面的问题。

（1）达成的协议必须用文字表现出来。

（2）不要轻易在对方拟定的谈判协议上签字，尽量争取先入为主，由本方起草合同。

（3）重大的谈判协议签订以后，还应该确保协议具有法律效果，通常是将协议经过公证部门的公证。

签订完后，最好有必要对整场谈判的过程做一个总结，找出谈判中出现的问题的原因和最后的解决方案，并做出书面总结。

5.3 谈判的技巧

在谈判中，要想获得成功就必须要掌握必要的谈判技巧。一个优秀的谈判人员在进行谈判时会将 50%以上的时间用来边听、边想、边分析，并不断向对方提出问题，以确定自己是完全正确理解了对方的所述内容。一方面谈判人员要掌握语言方面的各种技巧，学会如何讲话、如何听话、如何提问、如何回答，另一方面要学会利用各种策略到谈判中去。

👉 **举例**

一位把大把时间和金钱都奉献给心脏病研究的慈善家，一直想要建立一个心脏病研究基金会，经过一番奔走呼吁，美国参议院委员会终于开始对设立这个基金会的可能性进行调查，并请这位慈善家到会作证。慈善家精心准备了内容详细的演说词。但是到开会的时候，他发现他被安排在第六个发言，前面发言的都是在各个领域学有专长的医生、科学家等。于是，他决定临时改变发言内容。他对议员说："先生们，我准备了一篇发言稿，但是我决定不用它，因为我怎么能同刚才发表过高见的那几位杰出人物相提并论呢？他们已经向你们提供了所有的事实和资料，而我这里，则是要为你们的切身利益而向你们作出呼吁。像你们这样辛劳的人，正是心脏病的受害者，你们正处于生命最旺盛的时期，处于一生事业的顶峰，但是，你们也正是最容易得心脏病的人。"接着，他一口气说了 45 分钟，那些参议院们似乎还没有听够。不久，全国心脏病基金会就由政府创立了，他被任命为首任会长。

5.3.1　非语言运用的技巧

在谈判中，口头的表达对语言的运用要求更为严格。一些细节上的问题；例如停顿、重点、强调、说话的速度等，如果你注意了，就会在谈判中捕捉到很多信息。停顿的使用一般是谈判者试图要强调某一个重点，每隔几秒钟进行停顿能够让对方加深印象，同时给对方时间，让他们对我方所说的问题进行思考或者是评论。当然，有些时候，适当的提高语调或者语速也能有这样的效果。说话声音的改变，特别是恰到好处的抑扬顿挫，会使人消除枯燥无味的感觉，吸引听话者的兴趣。另外，清晰、准确的发音，圆润动听的嗓音，也有助于提高谈判时讲话的效果。

5.3.2　选择熟悉的环境

有关研究表明：人们在自己熟悉的环境中进行谈判，更能显示出自己的权威和实力。能否选择在自己熟悉的环境中进行谈判，通常的决定权就在谈判中比较占优势的一方。如果己方实力比较强时，可以充分利用这个机会，争取优势。在自己熟悉的环境中能够使己方表现更加自然，当然对方会感觉有所限制。既然是谈判，那么双方就需要交流，谁都喜欢一个轻松的交流环境，因为人在轻松和谐的气氛中，更容易听取不同意见。

5.3.3　委婉地表达

在谈判中应该学会用委婉的语言表达，这样容易让对方接受。比如，对对方的要求觉得不合理，想要拒绝时，可以这样说："您说的有一定的道理，但是实际情况可能与这有点出入"，然后再不露痕迹地提出自己的观点。这样就不会说让对方觉得被你直接拒绝而难堪，也可以让对方心平气和地认真倾听己方的意见。当然，很多优秀的谈判高手都会在谈判中努力把自己的意见用委婉的方式伪装成对方的见解，从而提高说服力。

5.3.4　试着隐藏感情

在交往中，人的情绪高低可以决定谈判的气氛，如何对待谈判者的情感表露，特别是处理好谈判者的低落的情绪，甚至是愤怒的情绪，对今后双方的进一步合作有深远的影响。当然，我们期待谈判对手的感情泄露能有助于谈判的顺利进行。但个人的情绪是有一定的传染性。有时处理不当，矛盾激化，会使谈判陷入不能自拔的境地。双方为了顾及"脸面"而彼此绝不做出任何让步。结果双方之间很难再合作下去。因此，对待和把握谈判者的感情表露也是解决问题的一个重要方面。

5.3.5　确定最佳选择

要想最快地达到谈判的目的，就需要做多方面的准备，比较好的方法是根据实际情况，提出多样选择方案，从中确定一个最佳方案，作为达成协议的标准。有了多种应付方案，就会使你有很多的余地。同时，你的最佳选择越可行，越切合实际，你改变谈判结果的可能性就越大。因为你充分了解和掌握达成协议与不达成协议的各种利弊关系，进而就比较好地掌握了谈判的主动权，掌握了维护自己利益的方法，就会迫使对方在你所希望的基础上进行谈判。

5.4　谈判策略

5.4.1　攻击要塞

攻击要塞的策略通常是用在"以一对多"或"以多对多"的谈判中。因为就算谈判对手不止一个人，但是真正有决定权的只是其中一个人而已。我们只需留意对方最具决定权的谈判人员。当然，如果无论如何都不能说服对方的决定人员，那么就要从他身边的协助人员身上下手，对他们展开攻势，让他们了解你的主张，再凭借他们来影响有决定权的谈判人员。

👉 **提示**

使用"攻击要塞"战术时，关键在于"有变化地反复说明"。很显然地，"对方首脑"已经不止一次地听过了你的主张，而现在，如果要再拿同样的说词对"对方组员"展开游说，"对方首脑"自然感觉兴味索然。而"对方组员"也一样，对你一成不变陈述方式，也不可能专心聆听的。所以，目的虽然相同，但是，在反复说明的过程中，就要特别留意其中的变化性，以免收到反效果。另外应注意的是，纵然你已经认真地说服了"对方组员"，但是，这却无法保证"对方组员"也会像你认真地说服他们般的去说服"对方首脑"。要是"对方组员"不肯这么做，即使你用尽了全力，"攻击要塞"战术还是难奏其效的。

5.4.2　红脸白脸

在谈判时要会发挥红脸白脸策略的成功之处，一般使用这种策略需要两名谈判人员，他们最好不要一起出席第一回合的谈判。负责唱红脸的谈判人员的责任便是使对方觉得"这个对手不好惹"、"不喜欢跟这个人谈判"的反应。而随后负责唱白脸的谈判者就要表现得很随和，比较好讲话，使对方感觉"总算松了一口气"的感觉。这样，二者交替出现，轮番上阵，直到谈判达到目的为止。

白脸与红脸战术的功效是源自第一位谈判者与第二谈判者的"联线作业"上。第二位谈判者就是要利用对方对第一位谈判者所产生的不良印象，继续其"承前启后"的工作。第一位谈判的"表演"若未成功，第二位谈判者自然也就没戏可唱了。

👉 **举例**

有一回，传奇人物——亿万富翁休斯想购买大批飞机。他计划购买三十四架，而其中的十一架，更是非到手不可。起先，休斯亲自出马与飞机制造厂商洽谈，但却怎么谈都谈不拢，最后搞得这位大富翁勃然大怒，拂袖而去。不过，休斯仍旧不死心，便找了一位代理人，帮他出面继续谈判。休斯告诉代理人，只要能买到他最中意的那十一架，他便满意了。而谈判的结果，这位代理人居然把三十四架飞机全部买到手。休斯十分佩服代理人的本事，便问他是怎么做到的。代理人回答："很简单，每次谈判一陷入僵局，我便问他们——你们到底是希望和我谈呢？还是希望再请休斯本人出面来谈？经我这么一问，对方只好乖乖地说——算了算了，一切就照你的意思办吧！"

5.4.3 转折提问

运用转折提问的策略通常有两个目的：缓和紧张气氛以及话中插话。

有些时候，提出的问题较为复杂，让人难以启口，但是又不得不问的时候，就采用此方法。例如，有一位著名的电视节目主持人在访问某位特别来宾时，就喜欢用这种技巧。"我想你一定不喜欢被问及有关私生活的情形，不过……"。这个"不过，等于一种警告，警告特别来宾"，"虽然你不喜欢，不过我还是要……"。

在日常用语中，与"不过"同义的，还有"但是""然而""虽然如此"等等，以这些转折词作为提出质问时的"前导"，会使对方较容易作答，而且又不致引起其反感。

5.4.4 文件战术

文件战术一般运用于谈判的一开始阶段，也就是双方隔着谈判桌一坐下来时。携带大量的资料前往谈判场所，会让对方觉得我方在谈判前有做充足的准备工作，对谈判内容相当了解。但是如果是中途才搬出资料，则会让对方觉得你是在临时抱佛脚。一旦采用了文件战术，就要有始有终，在每一次的谈判中，都不要忘了把所有的文件资料带在身边，否则，将会引起对方的怀疑，甚至蔑视。如果有可以不再携带文件资料的理由，则要向对方详细说明，使其了解。

提示

如果谈判是在自己的地盘上进行，使用文件战术的效果比较好。如果是在对方地盘上进行，就要考虑前去路途中携带大量文件的辛苦。同时，对方见到你费尽千辛万苦，"搬"来了堆起来有如一座小山似的文件资料时，头一个想到的便是——这一定是用"文件战术"来对付我了。所以，在对方的阵营中谈判时，除了必要的，以及在谈判中将使用到的文件资料外，最好什么都不要携带。这么做，除了乐得轻松以及不致让对方起疑外，对信用的提升，也有无形的帮助。在谈判中，信用正是谈判成功的关键所在。

5.4.5 声东击西

这一策略在于把对方的注意力集中在我方不甚感兴趣的问题上，使对方增加满足感。具体的运用方法是，如果我方认为对方最注重的是价格，而我方关心的是交货时间，那么我们进攻的方向，可以是价格问题，假装从价格上做出让步，然后在交货时间上向对方提出条件。这种策略如果能够运用得熟练，对方是很难反攻的。它可以成为影响谈判的积极因素，而不必负担任何风险。

5.4.6 迂回询问

通过迂回询问，使对方松懈，然后再乘其不备，巧妙地获知对方的具体信息。这一策略通常多运用于主客场谈判中，作为主场的谈判一方充分利用自己的东道主身份，采用迂回询问的策略。例如，主场人员为了能够获知对方的谈判时限，就极力地向对方表现出自己的热情好客，除了将对方的生活等照顾得十分好外，还盛情地邀请对方参观当地的风土人情，民俗文化等，在对方尽情享受的时候，提出为他们购买返程的车船票或者是飞机票。往往在这种时候，对方会将自己的返程时间随口告知给对方，于是，主场人员就可以根据他们的返程日期，推算出对方的谈判安排以及最后的成交时间等信息。于是在谈判中，作为主场的人员可以有效地控制整个谈判的节奏，使对方受制于自己。

5.4.7　走为上策

当谈判人员特别是谈判小组领导人对于谈判桌上的进展不满意时，常常使用"脱离现场"这种策略。它经常是谈判陷入僵局或无法继续下去的时候使用的一种策略。当谈判小组长认为，双方需要在某种新环境中非正式地见面，用以鼓励为谈判建立一种信任和坦率的气氛的时候，也要采用这种策略。这种策略，对于双方重新建立一种合作精神是十分有帮助的，如果有足够时间、机会和新的建议，它能使大家意见合一。这个策略的价值在于：避开正式的谈判场所，把谈判转到轻松的环境中。当然，如果把全部谈判都搬到俱乐部来进行，也是不合宜的。但只要小心谨慎，这不失为一个有效的策略。

5.4.8　金蝉脱壳

当谈判人员发觉他正被迫做出远非他能接受的让步时，他会声明没有被授予达成这种协议的权力。这通常是谈判人员抵抗到最后时刻而亮出的一张"王牌"。在这时，双方都很清楚，这是为了不使谈判破裂。然而，如果用直截了当的方式使用"职权有限"，这个策略还是有危险性的。因为，为使谈判得以顺利进行，就要求双方共同以适当的速度朝着预期的方向努力，要求共同交换条件，共同得到满足，共同做出让步。如果一方没有足够的权力，那么就会出现新的问题，若是一方认为可能会面临到障碍，即无论与对方的谈判人员达成什么样的谅解，都不会被他的老板认可。显然其结果，一方会不得不做出进一步的让步。

👉 **建议**

某一方提出"权力有限"，对双方来说都是不利的。如果一方真是"权力有限"，则会降低谈判的效率。如果一方蓄意采取这一策略来愚弄对方，那么，它不但具有许多不利之处，而且这种人为障碍很可能被发现，而使自己受损。它破坏也干涉了另一方让步的速度和方式，削弱了自己获取利益的可能，使谈判更趋复杂化。一方如果怕对方使出这一招，最好在谈判开始时就弄清楚：在谈判的目标、计划和进度已经明确，亮底牌阶段即将完成之前，谈判人员的个性已初步掌握之后，可首先提出一个这样的问题："你有最后决定的权力吗？"

5.4.9　缓兵之计

谈判进行了一段时间以后，可以休息五至十分钟。在休息期间，让双方走出会谈大厅，回顾一下谈判的进展情况，重新考虑自己，或者让头脑清醒一下再进入洽谈，这些都是有必要的。一般情况下，休息的建议是会得到对方积极响应的。休息不仅有利于自己一方，对双方，对共同合作也十分有益。休息是有积极意义的。它使双方有机会重新计划甚至提出新的构想和方案，可以使双方在新的气氛下再聚一堂，使精力和注意力再度集中起来。有人担心休息会有消极作用，担心会破坏刚才的谈判气势，会使良好有效的谈判气氛受到干扰，或者会给对方改变方针的机会。实际上，这种担心是多余的。以下是一般的安排休息的程序。

1．说明休息的必要性

比如："我想，如果现在休息一下，可能有利于我们双方好好地谈判……"。

2．简单总结一下刚才进展情况，并且提出新的建议

比如："我们已经谋求出可以解决价格与折扣问题的方法。我建议现在大家想想是否还有别的解决途径……。"

3．确定休息的时间。

比如："十五分钟够不够？"

4．避免提出新议题

如果对方想提出新的议题来讨论，要求他在休息后再说。在需要休息的时候，不要让对方有产生讨论新议题的机会。

在休息期间，我方要考虑的问题应该是明确的。应研究怎样进行下一阶段的谈判，归纳一下正在讨论的问题，检查我方小组的工作情况或者对以下的谈判提出一些新的构想。同时要考虑怎样重新开谈，考虑往下的洽谈方案和如何做开场陈述。最好能带着新的建议重新步入谈判大厅。休息是一种有很大潜在影响的策略，适当地运用这一技巧，可以帮助我们达到共同获利的目的。

关键术语

谈判、交易地位、谈判性质、表达方式、谈判进程、谈判气氛、报价、谈判协商、价格商议、讨价、还价、谈判成交

本章习题

一、判断题

1．谈判就是尽最大可能与对方进行的讨价还价，获取最大的利益，不管采用什么方法或者是策略。（　　　）

2．个体谈判相比较集体谈判来讲是比较简单的谈判，因为是一个人进行，不用涉及其他人员。（　　　）

3．如果卖主的喊价比较高，那么最终的成交价格往往也比较高；如果买主的喊价比较低，那么最终成交的价格也是比较低。（　　　）

4．在谈判过程中，对方提出什么问题，我们就应该为他们解释清楚问题的答案。（　　　）

二、选择题

1．下列属于按谈判的表达方式进行划分的谈判是（　　　）。

    A．政治谈判　　　　B．军事谈判　　　　C．口头谈判　　　　D．私人谈判

2．谈判小组的人数最多不超过（　　　）人。

    A．3　　　　　　　B．5　　　　　　　C．10　　　　　　　D．12

3．价格解释坚持的原则不包括（　　　）。

    A．有理　　　　　　B．有益　　　　　　C．有利　　　　　　D．有节

4．谈判的技巧不包括（　　　）。

    A．在第三地进行　　　　　　　　B．委婉地表达

    C．试着隐藏感情　　　　　　　　D．确定最佳选择

三、思考题

1. 谈判的基本概念是什么？
2. 谈判通常有哪几种类型？
3. 谈判的过程一般分为哪几个阶段？
4. 试回忆自己在购买商品与卖家进行讨价还价时，经常采用的谈判技巧和策略有哪些？

📋 案例分析

中方某公司的谈判

中方某公司向韩国某公司出口丁苯橡胶已一年，第二年中方又向韩方报价，以继续供货。中方公司根据国际市场行情，将价从前一年的成交价每吨下调了 12 美元（前一年 1200 美元/吨），韩方感到可以接受，建议中方到韩国签约。中方人员一行二人到了首尔该公司总部，双方谈了不到 20 分钟，韩方说："贵方价格仍太高，请贵方看看韩国市场的价，三天以后再谈。"中方人员回到饭店感到被戏弄，很生气，但人已来汉城，谈判必须进行。中方人员通过有关协会收集到韩国海关丁苯橡胶进口统计，发现从哥伦比亚、比利时、南非等国进口量较大，中国进口也不少，中方公司是占份额较大的一家。价格水平南非最低但高于中国产品价。哥伦比亚、比利时价格均高于南非。在韩国市场的调查中，批发和零售价均高出中方公司的现报价 30%～40%，市场价虽呈降势，但中方公司的给价是目前世界市场最低的价。为什么韩国人员还这么说？中方人员分析，对手以为中方人员既然来了首尔，肯定急于拿合同回国，可以借此机会再压中方一手。那么韩方会不会不急于订货而找理由呢？中方人员分析，若不急于订货，为什么邀请中方人员来首尔？再说韩方人员过去与中方人员打过交道，有过合同，且执行顺利，对中方工作很满意，这些人会突然变得不信任中方人员了吗？从态度看不像，他们来机场接中方人员，且晚上一起喝酒，保持着良好气氛。从上述分析，中方人员共同认为：韩方意在利用中方人员出国心理，再压价。根据这个分析，经过商量，中方人员决定在价格条件上做文章。总的来讲，态度应强硬（因为来前对方已表示同意中方报价），不怕空手而归。其次，价格条件还要涨回市场水平（即 1000 美元/吨左右）。再者不必用二天给韩方通知，仅一天半就将新的价格条件通知韩方。

在一天半后的中午前，中方人员电话告诉韩方人员："调查已结束，得到的结论是：我方来首尔前的报价低了，应涨回去年成交的价位，但为了老朋友的交情，可以下调 20 美元，而不再是 120 美元。请贵方研究，有结果请通知我们，若我们不在饭店，则请留言。"韩方人员接到电话后一个小时，即回电话约中方人员到其公司会谈。韩方认为：中方不应把过去的价再往上调。中方认为：这是韩方给的权利。我们按韩方要求进行了市场调查，结果应该涨价。韩方希望中方多少降些价，中方认为原报价已降到底。经过几回合的讨论，双方同意按中方来首尔前的报价成交。这样，中方成功地使韩方放弃了压价的要求，按计划拿回合同。

资料来源：http://www.360doc.com/content/10/1024/21/1743415_63698466.shtml

问题

1. 中方的决策是否正确？为什么？
2. 中方运用了何程序、何方式做出决策的？其决策属什么类型？
3. 韩方的谈判中，反映了什么决策？

第6章 演　讲

学习目标

1. 了解演讲的基本含义与特征
2. 理解演讲的目的与方式
3. 掌握准备演讲的相关注意事宜与演讲稿的撰写
4. 熟练掌握并运用演讲的各种技巧

能力目标

1. 提高学生对演讲在实践中所发挥作用的分析与应用能力
2. 注重学生对演讲及其相关概念的认识能力

导入案例

海尔是海

海尔应像海，唯有海能以博大的胸怀纳百川而不嫌弃细流；容污浊且能净化为碧水。正如此、才有滚滚长江、浊浊黄河、涓涓细流、不惜百折千回，争先恐后，投奔而来，汇成碧波浩渺、万事不竭、无与伦比的壮观！

一旦汇入海的大家庭中，每一分子便紧紧地凝聚在一起，不分彼此形成一个团结的整体、随着海的号令执着而又坚定不移地冲向同一个目标，即使粉身碎骨也在所不辞。因此，才有了大海摧枯拉朽的神奇。

而大海最为人类称道的是年复一年默默地做着无尽的奉献，袒露无私的胸怀。正因其"生而不有，为而不持"，不求索取，其自身也得到了永恒的存在。这种存在又为海中的一切提供了生生不息赖以生存的环境和条件。

海尔应欲海，因为海尔确立了海一样宏伟的目标，就应敞开海一样的胸怀。不仅要广揽五湖四海有用之才，而且应具备海那样的自净能力，使这种氛围里的每一个人的素质都得到提高和升华。海尔人都应是能者，而不有冗者、庸者。因为，海尔的发展需要各种各样的人来支撑和保证。

只有把所有的海尔人凝聚在一起，才能迸发出海一样的力量，这就是靠一种精神，一种我们一贯倡导的"敬业报国，追求卓越"的企业精神。同心干，不论你我；比贡献，不唯文凭。把许许多多的不可思议和不可能都在我们手中变为现实和可能，那么海尔巨浪就能冲过一切障碍，滚滚向前！

我们还像大海，为社会、为人类做出应有的奉献。只要我们对社会和人类的爱"真诚到永远"，社会也会承认我们到永远。海尔将海一样得到永恒的存在，而生活于其间的每一个人都将在为企业创一流效益、为社会做卓越贡献的同时得到丰厚的回报。海尔将与整个社会融为一个整体。海尔是海。

资料来源：冯光明.管理沟通.经济管理出版社，2012

6.1 演讲概述

6.1.1 演讲的含义

演讲也称为讲演或演说。演讲的基本含义是演讲者运用姿态、声音、劝说、鼓动听众的有组织的一种现实性的口语表达形式。

演讲作为一种社会实践活动，必须具备四个条件：演讲者、听众、沟通二者的媒介以及当时的时间、环境。离开其中任何一个条件都构成不了演讲。演讲是口语表达的最高形式，它不仅是一种以"讲"为主的宣示活动，还是一种以"演"为辅的活动，是有声语言和肢体语言的有机统一。也就是说，只有将演与讲两个基本的要素和谐地统一在一起，才能构成完整的演讲，这是演讲与其他口语表达形式的根本区别所在，也是演讲的本质属性。

6.1.2 演讲的特征

演讲虽源于讲话，但具有其自身的独特性，同时还讲求艺术。因此，与其他说话形式和有关艺术门类相比，演讲具有现实性、艺术性、鼓动性和简洁性的特征。

1．现实性

演讲是演讲家通过对社会现实的判断和评价，直接向广大听众公开陈述自己主张和看法的现实活动。

（1）从"讲"的方面看：取材的题目大都是社会现实问题；选用的材料大都是真实的，而不是虚构的；演讲传递信息主要依靠的是概念、判断和推理，而不是主要依靠形象。

（2）从"演"的方面看：演讲者以本来面貌出现在讲台上，演讲者在演讲时可以按自己的意愿着装，演讲者在演讲时可以畅所欲言。

2．艺术性

这里的艺术性是现实活动的艺术。它的艺术性在于它具有统一的整体感和协调感，即演讲中的各种因素（语言、声音、表演、形象、时间、环境）形成一种相互依存、相互协调的美感。同时，演讲内容的哲理化、语言的文学化、姿态的戏剧化都要不同程度地渗透到演讲中。

3．鼓动性

好的演讲自有一种激发听众情绪、赢得好感的鼓动性。演讲者要富有鼓动性、感染力，着力表现出阳刚之气，使人振奋，使人鼓舞，要让听众响应你，心有所动或有所感而有所为。

4．简洁性

由于受时间因素的限制，演讲者必须在发言时注意时间的控制，就可以言简意赅地讲清问

题，并能较快见到效果。如林肯一生中最著名的演讲——葛底斯堡演讲虽然只有 518 个字，但却言语清晰、有力，对美国的社会发展影响深远。

第
6
章
演讲

6.1.3 演讲的方式

1．演讲的方式分类

（1）读稿式演讲。这种演讲方式就是照着准备好的稿子读，并且是一字一句地宣读出来，并且不作任何解释和说明，也不作任何补充和修改。这种照本宣科的演讲方式适应于政策性强、法定性强或场合严肃、内容重要的情况。因此一般适用于传递相关法律法规、相关政策等方面的信息。

（2）提纲式演讲。这种演讲方式就是将演讲内容和结构安排列出提纲，演讲者照着提纲演讲，而不是照着稿子演讲。基于这种特点，这就要求演讲者有着丰富的演讲经验和良好的演讲心理素质。这一方式在管理沟通中普遍使用，也适合长篇演讲。

（3）背诵式演讲。这种演讲方式是在演讲者通过充分的准备，将演讲稿的内容背诵下来，这种挑战性非常大。这种演讲方式要求演讲者记忆力好，又要追求现场效果的情况，比如应聘时的自我介绍、新岗位的就职演说等。

（4）即兴式演讲。这种演讲方式是在特定的时间、情景之下，演讲者未作充分的准备，凭借自身的知识、阅历，即兴地表达自己的愿望或满足现场的需要而临时组织语言的实时实地而做的演讲。

（5）腹稿式演讲。这种演讲方式是难度最大、挑战性最强的一种，因为它要求演讲者与听众要频繁地互动。这就要求演讲者有着较高的综合能力素质，对演讲内容做全盘的构思后，形成清晰的框架结构。

2．演讲方式的选择

关于演讲方式的选择，管理沟通专家艾伦给出以下建议：（1）除非别无选择，否则不要做即兴演讲；（2）同样地，记忆式演讲也有很多的问题，我们最好少用，除非演讲者对演讲内容非常熟悉，且演讲的经验丰富；（3）提纲式演讲和读稿式演讲是最值得推荐的演讲方式，但要注意一些问题：①根据听众和演讲目的、内容来选择其一；②根据你的演讲经验丰富程度决定。

6.2 演讲的准备

6.2.1 演讲准备的内容

为了恰如其分地表达中心思想，又要符合听众的口味，演讲要做好"5W1H"的准备。如图 6-1 所示。

👉**名人名言**

管理沟通活动的成功离不开缜密的设计与准备，演讲也不例外。戴尔·卡内基说过："只要按照正确的方法，做周密的准备，任何人都能成为杰出的演讲家。反之，不论年龄多大或者经验多么丰富，如果没有适当的准备，都有可能在演讲中露出窘态。"卡内基的这番话，道出了演讲准备的重要性与必要性。

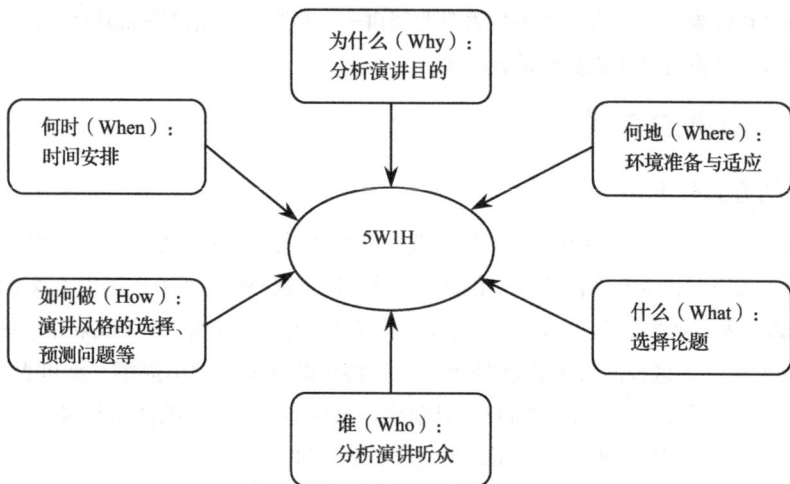

图 6-1　演讲准备的内容

6.2.2　演讲的目的

1．演讲的主要目的

演讲的主要目的可以归纳为四个大方面。

（1）传递信息。在演讲中，演讲者要通过语言和非语言信息，让听众对自己的观点、想法得以了解，只有这样，双方合作才会成功。如各种研讨会就是属于这一目的。

（2）说服和影响听众。在此类目的的演讲中，演讲者对听众施加影响，综合感情感染力和逻辑感染力，说服那些持有相反观点和态度冷漠的听众改变旧有的观点，以使他们赞同甚至采取实际行动来支持演讲者的观点。

（3）传授知识。演讲者要把丰富的知识和经验传授给听众。那么演讲者则应当集中精力于知识面的广度和深度，以及解释的逻辑性。如学术报告会、产品的使用说明等都以此为目的。

（4）娱乐听众。创造一种轻松愉悦的气氛，通过幽默诙谐的话语来获得听众的欢乐与教益，这种演讲与相声艺术有异曲同工之处。

2．演讲的次要目的

除了主要目的外，还有其他的次要目的，个人化的表现更加强烈，如表现演讲者的专业与自信风采，引起某个重要人物的关注，如职业晋升的演讲。值得注意的是次要目的有时对影响演讲的进程与质量起着非常重要的作用，因此若演讲者过于关注次要目的，一方面往往造成演讲者的焦虑与紧张，另一方面由于舍本逐末，忽视了对首要目的相应的准备工作。

在明确了演讲的主要目的和次要目的后，演讲者为了将明确而清晰的目标传达给听众，需要在演讲前花点时间思考下列问题。如图 6-2 所示。

由此可见，演讲绝非单纯的口舌之功、雕虫小技，而是高智力型的复杂脑力活动，它是有目的、有计划地使与自己见解一致的听众坚信原有的观点，或使与自己相反观点的听众心悦诚服地接受现在的观点。成功的演讲就是有效地传达信息、说服影响听众、鼓励听众、沟通感情、活跃气氛。

要明确、清晰地表达目标，需考虑：

为了获得听众的认同我需要为他做点什么

我希望这次演讲取得什么样的效果

要做到话语简洁明了，要注意什么

听众对我演讲的内容都有哪些了解

听众需要了解哪些内容

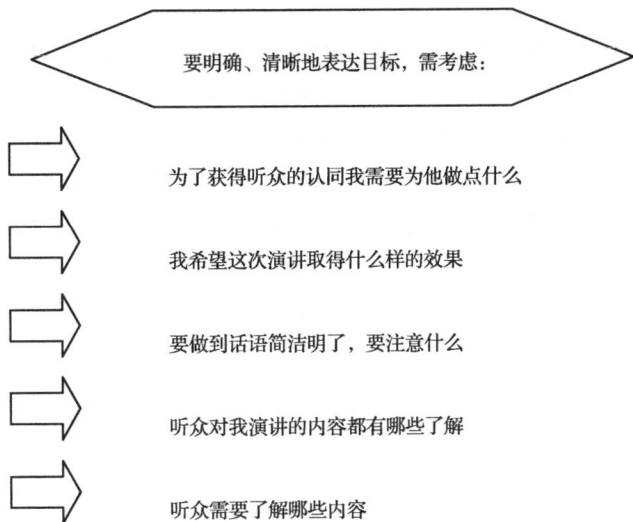

图 6-2　明确演讲目标

6.2.3　分析演讲听众

1．分析听众的意愿和态度

事实上，听众如何对待你演讲的话题比他们对其有多少了解更为重要。对于同一个话题，你有你的思想，我有我的情绪，比如人们对政治各方面的演讲就很敏感。听众的情绪反响程度越大，对话题的可接受程度就越小。也就是说，人们对不太热点的话题持开放态度，而对强烈关注的话题持保守态度。所以说你应当更清楚地知晓听众对你演讲的观点会有什么样的反应。演讲者只有事先了解到听众的意愿要求和对要发言的主题持何种态度，才能有针对性地做好准备工作，使演讲取得成功。那么，要了解听众的意愿要求和对演讲者的观点态度，演讲者可以通过多种途径获得，比如通过与主持人的交流沟通、调查听众、提前到场与听众交流、请教其他演讲者等。

2．分析听众的类别

演讲者面对的听众一般分为以下四类。

（1）同事听众。虽然演讲者面临的是朝夕相处的同事，但是这一类听众却是很难对付的一类。因为他们可能属于不同的部门，而各部门因为利益的冲突不可避免地存在竞争机制，部门保护主义严重，这样往往会出现同事的挑剔与敌意。因此演讲者要对他们可能存在的异议做好充分的准备。

（2）上级听众。下级对上级演讲时，不可避免地会出现紧张、焦虑的情绪，这也是过分地关注演讲的次要目的造成的，这样可能影响演讲的质量与进程。因此演讲者要在演讲前做好精心的准备，将注意力集中于演讲的中心观点，做到内容简明扼要、结构清晰条理、态度诚实恳切。

（3）混合听众。混合听众指演讲者对听众的构成类别不清楚，这就要求演讲者做好心理准备，将不同类别的听众看成一个不可分割的整体，创造一个共同的愿景。

（4）国际听众。不同国度的听众由于其文化背景和价值观念都有所不同，这就要求演讲者在演讲前充分考虑各国、各地区不同的文化差异，避免因为文化冲突造成的演讲沟通的失败。

3．分析听众的构成

演讲者事先应该对演讲者的构成进行分析和了解，对其分析的越透彻，就越有针对性地做好准备工作。

（1）听众人数。一般听众人数越多越容易接受"群体影响"的支配。人数不同，演讲者的声音和语调则不同，而且有利于演讲者决定使用何种视听设备和演讲风格更合适，否则如果演讲那天才发现听众人数出乎自己的想象，太多或太少，势必都会影响演讲者的精神状况和演讲的质量。

（2）听众年龄。因为听众的年龄不同，其价值观念、思维方式都有很大的差异，比如在现代社会，年轻人更有活力、更冲动、更挑剔；老年人则含蓄、稳重。因此演讲者要针对不同年龄结构的听众做好合适的演讲准备。

（3）听众的知识层次。听众的教育程度对演讲十分重要，演讲者在事先了解其知识层次，从而确定一个合适的演讲方式，在词汇和语言的选择中做出合理的判断。如果听众有较高的知识层次，则应该强调逻辑和理论依据；而听众较低的知识层次，则应该使用更多是实例和情感影响。

（4）听众的职业。听众的职业不同，他们关心的主题则不同，了解听众的职业性质及分布，这使得演讲者更有针对性做演讲准备工作。

总之，在基于演讲目的上，演讲者要适时根据当时听众的情况和现场氛围对演讲做出适当的调整。因此，对演讲目的和听众的分析是始终贯穿其中的，演讲者的脑子里要有这两根弦紧紧地绷着。

6.2.4　选择论题

当演讲者明确了演讲的目的，并对听众做了分析后，就要进行准备工作的第三步——选择论题。即准备演讲的具体内容，一方面是演讲的主题，另一方面是收集并处理材料，确定演讲的知识面和知识点，最后根据听众的需求安排结构内容。具体模式如图 6-3 所示。

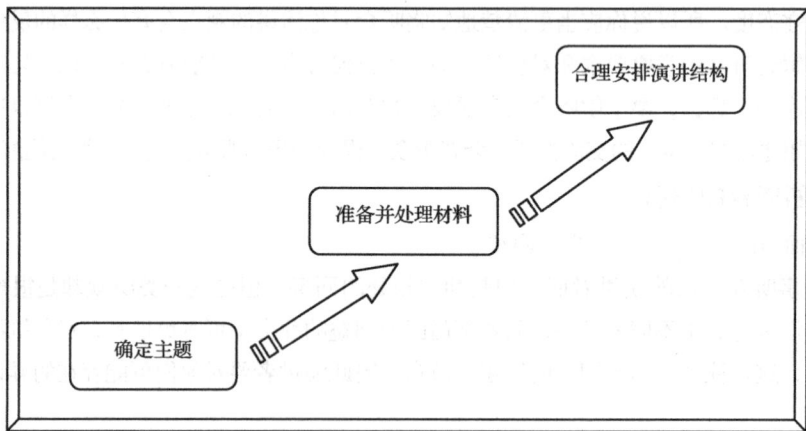

图 6-3　解答模式

1. 确定主题

主题是演讲者对演讲话题所持的观点，即是议论文中的中心论点。在收集和整理资料前明确主题极为重要。主题要求有现实性和针对性，能回答听众中现实中的问题，具有现实价值；主题要有深度，要透过现象看本质，抓住事实的实质，做到由表及里，不做表面文章；主题要体现演讲者的独特见解，人云亦云的主题不会吸引人们的兴趣。

2. 准备并处理资料

演讲中所需的资料是指能够证明观点、表达主题的事实资料和理论资料。如果说，主题是演讲的灵魂，那么资料应该是演讲的血肉，因为只有材料才能证明、论述主题。在处理材料时，包括三个方面的工作。

（1）收集资料。收集的材料要以演讲目的为指导，充分支持演讲的主题，具有典型性与真实性，适于听众的口味。

（2）筛选资料。收集到足够的资料后要进行筛选，将不合主题的资料剔除，留下那些充分证明主题的，具有典型性、真实性、时效性的资料纳入演讲稿中。

（3）使用资料。经过对资料的收集、筛选工作后，我们要对其进行恰当地使用，注意对材料的使用进行规划，主要工作包括归纳、归类、排序、穿插、多样性和改造等，以便灵活使用材料。

3．合理安排演讲结构

演讲结构具体包括如何开头、如何结尾、何处是主题、何处是辅助、怎样铺垫、怎样承接等，这些都要了然于胸。其中要特别注意引入与结尾，有一个忠告如下："关注开始和结尾，中间自会照顾自己。"

（1）如何开头。表6-1描述了演讲开头的方法和含义。

表6-1 演讲开头的方法和含义

方法	含义
逸闻趣事	人们从孩童时候就喜欢听着故事进入梦乡，因此逸闻趣事更能吸引人们
幽默	人们喜欢笑，给点幽默更能增强演讲的趣味性
适当的引证	你可以查阅大量的资源，在任何地方找到引证，比如名言警句等
激发性的问题	可以通过反问式的方式来提出问题。但要做好听众对此没反应的心理准备等
当前或最近的事件	听众往往对网上或报纸上的爆炸性的新闻或趣事有较好的反应
陈述观点	在陈述观点时最好揭示观点的来源，如果这些观点来自于名人，那么听众更有兴趣，同时也提高该演讲的可信度

（2）如何组织主体部分。在主体部分，演讲者最好列出演讲的要点，以及每个要点的论证方法，提出支持你的要点的论据，以及听众可能的反应及应对策略。研究表明，你最擅长的和你认为最重要的观点放在最前面或最后面为宜，这样更能强调你的主题，也不容易埋没你最好的观点。

👉**提示**

在我们可以通过语言或其他方面，传递给听众一个结尾的信息时，应保证你的听众感受得到你的演讲即将接近尾声，不要让他们认为你还有其他的内容要讲。最重要的就是不要让听众们听完这个演讲后还在想你的主题是什么，而是你能够传递给听众一个清晰、简单和确切的信息。

（3）如何结尾。在公共的演讲中，总结是最重要的，也是非常受欢迎的。因为演讲者在总结中可以再次向听众陈述你的观点，你可以利用这最后一次的机会向听众们展示你的真实意思，最终强化你演讲的目的。

6.2.5 演讲的时空安排

1．时间安排

关于演讲的时间安排，主要包括两个方面——时间长度和时间段。一般情况下，演讲的时间最好不要超过90分钟。因为时间过长，会让集中于自己的演讲中的听众过于疲惫，应该在中场适当地安排休息。关于时间段的确定，不要安排在听众常规的进餐或作息中，最好安排在大家状态最好的时候。此外，演讲者要合理分配好各部分的时间，避免前松后紧和前紧后松。一般情况下，演讲时间安排的原则是开头和结尾部分约占整个演讲时间的 20%，主体部分的时间约占80%。因此要做到这点，演讲者必须在演讲前进行排练。

2．空间安排

在演讲前，对演讲空间环境的安排要考虑到房屋和讲台的布局与辅助仪器的设备。在任何情况下，都可能发生理想的环境与既定的环境之间的差异，因此，演讲者要尽早地改变环境并适应环境。

（1）房屋和讲台的布局。在房屋的布局上，演讲者应该考虑座位的安排、窗户的位置、灯光的设置等要素。在座位的安排上，一般情况下，听众与你的距离越近，越能引起共鸣；在窗户的位置上，既要保证空气新鲜，又要防止穿堂风；在灯光设置上，要了解灯光开关的位置，并避免使用演讲者背后的灯光。在讲台的布局上，圆形的布局要比传统的"教室形"的布局效果要好得多，更易拉近与听众的距离。另外讲台中的移动空间、粉笔的数量和颜色、麦克风和座位情况等都要做充分考虑。最后，从总体来看，为确保自己的话能被听众清晰地听到，确保能与听众保持眼神上的交流与接触，演讲者要充分考虑演讲过程中的空间、噪音等因素。一般的经验是，在小型会议上，演讲者与听众的距离以 4~8 米为宜；而大型会议，如开学典礼上校长的讲话，最好与听众的距离在 8 米以上，因为这样才能够更好地显示出演讲者的威望。

（2）辅助仪器的设备。如果不熟悉环境，演讲者很可能无法使用自己准备的材料、工具及辅助手段等，从而影响演讲的效果。一方面了解环境中是否具备辅助仪器的设备。比如，如果你习惯使用 Powerpoint 做投影的演讲方式，但是由于环境中不具备这样的设施工具，你就无法按照预先的准备做演讲，当然你的情绪会受到很大的影响。另一方面，了解辅助仪器设备的使用情况。

6.2.6　演讲风格的选择

演讲顾问兼评论家尼亚·哈姆林（Sonya Hamlin）认为人们去听演讲的基本原因有三个：自身兴趣、演讲者及演讲形式。在你演讲前，你很少会影响到他们对你演讲内容的看法，但你可以在对听众分析的基础上，改变你演讲的风格，也就是演讲的表达方式。演讲风格基本上有两种：积极的演讲风格和消极的演讲风格。

1．积极的演讲风格

人们对演讲者积极的演讲风格的反应是积极态度，积极的演讲风格的特征主要表现在：热情、真诚、友好、振奋人心、有趣、知识性强、组织严密、富于创造性、充满自信、富于启发性、开放、真实可信等。

2．消极的演讲风格

相反，听众对消极的演讲风格反应也是消极的。消极的演讲风格的特征主要表现在：夸夸其谈、晦涩难懂、死气沉沉、错综复杂、自视清高、缺乏自信、拘谨乏味、偏离主题、枯燥乏味、重复单调、思想闭塞、气氛紧张等。

对于每个演讲者来说，因为其演讲风格的形成与个人的经历、人格、经验与能力等因素息息相关，所以每个人的演讲风格都有所差异。在一段既定的时间内，演讲风格基本上是固定的，但是由于演讲的性质不同，每个人的演讲风格就要有所调整。比如，在学术交流研讨会上的演讲，应该严肃对待，避免使用幽默、诙谐的风格。相反地，在娱乐节目上的演讲，演讲风格则使用轻松活泼的方式。

6.2.7　预测并解决问题

在演讲的结尾阶段，演讲者总是问有没有问题，这是一段非常重要的时间。因为只有回答完所有的问题，演讲才算是真正的结束，尤其在新闻发布会上，要慎重对待问题。因此，在认识到问题回答阶段的重要性后，要为演讲做好准备。

1．预测潜在的问题，制定相应的解答方案

首先要为问答部分做好计划，最明智的计划就是提出可能的问题。为了更准确地预测潜在的问题，演讲者要仔细检查演讲稿，找出问题的潜在区域，然后针对潜在区域找出听众可能提出的潜在的各种问题，最后制定相应的解答方案，做到胸有成竹。

👉**举例**

"……我们预测将会出现的问题，然后会在星期五的新闻发布会之前提交一本内容简要的册子，由总统带到戴维宫，利用整个周末研究。册子将包括几十个关于国内和国外事务的主题，每个主题都有问题和回答。……在新闻发布会上，也许三十个问题中，我们连一个都不能预测到。"

——拉里·斯派克斯，里根总统的新闻发言人

当然，我们不可能预测出所有的问题，除非你是预言家才可能预测出所有的问题。但是，我们还要仔细分析以尽可能多的提出问题。

2．综合演讲的主题

不管怎样预测问题，并制定相应的解决方案，这些精心的准备都不能预测所有的问题。因此，既然不能预测出所有的问题，演讲者就要尽可能熟悉演讲稿的相关内容，抓住主题，对该领域的知识掌握到融会贯通的境界。

6.3　演讲稿的撰写

6.3.1　演讲稿的一般结构

古希腊著名的演说家科拉克斯指出："一个好演讲结构应该包括：开场白、正文和结尾。"在总结演讲经验的基础上，人们得出演讲稿一般的基本结构是：开场白、过渡、主体部分、过渡和结尾，如图6-4所示。

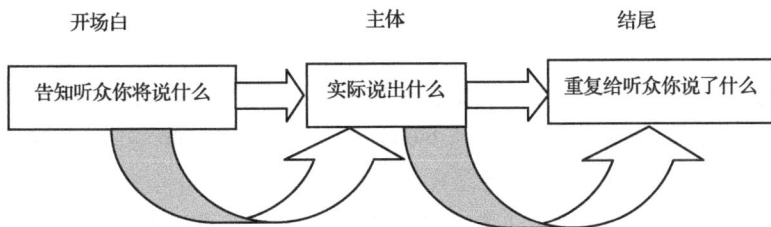

图6-4　演讲稿的一般结构

演讲结构的安排应该符合帕累托最优的原则，也就是开场白和结尾应该占整个演讲的 20%左右的时间，演讲主体则占 80%左右。具体而言，开场白和结尾各占 10%，主体占 80%。而演讲主体又可以分成三部分：引入主题或议题、阐述主题或议题和组合引申。这三部分在主体中所占的时间比重分别为 15%、40%、25%。

6.3.2 开场白

1．开场白的目的

开场白主要有四个演讲目的：（1）抓住听众的心，吸引听众的注意力和兴奋点，调动他们的兴趣；（2）让听众明白你是有资格、有实力的演讲者，这样一种无形的权威性更能吸引听众的注意力；（3）迅速使听众抓住主题，使听众知道你和他们之间有共同的目标；（4）与听众建立一种友善合作的关系。

2．开场白的方法

（1）适当地引证。你可以在任何地方都可以找到引述。可以和一些与该主题相关的人沟通一下，也可以通过互联网的搜索引擎找出引文，也可以是某个名人或专家的话，引出后面的主题，为后文做铺垫。

（2）逸闻趣事。也就是以与主题相关的故事或名人轶事为开场白，激起听众们的兴奋点。如果故事是自己的亲身经历，这样更能增强听众的信任和亲和力；如果是名人的轶事，那么听众更有兴趣，同时也提高该演讲的可信度。

（3）激发性的问题。提问一个或几个激发听众思维的问题，可以引起听众的好奇心，将听众的注意力集中到演讲中。但是这种问题必须要紧扣主题，而且要从听众的预期出发，事先准备好各种可能的情况，比如，如果你期待观众对你问题作做出回答，但是他们却根本没有反应。

（4）时事。即通过时事直接反应出一种形势或要即将讨论的问题，这种方法与主题有很大的衔接性。

（5）幽默。幽默是一种高深的说话艺术，是智慧和灵感的结晶，也是人际沟通的"最佳调料"。采用幽默更能表现出演讲者的风度和素养。

举例

一位演讲者应邀到某市的一座剧院演讲，到场一看，全场上座率只有四成左右，气氛冷落，听众的情绪也十分低沉，他就改变之前的开场白，代之以："看来，在场的各位在这个城市都十分有钱，因为你们每人都买了两三张票，占了两三个座位。"他的幽默风趣而又诡辩式的讲话，立刻赢得了听众对他的同情、尊重与好感。

（6）数据。以一连串的数据，尤其是惊人的数字或强烈的数字对比作为开场白更能使演讲增强说服力，但是要确保这种数据要和听众相关联。

举例

在一个迎接香港回归的演讲会上，一个演讲者采用的是数字开头的方法："各位同学，时间分秒流逝，历史缓缓推移，时钟的秒针再转过 36000 圈，分针再走过 600 转，日历牌再翻过 25 张，我们的祖国母亲就会将香港重新拥入自己温暖的怀抱！（掌声）36000 个祝福，600 个思念，25 个渴望，都送给令人魂牵梦绕的 7 月 1 日，说不尽的千言万语，都汇成我今天演讲的题目：欢迎你，香港！"这次演讲博得了大家的一致好评和热烈掌声，这很大程度上归功于此新颖的开场白。

（7）开门见山。这种方法直接触题，演讲者一开始就表明自己的观点和态度，明晰地把握演讲中心，向听众揭示论点，使得听众一开始就知道演讲的中心是什么，注意力也就马上集中起来。这种方法的好处是紧扣主题，简洁明了，直截了当，毫不含糊。

（8）情感沟通。这种方法像楔子一样，可以拉近与听众的心理距离。演讲者可以通过简单的解释为什么很高兴站在这里演讲，也可以借助当时的自然环境、会场环境或听众的心态状况进行演讲，用几句诚恳的话来建立与听众的关系，获得听众的好感和信任，激发他们的热情。这样的开场白更有助于引起听众在感情上与自己产生共鸣，因此这种方法更具有鼓动性。

3．开场白注意的事项

应该根据具体演讲、具体对象和具体情境灵活把握开场白。在开场白中还要注意以下几个问题：（1）切忌使用一些毫无关联的客套话、废话，貌似谦虚，实则虚伪；（2）切忌漫无目的、啰里啰唆，做到紧扣主题，适合听众心境，不要为追求新奇而故弄玄虚，让听众云里雾里；（3）也不要将所有的内容都在开场白中讲出来，使演讲过程失去解释悬念的过程，听众也就失去兴趣；（4）开场白不要以道歉开头。这也是初次演讲中常犯的错误。即使你没有准备好，也不必在听众面前道歉。

☞提示

在演讲时要注意语言的简练。比如，你要销售一部劳斯莱斯，而老板只让你讲一句话来介绍这部车，你会讲哪一句？有一位员工这样说："每一个零件都是手工打造的。"因为世界上很少有一部汽车，它的零件全是手工打造的，这也正是劳斯莱斯的尊贵所在。

简而言之，成功有效的开场白应该在通过灵活使用开场白的技巧的基础上，在最经济的时间内，用最简洁的语言，把听众注意力和兴奋点都吸引过来，最终达到出奇制胜的效果。

6.3.3　主体

主体部分是整个演讲的核心，在上文提到，它一般占整个演讲的 80%。演讲效果的好坏取决于主体部分是否突出演讲的重点，是否确保演讲者做到主题明确、思路清晰、言简意赅、详略得当。

1．主体的三个阶段

主体部分可以分为三个阶段，即：引入主题或议题、阐述主题或议题、组合引申。

（1）在引入主题或议题阶段中，应该明确演讲的主题或议题，帮助听众预览演讲的几个主要观点，也就是向听众传递提纲、目录的信息，让听众了解你的演讲内容和轮廓。

（2）在阐述主题或议题阶段中，演讲内容要严格遵循演讲提纲、目录，并具有逻辑性、条理性和合理性。

（3）在组合引申的阶段中，演讲者进一步地解释和说明演讲主题，应该在紧扣主题的基础上，使各个部分通过衔接集合成一个整体，切忌整体松散，使听众失去方向，迷惑不解。

☞提示

在演讲预览中，提纲或目录的论点不是越多越好，一般以 3～5 个为宜。这是因为从心理学的角度出发，听众所获取的信息总比演讲者传达的信息要困难的多，论点越多，听众越会容易忘记。

2．主体的结构组织方法

为了组织演讲的主体结构部分，可以采取以下几种方法。

（1）时间顺序法。在这种方法中，时间是主要的控制要素。也就是说，演讲者在组织主体部分时，按照时间的先后顺序来进行描述，即由始至终，或由某一事件的特殊时点循序渐进地切入到它的起源。

（2）空间顺序法。在这种方法中，演讲者可以通过空间顺序组织演讲内容：从头到尾、从前往后、从上到下、由内而外、由小到大。

（3）因果法。在这种方法中，你可以由某个已知的原因得出或预测出可能的结果，也可以由某个已知的影响或事件的追溯到其原因，总之，存在着因果关系。

（4）解决问题法。这种方法的基本结构主要是提出问题—分析问题—解决问题。它的本质就是要探寻问题，进而提供几种可能的解决方案，最后根据演讲者给出的权衡标准去评估上述几种解决方法。

（5）优先顺序法。这种方法显然是按照内容要点的重要性的顺序排列。研究表明，为了表示强调，演讲者做好将最重要的观点放在最前面或最后面，这样不容易忽视或埋没你最好的观点。

（6）话题组织法。如果演讲内容没有什么重要性区别，也就是，不管哪个问题都不是特别的重要，那么可以把它们按照话题组织起来，使其更具有条理性，一个接着一个地组织内容。

👉 **提示**

事实上，演讲稿的撰写比一般的文章对衔接词的要求更为严格。比如，在文章中，你可以用"第一，第二……""首先，其次，再次……"之类的衔接词，可是在演讲中，则要避免这种用法，因为听众不是在读你的演讲稿，而是在听，如果用"再次，另外"等的衔接词，听众就不会记住多少前面的内容。所以采用承上启下的用法更为合理、清晰，也更具有人性化，比如"除了政治、经济的影响外，还有……"。

3．重点注意的问题

演讲主体部分，演讲者要处理好层次、衔接、节奏和修辞四个方面问题。

（1）层次。层次是演讲者思路展开的步骤和先后顺序，也可以理解为段落。层次的安排是根据演讲稿的具体内容进行加工、组合而成，最终达到演讲的结果条理清晰，便于听众的理解和记忆。结构层次的表现形式主要有四种：总分总式、并列法、递进法和正反对比法。结构层次的安排方法和前述的主体的结构组织方法相似，有时间顺序法、空间顺序法、因果法、解决问题法、优先顺序法、话题组织法。

（2）衔接。演讲是指演讲稿中的各个段落层次巧妙、自然连接起来，进一步深化主题，达到水乳交融、浑然一体的整体感效果。演讲稿要有使用清晰的衔接词，清楚地帮助听众厘清演讲内容。

（3）节奏。节奏是指演讲内容在结构安排上所表现出来的跌宕起伏，使之张弛有力。演讲稿节奏主要是通过演讲内容的变换实现，比如在演讲稿中插入一段与主题相关的幽默笑话或逸闻轶事，吸引听众的注意力。

（4）修辞。修辞是对语言的加工处理，以达到语言表达准确、鲜明生动的目的，这是提高语言表达效果最好的技巧。常用的修辞方法有：比喻、排比、对偶、设问、引用。演讲是用嘴说的，要注意运用口语化的词语、句子，不能过于书面化。同时，在使用修辞时一定要为演讲目的和意图来服务，不可生搬硬套。并且适时运用多种修辞方法，使得句式要具有参差错落感。

6.3.4　结尾

结尾在演讲中非常重要，就像文章的结尾，其重要性并不亚于开场白，是演讲中最具有战略性的一部分，也是很受欢迎的部分。因为结尾向演讲者提供了最后一次机会向听众陈述你最重要的观点，因此必须要把握主题；当一个演说家退席后，他最后的一些话仍然在听众耳边回响，在听众脑海中保持长久的记忆。结尾的目的或抒发感情，感染情绪；或深化主题，加深认识；或激励士气，促使行动；或富有哲理，令人深思；或揭示主题，总结观点。结尾的方法和开场白一样，都没有什么固定的模式，需要根据不同的演讲目的和内容来完成结尾。

（1）以概括、总结你的观点为结尾。再一次重复开场白中的演讲要点和主题，既可以强调主题，也要可以弥补听众漏听的遗憾。

（2）以号召听众采取行动为结尾。即向听众提出要求，发出号召，鼓励他们采取行动措施或挑战新的要求。

（3）以简洁而真诚的赞扬结尾。

（4）以合适的幽默结尾，使观众带着微笑离开会场。

（5）以一首名人的诗句作为结尾。因为诗句可表现你的独特风格，给听众以美的享受。但要特别注意，必须适合你讲的主题，不要生搬硬套，要让听众听起来自然和谐才能产生美的享受。

☞ **举例**

1936 年美国《纽约时报》举办了第一届全美书展，中国著名学者林语堂被邀做演讲，林先生打扮得和国内一样，身穿一身蓝缎长袍，看上去风度潇洒、慧气四溢。听众们都被他娴熟的英语、雄辩的口才和俏皮精湛的演讲所折服，博得听众们一阵阵热烈的掌声。可正当大家听的入神时，他却话音一转，说："中国哲人的作风是：有话就说，没话就走。"说完，他就拿起烟斗，挥了挥衣袖，飘然离去。然而听众们被这个举动瞠目结舌，很久才反应过来……

（6）结尾戛然而止，余音绕梁。在演讲发展到高潮时就立刻结束，突出一个"高"字。也就是说在当众讲话中，逐步向上发展，达到高潮，句子的力量越来越强烈。但以高潮作为当众讲话结尾的尺度并不好掌握，要通过实践去体会。

6.4　演讲的技巧

不管是演讲，还是其他的人际沟通中都普遍存在着漏斗现象，即：一个人通常只能说出心中所想的 80%，但别人听到的最多是 60%，听懂的也只有 40%，结果执行后，实际只剩 20%。经营管理是一门解决问题的艺术，而演讲则是使其他人解决问题的一种有效方式。演讲既是一门沟通的艺术，也是一种技巧。因此，在演讲中，为克服"漏斗现象"，应尽可能采取适当的技巧，使演讲效果达到最佳。

6.4.1　克服演讲的焦虑，充满信心

克服演讲的焦虑，充满信心地登台演讲，是有效演讲的第一步。

1．演讲焦虑的原因

演讲焦虑的原因主要来自于：（1）演讲者认为自己被聚焦于全部注意力的中心；（2）演讲者认为自己与众不同；（3）演讲者有过失败的经历，心有余悸；（4）演讲者没有演讲的经验。

👉 **说明**

常言道："会做的不如会说的。"的确，会说话的人能更容易摆脱困境，获得机会，同时会赢得朋友，也会活得更快乐。正如著名作家李敖对自己的演讲口才和魅力所做的评价："我这类机智，不但表现在演讲会上，私下里也能片言解纷，化窘为夷。" 大学生毕业找工作参加面试时要拥有良好的口才，善于在几分钟之内把自己推销出去，展现自己的优势，让他人认可你。

2．演讲焦虑的类型

（1）自身特有的焦虑。这种类型的焦虑贯穿于整个口头交流的过程。一个具有强烈恐惧感的人，在与人交流和发表演讲时，焦虑感就会明显地体现出来。

（2）场合引起的焦虑。这种焦虑与不同的场合有关。也就是说，有些人在这种场合下演讲时应对自如，而在另一种场合下却表现得焦虑不已。

（3）听众引起的焦虑。这种焦虑与听众的类型有关。一般地，如果是与演讲者的地位相当的同事或比自己地位低的下级，演讲者往往不容易紧张；而如果听众是演讲者的上级，那么演讲者会出现焦虑情绪。

（4）环境引起的焦虑。这种焦虑与某些特殊事件有关。例如，如果你面对一群人进行演讲，而他们将会在你演讲的基础上决定你是否能保有现有的工作，这时就将感受到其中的恐惧与焦虑。

3．克服演讲焦虑的方法

👉 **小资料**

在陌生的演讲环境中，演讲者往往因为紧张出现焦虑的状态，往往出现心率加速、语无伦次、手心出汗等心理状态。20 世纪著名的政治家、演讲家丘吉尔在第一次演讲中因为焦虑、紧张而昏死过去。

（1）熟悉演讲稿。在确定好自己熟悉、感兴趣的题材后，确定题目，形成讲稿，再从讲稿的大纲到细节都加以思考、记忆。如果演讲者在面对听众开始时就很紧张，则应该迅速回忆演讲的框架，这样能缓解紧张情绪。

（2）利用紧张的能量。要告诫自己，焦虑是正常的，任何人面对演讲都会有紧张感，适度的紧张是正常的，我们要尝试去利用这种紧张焦虑的能量。

（3）要充满自信。演讲者要深信你的题材具有很高的价值，而且既然要上台演讲，这就是对演讲者的肯定与信任，演讲者也是在这个主题下最有发言权的专家，因此要有充分的信心。用浅明、直白的言辞和自己说，你的演讲很适合你，因为它来自你自己的经验，来自于你对生命的感悟。

（4）不要把听众看作是专来挑剌的，而是来倾听演讲的。演讲者要有积极的心理，想象自己在这个主题上具有绝对的权威，而听众对此主题却略知一二或一点都不懂，因此不要把听众看成是专来挑剌的，而应该把他们看作是朋友，专来倾听演讲的。

（5）做一些有益的肢体动作。实践证明，当你进入演讲场所时，面带着微笑环视听众和周围的环境，并对在场的你所认识的人点头、微笑，或做一下深呼吸等等，这些和谐动作都会使你的神经得以放松，找到一种平静的感觉。

👉 **建议**

在长期教学和演讲职业中，演讲家达勒·卡内基认为克服任何恐惧最好的方式，就是反复投入到生活的主流中，在公众面前做一次又一次的演讲，克服一个接一个的恐惧，直到一种乐于演讲的习惯产生。

（6）演练。演练像是戏剧表演前的彩排。题材选好后，要有计划地加以整理，进行多次演练。如果预演中，在使用所有的辅助工具的同时，最好有一两个经验丰富的同事对演讲提出改进意见，这样就能减轻紧张的情绪，帮助演讲者发现不足，使之身临其境的同时，进一步做好准备工作。

6.4.2　有声语言的表达技巧

声音是一种威力强大的媒介，具有表述作用，可以淋漓尽致地表达一个人的情感，同时也或多或少地展示了一个人的性格。

1．重音

在演讲过程中，为满足演讲者表情达意的需要，需要巧用重音。重音就是突出强调某个词或词组，一般要读得比其他字词重一些，其处理方式在于咬字的音量和力度。但是，在适当的时候，读得比其他词轻，也能起到突出的作用。但是，重音的不同可以表达不同的意思。

2．吐字

吐字要清晰。正如戏曲艺术中讲究的"吐字归音，字正腔圆"一样，一字一板地奔到听众耳朵里。

3．语气、语调

语气、语调在沟通中占有举足轻重的作用。它可以在演讲中表达丰富的感情色彩。据说，一位波兰女演员访问美国时，在宴会上她用悲伤语调发表演讲，大家虽然听不懂她说什么，但是被感动得流下眼泪。在演讲中，语气和语调要随着演讲内容和表达感情的需要适时随之变化，不要矫揉造作。但是，值得注意的是演讲往往都要有一个相对稳定的语气和语调基调。

4．停顿

停顿分为三种类型：语法的停顿、逻辑的停顿和心理的停顿。语法的停顿是根据演讲稿中的标点符号来停顿；逻辑的停顿是根据句子之间的逻辑结构进行停顿，以保证语言语意清晰、明确、抓住重点；而心理的停顿是一种有意识安排的停顿，因此在演讲停顿中是最灵活的一种，与前两种相比，其停顿时间更长，听众更能体会到这种停顿的作用。很多有名的演讲家都认为停顿这个有声语言非常重要，并且在演讲中能够发挥非常好的作用，见图 6-5 所示。

停顿是一种强有力的工具，它的重要性不容忽视，但是不可以滥用。切忌使用过多的停顿，否则缺乏连贯性，让听众怀疑演讲者是否熟悉演讲稿，起到适得其反的效果。

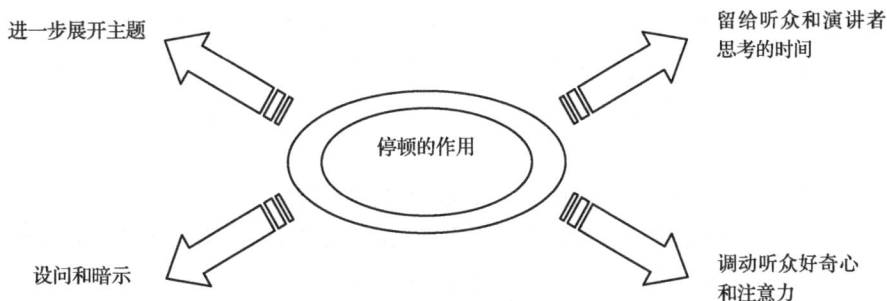

进一步展开主题　　　　　　　　　　　　留给听众和演讲者
思考的时间

停顿的作用

设问和暗示　　　　　　　　　　　　　　调动听众好奇心
和注意力

图 6-5　演讲中停顿的作用

5．节奏

演讲者是演讲活动的火车头，必须要推动演讲的进程。为适应讲话内容、表达情感和逻辑发展变化的需要，在叙述中要形成抑扬顿挫、轻重缓急的对比关系，这就是演讲的节奏。包括语速的快慢、声音的高低、语言的长短、刚柔、顿挫、强弱、明暗、轻重、缓急等；也涉及重音、吐字、停顿、语气等技巧。演讲节奏分为以下八种：轻快型、持重型、高扬型、低抑型、紧促型、复合型、舒缓型和单纯型。

6.4.3　肢体语言的运用技巧

一次成功演讲，除了掌握好有声语言的技巧外，还要重视肢体语言。演讲者通过肢体语言，配合有声语言生动形象地表达演讲者的思想感情，可以强化演讲的效果。

👉 **小资料**

美国著名心理学家阿尔特·蒙荷拉把语言的表达效果概括为这样一个公式：一句话的影响力=15%声+320%色+25%姿+40%表情。演讲中，听众依靠声音和非声音信息来感知和理解演讲者的意图。可见，演讲者的"声、色、姿、情"都决定和制约着演讲效果。

1．表情技巧

表情的一笑一颦、一展一蹙都要与随着演讲的内容和听众的情感同步、合拍，既顺乎自然，又富于变化。切忌拘谨木然、面部僵硬、手足无措、恐慌焦虑；切忌自作多情，矫揉造作，这两种极端都会影响听众情绪和演讲效果。

👉 **建议**

演讲者最大的才能就是运用表情的能力。其实，面部表情比语言更复杂。美国总统罗斯福演讲时非常注重面部表情，有时虽然谈的很少，但他的表情向听众传递了很多准确、真实、有效的信息。

2．眼神技巧

俗话说："眼睛是心灵的窗口"，人的喜怒哀乐都可以通过眼睛反映出来。那么为了达到"美目流溢，顾盼生辉"的效果，演讲者应该会运用眼神的技巧。

（1）尽量看着听众讲话。好的视线交流会让听众觉得与你有联系，你还可以抓住听众的反应。但要避免的两种眼神交流形式：真人不露相式，演讲者因为不熟悉演讲稿而逐字逐句地读，或者因为焦虑、心慌假装低头看演讲稿，演讲者一直低着头；蜻蜓点水式，演讲者因为对长时间的演讲表现得极不耐烦，在一句话刚念到一半或翻下一页时匆忙地瞥一眼听众。演讲过程中，运用眼神的方法主要有四种：前视法、环视法、点视法和虚视法。另外，演讲者要适当地环顾全场，但眼睛不能灰溜溜地频繁乱转；应给坐在后排的听众更多的目光接触，以补偿空间上产生的距离。

（2）与听众的目光构成实质性的接触。在演讲时要看着听众，这分为虚视和凝视。凝视能增强双方的感情联系，与听众建立起灵感的信息反馈。演讲者应该有适当的凝视时间，但是凝视时间太长或太多，又会给听众形成压力。而不时的虚视会使双方感到自然舒适。因此，只有交替使用虚视和凝视，才能收到更好的效果。

（3）多种眼神灵活运用。不同的眼神，传递着不同的信息，传递着不同的情感。要根据演讲内容的波澜、演讲者情绪起伏、听众反应程度以及演讲环境的变化等因素而变化，配合有声语言以及手势、姿态等，使用多种眼神协调地表达出来。

3．姿势技巧

在演讲时要掌握的姿势技巧包括：

（1）演讲时要采用放松的、职业化的规范的站姿。合适的站姿一般是站稳脚跟，昂首挺胸，这样的站姿能够表现出良好的精神面貌。

（2）坐姿可以使演讲显得随和，适于"拉家常"式的演讲。如果演讲采用坐姿，那么演讲前不要首先坐在听众的面前，要以崭新的姿态到场，给听众新鲜的感觉。

（3）在开讲时切不可玩你的衣服或首饰，因为这会分散听众对你的注意力，还会给人一种缺乏自我控制的印象。

（4）当你站立起来向你的听众发表演说时，不要急忙开口。

（5）站立时，挺起你的胸膛。这种姿势有利于自信的表达，让听众感受到一种力量。

（6）关于双手，可以将它们自然地垂于身体的两侧，这样才能不会引起人们的注意。

4．手势技巧

手势是身体姿态中最重要的表达手段。一个人的手势就像自己的牙刷，是专属于个人使用的东西。每个人的特点都不相同，手势也不大有不同，有的人含蓄些、有的人开放些、有些人夸张些，没有什么标准可言，只要顺其自然即可。手势不能重复一种，而应富于变化，表达与内容相联系的意思，与口头语言同步。

不同的手势表达不同的含义：（1）自然而安详的手势，可以帮助演讲者平静地陈述和说明；（2）急剧而有力的手势，可以帮助升华情绪；（3）柔和、平静的手势，可以帮助抒发内心火热的情感。另外，手势有四种类型：情意手势（传情达意）、指示手势（指点方向）、象征手势（表示特点含义）和形象手势（用以摹形状物）。

5．着装技巧

当演讲者走上台上时，在演讲前，如果你没有树立良好的形象，那么听众会构成对你的成见，可能会怀疑你是否有诚意，是否有资格站在他们面前讲话，他们也没有兴趣来听你的演讲。因此，演讲者要考虑到演讲的内容、演讲氛围、时令、演讲者年龄、演讲场合等因素，其着装要使之相适应，而且给演讲的氛围更能增添一份色彩。因此，应注意以下几点：（1）适合一定的场合，穿着要得体，最好选择柔和自然、大方得体的服装；（2）衣着整洁；（3）避免穿和演讲内容不协调的服饰，比如文化衫、广告衫、奇特、耀眼的服饰。

6.4.4 控场的技巧

所谓控场能力，就是指演讲者有效而主动地控制演讲场面的能力。演讲者有无控制能力，是衡量他演讲技巧是否高超的一种尺度。因为在演讲的过程中听众成分不一、演讲者自身的错误、演讲环境复杂，听众的注意力、情绪、会场秩序和现场气氛经常会变化，因此这就要求演讲者处变不惊、灵活控制现场。相反地，如果演讲者没有察觉到这些变化，也没有主动采取措施，或者在这些变化面前心慌意乱，便会出现"控场失效"的局面。

1．登台时要稳住阵脚

演讲者登台时，步子要有力、稳健，给人一种信心百倍的感觉。登台亮相，这是控场的第一步。登台时，不要急于开口，第一个动作应是用目光环视一下台下听众，用眼睛与听众交流，所传递的信息就是：朋友们，让我们认识认识吧；第二个动作是点点头，或微笑着欠一下身子，这又表示对听众的尊敬。稳住阵脚，这是控场的第二步。

👉**举例**

1944 年，艾森豪威尔亲临前线给第 29 步兵师的数百名官兵训话。当时，他站在一个泥泞的小山坡上讲话。走动时，不小心突然滑倒。本来肃静严整的队伍轰然暴响，士兵们不禁捧腹大笑。面对这种突发情况，指挥官们都十分尴尬，以为艾森豪威尔会大发雷霆。没想到的是，他却如无其事地爬起来，幽默地说："从士兵们的笑声看，可以肯定的说，我与士兵的多次接触，这次是最成功的。"

2. 把握听众注意力的变化规律

在演讲时，听众的情绪、思维和注意力对演讲效果起着非常重要的作用。图 6-6 显示了听众注意力随时间变化的规律。

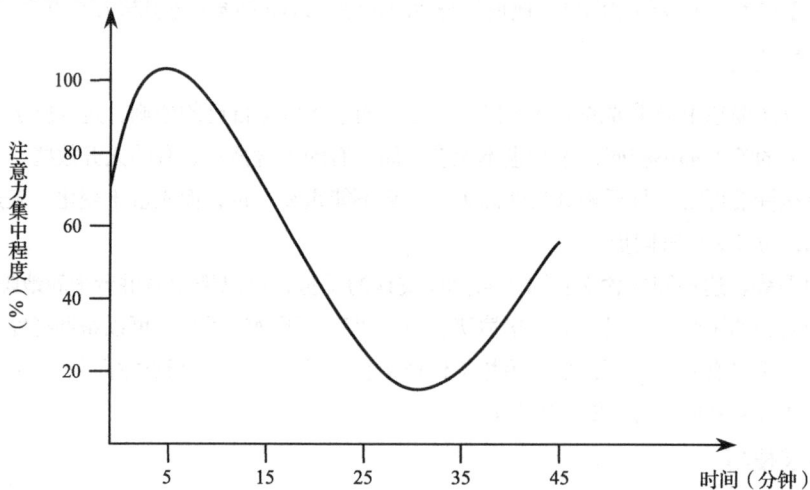

图 6-6　听众注意力随时间变化的曲线图

从图 6-6 中发现，听众注意力呈现出这样的变化规律：演讲刚开始时听众注意力比较集中，10 分钟后达到顶峰，然后开始分散，到 30～35 分钟时，注意力减退到最低点，之后注意力继续上升。依据图 6-6 所示的规律，演讲者应该注意的是：（1）不断明确主题。（2）提出问题，让听众参与。

👉**小资料**

心理学研究证明：人的注意力只有 10 分钟。如果你在 10 分钟内没有抓住听众的注意力，他就没兴趣了，即便你后来讲更多的东西，对他来讲，也已经是废话了。这好比面试，如果你是应聘者，要想保证从众多优秀的应聘者中脱颖而出，就必须提炼出最有价值的东西，从而调动面试官对你的兴趣。

3. 顺势而为，灵活应变

演讲者要一边演说，一边"眼观六路，耳听八方"。学会从听众的表情、神态和动作中判断：听清楚了吗？理解了吗？对我的观点是赞成还是反对？是不是没兴趣？以此调整自己演讲的内容、结构、语调和时间。

（1）发现时间仓促时的技巧。妥善地使用概括性语言，将演讲稿中的要点内容进行概述；压缩内容，也就是删除有关实例、详细描述等。

（2）演讲过程中记忆中断时的技巧。①重复法，即重复前文中的最后几句话，这样可以加重语气，起到强调的作用；②临时法，即临时插话，对前文的内容进一步阐述、理解；③跳跃法，即通常所说的后话先说、前话后说。

（3）演讲者讲话失误时技巧。出现讲话失误的演讲者不能惊慌失措，必须沉着冷静，或跳过一段，或临场发挥。如果听众发现了错误，即使台下秩序出现吵闹的混乱局面，你也应该处之泰然，可以用反问法加以掩饰，比如说："我这样说对不对？显然是不对的。这是因为……"那么听众会对你的应变能力而报以会心的一笑或热烈的掌声。

（4）遭遇突发事件时的技巧。演讲者要表现出较高的水平、素质以及较强的应变能力，使演讲者能够圆满灵活地处理。

（5）听众对演讲者观点持反对态度时的技巧。演讲者首先应该环视全场，保持泰然自若的姿态，然后面向持反对态度的听众，可以采取商榷的态度，或者可以采用温和可亲的态度。然后，演讲者进一步阐述自己的观点，从而消除对立，而且还表现出演讲者所具有的风度。

（6）听众缺乏配合时的技巧。演讲者千万别慌，更不要厉声训斥听众，更不能一意孤行、视而不见，而应该要冷静地分析出现这种局面的原因，是话题与听众的利害关系无关？还是演讲形式过于呆板、单调？

👉 **举例**

遇乱不慌，设法应变

一位演讲者因为过于投入演讲中，在下台阶时差点摔倒，这也有些失态，引起听众们的捧腹大笑，会场一片喧哗，在这尴尬的情况下，演讲者灵机一动，对微笑听众说："我为广大听众的热情所倾倒。"这样的解决方法，不仅为自己解围，而且调动了会场的气氛，使演讲效果增色不少。

4．共同语言，构成契合

演讲实际上是一种信息的交流，如果演讲者能与听众产生心理共鸣，也就是使演讲者的观点、主张与听众的观点相一致，这样会达成共识，缩短演讲者与听众的心理距离，同时也树立了演讲者可亲的自我形象。那么这种共同语言或者是听众想说但不敢说或想说但不会说的问题，这类问题直接或间接地与听众的利害关系相关联，演讲者针对此类问题充分地阐述、评论或展望前景，这些都会引起共鸣。

6.4.5　充分利用视听辅助设备

常见的视听辅助设备手段包括：书面材料、书写板、实物、幻灯片、投影仪和多媒体设备等。演讲中应该如何选取这些设备，要视话题的复杂程度、听众的类型、演讲场地的大小以及使用道具的目的（如为了导入、阐明或强调等）而定。采用道具的基本原则是：所有的道具是用来补充、阐明或强化演讲内容的，做到易认、易懂、易记。

👉 **小资料**

研究表明，如果仅给听众口头信息，三天后，他们只记得 10%；如果不用语言沟通给听众展示材料，听众只记得 35%；如果提供语言和非语言两种信息，听众就能记得 65%。

1．使用演示图片的技巧

经常使用的演示图片的技巧是：KISS 原则（Keep It Short and Simple）与 KILL（Keep It Large and Logic）。如图 6-7 和图 6-8 所示。

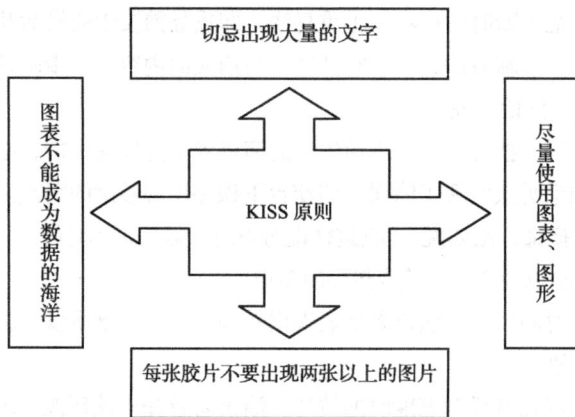

图 6-7　KISS 原则的注意事项

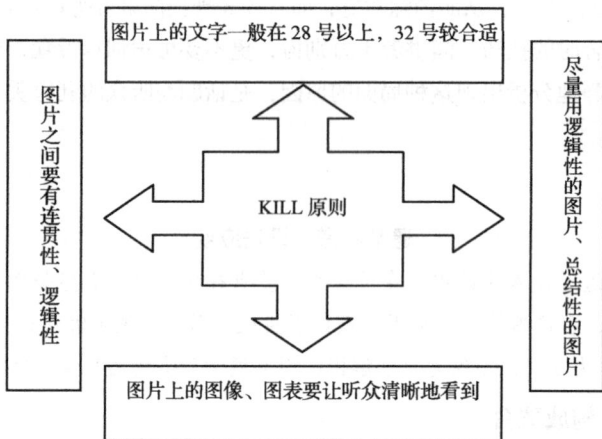

图 6-8　KILL 原则的注意事项

2．投影仪的使用技巧

投影仪在演讲中的使用最为普遍，一方面成本低，另一方面使用方便。其使用方法与技巧见图 6-9 所示。

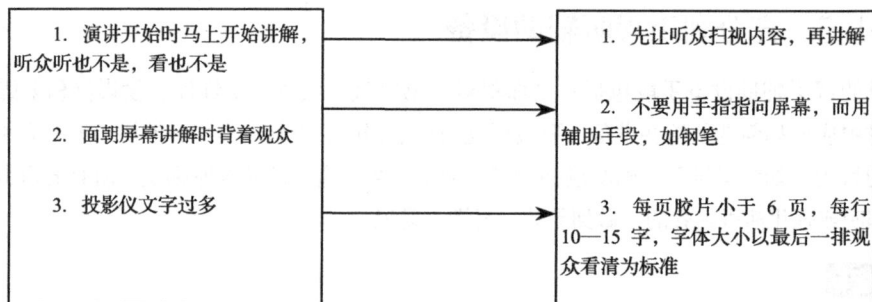

图 6-9　投影仪的使用方法与技巧

☞ 说明

如果你想要清楚地表达，你应该生动地描绘你所说的要点，把你的想法具体化。美国著名全国收银机公司总裁帕特就是采用这种方法。他在替《系统杂志》所写的一篇文章中，简要说明了他向他的工人及销售人员演讲时所用的方法："装钱的大袋子和小袋子并排放在一起，就很自然地表现出正确与错误方法的对比，其中一个表示赚进很多钱，另一个则表示赚钱不多。如果你能在谈话时迅速地画出这些线条简单的图画，听众的注意力绝不会分散，他们一定想看看你到底在做什么，也不会错过你所说的每一句话，反而会了解你要表达的每一个要点。另外，有趣的图画能使人们感到轻松愉快。"

3．使用视听设备的注意事项

（1）视听设备虽然能够强化演讲效果，但是它只是附属品，不是演讲的全部，演讲者不能过于依赖它。

（2）演讲者最好花上一点时间做以下一些准备工作。讲台上的白板是否已经擦干净；电灯开关的位置在哪；灯光效果如何；投影仪是否工作正常；插排的线的长度是否够用；在房间的每个角落是否都能看得清图表……诸如此类的准备并不需要太多时间，但却很有必要。

（3）把握使用视听设备的时机。比如在使用分发材料时，在演讲前最好不要首先发放材料，否则容易使得听众因读材料而忽视你的演讲。

6.4.6 即兴演讲的技巧

知道你要说什么和怎么说非常重要，这并不代表你不需要对演讲进行准备，所以为了以机敏的口头表达给听众留下深刻的印象，掌握临场构思的技巧十分必要。

1．开头与入题

即兴演讲的开头与前文所说的开场白的技巧相似，如开门见山、幽默、逸闻趣事及数据等。虽然开头的方式很多种，但必须注意技巧。总而言之，演讲者无论采用何种开头，都要做的巧妙，达到两种目的，一是引人入胜，二是便于入题。要做到入题，即切入主题，要掌握的原则就是快与巧。快就是迅速切入主题，啰嗦的开场白是不恰当的；巧就是切入主题时要自然流畅，切忌生搬硬套。

2．构思与结构

（1）推进式构思与递进式结构。这是一种层层深入、步步推进的构思方法。正向推进是由某一原因推导出一系列的结果的方法；反向推进是由某一结果推出一系列原因的方法。与推进式的构思方法相对应的结构便是递进式。这种结构不是直接给出结论，而是首先给出表层的观点，然后由表及里，层层深入分析，最后得出结论。

（2）分合式构思与分合式结构。分合式构思运用了事物分析与综合的思维方法，将演讲的内容分解和综合起来的一种方法。与分合式构思相对应的是分合式的结构。这种结构分为两种：总分式和分总式。在演讲中，这两种方法是对立统一的，常常交替使用。

（3）发散式构思与辐射式结构。发散式构思是以某一点为中心，从时间、空间上进行全方位的展开，这种方法适合于大型演讲，当然这对演讲者的要求很高，必须要有丰富的知识储备资源，并善于利用这些资源；还要演讲者善于控制，使得这些资源的收发都能游刃有余。与发散式构思相对应的是辐射式结构，即将要演讲的内容呈放射式排列开来，这种思维方法在即兴演讲中尤为常见。

（4）对应式构思和并列式结构。对应式构思是将演讲的各部分对应安排，可以从时间和空间来分类。从时间上分就是将同一对象的前后不同的情况对应安排在一起，然后论述某种观点；从空间上分就是将不同的对象对应安排在一起，然后说明某种观点。与对应式构思相对应的就是并列式结构。显然，这种结构就是将演讲中的相关内容并列安排，而且它们之间没有先后之分，只是对各个单元从不同的角度来阐述。

3．结尾

与其他演讲形式采取的结尾方法相似，如总结式、号召式及赞扬式等。总之，结尾要做到概括要点、收束全篇、加深印象、富有哲理、发人深省。

4．准备即兴演讲的建议

（1）选择一个能使听众感兴趣的话题。

（2）确保你的演讲能在规定的时间内完成，并力求明确具体。

（3）把演讲分成三部分：①引语；②主题内容；③结论。你在收集材料、整理笔记时也不妨将它归入这三类。

（4）限定要点，使用具体事例。

（5）除非你讲笑话老练，否则不要讲笑话。

（6）避免使用专业术语。

（7）结束语应该使整个演讲达到高潮。

6.4.7 解答的技巧

为了提高解答问题的快速反应能力，除了平时的积累与训练外，还要注意技巧的把握。图 6-10 显示了应答听众提问的一般流程。

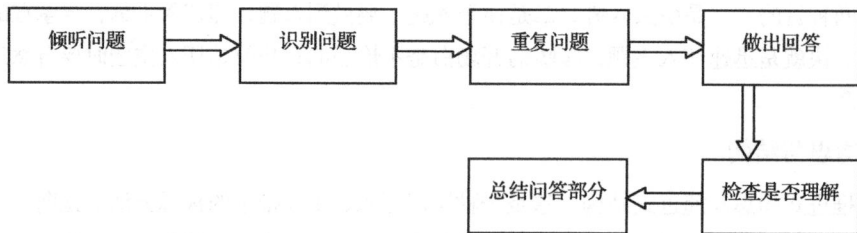

图 6-10 应答听众提问的回答模式

1．倾听问题

当演讲者在倾听听众的问题时，与问题提问者进行肢体语言的沟通，如进行眼神的交流、点头示意等，这样可以体现出你对问题的极大兴趣，让听众觉得你对他们的尊重，并且也表现出你演讲的热情，给对方以更好的亲和力。

2．识别问题

听众对演讲者的态度可能有所不同，不同的听众会提出不同的问题。提出的问题可能是为了更好地理解演讲内容，可能是很愚蠢的问题，或与话题无关的问题，也可能是蓄意刁难演讲者的问题，因此对此要进行分类，学会如何去识别问题，然后迅速地对问题加以分析，最后做出回答。

3．重复问题

演讲者在回答问题前需要多次重复提问者提问的问题，当然不需要每次都重复。之所以要重复问题的精髓或要点的原因主要是：重复问题可以使演讲者巧妙地改变问题、重复问题可以为演讲者"买到"时间、重复问题可以使演讲者从一个庞大的问题中找出线索。

👉 **举例**

问题与回答

针对你所讲的管理方式，我有一个问题。现代这个社会已经不再是"我的时代"，而是一个新的时代，今天我们面对公司员工，我们是否还能像这样做呢？从克林顿—莱温斯基弹劾案到丰田汽车的脚踏板事件等，面对这样那样的问题，我们还能继续按照你所说的建议来做吗？我们都知道，现在我们面临的是一个历史性、政治性和泄密性的智慧的情况。

回答：你的问题是，"面对过去几十年的变化，我们是否能够有效地运用我所建议的管理方式，对吗？"

4．做出回答

回答问题时要切中要害，简洁明了，并保持自信的状态，声音要洪亮、清晰，恰当地使用肢体语言，如在回答时眼神要面向全体的关注，而非仅仅是提问者。如果是自己无法回答的问题，要实事求是，坦诚相待，不要装作很懂的样子，否则给听众留下不好的印象；也可以让听众回答；或者承诺随后做出回答。

👉 **举例**

2005 年，有一位诺贝尔奖获得者在面对听众的提问时，有一个问题让他很为难，无法回答。此时，他十分坦率地回答说："对不起，这已经超出了我的知识范围，我不能做出回答。"这样坦诚地面对自己的听众，丝毫无损于自己的形象，反而更能赢得听众的信赖与尊重。

5．检查是否理解

首先对于寻求理解和帮助的听众，在做出回答后，应该这样询问听众："不知我刚才的回答是否理解和接受"，或"我这样的回答不知是否让你满意"。再次，如果应对的问题是带有敌意性质的，可以重复问题，或将问题改编成与演讲的主旨相关的问题，最终直截了当地做出简明扼要的回答。

6．总结问答部分

回答问题应该有规定的时间。诚然，演讲者无法长时间地在问题部分吸引听众的注意力。因此，在回答完一些问题后，演讲者要表示出再回答一个或两个问题后就试着结束问答部分。最后在回答完最后一个问题后，演讲者要对演讲做一个简单的总结，向听众表示感谢。

🛸 **关键术语**

演讲、演讲听众、意愿、态度、选择论题、时空安排、综合演讲、开场白、主体、结尾、演讲焦虑、控场、姿势、手势、即兴演讲

本章习题

一、判断题

1. 演讲是一种社会实践活动，它不仅是一种以"演"为主的宣示活动，也是一种以"讲"为辅的活动。（　　）

2. 腹稿式演讲和读稿式演讲是最值得推荐的演讲方式。（　　）

3. 在演讲中充分利用视听辅助设备不仅能帮助听众理清思路，增强信息的接收量，还能清晰地表达出演讲者的观点。（　　）

4. 在演讲准备过程中要注意空间的合理安排，比如，在小型会议上，演讲者与听众的距离以3~4米为宜。（　　）

5. 演讲结束后，听众总希望提出一些问题与谈论者讨论，那么，演讲者在解答过程中要把握的合理的解答步骤是：倾听问题、识别问题、重复问题和做出回答。（　　）

二、选择题

1. 由于受时间因素的限制，演讲者必须在发言时注意时间的控制，不仅要言简意赅地讲清楚问题，还要见到成效，这体现了演讲的（　　）特征。

    A. 现实性　　　　B. 艺术性　　　　C. 鼓动性　　　　D. 简洁性

2. 演讲者在特定的时间、情景下未做好准备，凭借自己的知识和阅历，即兴地表达自己的愿望或观点而做出演讲，这种演讲方式是（　　）。

    A. 读稿式演讲　　B. 提纲式演讲　　C. 即兴式演讲　　D. 背诵式演讲

3. 在组织演讲主体的结构时，"提出问题—分析问题—解决问题"的组织方法属于哪种组织方法（　　）。

    A. 因果法　　　　B. 优先顺序法　　C. 解决问题法　　D. 空间顺序法

4. 演讲者在制作演示图片时，应掌握的技巧原则是（　　）。

    A. KILL 原则　　B. KISS 原则　　C. 5W 原则　　　D. KIST 原则

5. 在即兴演讲的构思与结构中，如果演讲者在构思上运用分析与综合的思维方法，将演讲的内容分解和综合，对应的结构中运用总分式与分总式，这样方法的构思与结构是（　　）。

    A. 分合式构思与分合式结构　　　　　B. 推进式构思与递进式结构

    C. 发散式构思与辐射式结构　　　　　D. 对应式构思与并列式结构

三、思考题

1. 如何根据听众的特点来设计自己的演讲？

2. 据个人了解，你认为最有魅力的演讲者是谁？是什么因素使他的演讲如此成功？

3. 回忆最近的一次演讲，认为该演讲的效果如何？哪些方面需要改善？

案例分析

希特勒的演讲动作

有人评价希特勒是历史上最具有蛊惑力的演讲者。也有人说他内心深处有股压抑不住的演讲欲。但是，几乎没有人会怀疑希特勒演讲的才能，迄今为止也许也没有一个人能够在演讲方面超过希特勒。有资料显示，希特勒在一场短短十几分钟的演讲中竟然运用了 36 个动作。他的演讲超出了语言和动作的简单结合，已经达到了完美的境界。如果可以用演员的标准来评价希特勒，恐怕他早已是个专业的演员了。希特勒在其演讲中毫无畏惧地表达自己，并使用独特的、富于魔力的肢体语言来向听众传达着信息。借鉴和学习表演以使自己的演讲生动、形象。恐怕是我们需要从这位战争狂人身上学习的东西。但是，很少有人注意到希特勒的演讲风格，也是经过他长时间的演讲演练而练就的。有时候，希特勒为了准备一场演讲，可以把自己关在房间里废寝忘食地练习，直到自己满意为止。所以"刻苦精神"是我们需要学习的第二个地方。

资料来源：冯光明.管理沟通.经济管理出版社，2012

问题

1. 联系实际，在你所经历过的演讲中，有过什么样的动作？这些动作对你的演讲有何帮助？
2. 演讲中除了要注意动作外，还需要注意些什么？

第7章 书面沟通

学习目标

1. 了解书面沟通的特点和重要性
2. 把握书面沟通的一般写作步骤及写作原则
3. 熟练掌握几种实用文体的写作技巧
4. 掌握简历的撰写

能力目标

1. 提高学生在实践中书面沟通的能力和技巧
2. 注重学生对书面沟通及其相关概念的认识能力

导入案例

啰唆的信

有一个讽刺写文章啰唆的笑话，说的是有位叫啰唆的人，给朋友写信，唠唠叨叨写了几大张纸，其实只说了一件几句话就能讲清楚的小事。朋友给他回信，委婉地写道："您的文笔很流畅，只是太啰唆了，我们都很忙，把文句写得简洁些，对别人不都有好处吗？"

啰唆先生觉得朋友的批评很有道理，立即提笔回了一封信："您的来信句句在理，真是情真意切感人肺腑。我万万没有想到，我这啰唆的毛病是这么严重，我的内心很感动，很激动，也很感激，久久不能平静。从今以后，我一定要把文句写得很简洁、简洁、再简洁！"

写好以后，他看了一遍，觉得有的地方不作些解释，对方可能会误解，于是，又拿出了一张信纸，写道："我还要加几句话，非常非常抱歉，请您不要又说我啰唆。我听人说，写信用简化字是对人不礼貌，不知您有没有听说？但是，我还是写了简化字。比如'万'字，就是'方'字上缺一点的'万'字，就是一个简化字。本来想写一个繁体的草字头下面一个'禺'的'万'字。但是，写'方'字上缺一点的'万'字，就可以少用一点时间。您说得很对，我们都很忙，时间非常宝贵，所以我在信中写了'方'字上缺一点的'万'字，而没有写草字头下面一个'禺'的'万'字，请您多多原谅！"

资料来源：冯光明，管理沟通，北京：经济管理出版，2012.

7.1 书面沟通概述

7.1.1 书面沟通的概念及重要性

1. 书面沟通的概念

书面沟通是指以书面或电子邮件为载体，运用文字和图式进行信息传递的一种正式的沟通形式。从形式上看，表现为文字，具有一定的行文格式；从内涵上看，表现为创造性，简单的摘抄和记录不属于这一范畴。书面沟通通常表现为大量的文书工作，形式主要包括文件、报告、信件和书面合同等。这是一种比较经济的沟通方式，沟通成本比较低，而且不受场地的限制，因此被人们广泛使用。

👉 **说明**

书面沟通也是一个不断发展的概念。现代科学技术的发展打破了传统的概念，利用电脑写作成为不可逆转的趋势，利用键盘可将文字迅速录入，并且信息的剪切、粘贴和复制等文字功能变得极为方便。而且，书面材料写完后，在传递和阅读中还可以利用网络的方式来完成，这样使书面沟通的内涵获得了更大的拓展和延伸。

书面沟通主要适用于如下的情形：（1）简单问题小范围沟通时（如 3~5 个人对产出物给出最终的评审结论等）；（2）短时间内很难有结果，需要团队一起思考、斟酌（如复杂的技术问题）；（3）传达非常重要的信息；（4）澄清一些影响团队的谣言。

2. 书面沟通的重要性与必要性

企业离不开书面沟通，不管是企业内部，还是企业外部，书面沟通在管理沟通中起着举足轻重的作用，有利于实现组织的战略目标。在企业内部，公司的规章制度的制定、职务说明书的编制和年度计划、月度计划等书面沟通形式在管理沟通中占很大的比重，成为组织内部沟通的主要形式。随着企业的发展壮大，为树立企业良好的形象，并进一步打通企业内部的沟通渠道，很多企业都有内部刊物，比如海尔、长虹等企业。在企业外部，商务信函、市场调研报告和对外的商务交往信件等沟通形式成为联结企业与外部环境之间的桥梁。

👉 **提示**

从正式沟通和非正式沟通的角度看，书面语言也非要重要。首先，上文提到的规章制度、职位说明书都是正式的沟通。再次，在非正式沟通中，如果将书面沟通运用的巧妙，往往会起到不可思议的效果。比如，企业内部，发动员工写工作体会，提出合理性的建议，员工生日时寄上一份祝福，这样都可以使企业内部更融洽、和谐；企业外部，给其他企业发贺信、贺电等，建立良好的生存和发展的环境。

7.1.2 书面沟通的特点

1. 书面沟通的主要特点

（1）书面沟通的信息可以持久地保存下来。书面沟通以文字的形式记录，长期地保存了下来，这有利于使信息接收者在以后对书面材料进行认真仔细地查看和深度的加工。尤其在企业管理中，对于关系企业的运作活动、战略发展等项目，书面信息非常重要。

（2）书面语的形式具有多样性。书面语的形式多种多样，包括报纸、杂志、报告、告示、电子邮件、传真、书籍、标语、电视、光碟、通知及计算机屏幕上的文字说明等。而且，书面语并不是僵化的，它可以通过华美的图片、形象的图表和清晰、简洁而又深刻的语言来进行有形展示，这样大大增加了书面沟通的功效。

（3）书面沟通有利于使信息发送者所要传达的信息更加条理化、规范化。一般情况下，书面材料不仅在词语的组织运用、词语间的关系规则和习惯、句子语法等方面有着很强的逻辑性，而且它还包括段落、主题句和其他结构的要素，以便向读者提供关于文字内容、结构、逻辑顺序的概要标志。并且，书面语言在正式发表前要经过反复地修改，直到表述让信息接收者满意为止。

（4）书面沟通没有使用非语言要素。与书面沟通相比，口头沟通具有一定的非语言要素。在口语表达中为加强沟通的效果，人们往往会使用一些手势、表情、身体的动作等非语言的形式，显然，在书面沟通中这是无法做到的。但是，书面沟通要比口头沟通在形式上要更正式一些，也是一种重要的沟通形式。

（5）与口头沟通相比，书面沟通耗时较长。一般情况下，在相同时间的沟通交流中，口头沟通往往比书面沟通所传达的信息要多得多。因为书面材料是有计划制作的结果，是有准备、有目的的，有时需要经过创作编排而成。

（6）书面沟通无法及时地提供反馈信息。在日常生活中，口头沟通可以使信息接收者对所听到的信息进行及时地向信息发送者反馈，表达出自己的看法和见解，还可以对自己不明白的地方提出疑问。而书面沟通在这种反馈机制上有所缺乏，由于无法得到信息接收者的反馈信息，就无法确保接收者对信息的理解是否符合发送者的本意。因此，发送者往往会花费很长的时间去了解所传递的信息是否已经被接收者正确地理解。

表 7-1 显示了书面沟通与口头沟通的比较结果。

表 7-1　书面沟通与口头沟通的比较

相关要素	书面沟通	口头沟通
传播速度	慢，但可持久存在	迅速，但消失很快
反馈性	速度慢	速度快，双向沟通
特性	正式，具有权威性	随意，经济
准确性	准确性高	准确性低，个性化
传播区域	内容可远距离传播	只在沟通时传播
信息渠道	少，以语言沟通为主	多，可利用非语言渠道表达

2．书面沟通的优缺点

书面沟通从本质上讲是间接的，也体现出很多的优点，而也正因为这些优点，造成了一些特殊的障碍，与口头沟通的优缺点相比较，其优缺点更为显著，如表 7-2 所示。

7.1.3　书面沟通的写作原则

书面沟通中的写作要把握一定的基本原则，有专家提出了"ABC"法则：准确（Accurate）、简洁（Brief）、清晰（Clear）。另外，还有专家提出了"4C"的原则：正确（Correct）、清晰（Clear）、完整（Complete）、简洁（Concise），如图 7-1 所示。在此，着重从管理沟通的角度出发，对 4C 的原则做简单的分析。

表 7-2　书面沟通与口头沟通的优缺点比较

	书面沟通	口头沟通
优点	（1）适合传达事实和意见，或者是复杂而困难的信息 （2）词语可经过细致的推敲和检查，不断地修改 （3）书面材料准确而可信，所谓"白纸黑字"，可作为证据 （4）书面材料可复制，向很多人传达相同的信息 （5）可持久保存，便于存档保管，便于日后查证	（1）适合表达感情和感觉，可运用非语言要素，如语气和姿势来加强使下属备受尊重，调动工作的积极性 （2）灵活多样，可以是两人的交谈，也可以是群体讨论；可以是正式的磋商，也可以是非正式的聊天 （3）需对多人沟通时成本较低 （4）双向沟通，通过语言和非语言要素的快速反馈，有利于及时收到接收者的反应 （5）传播速度较快
缺点	（1）耗时较长 （2）反馈速度慢 （3）缺乏非语言要素的配合，比如，发送者的语气、强调重点、发文的目的以及表达特色容易被忽略，因此接收者可能会误解内容 （4）如果信息发送者选择的格式、情境或时机不当，接收者可能会不太关注其信息内容 （5）如果太简洁则表达不足；如果长篇大论则可能没人感兴趣	（1）话语一旦说出口就很难收回 （2）讲话时，有时很难控制时间 （3）因为传播速度快，信息接收者很难快速地思考 （4）口头表达带有很多的感情色彩，容易因情绪说错话，影响信息的可靠性 （5）偏向啰唆，很多不会言简意赅

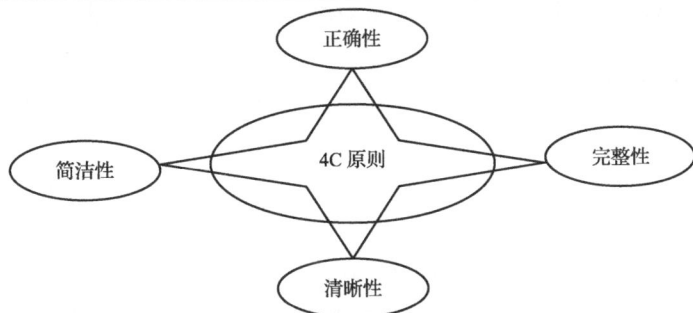

图 7-1　书面沟通的写作原则

1．正确性

"正确"是写作的首要原则，也就是说，写出的文字要真实可靠，有凭有据，观点正确无误，语言恰如其分，避免陈词滥调的官样文章。书面沟通者在明确写作目的后，把握文章主旨，全面了解有关主题，做到言之有物，正确地向信息接收者传递相关信息，从而实现有效沟通。如果写作不正确，表达的观点不正确，语言文字运用得不适当，容易让接收者误解你要表达的真实含义，甚至连你自己都不知道要表达什么，这样会使沟通变得更为困难。

2．清晰性

优秀的管理者在写作上往往会做到行文格式的清晰、思路的清晰和思维的敏捷。这也不仅是沟通的基础，也是书面沟通能力的衡量标准。清晰的文章容易引起读者的兴趣，如果太过潦草，可能会影响文字的正确性。

3．完整性

与口头沟通相比，书面沟通的优势之一就是让信息发送者有充分的时间去仔细地思考、推敲，从而向接收者表达出完整的事实、思想和观点。所以，读者在写作时，为了完整地表达，要经过认真细致的检查和思考，补充重要的事项。

4．简洁性

从字面意思上看，"完整性"似乎和"简洁性"相矛盾，事实上，这只是一个"度"的问题。为了完整地表述，信息发送者要完整地表达出重要的事项，但这并不意味着将所有的事项罗列开来，如果删除一些次要的事项和一些啰唆、没有价值的文字，那么这样就会使文章变得简洁，因此两个原则并不矛盾，而是相辅相成的，最终做到既完整又简洁。

7.2 有效书面沟通的步骤

7.2.1 书面沟通的写作过程

有效书面沟通的写作过程一般分为写作准备、正式写作和修改文稿三个阶段。见图 7-2。

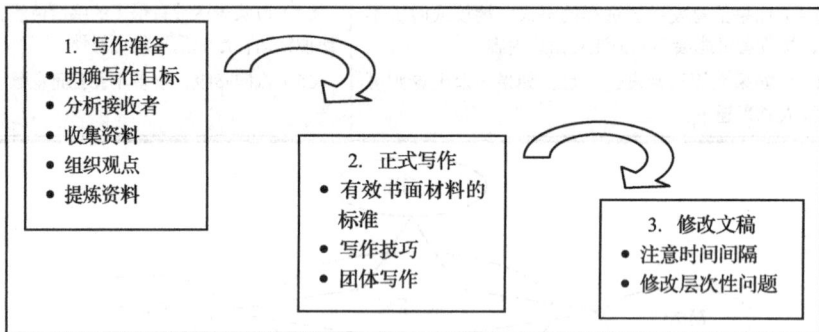

图 7-2　书面沟通的一般写作步骤

事实上，不管你要写作的文体类型是哪种，或难易程度如何，沟通者都会经历这些阶段，只不过顺序上有所颠倒，或者在每个阶段上所花费的精力和时间有所不同，但基本上分为这三个阶段。

7.2.2 写作准备

写作的准备阶段是写作过程的重要环节，有专家认为，对于高效的写作者而言，准备阶段在这三个阶段中所花的时间占了整个创作活动时间的 50%。在写作前，只有做好各方面准备工作，成稿才会游刃有余，同时也会节省大量修改的时间。准备阶段包括确定写作的目标、分析读者、收集材料、组织观点、提炼材料。

1．明确写作目标

撰写者要在写作前制定好一个特定的目标来指导自己的行文，确保文章条理清晰、结构完整。不同的写作目标决定不同的文体类型、语言风格、结构安排和材料的提取等。

2．分析信息接收者

在准备阶段，为了实现有效沟通，需要仔细分析信息接收者，可以使你的文章更好地符合他们的需求和意愿，更有针对性地展开写作。图 7-3 形象地揭示读者在进行书面沟通中的偏好与个人性格关系。

	内向型 （先阅读后表态）	外向型 （边听汇报边思考）	
知觉型（关注细节描述）			（重视逻辑性描述）理智型
直觉型（先轮廓后细节）			（重视感性内容）情感型
（注重观点的周密性） 谨慎型			（注重主题的明确性） 果断型

图 7-3　个人性格与书面沟通偏好

（1）内向型与外向型。内向型读者喜欢阅读后先思考后发言表态，备忘录的形式比较适合他们，可以有充分的时间思考，再做反应；外向型读者则偏向于边听汇报边思考，习惯于口头沟通。

（2）知觉型与直觉型。知觉型读者偏好于阅读逻辑清晰、真实合理的材料，关注细节部分；直觉型读者善于开拓创新，最关注的是文章的框架。

（3）理智型与情感型。理智型读者注重文章的逻辑方面；情感型读者则关注文章是否满足人们的情感需求，同时有利于组织。

（4）谨慎型与果断型。谨慎型读者注重事物发展的可能性或可行性，关注文章中的观点是否经过深思熟虑；果断型读者喜欢快速决策，因此关注作者对文章的主题描述是否简明扼要。

高效的沟通者往往会把握个人性格与写作偏好的关系，并且明确回答这些问题后，撰写者会更有针对性地写作，了解他们的兴趣，了解他们已经懂得什么，想知道什么，这样就可以在整理资料时选择接收者感兴趣的信息，也会确定好合适的语言和方式来进行有效的书面沟通。

3．收集资料

不管是写一般性的文书，还是调查报告等，撰写者都要充分地准备材料。

提示

在收集材料时要注意何时停止收集，何时开始写作，这一点非常重要。往往有经验的人会非常清楚收集的信息是否完备，并决定什么时候开始写作。如果以收集资料为借口不动笔写作，容易拖延时间。因此，在适当的时间结束收集并开始写作，这样做非常明智。

（1）资料的来源。资料的来源主要有两种：一种是文献资料，信息量非常庞大，要寻找合适的资料要花费一番功夫；另一种是调查材料，也就是第一手材料，这是一种更为直观的方法，即通过直接观察和社会调查获得。

（2）收集资料的技巧。第一，注重平时的积累，勤于思考、勤作笔记；第二，利用现代高科技手段收集资料；第三，善于思考和观察，从身边找资料。

（3）收集资料的原则。其一，收集资料前首先要明了写作的意图和目的；其二，明确文书的性质。文书是何种文体，是简短的还是复杂的，这些都会影响资料的收集；其三，收集资料时要明确信息接收者的背景，也就是前文所讲的分析接收者的背景，了解他们的兴趣等。

4．组织观点

组织观点，即在开始写作前把观点组织好。这样的写作效率可以大大提高，在修改过程中稍作修改即可。图 7-4 显示了如何实现有效组织观点的步骤。

第一步：分组
以问题和原因，时间和步骤，主要观点和次要观点
的思路将相似的观点和事实组合起来

第二步：选择观点和素材
根据分组的结果，归纳出各组最初的结论

第三步：归纳标题
将上述结论归纳成一个清晰、深刻而简短明了的标题，标题也就是最终的结论

第四步：合理安排论据和结论
根据不同的沟通对象对结论和论据策划相应的编排次序。如果是高层领导，应该把结论放在开头；如果是操作人员，应把依据放在前面

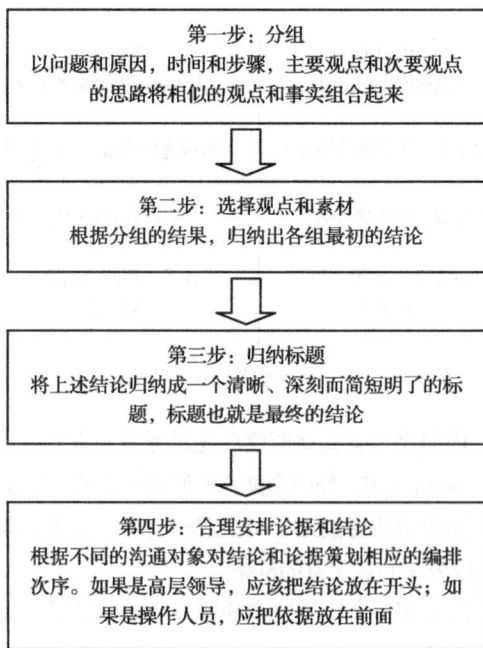

图7-4　组织观点的步骤

从图 7-4 描述的步骤可以看出，收集了充分的信息后，将相似的观点组织在一起，然后对每一个观点组归纳总结出中心思想，然后画出"信息组织蓝图"。这个蓝图表现为不同的形式。

（1）线性提纲。带有罗马数字标识、用大写字母拼写。

（2）单项展开的观点图。图中次要观点分布在主要观点的旁边。

（3）环状观点图。图中主要的观点处在中间位置，次要的观点呈环形状分布在主要观点的周围，并附有箭头、图标等。

（4）金字塔观点图。图中次要观点位于主要观点的下方。

（5）甘特图。

下面以"金字塔观点图"为例说明如何将信息组织成蓝图的。

范例：某企业中收集到的所有的信息如下：（1）开放产品 A；（2）审查长期负债；（3）加强部门之间的沟通；（4）提供财务报表；（5）放弃产品 B；（6）减少资金成本；（7）扩大科研部门。根据上述收集到的信息的"堆积"，画出以上想法的观点图（见图7-5）。

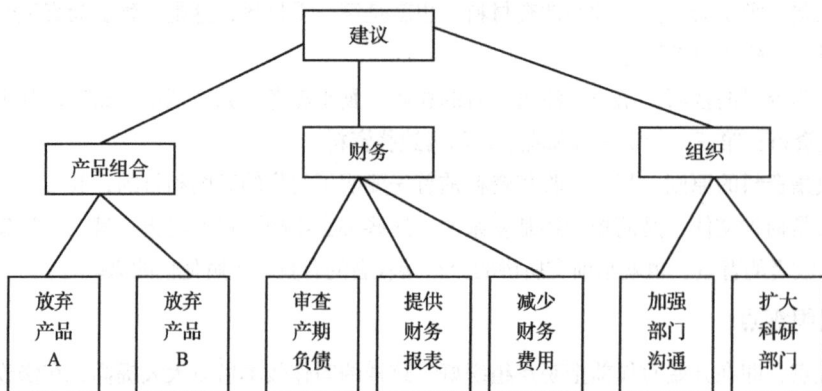

图7-5　书面沟通的视觉观点图

总之，在构建观点图时，要遵循以下几条原则：（1）确保每一个上一级的观点都是它下一级的概括和总结；（2）同级分支都是同类的观点，地位相同；（3）同级分支的数量最多限制在 5~7 个，不能超过 7 个。

5．提炼材料

经常采用的提炼材料的方法包括。

（1）首要的任务就是要概括文章的主要观点。

（2）为了增强针对性、提高说服力，要根据不同的沟通对象的特点选择适当的材料。

（3）使用"电梯间"的方法。另一个提炼观点的方法就是想象你在顶楼的电梯里遇见了你的读者，在只有从电梯下降到底层这一小段的时间内如何来阐述你的主要观点，在这种情况下你该如何讲出要点？

（4）使用"繁忙老板"的方法。类似于"电梯间"的方法，也是设想你在楼道里遇见你的老板或客户，这时他正在离开公司，他跟你说："我要马上去接见一位重要的客户，没有时间看你的文件。给你一分钟的时间给我讲讲主要要点。"

☞ **说明**

一般情况下，准备阶段的这 5 个环节是可能出现相互交叉的。例如，收集资料和组织观点就是一个相互交叉的过程，撰写者可能先收集资料，后组织观点，或者先组织观点，后收集资料。如果你要写一份理论性较强的报告，往往会先形成观点，然后再去收集相关的文献来支持你的观点；如果你要解决企业中的实际问题，那么你会在写作过程中不断收集各种资料，然后提出解决措施。

7.2.3 正式写作

1．有效书面材料的标准

（1）书面材料的整体形式要有吸引力，留下良好的第一印象。材料的形式直接决定了领导者的第一印象，从而决定了领导是否会继续读下去，或读多少。书面材料的形式不仅包括材料的主题是什么，观点如何，更主要的就是给人们带来的视觉效果，来自材料的与众不同。

☞ **小资料**

现在，许多企业在招聘人才时，首先考察的就是其书面沟通能力（如简历、信函等）。一项国际公司的人力资源部总裁曾感叹："我曾亲眼目睹一些人因为写不出像样的建议书或在项目评估会上不能做流利而清晰的发言而痛失升迁的机会。"

（2）书面材料的开头要富有感染力。开头的方式有很多种，但最好是开门见山地说出自己的观点，表明所要表达的最终目的。相反，如果你开头部分表达得含糊不清，让人摸不着头脑，那么读者往往会把材料丢到一边的。

（3）保证书面材料的可读性。材料的可读性，就是易于阅读，这很大程度上取决于作者自身的写作水平和阅历的宽广度。

☞ **提示**

为了保证书面材料更易读或可能被别人读，应做到以下两点：一是了解读者的背景，包括他们的身份、知识水平及时间安排等，如果阅读者水平参差不齐，写的材料最好以最低水平者为标准，最终做到以读者熟悉的字句来表达观点；二是要简洁，即用简洁的句子来表达作者的观点，在商业文件中的句子也是力求简洁，通常 15 个词左右的句子便足够了，但偶然出现长句或短句，会使文章更有节奏感和新颖性。

2．写作的一般技巧

（1）不断训练用计算机写作的习惯。因为在计算机上写作可以大大提高写作效率，而且易于修改。

（2）不要拘泥于写作顺序。不需要强迫自己从文章的开头一直写到结尾，而是先从容易或最有把握的部分开始写，可以从结尾开始写，也可以先从中间开始写。如果在某个部分停滞不前了，可以暂停下来，继续其他的部分，回头再去写时也许会找到思路，柳暗花明。

（3）不要边写边改。写文章时虽然需要遵循逻辑性和严谨性，但也是一个创作的过程。在初稿阶段，不要边写边改，即对文章中具体的细节问题不需要太过担心。比如，你不确定用哪个词合适，可以把那个词用符号做好标记，过后再仔细考虑。

（4）安排一定的时间间隔。在初稿出来后，最好是间隔一段时间再去进行逻辑性的修改和完善，这样修改工作会更有效果。因为你对所写的材料已经非常熟悉，这样不太可能会发现其中的错误信息，若先把材料放置一段时间，然后再来重新检查，会使你从旁观者的角度来审视你的作品，更容易发现问题之所在，你的观点也会更清楚地反映出来。

（5）克服心理障碍的技巧。根据一项对管理者的调查显示，大多数人都认为"写"是件麻烦事、头疼事，因为他们认为写作是需要灵感的。但事实上，写作不一定需要灵感，而最主要的就是不断实践和学习。人们通过树立写作的信心、掌握各种写作技巧、就写作多与别人交流等方式来克服写作的心理障碍。

👉 **小资料**

迈荻杰卡和洛马斯认为拙劣的写作将对员工的名声产生有害的影响。拙劣的写作被看作是以下的反映：缺少奉献精神；不注重细节；不够勤奋；较差的教育背景。

3．团体写作技巧

（1）在团体的指导原则上达成一致。在开始团体写作前，首先就要确保团体的指导原则和基本的规则达成一致，这样才能使团体写作更加有效地运行。

（2）在任务和时间安排上达成一致。团体写作主要会围绕着战略的制定、资料的收集、资料的提炼、文稿的修改和细节的完善。制定战略时，应考虑团体内的所有作者都要有充分的时间来完成各自的写作任务；当收集资料时，应根据团体内各个人员的兴趣和特长来安排任务；当提炼资料时，可以采取多种方式、方法来完成这项工作，如采用电子会谈的方式，也可以采取面谈的方式；当修改文稿时，可以分配一个人来担任修改的任务，也可以采取团体集体修改的方式；当完善细节问题时，应考虑校对、审批和文章分发。

7.2.4　修改文稿

修改文稿时，为了提高修改的效率和效果，先从整体上修改文章的观点和逻辑性，然后再去修改文章的部分词句，保证文章清晰明了，富有节奏感。其修改程序是从大问题到小问题的顺序，呈现出一个倒金字塔的层次性结构。见图 7-6。

1．从战略的角度进行修改

沟通的战略问题主要包括沟通者、沟通对象、渠道选择、文化背景和信息五方面，即：（1）选择合适的写作途径；（2）完成写作目标；（3）强调重点；（4）听众的选择；（5）激发听众；（6）文化适应；（7）建立可信度；（8）合适的风格。

2．从宏观的角度进行修改

在对文章进行逐字逐句地修改前，应该从整体上把握全文，也就是从宏观的方向进行修改：（1）按照具有"高浏览价值"的要求和标准进行文件的设计；（2）采用具有明显的结构化标志显示连接；（3）有效地去分段分节。

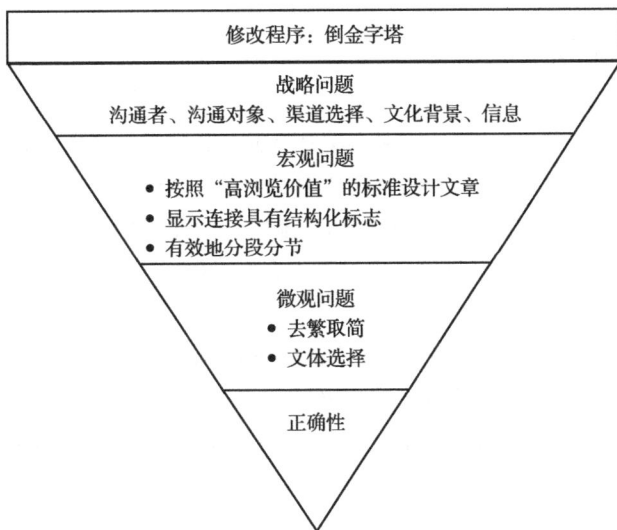

修改程序：倒金字塔

战略问题
沟通者、沟通对象、渠道选择、文化背景、信息

宏观问题
● 按照"高浏览价值"的标准设计文章
● 显示连接具有结构化标志
● 有效地分段分节

微观问题
● 去繁取简
● 文体选择

正确性

图 7-6　修改文稿的四步骤

3．从微观的角度进行修改

从战略和宏观上对文章进行修改后，接下来就要从微观的角度修改，也就是文章的词句部分：（1）删除啰唆、冗长的词句；（2）使用适当的文体。

提示

要注意时间间隔，当文章完成初稿后，最好待一段时间，比如放一两天，有时间时再去思考新的观点，才会更好地厘清你的观点。一位大学教授建议他的学生，在对他们的论文最终审稿前让论文"睡觉去"。当然，在商务环境中，通常是没有时间让文本去"睡觉"或做精致的修改的，但是如果可能的话，在最终审稿前一定要留出时间。

4．从正确性的角度进行修改

有效的作者通常会在最后做这一部分的工作，而效率低的作者则从开始就做这项工作。修改的正确性包括措辞、语法、拼写或标点符号等。在这一部分中，修改者需要认真校对，不仅需要电脑校对，还要人工校对，因为电脑不能修改文稿的逻辑性、流畅性及语气等方面。

7.3 几种实用文体的撰写

7.3.1 报告

1. 报告的概念和类型

报告是指为实现某种目的而实现搜集研究事实的人与要求看报告的人之间的信息交流形式。报告最重要的作用就是为组织的决策和行动做出铺垫，是实现组织目标的基础。

报告有各种各样的形式，大体上分为以下几种类型：（1）口头报告；（2）信函报告；（3）便签报告；（4）示范报告；（5）表格报告；（6）多页文件。

2. 报告的基本结构

报告的基本结构包括三个部分：内容简介、报告正文和最后部分。

（1）内容简介。这一部分的作用就是将读者引入到报告的正文部分，正确地把读者的注意力吸引到你要表达的主题上。基本的要求是：开头部分要清楚地说出你的主题，简洁明了、清晰明确；说明你的报告的真正目的，对必要的背景信息做简单介绍；指出获取这些信息的方法；在简介中通过简单的形式来提出事实、结论和建议等；承接正文，与正文部分相协调，不要出现与后文部分不一致的内容。

（2）正文。报告的正文部分承接简介部分和最后结尾部分，包括列出主要的事实（如整个程序等）、分析这些事实，要求内容真实准确并合乎逻辑，为最后部分得出结论和建议做基础和准备。

（3）最后部分。最后部分的主要目的就是总结出结论和建议，做到简明扼要、清晰准确，避免引入新的观点，最终向读者留下清晰的印象。

3. 报告的格式

报告可以采用不同的格式布局，这主要以报告的类型、目的和主题内容等为依据。

（1）信函式报告。短小的报告一般采用信函或便签的形式书写。这样的格式简单、清晰，不一定要设立小标题，但是也要考虑报告的主题内容的结构安排，体现出其内在的逻辑关系。信函式报告具有上述内容中提到的一般报告的基本结构：简介部分、正文部分和最后部分。

（2）纲要式报告。上述报告的内容通过纲要的形式，被分为不同的部分，并在每一部分加上小标题，结构条理、清晰，总体的结构还是和一般报告结构相同。这样的报告使读者一目了然，有针对性地发现所需的信息。

（3）混合式报告。混合式的报告是介于信函式报告和纲要式报告之间的一种报告形式。整体上虽然像信函式报告那样像一封信，但是在正文部分可能会添加一些小标题，具有纲要式报告的特征。这种格式在管理工作中比较常见，总的要求就是体现内在主题内容的逻辑关系，使读者清晰地明白报告的内在联系。

4. 报告的写作要点

（1）报告内容要完整，报告要包含向读者传达的所有必要的信息内容。

（2）报告的内容不仅要完整，而且要统一，围绕主题组织内容，避免与主题无关的内容，一般情况下，报告只涉及一个主题。

（3）报告的内容要符合实际，准确地列出事实并推理。

（4）内容的表达方式要清晰，让读者对报告中所写的内容有一个清楚的概念。

（5）报告要有易读性，在报告中可能会涉及相关的技术和细节的研究，但是也要让所有可能的读者都能理解和接受。

（6）报告内容要简洁明了，精炼的写作风格更受读者喜欢，避免模棱两可的语句，否则容易使人误解。

（7）在描述主题内容时，要基于逻辑分析的角度，做到结构清晰、严谨。

5．公司年度总结报告

年度工作报告可以说是每个公司中最重要的正式报告之一，因此，在写作过程中对每一个阶段都要掌握其中的要点。

（1）明确目的。明确报告的目的，即：高屋建瓴、领会意图；提炼核心、把握主题思想。

👉**提示**

如果你是秘书，当领导安排你写一份报告时，首先你应该准确地弄清楚要写什么，其最终目的和意图是什么等。其实，无论写哪种类型的报告，这是最基本的要求。因此，在动笔之前，你就要仔细地聆听领导的要求，深入地捕捉领导的观点，耐心地体会领导的意思。虽然，平时的工作中领导都会很忙，甚至无暇去系统地思考具体要写什么内容，这时，为了明确目的，你也要帮助领导理清楚到底要讲什么。

（2）构筑框架。公司年度总结报告的一般性框架，如图 7-7 所示。

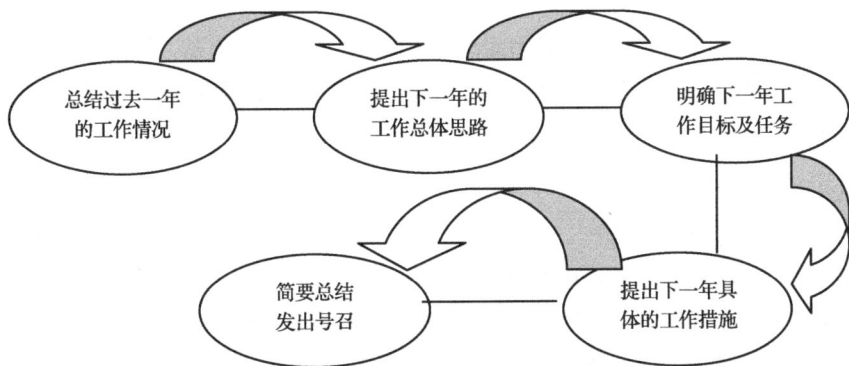

图 7-7　公司年度总结报告的一般性框架

第一部分，回顾和总结过去一年的工作情况。在这一部分中，要对前一年的工作成绩给出充分的肯定，发现其优点，如果辅之以必要的数据说明会更鼓舞士气。同时，也要实事求是地指出不足与缺点，避免在下一年的工作中再次出现。大体上，这部分的篇幅在整个报告中约占三分之一。

第二部分，预测并提出下一年的工作总体思路。根据综合环境分析方法（SWOT 分析法），综合分析企业的内部环境和外部环境，找出企业内部环境存在的优势和劣势，发现外部环境存在的机会与威胁，从而提出下年度的总体思路和指导方针。

第三部分，明确下年度的工作目标和工作任务。在确定工作目标时，既要做到简明扼要，又要做到清晰具体；在工作任务上，做到条理清晰、具体明确。总的来说，第二部分和第三部分所占的内容约占整个报告的二分之一。

第四部分，确定完成工作目标和任务的具体措施。根据下年度的工作目标和任务，在具体实施的措施上虽然要求的篇幅不很多，但是内容尽量全面、具体，对每个部门做出安排，可以从人、财、物、党、政、工、团、妇等方面具体分析。

第五部分，简要总结，并发出号召。这一部分的内容简洁明了，只要一小段即可，避免啰唆重复。

（3）准备素材。

素材准备主要包括两个方面：一是建立专门的信息库。作为管理者，要想写出一份内容充实、论点确切、论据充分、论证合理的报告，必须在平时养成良好的收集信息的好习惯，将平时收集的专门的信息放入专门的信息库中，这样，当以后有所需要时，可以随时调取所需的信息。二是根据报告的目的补充信息。在起草报告时，要明确报告的目的，领会领导者的意图和要求后，有针对性地去收集补充信息。

（4）起草报告、修改完善。

一方面，表达方式与领导要求相一致。不同的报告有不同的写作风格，即有不同的表达方式。在上述构筑框架的描述中，一般性的框架思路分五部分，但是不同的领导可能会有不同的表现方式，框架思路也可以改变为三部分：现状分析、目标确定和措施实施。另一方面，文字多少与领导意图相符合。关于报告各部分文字的多少也要符合领导的意图来合理地布局，如果领导认为某部分的观点很重点时，你可以"挥毫泼墨"，做到重点突出；如果是一般性的内容，你可以"惜墨如金"，做到简明扼要。

7.3.2 备忘录

备忘录是组织内部信息传递的一种书面沟通方式，在很大程度上是一种内部存档，它可以写在空白纸上，也可以写在印有公司抬头的信笺上面。备忘录更强调简明扼要，直入主题，用直白的语言来集中说明一件事，主要优点就是易读、易操作、易接受。

1．备忘录的格式

最广泛使用的备忘录的格式中，首先前面都有一个表面重要建议的概括性段落（概览），紧跟着的是事例、讨论以及一系列对于事实的详细建议和指导方针。

（1）概览。备忘录概览主要包括四个基本的要素：日期、主题、传送和发送，如果信息较复杂，还包括附件和复印件，但是备忘录包括附加的问候、签名和地址等。这些要素的排列方式依组织习惯的不同而不同。备忘录概览的格式基本有以下四种（见图7-8）。

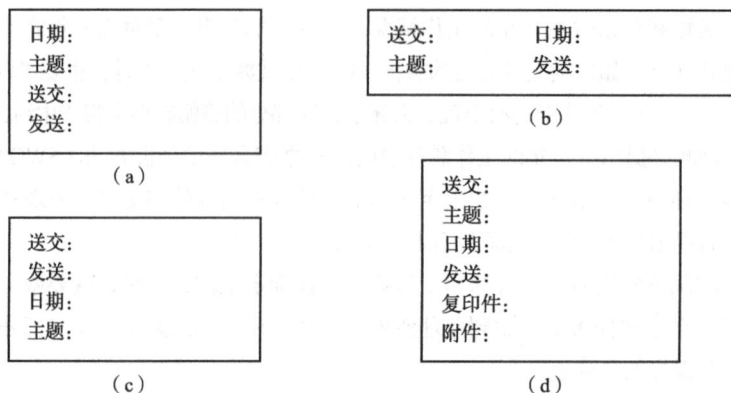

日期： 主题： 送交： 发送： （a）	送交：　　　　日期： 主题：　　　　发送： （b）
送交： 发送： 日期： 主题： （c）	送交： 主题： 日期： 发送： 复印件： 附件： （d）

图7-8　备忘录的格式

☞ 举例

范宁商务沟通中心

日期：2011 年 2 月 26 日

主题：常用备忘录格式

送交：参加管理沟通课程的学生

发送：商务沟通中心主任宋明（商学院 23 号，电话 0411-89823567）

（2）事例。大部分备忘录中的事例都有以下三个特征：①简明。很多备忘录事例都只有一到两页长。有时候作者涵盖的信息可能会占满三页或更多。大量、详细的数据应该放在附录或者附件里。②直接。大部分的备忘录事例信息涉及面窄、具体而切合主题。另外，大多数的备忘录事例都只涉及一个主题，也就是"主题"栏注明的主题。③非正式。备忘录事例一般采用口语化的语言，包括缩略语、人称代词和易被读信人理解的词句。因此，它们比大多数商务信函要随意得多。

（3）探讨。陈述完基本事实后，备忘录的作者基本上都会和读者探讨一下这些事实可能产生的影响。你不仅需要告诉读者他要知道什么，还必须告诉他这意味着什么以及它为什么这么重要。但这一探讨过程可能会影响管理人员决策的意义、含义等。

（4）建议。在读者已经阅读了所有的事实（以及你的一些假设）后，并在你已经探讨了你所知道的一些信息的重要性或相关性后，你就要陈述你的建议了。首先，把你认为最重要或最迫切的建议写在最前面。详细说明你想要做什么和你需要在什么时候开始实施。其次，把你认为第二重要的建议放在第二位。有时，你可能需要把你没有建议但有明显可行性的措施列入其中，并且简明扼要地解释一下为什么没有把它们作为建议的一部分。最后，大多数备忘录的建议数量都在三条以内，但只要有你的建议能够告诉读者他需要知道（或需要做）什么，建议部分稍长一些也是允许的。不要只提出问题而不给答案。将问题简单化，以动词开头，运用备忘录格式来记录行动、解决问题以及实施决策。

（5）最后的步骤。最后，大多数决策备忘录都会就如何执行提出的建议或是怎样与负责执行这些建议的部门联系提出一些建议或者具体的想法。

2．备忘录的类型

根据备忘录的用途，可以分为告知型备忘录和说服型备忘录。

（1）告知型备忘录。告知型备忘录是用于存档、记录和告知等用途的，要想高效地书写这一类型的备忘录，应该考虑以下几点：①向读者讲明白你写这个备忘录的原因；②只写一个主题。备忘录最好只写一个主题，否则会让读者搞不明白；③先总体，后部分。④信息要准确；⑤在称呼上最好避免使用第一人称单数；⑥确保信息的详细程度符合读者的需求；⑦提供反馈的信息。

☞ 说明

备忘录中的总述能够很好地帮助读者明白作者所要阐述的内容，总述要求紧凑、切题。例如：本备忘录总结了 2010 年财年第一季度 Areo 产品在各个销售区域的市场表现；本备忘录建议针对第三区域 Prio 产品的客户实施一个为期一个月的回馈活动。来自零售渠道的信息显示，折扣优惠券的市场反响超过预期的 120%；本备忘录强烈建议对 Wolp 的产品的设计进行全面检查。授权销售商的要求、现场的报告、客户的投诉都表明刀鞘可能存在缺陷。如果不对设计进行检查将可能会使公司担负巨大的产品责任，并对品牌声誉造成不可挽回的损害。

（2）说服型备忘录。说服型备忘录向读者提供了清晰明了而又符合逻辑的论据，它更像是一场稳操胜券的辩论。为了更好地写好具有说服力的备忘录，应该注意以下几点：①将作者的写作目的和对读者的分析结合起来考虑；②列出一个提纲；③直入主题；④包含一个行动计划；⑤把最有说服力的内容放在开头；⑥引述先例，言之有据。

7.3.3 商务信函

1. 商务信函的概念及其特点

商务信函主要是作为组织外部信息传递的方式，具体指公司、政府机构等相互之间为进行交往所使用的信函，其中的一方所持的是商业或公务的立场，信函所涉及的内容与上述的立场相关。

👉 **提示**

商务信函和备忘录是不同的。根据上节所讲的内容，备忘录在很大程度上是一种对内的文档，但是商业信函主要是一种对外的文档，虽然管理者有时会采用信函的格式与下级员工或执行层沟通。同样，与备忘录相同的一点就是，商务信函也要求简明扼要、朗朗上口、直入主题，且易被读者所理解。

商务信函与其他文体相比，有三个显著的特点。

（1）内容单一。商务信函主要以商品的交易为目的，以交易磋商为内容。通常情况下不会掺杂交易磋商以外的其他事务。除此之外，商务信函的交易内容只涉及一项，而不是同时涉及几项。

（2）语言简洁。商务信函的内容主要是介绍业务范围、报告购买商品的品种、价格和数量，或者告知有关事项，语言简练，清晰明了，言简意赅。

（3）结构简单。商务信函内容单一，因此整体的结构简单明了，段落也相对较少，段落的篇幅也比较短小。这样的结构充分体现了商务信函的实用功能，便于对方的理解和把握。

2. 中文商务信函的写作格式

如同一般信函，中文商务信函一般由开头、正文、结尾、署名和日期 5 个部分组成。图 7-9 是中文商务信函的一个实例。

（1）开头。开头写收信人称呼，称呼后用冒号，且单独占行、顶格书写。

（2）正文。正文部分是信函的主要部分，叙述商务往来业务的实质问题，通常包括问候、事由以及合作的希望、方式和要求等。

（3）结尾。结尾通常用一两句话，若要写明希望对方答复的要求，如"特此函达，即希函复。"同时写出祝愿的话，如"此致敬礼"、"敬祝健康"，"此致"、"敬祝"可紧随正文，也可和正文空开，"敬礼"、"健康"则转行顶格书写。

```
尊敬的王先生：
    您好！
    现答复贵公司 7 月 6 日的来函。我们一直认为六和公司是一家非常值得信任的公司，
多年来，我们一直为该公司提供所需的货物。事实上，我们收到的大多数订单都大大超过
了 600 万美元。因此，我们觉得为该公司提供 600 万美元的信用几乎没有什么风险。
    如果您需要关于公司的任何详细资料，请再与我方联系。
    此致
敬礼
                                                    李凌
                                              信用控制部经理
                                              2010 年 7 月 9 日
```

图 7-9 中文商务信函的范例

（4）署名。即写信人的签名、职位名称或单位名称，通常写在结尾后另起一行（或空一二行）的偏右位置。重要的信函，为郑重起见可以加盖公章。

（5）日期。写信日期一般写在署名的下一行或同一行偏右下方位置。日期非常重要，一定要避免遗漏。

商务信函的篇幅一般限制在1~2页，较长的信息宜采用附件的形式。

3．外贸商务信函的一般结构

外贸商务信函的格式不拘一格，有些组织甚至会喜欢将其设计成风格独特的样式。通常包括顶格式和半顶格式，顶格式所含的内容都从信的左边开始，垂直成一条直线；半顶格式中的有些部分的开头会缩进几个字符，如图7-10所示。

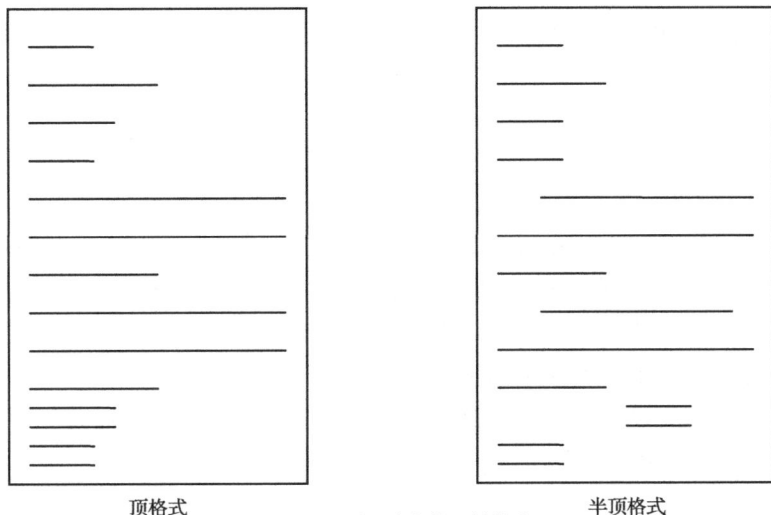

顶格式　　　　　　　　　　　半顶格式

图7-10　外贸商务信函的格式

（1）抬头。与中文商务信函不同的是，英文信函的开头必须首先写上信头，即寄信人的名址和写信日期。但是在中文信函中，这一部分写在信函的末尾处。通常，信头写在信纸的右上角，有时也写在中央位置和左上角。一般情况下，公司都会专门印制带有信头的信签纸，这样在撰写信件时直接使用这种信签纸就行，方便很多。

（2）编号和日期。通过书写编号和日期，可以在以后查询信件时更为方便。编号通常用"Our ref"和"Your ref"来区分。关于日期要注意以下几点：①根据作者的风格，可以有不同的表示方法，如：6th April 2010；April 6th,2010；6 April 2010；April 6,2010。前面三种可以在月、日和年之间用逗号隔开，也可以不用，但是最后一种是必须要用逗号隔开的。②为了避免不同文化间产生的误解，切忌将日期用数字的形式表示，如 7/6/2011，在美国，这表示七月六日，但是在英国，这表示六月七日。③在英文表示的月份中可以缩写，如一月、八月等，但是要谨记三月、五月、六月和七月是不能缩写的。

（3）收信人名址。一般写在信笺的左上方，所包括的信息应按以下顺序排列：①收信人的姓名和头衔，为了表示礼貌，可以在收信人的名字前面加上诸如先生、女士等尊称，如果你不知道收信人的名字，可以称呼他为经理、副总等官方头衔；②收信人的公司名称；③公司名称和门牌号，街道名称和号码；④区/镇/市名；⑤国家/州/省的名称以及邮政编码；⑥国家名称。

（4）称呼。称呼是对收信人的一种称呼，美国人和中国人通常在称呼后加冒号，而英国人通常加逗号。英文信函中称呼一般为"Dear Sirs""Dear Madam"，如果双方比较密切可以加上人名，如"Dear Mr.Smith"，但是美国人通常使用"Gentlemen"，而不是"Dear Sirs"。

（5）正文。正文也就是信函的主体，是最重要的一部分。在写作过程中要讲究书写信函的技巧，如下文提到的"7C"原则，特别注意的是英文信函的写信原则应符合"一事一信"的要求，即一封信上只谈一件事或主要只谈一件事，这样有利于所谈事情得到及时处理。商务信函主要包括三个部分，即开头段、中间段和结尾段。①开头段。一般情况下，开头段使用积极、礼貌且谈话式的口吻和语言，力求简洁明了。另外，需要检查下开头段的完整性，即包括句子的结构、逻辑关系和相关事宜（日期等）的准确性。②中间段。中间段可以是一段，也可以是 2~3 段。中间段是在开头段所提及内容的基础上，对有关内容做清晰的描述，如对该产品付款的有关事项、销售产品的好处等。③结尾段。结尾段是对整篇信函的总体概述，具体的做法就是从"5W1H"出发，即希望读者做到：做什么（What）、何时做（When）、何处做（Where）、由谁做（Who）、为何做（Why）以及如何做（How）。也就是鼓励读者采取一定的行动，最后表示感谢，以友好的口吻结束。

（6）问候结束语。结束语是指正文之后，签名之前所使用的客套用语，一般在正文一行的下一行书写。常见的客套话是："Yours sincerely""Yours truly""Yours faithfully"等。

（7）签名栏。签名写在结束语的下面一行，即签上写信人的个人名字或者公司名称。签名通常占三至四行，第一行用于公司名称，全部要大写；第二行用于个人签名，为了易于辨认签名，通常既有签名，又有打印名；第三行常用于签名人的头衔。

（8）经办人代号、附件、副本抄送和附言。

经办人代号——经办人代号由口述信件的人和秘书或打字员的首字母组成，首字母要大写并且放在签名的下方靠左的位置，这两部分要用冒号或斜杠分开。

附件——如果英文信函中有附件，信的左下方标注"Enclosure"或简写成"Enc"、"Encl"。如果附件超过一件，那么最好附上附件的数量。

副本抄送——信函还抄送给除收信人以外的其他人，所以在收到信函副本的人的名字前面常加上副本抄送；英文信函则是"cc"或"cc:"，还有另外一种类型的标记，"bcc"，表示只有该收信人和你知道他或她已经收到信的副本。在抄送中的形式如下所示：cc The sales manager；bcc Mr.Jones。

附言——附言通常适用于以下几种情况：①补充说明信函中被忽略的内容，当然我们要尽量避免这种情况的发生。②写销售信函时，作者通常将最强有力的证据放在附言中作为强调。③有些管理者偶尔会手写一些附言，这样使信函倍感亲切。

4．商务信函写作"7C"原则

要写好商务信函，需要遵守"7C"的原则：正确（correctness）、完整（completeness）、简练（conciseness）、清楚（clearness）、具体（concreteness）、体谅（consideration）、礼貌（courtesy）。

（1）正确。商务信函的正确性，一方面表现在表达的用词用语和标点符号上的准确，另一方面表现在信函中涉及的日期、价格、数量、数字、规格等要素的准确性。

（2）完整。在发送商务信函前，一定要仔细检查所有的信息是否完备。信函中应该包括所有的必要信息，完整地传递给读者，让读者形成完整的框架，知道你在传递的真实信息。

（3）简练。用尽可能少的文字清楚表达作者真实的信息。

（4）清楚。信中所有的词句都应能够非常清晰、明确地表达出作者的真正目的，避免模棱两可的信息，容易被对方误解，从而造成不必要的麻烦发生。

（5）具体。在商务交往中，要求对方答复以解决问题时，通常使用事实、数字和时间来强调，因此内容要具体而且明确。

（6）体谅。这一原则要求多为对方着想，站在对方立场考虑问题，"以你为中心"，而非"以我为中心"。

（7）礼貌。礼貌首先体现在及时回复对方，回复信函的时间应该控制在 3 天以内，如果你无法马上作答，需要和其他人讨论或者需要其他的信息，你应该礼貌地告诉对方；再次，得体的文字表达也是礼貌的表现，这充分体现出一个人的职业素质和个人修养，在商务交往中难免会发生意见上的分歧，但礼貌的书面沟通可能化解分歧，使双方建立友好、共赢、和谐的关系。

👉 **建议**

在写信函时要使用正确的语气，做到专业但不僵硬，友善但不虚伪，自信但不傲慢，礼貌但不卑微。表 7-3 显示了两种语气的比较结果。

表 7-3　两种语气的比较

拙劣型语气	良好型语气
★我不懂你的意思	★请把您的要求重复一下
★我们无法保证货物马上送到	★我们会尽快送货
★该商品的缺损不是我们的错	★该商品缺损是在装运过程中损坏的
★您所附的账单有误	★请再核实下您的账单

5．商务信函的写作要点

写作商务信函不要求使用华丽的词句，最重要的事情就是用简单朴实的语言准确、清晰地表达出作者的真实意思，让对方非常清楚地知道你所传达的信息。主要应该注意以下几点。

（1）在回复信函时，要表示出你确实对其内容很有兴趣。

（2）信函内容既要简洁又要完整。

（3）如果是坏消息，应该表示遗憾；如果是好消息，应该表现出喜悦。

（4）给人以怀疑的权利，但也要提防无礼之人。

（5）要有幽默感。

（6）合理使用模板信函。

7.4　简历的撰写

简历就是求职者提交给用人单位以介绍个人基本情况的书面文字资料，是推销自己的名片，是招聘者了解求职者的重要途径。

👉 **小资料**

据统计，规模较大的企业每周都要接收 500～1000 份电子简历，其中 80%的简历在管理者浏览不到 30 秒钟就立即被删除了。可见，要想让管理者在半分钟内通过一份电子简历对你感兴趣，难度可想而知，甚至比面试的难度还要大，因此，关键是要写一份个性化的简历。

7.4.1　个人简历

1．个人简历的分类

（1）根据表现内容的载体形式的不同，简历可分为普通简历、电子简历和视频简历三种。普通简历是平时最常见的，即通过一两页纸描述求职者个人基本情况的书面材料；电子简历是一个可为计算机识别的文本文件，采用多媒体格式，可放在因特网上，目前在很多人才网站上都可以看到；视频简历是一种新兴的简历方式，是将求职者的个人基本情况摄录下来，制作成光盘或通过网络提供给应聘者。

（2）根据简历的内容安排不同，简历可分为时间型、功能型、业绩型、专业型和创意型几种。时间型简历强调的是求职者的工作经历；功能型简历强调的是求职者的能力和特长，对工作经历不太看重；业绩型简历强调的是求职者在以往的工作中所取得的成就；专业型简历强调的是求职者的专业技能；创意型简历强调的是求职者对工作的创造力和想象力，比如应聘广告策划、装修设计等职位。

2．个人简历的基本内容

（1）抬头。抬头位于简历上方，一般以"个人简历"四个字为抬头。

（2）个人基本情况。姓名、性别、出生年月、家庭住址、政治面貌、婚姻状况、身体状况、兴趣爱好等。在这一项中做到突出优势、避免劣势，要求简单、明确。

（3）求职意向。求职意向总的要求是明确、单一（最多不能超过两个），最好不要写薪水要求。

👉 **小资料**

应届毕业生的求职意向普遍存在的问题有两个：一是他们对工作认识不充分，对工作没有深入的了解，对自己到底能做什么、想做什么没有明确的概念；二是他们可能为了避免职业限制，简历没有针对性，求职意向上可能写有几个职位，比如一位学管理的同学这样写：战略管理、会计、人力资源管理、市场营销等。那么，在写求职简历中，我们应如何避免这两种情况的发生呢？其实你可以多准备几份不同的简历，每份简历上只写一个求职意向，比如市场营销，简历的其他部分围绕着这一主题写，这样就更有针对性。

（4）教育背景/学习经历。在这一项中，应聘者没有必要将自己中学的学习情况写上去，只需从大学开始即可。补充一点的是，如果一些毕业生在学校参加过一些相关技能的培训，这些培训经历也可以写到简历中。

（5）工作经历/社会实践。在列出工作时，一般最重要的是你的职位/头衔，所以按下列优先顺序：职位/头衔、公司名称、城市、省、日期。值得注意的是人们不应该忽略过去工作的地点（城市、省），这些资料是读者希望看到的。

👉 **提示**

一份好的简历，看起来就像是一座倒金字塔，采用倒叙的方式，将最近的经历叙述得最详细，占地儿最多，这样可以让招聘者获得更多的信息。早期的工作经历只是一笔带过即可。因为应聘者主要看重最近的工作经历，一般来说，雇主只对 10 年以内的工作经历感兴趣。如果您是一位应届毕业生，并没有什么工作经历，着重说明您在学校或其他方面扮演的领导角色，比如担任学生会某部长，展示出你的情商、潜力、精力和动力方面。让招聘人员相信您会成为一个勇于开拓创新、机智聪明和敢于奉献的团队成员。

（6）项目经验。如果有项目经验，一定要写，而且要突出重点；注重团队合作精神，自己负担的职责；自己写的项目一定要熟悉。

（7）课程。在课程这一类中，应届毕业生可以将自己学过的课程写进去。可是往往存在一个误区，就是他们只是罗列自己的课程，课程安排上没有条理性，这样给招聘者认为此生对学过的课程没有系统的认识。因此，最好把课程分类，比如管理系的学生可以将课程分为管理类、营销类、金融类、财会类和经济类等，这样可以让人一目了然。同时，要有针对性地填写，不需要将所有学过的课程都写入，只挑出与应聘的职位相关的课程即可。

（8）计算机、外语水平。计算机的技能包括计算机的等级考试和办公软件的熟练程度，如WORD、EXCEL、PPT。外语水平包括大学英语四、六级，以及口语交际能力。

（9）奖励/证书/科研成果。奖励：凡是获得奖励的都可以写上，比如奖学金、优秀班干部。证书：各种资格证书，比如注会等。科研成果：即在某一领域中的建树和研究成果，比如获得某项专利。如果你是大学毕业生，把你的毕业论文或曾发表过的文章、书籍写上即可。

（10）自我评价。自我介绍不适合长篇大论，而是通过一段简短的话来强化优势，既要恰如其分，又要有的放矢，突出重点内容，表现出自信的状态。

3．简历的写作技巧

（1）简历的格式和外表要简洁大方、突出重点。"简历"这个词语突出的就是"简"，即内容严谨、简洁、凝练。但是，简历的"简"并不能理解成简单，最重要的其实就是要在短短的一两页纸中突出重点和亮点，展现出一份"一目了然"的简历。

（2）与众不同，避免雷同。

☞提示

假如你是招聘者，你需要从成百上千的简历中筛选出来，你的筛选标准是什么？如果格式和内容基本一样，像是在看批量生产的简历，那么你会有乏味、烦躁的情绪，如果突然出现一份与众不同的简历，比如简历的抬头不是千篇一律的"个人简历"、"求职信"这一类，而是开门见山地把自己的名字和联系方式写上，这既是自信的表现，更是尊重招聘者，让人耳目一新。

（3）内容真实、可信。不管是你的知识水平、业务能力，还是你的工作经历，不管是简历的哪个环节，哪怕是一个细小的部分，在书写这些东西时，都要遵循真实的原则，并要执行好真实这个原则。

（4）"量身定做"，不要"批量生产"。应聘者在应聘不同的企业时，一定要根据职位要求量身定做简历，使求职者描述的能力与招聘单位的需求相配合，不要盲目地去创作"万能简历"。事实证明，那些"批量生产"的简历只能会让你的简历沉没于大海中。

（5）目标明确，内容要有针对性。应聘者在申请职位时，一定要在简历最醒目处，明确表述清楚自己希望工作的"目标城市""目标部门"及"目标岗位"。特别是在描述自己的求职意向时，一定要明确理想的职位是什么。

（6）不能出现错别字。

（7）不要寄附件。当你投递简历时，除非招聘单位有特殊要求，最好不要附上你的学习成绩单复印件、推荐信或各种奖励证明复印件等。

7.4.2　求职信

求职信，又称"自荐信"或"自荐书"，是求职者向用人单位介绍自己情况以求录用的专用性文书。求职信是求职者和用人单位之间的桥梁，它可以展示才干和能力，突出自我优势，自我表现力非常明显。

1．求职信的分类

（1）根据求职者有无实践经验划分，可分为毕业生求职和有工作经验者求职两种。

（2）根据求职者有无明确求职目标划分，可分为有高度针对性的求职信和普遍适用性的求职信。第一种是针对应聘单位的某一具体职位而写的，第二种可以投向不同的单位。

（3）根据求职者是否获得招聘信息划分，可分为自荐求职和应聘求职两种。前一种是指求职者在未获得用人信息的情况下，主动向感兴趣的单位写自荐信；后一种是指根据用人单位所发布的招聘信息，有针对性地写给该单位以谋求某一特定职位的求职信。

（4）根据内容或行业划分，可分为技术型求职信、销售型求职信、生产型求职信等。

2．求职信的基本格式与结构

求职信的结构由称谓、正文、结尾、署名和时间几部分组成。通常情况下，求职信以 500 字左右为宜，要突出重点和亮点，让招聘者"一目了然"。

（1）称谓。称谓写在第一行，要顶格写，收信人一般为用人单位的人力资源管理人员，注意收信人的姓名和职务，例如，"××先生/女士/经理"等。

（2）正文。正文要另起一行，空两格开始写求职信内容。一般的写作思路是：第一，开门见山地说明你求职的理由，要求简明扼要，合乎实际，切忌虚话和套话，对所求的职位态度明朗；第二，明确地说明你的求职目标；第三，重点介绍应聘该单位所具备的条件，突出自己的特长和优势，强调你会给该单位创造特殊的价值，要有说服力，使单位相信你有能力胜任此工作；第四，再次强调求职的愿望，不要苛求对方。如希望单位能给予面试的机会，或希望给予试用的机会。

（3）结尾。另起一行，空两格，写上表示敬祝的话。比如，"此致"，然后换行写"敬礼"。

（4）署名和日期。信的右下方写上写信人的姓名和日期。

☞ 小资料

1992 年哈佛人力资源研究所的一份测试报告的数据研究证明：一封求职信如果内容超过 400 个单词，则其效度只有 25%，即阅读者只会留下对其 1/4 内容的印象。

3．求职信的写作技巧

（1）明确求职目标。

（2）内容通顺，要求言简意赅。

（3）展现自信与人格魅力。

（4）写出自己对一些相关问题的看法和态度。

（5）避免使用第一人称。

🛸 关键术语

书面沟通、信息接收者、提炼、文稿、报告、备忘录、商务信函、中文商务信函、外贸商务信函、个人简历、求职信

本章习题

一、判断题

1. 在管理沟通中，口头沟通善于表达感情和感觉，可运用非语言要素来加强，而书面沟通适合传达事实和意见，缺乏非语言要素的配合。（　　）

2. 与起草和修改工作相比，有效率的作者往往会将 20% 的时间放在写作前的准备工作上。（　　）

3. 初稿写完后，最好间隔一段时间再去进行逻辑性的修改和完善，这样的修改工作才会更有效果。（　　）

4. 在写备忘录时，在称呼的使用上最好使用第一人称，比如"我认为"或"我的看法是"等。（　　）

5. 简历的"简"并不能理解成简单，它最重要的其实就是要在短短的一到两页纸中突出重点和亮点，比如，将自己最大的优点放在最主要的位置，强化优势。（　　）

二、选择题

1. 与口头沟通相比，书面沟通的优点有哪些（　　）。

   A. 传播速度快　　　　　　　　　B. 准确性高
   C. 书面材料可持久保存　　　　　D. 反馈速度快

2. 书面沟通要把握的"ABC"原则是（　　）。

   A. 准确　　　　B. 简洁　　　　C. 清晰　　　　D. 完整

3. 与一般性的写作相比，在书面沟通中的商务报告最突出、最重要的特征是（　　）。

   A. 较为严谨、正式　　　　　　　B. 法律效应
   C. 运用变换的人称　　　　　　　D. 读者多层面

4. 商务信函的写作原则包括（　　）。

   A. 正确　　　　B. 完整　　　　C. 体谅　　　　D. 清楚

5. 在撰写简历时，要掌握的技巧和要点有（　　）。

   A. 简洁大方　　　B. 突出重点　　　C. 有针对性　　　D. 真实可信

三、思考题

1. 如果你是一个公司的销售部门的经理，到年末时应该如何有效地书写一份年度工作总结报告？

2. 商务信函包括哪些内容？如何提高商务信函的写作能力？

3. 假设自己是大学毕业生，在应聘前，结合自己的实际情况写一份令人满意的简历。

案例分析

吴先生的烦恼

东方公司工程师吴先生被外派进行服务维修。在维修过程中，他需要一个重要的配件，就打电话让工厂的售后服务部为其尽快发送。按照规定，吴先生应该以书面传真的形式来说明自己所要配件的具体规格型号，以确保准确性，但是，吴先生却说自己干了三年多，对配件的规格型号

都很熟，为了节省传真费用，在客户很急的情况下，就以电话进行了口头上的传达。售后服务部工作人员也因此相信了吴先生，按他口头说的型号发去了配件。结果发到现场后，型号错误，又要重发，公司为此损失了出差费、运输费，更重要的是还影响了客户的生产。

事后追究责任时，吴先生一口咬定自己当初所说的就是第二次发的正确型号，而售后服务人员却坚持说当初吴先生报的是第一次发的错误型号。由于没有书面函件，领导也不知道应该相信谁，因二人工作失误给公司造成了损失，便对双方都进行了处理。

资料来源：http://www.ebusinessreview.cn/articledetail-91945.html

问题

1. 书面沟通较口头沟通有哪些优点？

2. 从上述案例中，因无法找出是谁的错误而对双方都处理，你觉得公司的这一决策对吗？

第3篇 管理沟通

第 3 篇

管理沟通专论

第8章 组织沟通

☑ 学习目标

1. 掌握组织沟通的基本概念
2. 理解团队沟通技巧
3. 理解会议沟通技巧
4. 了解非正式组织沟通的相关概念

☑ 能力目标

1. 提高学生在实践中组织沟通的能力与技巧
2. 注重学生对组织沟通及其相关概念的认识能力

☑ 导入案例

"奥达克余"积极危机公关的喜剧

日本有家名为"奥达克余"的百货公司，有一次，一位叫基泰斯的美国记者在这家公司买了一台 SONY 牌电唱机，准备作为见面礼，送给住在东京的婆婆，售货员彬彬有礼地为她挑了一台未开启包装的机子。但是，当基泰斯回到住所开机试用时，却发现电唱机没装任何内件，仅是空壳而已。她不由得火冒三丈，准备第二天一早便去百货公司交涉，并迅速写成一份新闻稿，题目是《笑脸背后的真面目》。

第二天，基泰斯起了个大早，就在她准备动身时，奥达克余百货公司的副经理带着一个职员来到了她的住处，他们一进门便俯首鞠躬，深表歉意。

基泰斯颇感意外："你们是怎么知道我住的地方呢？当时我并没有留下住址呀。"

面对一脸困惑的基泰斯，那位副经理打开了记事簿，讲述了大致的经过：

昨天下午商店清点商品时，才发现把一个空心的货样卖给了一位顾客，因为此事非同小可，经理便马上召集公关人员商议，无论如何得找到这位顾客。但商店只留下顾客的名字和一张"美国快递公司"的名片，据此，奥达克余公司连夜开始了一连串无异于大海捞针的行动。他们先向东京各大宾馆打电话查询，一共打了 32 个紧急电话，没有找到丝毫线索。于是，又打电话给美国的"美国快递公司"总部，深夜接到回电，得知顾客在美国的父母的电话号码。从她父母那里才得知基泰斯的住处。这期间紧急电话一共打了 35 次。

说完寻找的经过后，副经理亲手将一台完好的电唱机，外加唱片一张、蛋糕一盒奉上。基泰斯非常感动，立即重新写了篇新闻稿，题目叫作《35次紧急电话》。

资料来源：作者结合有关资料整理。

8.1 组织沟通概述

沟通在组织中具有交流思想、传递资讯等方面的重要作用。组织内不能没有沟通，沟通是组织活动的核心，是组织内随处可见的行为活动，是多层面并且错综复杂的。组织必须重视沟通，并通过有效沟通来完成计划、达成目标。

👉**举例**

某金融公司实行工资奖金与目标任务挂钩的分配制度。现分配给信贷回收两部门的年任务如下：甲部门资产质量较好，500万元；乙部门资产质量不好，300万元。在执行过程中，甲部门的工作人员只一个大项目就轻松完成了任务，不仅工作悠闲自在，而且奖金、工资也一分不少；而乙部门的人员虽经多方努力也无法完成任务，不仅工资少拿40%，而且奖金也没有。因此，乙部门人员攀比甲部门人员，两个部门间的矛盾增大。

8.1.1 组织沟通的概念

1. 组织

组织是按一定规则和程序，由两人以上的群体组成的、围绕共同目标并形成一定的权责结构的有机体。组织的本质特征是由人及其相互之间的关系决定的。

组织的类型一般分为正式组织与非正式组织。我们谈到的一般都是正式组织，要更深刻地理解组织的概念，还应研究非正式组织。非正式组织的概念是同正式组织相对立的，二者之间有着不同特质的规定性。

非正式组织没有明确的领导和职位，甚至没有明确的组织名称，是由于情感因素自发形成的一种非正式的群体和体系。在本章后面将专门就非正式组织的沟通方式进行论述。

2. 组织沟通

组织沟通是指以组织为主体，通过各种信号、媒介和途径，以提高组织效率、进行有效的沟通为目的，主要围绕如何整合组织资源、减少内部信息成本而进行的沟通活动。

8.1.2 组织沟通的影响因素

影响组织沟通的因素主要包括：沟通者、沟通对象以及沟通环境三个方面，如图8-1所示。

沟通者 ◀━━ 沟通环境 ━━▶ 沟通对象

图8-1 影响组织沟通的因素

1. 沟通者

组织沟通的效果如何，很大程度上取决于沟通者，这就要求沟通者要有很高的沟通技能。组织一般作为主动的沟通者与下属或是外部组织进行沟通。

2．沟通对象

组织沟通的过程中，沟通对象也是重要的影响因素之一。沟通对象的不同，决定了沟通方式和方法的差异。组织沟通的对象主要有管理者、部门、部属、客户以及其他组织，它们之间可以形成如图 8-2 所示的沟通关系网络。

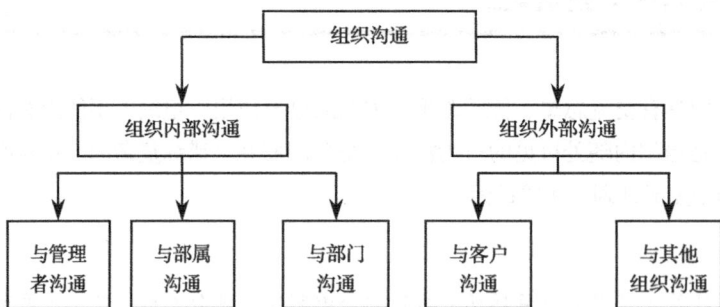

图 8-2　组织沟通对象关系网络

（1）与管理者进行沟通。员工应保持与管理者有效地沟通，这样才能得到有效的指导与帮助，同时也会提高自身的工作效率与业绩，为自己和所在部门争取领导更多的重视与关注。

举例

小王、小李、小赵三个人是一起来到目前的合资公司就职的。小王觉得自己满腔抱负没有得到上级的赏识，总是期待有一天能见到老总，有机会展示一下自己的才干。小李也抱有同样的想法，不过他比小王更进一步，他打听好了老总上下班的时间，然后计划在老总进电梯的时候，他也去乘坐电梯，创造与老总"偶遇"的机会。小赵更进一步，他事先详细了解了老总的奋斗历程、毕业学校、人际风格、关心的问题，然后精心设计了几句简单却有分量的"电梯偶遇"开场白，结果小赵给老总留下了深刻的印象，赢得了面谈的机会。面谈中，小赵详细说明了自己对公司业务的想法，甚至提到对战略改进的意见，很受老板的赏识，三个月后小赵获取了晋升的机会。

（2）与部属沟通。对组织的管理者来说，与部属进行沟通是至关重要的。因为管理者的想法、建议、计划等都需要部属的实施才能完成。

（3）与部门沟通。部门间的沟通指的是组织内部的横向沟通。因为每个部门都存在"小团队"观念，部门间很可能因为利益分配不均等问题而产生摩擦，这就需要强调部门间的协作关系，将部门间的绩效相连接，增强部门间的合作，共同配合完成组织的共同目标。

（4）与客户沟通。客户是一个企业赖以生存发展的直接利润来源，因此与客户的沟通是至关重要的。与客户沟通的好坏将直接影响到公司的成败。与客户有效沟通的方法就在于找准客户需求，尽可能去满足客户的合理要求。

（5）与其他组织沟通。在整个社会大环境中，组织间的沟通是不可避免的。组织间的沟通种类有很多，如：与政府间的沟通、与同行业企业组织的沟通、与媒体的沟通等。组织间的沟通对保证组织发展的大方向、找准组织目标等有很大作用。

3．沟通环境

沟通环境对沟通有着重要的影响。沟通环境主要包括组织外部沟通环境、组织内部沟通环境、沟通气氛以及沟通渠道等。在组织外部环境方面，主要是外部技术要素、不同文化背景、不同外部利益相关者对管理沟通的影响。在组织内部环境方面，主要是内部沟通障碍、信息控制、沟通渠道等对组织沟通的影响。在沟通气氛方面，一个组织的气氛对信息接收的程度也会产生影响。团体气氛不和谐可能会引起团体信息量的急剧增加，信息量的增加会使人们在信息海洋中失去方向，企业内的人际关系紧张，相互之间的恩恩怨怨及个人感情必然会阻碍沟通的顺利进行。在沟通渠道方面，信息传递渠道的复杂化是渠道不通畅的重要因素。如果沟通渠道不通畅，沟通效率就会降低，误差会增大，因此在小型企业中面对面的沟通比大型组织中的跨越多层的沟通更为有效。

8.1.3　组织沟通的特征

1．组织沟通的沟通网络明确，每一组织成员都有明确的沟通路线

这样就能保证各个组织角色之间的信息传递，包括上级给下级下达命令、下级向上级汇报情况、同级之间的通报等情况能够有效顺利地进行。组织沟通的沟通网络的基本形式包括：链型网络、Y 型网络、轮型网络、环型网络和全渠道型网络，如图 8-3 所示。

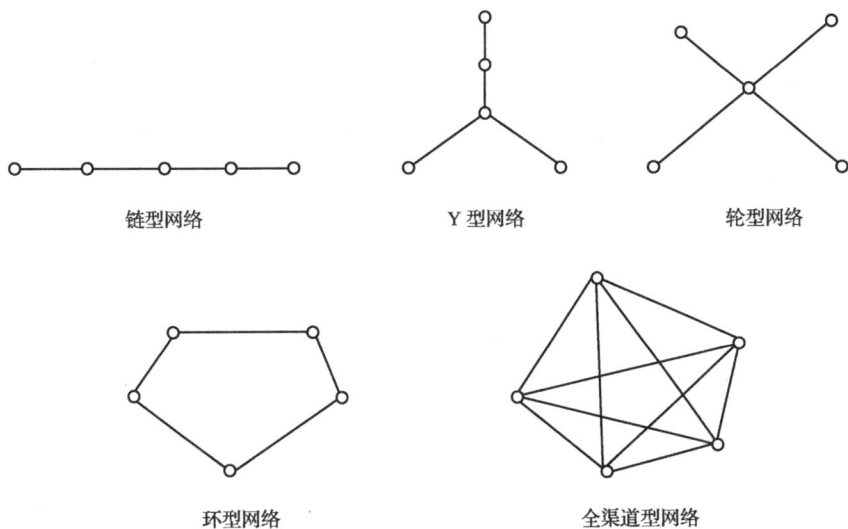

链型网络	Y 型网络	轮型网络

环型网络	全渠道型网络

图 8-3　组织沟通网络基本形式

（1）链型网络。其交流只能是上下进行，一般发生在直线型权力关系组织中。其相关层次非常清楚，沟通双方是单线联系，团体中心人物只和两个成员交换信息，再由他们与相近的成员之间进行沟通。

（2）Y 型网络。其网络的层级也比较清楚，信息也是逐级进行传递。经理有两个部属向其汇报，在经理上面还有两级管理层。

（3）轮型网络。有四位部属都向其中间经理汇报，部属之间没有沟通。这适合那些传统组织及部门中以科层为代表的形式，这种状况下领导实行严格的集权和控制。

（4）环型网络。成员间的相互沟通之间形成了一个封闭的环，但只是相邻成员之间进行沟通。在这种环形网络关系中，团体表现出平等关系，沟通线路非常开阔。

（5）全渠道型网络。组织内每个成员都能够自由地进行交流，没有任何限制。在这种网络中，信息沟通的速度最快，是一种全方位的团体沟通结构。这种沟通方式常适用于团队或委员会

组织结构中。

2．组织沟通线路直接可靠

两个组织角色之间必须能够方便地直接联系，而不能经由第三者传达。所传递的信息也必须准确可靠，不能似是而非。因为沟通所传达的信息是组织活动直接、现实的依据。只有这样，才能够保证组织活动正常开展。

3．组织沟通线路通畅不间断

任何一个组织要想正常运转，其沟通线路就必须通畅。因为沟通线路一旦断裂，就可能造成沟通障碍，影响组织活动的正常运转。

8.1.4　组织沟通的职能

1．传递信息

信息是一个组织构成的前提。组织的运行离不开信息，组织即是一种信息处理的机制，各种信息的流动保证了组织按既定目标运转。组织沟通是组织获取信息、传递信息的最直接有效的手段。

2．实施控制

在组织的运行中，沟通的控制功能体现在：保证员工们遵守组织中的权力等级和指导方针，向直接主管汇报交流，遵守公司的政策法规等。

👉 案例

最近，王经理发现部属小张在工作上有了明显的退步。小张过去一向是准时完成他交代的任务，并会及时将业务报告上交。但最近几个星期，小张总是不能按时完成工作，报告也要拖延一段时间才上交，部门开总结会议的时候，原来一直很活跃的小张也很少发表自己的意见了。这天，小王的报告又一次迟交，站在王经理面前，小张嗫嚅着解释自己迟交报告的原因。王经理决心和他好好谈谈，弄清楚事情发生的原因。于是，王经理给小张倒了一杯咖啡，与小张一起在沙发上坐了下来。"小张，你是我们公司的优秀员工，在公司的工作表现一向非常出色，我也一直很关心你，很看重你的意见。但是，最近你变了……家里发生什么事了吗？"小张的脸立刻变得通红，好一阵子才点了点头。"我可以帮忙吗？"小张这才告诉他，医生发现他母亲背上长了一个恶性肿瘤，他非常担忧，原先就想告诉主管，因为他知道自己的工作很受影响，想问能不能请两周假回家照看母亲，但因最近工作繁忙，又担心因为请假时间过长而会对自己造成不利的影响。主管安静地听小张讲述自己内心的积郁，谈话进行了将近一小时，到了快结束的时候，主管表示同意小张的告假，工作会暂时由人替补，等他回来再继续接任。小张的情绪很快就恢复了正常。

这个案例中，可以看出通过有效的组织沟通，小张很快从自身的困境中走出，恢复了正常心态，从而提高了小张日后工作的积极性。

3．提升组织工作积极性

在组织的沟通中，员工能够表达自己的满足感和挫折感，从中宣泄情感。此外，在沟通中，组织设置具体目标、实现目标过程中的持续反馈以及对理想行为的强化可以达到激励员工的作用。这些都能够保证员工在工作中保持良好的积极性。

8.1.5　组织沟通的类型

1．按沟通范围和环境划分：组织内部管理沟通与组织外部管理沟通

（1）组织内部管理沟通。指发生在组织内部的沟通，包括组织内的人际沟通、组织内的团体沟通、团体与个人的复杂沟通等。一般来说，这几项沟通不能截然分开，它们往往是一个集合体。

（2）组织外部管理沟通。是指组织与外部环境互动的过程，也是信息互换和沟通的过程。组织外部管理沟通的作用在于：①协调组织关系。组织外部沟通形成的信息流是物质流和资金流、人才流。只有通过沟通，才能体现组织的动态性、开放性，否则组织就无法相对于其他组织和环境而存在。②创立和维护组织形象。建立积极有益的组织形象，对于改善企业与供应商、合作企业、顾客、政府、会员的关系都有积极作用。企业形象可以把企业的理念、目标、文化的信息透露出去，减少企业与外界的信息不对称，并可以减少企业合作过程中的信息成本。③为顾客提供服务。一个组织必须与顾客关联，只有这样才能体现出价值。而与顾客的关联离不开沟通，组织最普遍的外部沟通功能就是为客户提供服务。

2．按沟通者划分：组织内部人际沟通、组织内部团体沟通

（1）组织内部人际沟通。组织内部的人际沟通是十分频繁的一种方式，主要是人与人之间进行，一个人自身不能构成人际沟通。

（2）组织内部的团体沟通。团体沟通是指以团体为主要的研究单位，主要是企业组织团体内部或团体之间的沟通行为。

3．按沟通的方法划分：口头沟通、书面沟通、非语言沟通、电子媒介沟通

（1）口头沟通。是指管理人员在管理实践中，为实现管理目标而有效地运用口头语言表达情意。其优点在于，有亲切感，可以用表情、语调增加沟通的效果，可以马上获得对方的反应，信息传递较快。缺点在于，口头沟通容易带有个人色彩而影响信息的可靠性。

（2）书面沟通。是指以书为载体，运用文字、图示进行的信息传递。组织内部很多管理工作都是以书面沟通进行的。其优点在于，具有权威性、正确性，不能被歪曲，适合传达复杂或困难的信息。缺点是，耗时长，缺乏有利于理解的非语言暗示，反馈有限且缓慢等。

（3）非语言沟通。是除言语沟通以外的各种人际沟通方式，包括形体语言、副语言、空间利用及沟通环境等。非语言沟通在实际沟通活动中起着非常重要的作用，有时甚至比通过语言表达的信息更为重要。其优点是信息意义十分明确，内涵丰富，含义灵活。缺点是信息传递距离有限，只能意会，不能言传。

（4）电子媒介沟通。是指通过电子设备进行的沟通，与传统的沟通方式有着很大的区别。其优点是可以快速传递信息、信息容量大，可同时传递给多人信息。缺点是有可能信息传递虚假。

4．按沟通渠道划分：正式沟通与非正式沟通

（1）正式沟通。是指依照组织的明文规定，依靠组织的正式结构或层次系统进行的信息传递与交流。主要类型包括会议、书面沟通等。

（2）非正式沟通。是指通过正式系统以外的途径来进行的沟通，即：人们常说的"小道消息"。更详细的说明见本章第 4 节。

5．按沟通信息的流向划分：下行沟通、上行沟通、交叉沟通、平行沟通

（1）下行沟通。指的是组织中同一团体或部门内部以及直线上下级之间由上而下的信息传递，是将上级所拟定的组织目的、管理决策等传达至下属各基层。

（2）上行沟通。上行沟通正好与下行沟通相反，是由下而上的信息沟通。是指下级向上级汇报工作情况、提出自己的见解或意愿等。上行沟通是领导者了解和掌握组织和团体全面情况的重要途径，上行沟通的信息是集体决策的基础。

（3）交叉沟通。也称为斜向沟通，是指某一团体或部门的上层成员与另一团体或部门的下层成员之间的沟通行为。交叉沟通可以是由下而上的交叉，也可以是由上而下的交叉。交叉沟通是组织内部加强部门联系沟通的主要传递形式。

（4）平行沟通。是指组织团体内部同一层级或不同团体同一层级之间的沟通。平行沟通对于加强平行团体之间的相互了解、组织协调均有好处。

6．按沟通的反馈划分：单向沟通和双向沟通

（1）单向沟通。是指在整个信息沟通过程中信息发送者与信息接收者的位置不发生变化，一方只发送信息，另一方只接收信息。接收信息一方对信息不进行反馈，是缺乏反馈的沟通。

（2）双向沟通。是指在信息沟通过程中，信息发出者与信息接收者之间的位置不断交换变化。信息接收者在接收信息之后，通过自身的理解，把意见反馈给信息发出者。双向沟通具有信息反馈的特征。

8.1.6　组织沟通障碍

组织沟通障碍是指组织沟通受某些干扰因素的影响，无法正常进行沟通。沟通障碍是组织沟通中经常出现的情况。在组织沟通中，经常出现的障碍有以下几种。

1．语言障碍

组织沟通中的语言障碍主要有语言差异障碍和语言表达障碍。语言差异障碍一般指语系不同造成的沟通障碍。由于不同语系、语族的语言存在不同程度的差异，因而不同国度、不同民族之间的交流就往往因语系或语族的不同而存在沟通困难，这时往往需要通过翻译才能顺利沟通。语言表达障碍主要是沟通技巧问题，是由于沟通者语言表达能力问题而引起的沟通者与沟通对象之间不能达到沟通目的的情况。在组织沟通过程中，如果沟通者的语言组织能力太差，则会词不达意，令人费解，不知其所云，甚至发生误解和冲突。

2．心理障碍

心理障碍是指由于沟通者之间地位的不平等，或者由于下属对管理者的主观理解，所造成的下属在沟通中的担忧、畏惧、紧张等心理反应，从而使下属不能正确理解管理者的意图，也不能真实地表达自己的情感和态度，这便形成一种沟通障碍。现实中的沟通活动常常受到人的态度、个性、情绪等心理因素的影响，有时候这些心理因素会成为沟通中的障碍。

3．组织或组织成员的信誉

组织或组织成员信誉不好将会严重的影响沟通的效果。在信息传递中，接收者对信息不够重视，常常是因为信息发送方的能力或人品、经验等不被接收者信任，甚至被接收者厌恶。同时会导致接收者不再把自己的内心情感和盘托出，对此采取逃避和拒绝，这都会影响沟通的效果。

组织沟通能力测评

一、测试题目

对下面每个题目，请你选择出最能表达你自己真实想法或做法的答案。

1．一位合作伙伴提出了一种新的想法。这个想法与你想要提出的想法相似，但因你还没有信心，所以没有将它公开提出。根据你以往的情况，这时你最可能说什么话？

A．"这很有趣。我正准备提出一个极其相似的想法。"

B．"这个想法很好，但是无法像所介绍的那样得到贯彻。还有许多工作要做，还要对它进行认真的分析和论证。"

C．对有类似想法的事只字不提，仅向提出者表示祝贺。

D．如果我是领导，我会鼓励其他人员来研究新的想法，或提出一些可能与之相反的新建议。

2．在会议上，每个人都在参加讨论，但有一个人保持沉默。对他的沉默你最可能做出什么反应？

A．最好不去管他。并非是人人都爱说话。

B．我直接向他提个问题，引他发言。

C．就他的沉默我开句玩笑。比如我说："某某人恐怕不愿将他的伟大思想贡献出来。"

D．对他说："任何想法都是有价值的，即使一些想法开始听起来有些荒唐。"

3．你负责在会议室里为下次会议安排座位。窗口处座位光线耀眼，拐角处座位要受人来人往的影响。你经常怎么做？

A．我肯定坐在一个背对耀眼窗户的位置上。

B．我暗地里讨厌老张。我有意给他分配窗口或拐角的座位。

C．小李是新来的女大学生，有些害羞，我把最舒适的座位分配给她。

D．小吴和老赵总是支持我的发言，我把他们的座位安排在我的左右。

4．一位与会者总是打乱别人的发言，对此你感到不快。你将如何解决这一问题？

A．直接告诉他"闭嘴"，让人发言。

B．用他提出的想法来反驳别人的想法，以此让大家打倒他或接受他。

C．要求扰乱者进一步展开自己的想法。

D．限制每人的发言时间。

5．组成一个团队的最好方法是什么？选择一项回答。

A．邀请有同样兴趣的来自同一部门的人。

B．邀请来自公司不同部门和工作岗位的人。

C．将各类反对者放在一起。他们中有保守派、革新者、"刺儿头"、幻想家和求实者。

D．该团队的成员有技术人员、销售人员、组织人员和制定长期计划的人员。

6．你来组织一个班子去解决公司的一项问题。除你之外只能选择5个人。你将选择哪5个人？

A．一位技术人员，他是该领域的行家。

B．一位生产专家，他知道如何把事情办妥。

C．一位懂得市场和竞争的人。

D．一位富有创造性的人。

E．一位对整个工程都提出怀疑并认为公司根本不应该牵涉进这一项目的人。

F．公司会计。

G．公司律师。

H．一位计算机和数据专家。

7．你就职的公司计划新开一家海外办事处。已有一份备忘录散发下来，要求对新办事处有兴趣的人参加一个会议。你对此邀请最可能做出什么样的反应？

A．我会无言可发。我对调动不感兴趣。

B．我去参加会议。弄不好这还是一次有趣的机会。

C．虽然我对调动不感兴趣，但我觉得我能提一些很好的建议。

D．会议将有很多人发言，什么也谈不出。如果受到特别邀请我就去，但不积极。

E．我不知道还有谁去参加会议。在决定参不参加之前我要先打听一下。

二、评分标准

1．A=1　　B=3　　C=4　　D=2

2．A=2　　B=3　　C=1　　D=4

3．A=1　　B=2　　C=4　　D=3

4．A=1　　B=4　　C=3　　D=2

5．A=1　　B=3　　C=4　　D=2

6．ABCDE=4　　CDEFG=3　　ABCEF=2

7．A=1　　B=5　　C=4　　D=2　　E=3

三、结果评价

根据上述答案所给的分数计算出你的得分。第 1、3、6、7 题测试你作为一名合作伙伴的水平。这 4 题的最高分是 17 分。第 2、4、5 题测试你作为一名组织者的方法和能力。这 3 题的最高分是 12 分。我们将得分结合起来，为的是使测试的分类不太明显而更接近真实。你可以将两组测试分开，看看每一组的得分情况。整个测试的最高分为 29 分，最低分为 8 分。如果你的得分在 22～29 分之间，表明你具有出色的合作和组织能力，两者的能力互相重叠。如果你的得分在 15～21 分之间，表明合作能力或组织能力较为一般。如果你的得分在 8～14 分之间，表明合作能力或组织能力较差，需要注意这方面的培养和训练。

4．文化障碍

文化因素阻碍组织进行有效沟通主要体现在以下几方面：

（1）跨文化。很多跨文化因素包括语义、词汇内在含义、非语言性沟通手段的不同以及认知的不同，都增加了沟通的难度。

（2）代沟。代沟是指年龄差距悬殊的人们之间的沟通困难。这是因为不同年龄阶段的人生活在不同的生活背景之下，有不同的社会经历，因而对同一事物往往有不同的认识。

（3）男女沟通风格的差异。男女沟通风格的差异往往造成两性之间出现沟通障碍。一般来说，男性往往通过提供解决办法来维持自己的控制力。而女性在沟通中往往更喜欢采取含蓄、委婉的沟通方式。

8.2　团队沟通及技巧

团队是组织提高运行效率的可行方式，它有助于组织更好地利用员工的才能，而且比其他形式的群体更灵活，反应更迅速。团队管理是否成功以及团队在组织中的作用如何，最重要的一个因素就是团队能否进行有效沟通。

📌案例

老刘是一家大型房地产开发企业的设计部总经理，公司总裁刚刚组织召开了一个新项目论证会议。会议一结束，老刘拿着一大叠文件匆匆忙忙地跑回自己的办公室，一边仔细地对阅读文件，一边拿着笔在笔记本上写着；过了一会儿，老刘又拿着文件和笔记本冲出办公室。老刘快速地走进小李的办公室，小李正在忙着另一个项目的设计，这个项目非常急迫，以至于小李有好几个星期都没有休息了，到现在整个设计任务才进行到一半。老刘走近小李，把文件往小李的桌子上一放，打开笔记本，就讲开了，一讲完，小李刚想说点什么。老刘挥挥手，就收起资料往外走，而且，一边走还一边叮嘱小李要放下手上所有的事情，抓紧时间做刚安排的工作；然后，老刘旋风般地走下楼，进到小林的办公室，同样地对小林讲了一遍，留下一脸茫然而无助的小林。在回办公室的途中，差点撞上小金——设计部不久前招进来的硕士研究生；老刘并没有注意到这位下属，走进办公室后，看看手表，该参加另一个项目预算会了。

老刘布置好工作以后，很高兴地参加会议去了。设计室的团队成员可议论开了，他们抱怨手上的工作还没有完成，如何安排事情的优先顺序，其他团队成员为什么不参与进来，新的工作任务如何协调等。

从以上小案例中可以看出，老刘所采取的团队沟通方式是错误的。老刘可能自己感觉良好，认为自己在进行分工，并与团队成员进行了有效沟通，而且授予他们权力，并交代了事情的紧迫性，事情应该有条不紊地进行。事实正好相反，团队成员认为老刘不考虑成员的现实工作，没有考虑事情的协调运行，打乱了成员的工作节奏，是在制造混乱和引发压力，而且不给成员提出合理工作建议的机会，他们可能感到困惑，认为老刘难以沟通，进而降低了团队的工作积极性。因此，了解团队沟通，掌握团队沟通技巧是十分重要的。

8.2.1 团队沟通的概念

团队，是指按照一定的目的，在一定范围内，由两个或两个以上的人员组成的工作小组。这个工作小组内部发生的所有形式的沟通，即为团队沟通。团队沟通是团队内成员之间以提高团队整体绩效为目的而发生的所有形式的沟通。

8.2.2 团队沟通的构成要素

1．团队成员的角色分担

（1）积极角色。领导者：能够确定团队目标任务并激励下属完成任务的成员；创始者：能为团队工作设想出最初方案的成员，其行为包括明确问题、为解决问题提出新思想新建议；信息搜寻员：能为团队工作不断提供事实、证据等相关信息的成员；协调员：能协调团队活动、整合团队成员不同思想或建议，并能减轻工作压力、解决团队内分歧的成员；评估者：分析方案、计划的成员；激励者：起到保持团队凝聚力作用的成员；追随者：按计划实施的成员；旁观者：能以局外人的眼光评判工作并给出建设性意见的成员。

（2）消极角色。绊脚石：固执己见、办事消极的成员；自我标榜者：总想通过自吹自擂、夸大其词寻求他人认可的成员；支配者：试图操纵团队、干扰他人工作以提高自己地位的成员；逃避者：总是跟他人保持距离，对工作消极应付的成员。

2．团队规范

团队规范是指团队成员所共同所遵守的一套行为标准。团队规范被团队成员认可并接受之后，就成为团队来影响成员行为的手段。团队规范可以以明文规定的方式存在，如规定、条例等，也可以以心照不宣的惯例方式存在。

3．团队领导者的个人风格

领导者角色在团队中的作用举足轻重，领导者的个人特征、领导风格与团队沟通是密切相关的。如果团队领导者单一的采用指挥性行为或支持性行为，那么团队沟通就会低效。前者会压制来自团队成员的新思想、新建议；后者会使团队沟通显得漫无目的，或很少发生。

举例

两位不同风格的领导

领导甲："给百联办公用品商店和四达办公设备公司都打个电话，叫他们把所有口述记录设备的价格都给你报一遍。让他们安排一次演示说明会。请两位经理去参加，就叫张蕾和王宇去好了，让他们试试那些产品，把自己的感想写下来，然后准备一份报告交给我，里面要有设备的报价和具体细节。哦，对了，别忘了维修的价格是多少……"

领导乙："我觉得我们的速记制度该改改了。有不少经理都没有私人秘书，他们抱怨说要花不少时间才能找到一位秘书替他们做口述记录。秘书们也在抱怨，因为做记录占了他们太多时间。你能不能调查一下各种口述记录仪的价格、优缺点，然后给我个建议？我想我们大概可以花 3000 块钱。你还可以找几位经理谈谈，听听他们的意见。"

4．团队决策的模式

团队决策是团队成员共同对问题进行分析、讨论、缩小分歧，达成一致，从而做出决策解决问题的过程。团队决策主要有三种模式，即头脑风暴法、团体具名技术及德尔菲技术。

头脑风暴法即是利用产生观点的过程，创造一种进行决策的程序，在这个程序中，团队成员只管畅所欲言，别人并不对这些观点加以评论。其目的在于最大限度地发掘和创造新思想。头脑风暴法的优点在于能够构建和整合团队成员观点，高效发挥集体智慧。缺点在于这种方法不宜在同质团体中发挥作用，这是因为，如果成员在价值观、经验等方面相似，则可能导致思维方式呆板单一，不利于团队决策的形成。

团体具名技术，又称名义群体，是一种让所有成员能够积极地参与到问题的解决过程中。这种技术既能产生大量的新观念，又是一种决策方法。主要优点是允许团队成员正式地聚集到一起，但又不限制成员的个体思维。

德尔菲技术是由兰德公司于 20 世纪 50 年代发明的。是一种集合群众智慧、伸缩聚焦的方法，适用于解决更复杂的问题。其优点在于能够保证群体成员免受他人的不利影响，并可以使不同的团队成员参与到同一个决策中。缺点是耗时长，不能够快速做出决策。

8.2.3 团队沟通的特征

1．规模精简

团队沟通规模一般控制在 4~10 人左右，最佳规模为 4~6 人。4~6 人的规模能给每个人充分的参与机会，便于增强凝聚力，培养相互间的互信精神，增强每个成员的自我价值感。

2．面对面交流

面对面交流能够及时提供反馈信息，有助于快速解决问题。

3．角色能力多样

一个高绩效的团队至少应包括三种不同能力类型的成员：具有技术专长的成员、具有问题解决和决策技能的成员、具有良好沟通技能的成员。这三类成员的有机组合，为创造一个高绩效的团队奠定了良好的人员基础。

4．具有较高的问题解决效率

团队成员注重发现和提出问题，同时提出解决问题的建议，并采取行之有效的行动。

5．积极承诺，通力合作，共同实现目标

每个成员都有与他人通力合作的责任，彼此为一个共同目标做出承诺，并为实现目标而共同努力。

8.2.4 团队沟通的障碍

日常生活中，团队沟通行为经常因为一些障碍而无法实现，有时甚至会出现截然相反的效果。团队沟通中的障碍主要有以下几种。

1．信息本身导致的障碍

（1）语义上的障碍。信息中如果包含多义词，或者沟通语言结构的不同可能会导致信息的误解。

（2）信息内容缺乏导向。某些情况下，信息的外显意义往往会过分吸引人，导致潜在含义的丢失。

（3）信息量过大。信息量过多往往会造成沟通的障碍，有效的沟通应该是传递有用的、优质的信息。这样才有利于信息接收者对信息的充分理解、吸收、反馈。

2．沟通渠道障碍

沟通渠道包括正式的沟通渠道和非正式的沟通渠道。各种渠道又有各自的优缺点，如果不考虑本团队的实际情况和具体要求，随便选择沟通渠道，就会造成信息沟通的障碍。

👉**案例**

李明是一家公司的销售分公司经理。很长一段时间以来，李明的分公司总是达不到计划的要求，销售人员均销售收入低于公司平均水平，而且李明每月的报告总是迟交。在得到年度中期报告后，总公司的总经理决定找他谈谈，并约定了时间。因为分公司离总公司很远，所以李明为了节约时间，选择了电话沟通。

在双方约定好的电话沟通时间，总经理打来了电话，然而电话持续了没多久，李明的部属就来找他去处理销售部的紧急事务，他不得不挂了电话。等他回来的时候，已经是 2 小时后，给总经理再打去电话，之前的谈话内容已经无法接上，沟通的效果很不好。

案例中李明与总经理有沟通的意愿，然而却因为沟通渠道中的障碍影响了沟通的效果。

3．心理障碍

信息沟通过程中，很多心理因素如：个人的性格、气质、态度、情绪等的差异都会造成沟通过程中的障碍。这是因为，人们在发送和接收信息时，往往会掺杂自己的主观态度，导致信息在

沟通过程中很容易被曲解，致使沟通失败。

8.2.5 团队沟通技巧

1. 语言沟通

团队沟通中，语言沟通包括三个层面，即：团队成员正在交流"什么"、团队成员"如何"进行沟通以及团队成员对团队抱有的总的看法。

（1）良好的团队语言沟通要坚持以下原则：①坦诚。坦诚的沟通通常很直接，但同时也很谦恭有礼，顾及别人的需求，并不攻击别人。②负责。每个人都能对团队共同的感受和想法负责。为别人的观点和观念留下余地，接受别人的观点并能够保持轻松、合作的氛围。③恰当。选择恰当的适合团队氛围的语言。④肯定他人。肯定一位团队伙伴，将会使他获得一种被认可的感觉，就很容易表现坦诚，并会鼓励他全力以赴的工作，有助于团队形成一种合作的氛围。⑤避免误解。语言沟通中，为有效避免误解，应当使语言尽可能明确。防止语言含糊不清，影响沟通效率。

（2）团队沟通要巧用语言沟通有三大技巧：①注重说、听、问。说、听、问这三种行为是语言沟通的基本行为，要形成一个良好的双向沟通，必然要包括这三种行为。②注重态度。在人的语言沟通中通常会出现 5 种态度：强迫态度、回避态度、迁就态度、折中态度、合作态度。有效的沟通态度应是既要勇于承担责任、下定决心，同时又要有合作精神，这样的态度才能产生共同的协议，如图 8-4 所示。③善于使用语速、语气及音色。科学测试表明，在与他人沟通时，语言传递的信息、思想、情感不仅与你谈话的内容，说话的动作、神态有关，还反映在你说话的语速、语气和音色上。

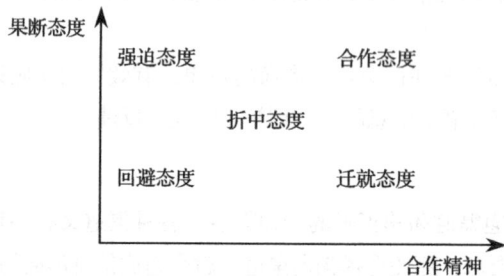

果断态度

强迫态度　　　　　　　合作态度

折中态度

回避态度　　　　　　　迁就态度

合作精神

图 8-4　常见的沟通态度

👉**举例**

在一家著名的公司进行面试的时候，考官让 A、B 和 C 三个应聘者在一个空荡的会议室里玩游戏。随便怎么玩都行，他们都不知何意，只是他们在玩游戏的时候，考官在一旁看。她不在乎应聘者说了什么，也不在乎是否正确，只是在观察应聘者的三种行为，即"说、听、问"的能力。但这些观察是在应聘者无知的情况下进行的。结果游戏结束时，A 喜欢表现自己，老是喋喋不休，他被淘汰了；B 正好相反，坐在那儿光听不说也不问，也被淘汰了；只有 C 既说也听，同时还善于发问被留了下来。

2. 非语言沟通

良好的沟通，不仅可以使人们听到绘声绘色的讲述，还可以通过丰富多彩的表情、姿态、动作等，获得形象的感受，这有助于增加对沟通对象的吸引力，体现沟通者的良好形象，增加对沟通者的信任感。

团队内进行积极有效的非语言沟通应遵循以下原则。①运用肢体语言，促使团队成员参与沟通。要帮助他人参与沟通，根本在于你的关注。你通过保持目光接触、用让他感到舒服的姿势和他说话或者身体前倾等方式，对成员表示你的反应。你还可以通过点头、微笑、竖起大拇指等来鼓励他们。②表现出强烈的自信心，使同伴倾听你说话。在解释你的观点、想法时，你就要全力以赴、通过脸、身体、嗓音表露出积极的情绪。同伴会受到这种情绪的感染，听你的建议。如果你表现出焦虑，你的同伴就会对你的建议产生疑惑。因此，当你沟通时，需要你的脸、身体、声音、演讲能力的全力支持，使你传递的信息可信。

☞**举例**

某家《财富》500 强企业的首席执行官准备在电视摄像机前向观众报告公司未来的经营情况，但他在提到预期利润时，眼神一直是向下的，这给电视机前的很多观众传递了一个错误的信息，令华尔街的观察家们对此公司的前景预期大打折扣，因而此公司的股票在之后的几个交易日里连续下降了 4 个百分点，股价直到两年后才有所好转。但事实上，这位首席执行官之前所做的利润预期在后来被证明是相当准确的。

3．倾听

☞**举例**

玫琳凯·阿什是玫琳凯化妆公司的创始人，现在她的公司已拥有 20 万职工，但她仍要求管理者记住倾听是最优先的事，而且每个员工都可以直接向她陈述困难。这样做的好处就是沟通了彼此的感情，倾诉者的自尊心得到了满足，在很多情况下，倾诉者的目的就是倾诉，"一吐为快"，并没有更多的要求。日本、英美一些企业的管理人员常常在工作之余与下属职员一起喝几杯咖啡，就是让部下有一个倾诉的机会。

（1）有效倾听对团队有重要影响。①能够促进团队协作。团队成员间的有效倾听能够促使团队共识的达成。②能够提高团队工作效率。有效倾听能够减少信息的误传和拖延，从而减少团队决策所需要的时间，进而提高团队的工作效率。③能够帮助成员达到自我实现的需要。一个懂得倾听的团队中，每个成员都有机会充分表达自己的观点，并能够得到有效回应，这正好满足了成员自我实现的需要。

（2）团队沟通要巧用倾听的技巧。

第一，要创造良好的倾听环境。有效地倾听需要一个良好的环境，团队沟通如果能选择一个适宜的环境，则能有效改善倾听的质量。这主要包括：①适宜的时间。时间选择应该得到双方的认可，充分尊重他人的生活习惯。例如，某些人工作效率最高的时间是在早晨，所以他们适合把重要的沟通活动安排在这个时间段，以确保有足够的精力进行倾听。此外，还应该根据谈话内容的要求尽量避免时间限制，同时保证沟通的次数。②适宜的地点。地点的选择必须保证交谈不受干扰，最好是一个相对封闭的空间，并尽力排除一切分心的事情。另外，在安排交谈双方座位的时候，应当确保交谈者能够直接看到对方的眼睛，这样不仅能够使团队沟通参与者的注意力更加集中，而且使他们更易于对对方的非语言表达进行观察。③适宜的氛围。根据不同的交谈内容，应该相对应地营造不同的氛围。同样的一句话在不同的氛围下效果是完全不同的。例如，在讨论工作上的问题时，应该营造一个严肃而庄重的氛围；而在朋友之间聊天的时候，应该营造一个轻松、活泼的氛围，这样都有利于提高沟通效果。

第二，要改善倾听者自身因素，要改善倾听的效果，倾听者就需要采取一定的技巧。这些技巧主要包括：①集中精力，明确倾听目的。理解对方要表达的意思是倾听的主要目的，同时也是使对话继续下去的条件。倾听者要随时提醒自己交谈时为了解决什么问题，集中精力，听清全部的信息，不要听到一半就心不在焉，更不要匆忙下结论。②有效反馈。给予说话人适当的反馈是非常必要的，它在一定程度上可以说是维持谈话顺利进行的关键。要运用诚恳适宜的身体语言予以回应。用点头、微笑、手势、体态等做出积极的回应，让对方感到你愿意听他说话。在反馈中的提问要注意对方的特点，应适应对方的年龄、身份、性格等特点。③适时适度的提问。有效地提问是积极倾听的一种重要方式，能使倾听者获取更多信息。好的问题既是对谈话者的一种鼓励，也是对话题的一种控制和引导。但是，在提问时，要注意问题数量的控制，并且问题要紧紧围绕谈话内容。过多的问题可能会分散交流双方的注意力，导致交流中断。④适当运用沉默。

👉 **举例**

美国著名主持人爱德·布拉德里在 60 分钟的访谈节目里，向观众揭示了他同事的访谈技巧，如果别人回答的不完整，迈克往往什么也不说，结果那个人会急着把话说完。迈克精于此道。说到倾听的技巧，迈克提到：保持沉默。沉默能松弛彼此的紧张情绪。适时创造沉默的空间，有利于引导对方反思或进一步思考，刺激对方的谈话欲望，以获取更多的信息。

4. 营造良好的团队沟通氛围

团队沟通氛围就是指团队内在交流信息和情感方面所存在的气氛和条件。领导者由于其权力和风格的不同，对沟通氛围产生的影响或大或小。团队内各个成员的沟通风格也会对整个沟通氛围产生影响。

👉 **案例**

陈兵（化名）是某软件设计公司的程序设计员。因为专业知识、技术过硬，陈兵的业绩表现在公司内一向是比较突出的。然而，陈兵却并没有因此受到部门领导的重视，有一阵子还老是受到上司的冷落，同事也是经常对他的业绩表现又妒又恨，对他冷嘲热讽或者刻意疏远孤立。因为陈兵性格比较内向，所以对这些事情都采取了隐忍处理的办法。然而，有一次，在业务会上，上司竟然当着众多同事的面，批评陈兵特立独行、不好合作，倒是那些业绩平平的同事成了上司心目中的新宠。陈兵几次想跟上司沟通，询问上司对他的看法，可每当想敲上司的办公室门时，又犹豫起来。直到有一天，还没到公司统一发工资的日子，上司却通知他去财务部领工资，他才知道被公司解聘了。他百思不得其解。原来公司领导听说陈兵在外偷偷做兼职，有吃里爬外之嫌。其实陈兵根本就没有在外兼职，是同事嫉妒他业绩出众，打了小报告诬陷他的。如果陈兵及时跟上司沟通，就不会落到被辞退还不知情的地步。

可以采取以下的技巧来营造良好的团队沟通氛围。

（1）相互信任。高绩效团队的一个特点是团队成员间相互高度信任。正是有了这种信任，才会充分利用团队成员的正直、个性特点、工作能力，才能使所有成员就所发生的问题提出自己的独特见解或承担责任，使团队效率提高。提高相互信任首先要言行一致。在某些情况下行动比语言更响亮，这是因为行动是取得他人信任的基础。因此我们一旦做出承诺，就一定努力去实现它。其次要真诚。在交流与沟通中，每个成员都应该做到表里如一、真实可信地去投入，没有防御式伪装，不带假面具，以"真实的自我"出现。最后要用言语和行动来支持同伴。有时为了建立同伴间的信任，特别是当团队成员承担了某个任务时，应主动向他们表明自己的见解和观点。

（2）无条件尊重。尊重意味着一视同仁和以礼待人，不管对方的年龄、相貌、地位和文化程度高低，都予以尊重，并始终以礼相待，而不是只接受对方的优点和积极的方面。尊重应该是完整地接纳对方，更包括对方的缺点和消极的方面。

（3）创造支持性的团队沟通氛围。首先，团队成员要刻意地去培养有效的倾听技能。构建信任与支持的气氛，减少沟通中的防御心理需要行之有效的倾听技能。其次，团队领导在创建支持性氛围方面起着至关重要的作用。他应该具备如下素质：在建立问题时，多鼓励团队成员发表自己的意见，保护团队成员的创造性思维；在团队讨论过程中，应注意积极倾听；在列举和评价方案时，多鼓励建设性的意见，而不是以个人好恶来判断；在最后确定方案的阶段，其应尽的职责是澄清、简化和概括团队成员所提出的各种建议。最后，应坚持在团队成员中消除彼此设防的心理，鼓励一种宽容豁达的精神。增强团队成员的自我价值感，提高成员的工作满意度往往需要一个充满宽容、开放气氛的团队氛围，而不是刻意压制团队成员的思想。

8.3　会议沟通及技巧

👉**案例**

某服装公司决定加快工艺流程改造，并进行工艺重组。但以前在进行工艺重组时，工人的反应非常强烈，对工艺的改动持敌对态度。为了实施计划的改革，公司管理层采用了三种不同的策略：策略一，以会议的形式与第一组工人进行沟通，向他们解释将要实行的新标准、工艺改革的目的及这么做的必要性和必然性，然后，给他们一个反馈的期限；策略二，以会议的形式告诉第二组工人有关现在工艺流程中存在的问题，然后进行讨论，得出解决的办法，最后派出代表来制定新的标准和流程；策略三，对第三组工人，要求每个人都通过会议形式参与讨论并参与建立、实施新标准和新流程，每个成员全部参与，如同一个团队一样。

结果令人惊奇。虽然第一组工人的任务最为简单，但结果他们的生产率没有任何提高，而且对管理层的敌意越来越大，在 40 天内有 17％的工人离职；第二组工人在 14 天里恢复到原来的生产水平，并在以后有一定程度的提高，对公司的忠诚度也很高，没有人离职；第三组工人在第二天就达到原来的生产水平，并在一个月里提高了 17％。对公司的忠诚度也很高，没有工人离职。

8.3.1　会议的含义

会议是我们日常生活和工作中必不可少的一项沟通活动。会议，就其本身字面的含义而言，包括两层意思：一是会，就是大家都聚在一起；二是议，就是大家讨论、商谈、交换意见等。我们可以再从以下几方面进一步理解会议的含义：首先，会议是人类社会发展的产物，自从人类社会产生以来就有了会议。会议同人类社会的其他现象一样，也是人类群居生活习性的产物，普遍存在于人类各种社会形态之中。随着人类社会的发展，人类文明的进步，会议在人们生活、工作、社会活动中的作用显得越来越重要，会议的形式也多种多样。其次，会议是人类社会的集体活动，会议必须是至少两人以上的交流活动，如果是一个人思考问题，那就不能够称其为会议。会议就是大家就某个或某些特定的问题或事情充分发表各自的意见，讨论，最后做出决策等。会议具有明显的群体沟通特征。最后，会议是有组织、有目的、有时间限制的，不是所有的人聚集起来就可以称之为会议。无论是正式的会议，还是非正式的会议，它都是事先经过策划，有专人组织和落实，有确定的议题，有设定的预期目的，并有时间和地点的安排和限制。

8.3.2　会议的基本特征

1．组织性

组织性是指有号召、有发起、有领导的，且有时间、空间的约束，而不是自发的、"无边无际"的、无规则的"集合"。

2．集体性

集体性是指会议都是多人参与的。它不是一个人的单独活动，而是一种集体性质的活动形式。

3．目的性

目的性是指组织者抱有一定的目的和愿望，并能够利用会议这种形式来达到其目的和愿望。另外，会议的目的性还表现为会议内容与参会者有着密切的关系。

4．普遍性

普遍性表现在以下三点：首先，会议存在于人类一切社会形态之中；其次，会议这种活动形式存在于一切有人类活动的地方；最后，每一个具备参加社会活动的人，都不可避免地要参加会议活动。

8.3.3　会议的功能

会议的功能是多种多样的，随着会议的目的、议题内容的变化而变化。一般来说，所有的会议都是多功能的，只不过在同一会议的多种功能之中，有主辅之分。

1．传播功能

通过会议宣传主张、发布政令、宣讲法律和政策、宣布规章制度等，以发挥其传播的功能。这种功能一般具有一定的强制性。例如，各种形式的工作部署会、新闻发布会。

2．协调功能

会议在协调部门之间的关系、各类人员关系方面起着非常重要的作用。通过会议可以把不同意见、不同主张的个人或团体集中起来，互相协商讨论，协调各方面的关系。例如，各种协商讨论会、谈判会。

3．教育功能

通过会议开展多种多样的政治、经济、科学、文化等的教育，使人获得新的知识和见解。例如，各种形式的学习、报告会。

4．组织功能

通过会议可以将一定的资源组织起来，完成一项或多项特定的目标。主要是建立各种性质和功能的组织机构。例如，各种组织团体的成立会。

5．民主功能

通过会议走群众路线，发扬民主，听取不同的意见。例如，各种座谈会、协商对话会、代表选举会。

6．领导决策功能

会议是许多组织进行决策的重要方法和手段，通过会议的讨论研究，可以发挥集体的智慧和力量，对重大问题做出决策。这样既能提高与会人员的积极性又可以减少决策在实施过程中的阻力。例如，各种组织机关的代表会、工作会。

除了上述功能之外，会议还有一些其他的功能，如咨询功能、竞争功能、表彰功能、示威功能等。为了提高会议的效率，组织一般都采用多功能的会议。

8.3.4　三种常见的会议沟通形式

在组织中，为了集思广益，解决个人难以解决的问题，经常需要开会。随着科技的发展，会议不再单单是一群人围坐在一个办公桌前开会，还出现了电话会议、视频会议等。

1．普通会议

其特点是，不借助各种媒介，组织人员进行传统座谈式的交流，这是进行有效沟通最人性化的组织沟通方式，也是最常用的会议沟通方式。

2．电话会议

用通信线路把两地或多个地点的会议室连接起来，以电话方式召开会议的一种声音通信方式。身居不同地点的与会者互相可以闻声，但不见影。

3．网络视频会议

通过网络平台以实时的音、视频等多媒体手段，支持人们远距离进行实时信息交流、开展协同工作的应用系统。另外，利用多媒体技术的支持，可以帮助使用者对工作中各种信息进行处理，如共享数据、共享应用程序等，从而构造出一个多人共享的工作空间。

8.3.5　会议中的角色

一个正式会议中的角色一般包括会议主持人、会议秘书或记录员与其他与会者。要使会议取得成功，会议中各角色的同心协力是很重要的。

1．主持人

主持人对会议的影响最大。会议主持人的作用包括三个方面：一是引导；二是激励；三是控制。

主要职责包括如下几方面。

（1）会前。明确会议的目的、起草议程、决定参加会议的人员、会议举行的时间和地点以及准备分发的材料。

（2）会中。营造合适氛围、宣布会议开始、控制会议进程、鼓励与会者发言、做出决策、确认行动和职责以及宣布会议结束。

（3）会后。重新检查会议记录、评估会议成果以及促使所有成员都明确会议结果。

不论开会的原因是什么，营造一种适宜的、开放的、宽松的氛围对于主持人来说都是非常重要的，因为这样的氛围能够确保每个人都拥有一种轻松的心情，使所有与会者能够积极参与并各抒己见。

2．其他与会者

参加会议的成员都有责任使会议取得成功。对于所有的成员来说，明确会议目的、议程以及自己与其他人在这次会议中的角色，是很重要的。与会者应该努力做到以下几点。

（1）会前。了解会议议程并阅读有关材料，明确会议的主题和目的，确认在会议讨论内容中有哪些项目与自己有关，并对这些相关内容有所考虑，确定应该持什么观点，用什么材料做论据来支持这些观点。另外，要明确会议时间和地点。

（2）会中。注意倾听他人的观点，积极参与会谈，并且对所讨论的问题充满兴趣。对涉及自己工作的决策、行动计划，应该做好详细记录。

（3）会后。全力贯彻会议精神，完成会议期间分配的任务。

每个与会者都应该积极发言，提出自己的想法，找出最好的解决问题的方案。如果会议主持人无法控制会议的局面，那么其中一名与会者应能机智地使会议处于正常运行中。当然，最坏的可能是主持人彻底失去了对整个会场的控制，这时，应该有一名与会者站出来主持会议，使会场秩序得以恢复。

3．会议秘书

会议秘书的作用很重要，因为他直接向主持人负责。其职责包括：

（1）会前。应详细检查会议的日期、时间、通知与会成员以及分发必要的背景资料。

（2）会中。记录会议时间、参加人数、会议内容以及报告人和会议结束的日期。

（3）会后。撰写会议备忘录，核对必要的事实和数据，与主持人协商以及分发会议备忘录。

8.3.6　会议筹备

会议筹备工作主要包括：会前、会中、会后及会议备忘录工作。

1．会前工作

（1）明确会议的必要性。任何会议在安排的时候，都要先审视会议的必要性。如果能够采用其他更经济、更节约时间的方法来解决问题，就不必要开会。一旦决定要开会，就必须明确会议的目的和目标，以及所需要的时间。

（2）确定会议议题。任何会议都应该有极其明确的议题，一般由主管领导提出，由领导集体讨论决定。确定的会议议题应该是迫切需要解决的也是开会能够解决的。确定会议议题应该注意以下几点：①议题必须紧扣会议目标。凡是与会议目的无关的议题都不能列入会议议程，以免分散会议主题。②议题数量要适中，既不能太多，也不能太少。太多，哪一个议题都议不透彻。太少则会浪费时间，导致会议成本相对增加。③各项议题之间最好存在有机的联系，且按逻辑顺序排列，这样会议就可以顺利进行。④应清楚地指出各项议题所需讨论的时间，这样可以使与会人员做到心中有数。

（3）确定与会人员。就是要确定与会人员的结构与规模。在确定了会议的目的、目标和会议议题后，就可以确定哪些人来参加会议。主要考虑与会议议题相关的人员来参加会议，同时要考虑到与会人员的职位和工作性质，不能让与会议无关的人员来开会，也不能让其他人来代替开会。在确定与会人员的规模上，要本着精简高效的原则，一般企业会议的与会人数应控制在十人以内。因为，与会者越多个人才智发挥的可能性就越少。同时，还要决定会议的主持人、会议记录人员和会议工作人员。

（4）确定会议的时间。时间安排是会议成功的关键所在。在确定会议的时间方面，要考虑三个方面的时间：一是通知开会的时间。一般要提前告知与会人员参加会议的时间，并且让与会人员做好参加会议的准备工作。除非遇到非常紧急的事情，才临时通知开会；二是开会的时间。时间的安排要考虑到与会人员的工作安排，通常都要以会议通知的形式提前告知，让与会人员安排好工作；三是开会需要的时间。一般会议时间都安排在 2~3 小时之内结束。长时间的会议一般都会在会议内容和形式上穿插安排，以避免与会人员精力不集中，或产生疲劳。

（5）选择会议地点。①会场的选定。选择会议地点时，要考虑会议规模、与会者人数，避免过大或过小；会议地点对与会者来说交通是否便利、停车是否方便；会场能否保证必要的使用时间；会场能否不受外界干扰；会场设备是否完好；会场是否符合与会者的身份、等级、会场租用费是否合理等。图 8-5 显示了通常会议顺利进行的必要物品。②会场的布置。会场的布置主要包括两方面：一是座位布置，二是与会者座序的安排。会场座位的布置应适合会议的整个风格和气氛，主要有以下几种方式：剧场式、教室式、圆形会场、正方形或长方形会场、"U"形会场。③合理安排与会者的座序，主要有以下三条原则：以主持人为中心依次排列；适当分散同一单位工作人员，以利于不同单位、部门之间的沟通讨论；性格内向、柔弱的人应该安排在主持人的直视范围内，主持人可掌握适当的机会邀请他们发言。

会场的桌椅及装饰设备	电源、电线
会场的通风条件	黑板、指示棒、挂图
会场的冷暖设备或空调设备	粗笔、白板、书写用笔、便条
讲话录音设备	闭路电视系统
主席台或讲台	姓名牌、记录纸、便笺
采光或灯光条件	烟灰缸、大衣架
银幕、放映室或投影仪、幻灯设备	水、杯子
其他设备	

图 8-5　会议进行的必需物品

（6）如何组织会议。在会议准备阶段，如何组织会议主要是通过拟定会议议程来制定。会议议程一方面可以检查会议的准备情况，另一方面为下一步会议的召开奠定基础。拟定会议议程或制定会议计划是如何组织会议的第一步骤。

2．会中工作

会议一般是按照事先拟定好的会议议程进行。会议进行的成功与否很大程度上取决于会中控制是否有效，一般来说，会中控制工作大致可以按以下步骤进行。

（1）宣布会议的主题和目的。

（2）根据会议议程顺序提出每个项目，然后征求有关与会者的意见。

（3）给每个人表达自己意见的机会。

（4）控制讨论进程。如果发生与议题无关或深入到不必要的细节上时，应及时引导到议题本身。

（5）遵守预定的时间，不要拖延。

（6）如果会议上出现各种不同的见解时，主持人应根据自己的理解将各种观点加以概括。

（7）在每个问题讨论结束后加以概括，以便达成共识或做出决策。

（8）在会议结束时，对已取得的结果进行概括。若部分问题有必要做进一步讨论，可以安排下一次会议继续讨论。

3．会后工作

会议结束后要实施跟踪，这是会后执行会议决议，完成各项事宜的关键，也是提高会议效益的必要措施。会后跟踪主要包括撰写和发送会议纪要或会议决议；督促检查会议有关的落实情况；协调各部门落实会议决议事宜；兑现会议的承诺；必要时发送催办通知等。

☞ **举例**

M 计算机公司：一号项目第 6 次检查会议记录

时间、地点：会议于 2001 年 12 月 4 日（星期五）在 B 大厦第二会议室举行，下午 2：30 开始。

出席会议者包括：钟楚义，周亦梅，周敏，唐婉，庄子期（主席）；无故缺席者有：李杰，张明；吴倩发来了请假条。

上次会议记录中提出的问题：周亦梅报告说，有关客户仍在度假，所以她没能邀请到他们来参加会议。

- 同意的行动：周亦梅在有关客户度假归来后邀他们参加会议。
- 完成的时限：下次会议前。

进展报告实例：周敏报告说，软件发展已在目标之列，可望在三月底前完成第二版。然而，仍存在吴倩对制图程序可行性不予协作的问题。

- 同意的行动：周敏与吴倩会谈，由唐婉解决问题。
- 完成的时限：2001 年 12 月 21 日

下次会议的时间，地点：2001 年 12 月 25 日，星期五，下午 2：30 在 B 大厦第二会议室举行。

4．会议备忘录

任何会议都应当记录决策是如何制定的，最后决定是什么，由谁负责哪些行动等重要问题。备忘录能有效地提供有关群体工作历史的有价值的参考资料，并能够明确和监督责任人的工作落实情况。因此在会议后，组织应该完成并保存好备忘录。

8.3.7　提高会议成效的技巧

1．不搞形式主义

现实情况中，许多公司一般一周召开一次例行会议。虽然符合规律的员工会议有助于鞭策员工为实现部门的目标而努力工作，但是为开会而开会的形式主义是低效的。只有那些若不经过多方讨论协商就不足以解决的问题才有召开会议的必要，而顺应需求的会议才能取得良好的效果。

2．提前分发会议备忘录

在会议召开之前，应以备忘录的形式提前通知与会者，以便使他们有充足的准备时间，备忘录的内容包括时间、日期、地点、参加人员、主要议题等。这些都应在议事日程上体现出来。

3．选择合适的与会者

根据会议主题，通常选择那些对会议内容比较了解、与其工作相关，并能够起到积极作用的人员参加会议，不要害怕伤害某些人的感情而迫不得已地去邀请那些不相干的，或者优柔寡断、缺乏主见的人参加会议。

👉 **案例**

某农机制造有限公司吴总召开了一个会议，意在讨论公司下一个财政年度的销售目标。与会者包括：周伟，生产部经理；雷天，仓储控制主管；王博，人事经理；张强，市场部经理。张强首先发言，他回顾了最近的市场销售情况："我发现去年我们丧失了比我们所预料的还要多的市场，主要原因是工厂里出现的拖延发货时间。同时我们也进行了下个年度的销售预测，认为下一个财政年度销售量可达到 110000 台。我们认为这个数字是现实的，如果做得好还有望突破这个目标。"正在这时，周围打断道："张强，你一定在开玩笑。就在三个月前，就在同样的这个办公室，我记得你对下一年度做出的预测是 100000 台。现在，你将预测增加了 10 个百分点。面对一个不断移动的目标靶，试问我们如何去做生产计划？"

吴总插言道："老周，我理解，你的担心是有道理的。但是，我们必须对变化着的市场做出相应的调整。现在还是九月，我们还未对下一年度做出一个既定的生产计划，只是讨论计划。我想利用这个最新数据，尽快做出下一年度的生产综合计划。"张强补充道："最近，我们与许多老顾客接触，得到的信息是他们不断抱怨在旺季出现的交货滞后现象。有些甚至威胁，如果明年还得不到好的服务，他们将不再订购我们的产品。我想，我们不得不生产出足够多而又适销对路的产品。"雷天表示忧虑道："我们必须降低生产成本。去年，我们的库存太多，占用了不少资金。鉴于我们提高了 30% 的库存成本率，我认为明年不能再维持如此高的库存量。"王博接着说："如果降低库存成本，采用跟踪需求的综合生产计划方案，则意味着雇员数逐月发生波动，这样会引起雇佣和解雇成本上升。"周伟又表示担心地说："为了实现这个较高的销售目标，我们不得不增加晚班，采用二班制，利用现有的常白班满负荷生产也无法达到这个预期目标。我想，在做决策增雇一班人马之前，有必要弄清这个销售预测目标是否可行。"

在大家你一言我一语的发言中，不知不觉已到了午餐时间。吴总总结道："老周，请根据最新的预测数据拟定一个综合生产计划，我不想到下一个旺季到来时看到我们公司重蹈今年的覆辙。"

会议暂告结束，大家去用餐。会议可能遇到的阻碍有些时候是想不到的，作为会议的主持人要善于调度，使用一些沟通技巧让会议圆满结束。

4．分发会议简报

为了贯彻会议精神，执行会议决议，在会议结束的一段时间内将会议简报或会议记录分发给各与会者或其他相关人员。会议简报应明确列出已做出的决定，突出要求采取主要措施的具体日期、具体负责人和验收标准。如有必要还可以进一步表明下次会议的日期和时间。

8.3.8　灵活应对会议沟通的困境

无论哪种会议都可能会出现一些小意外，使会议沟通陷入困境。我们应学会灵活应对会议中的困境，保证会议的顺利进行。

困境一：某些人支配讨论的局面。在会议中经常会出现"一言堂"的局面。当这种情况发生时，主持者就应该提出一些直接的问题，将与会者调动起来。

困境二：无休止的争论。几乎每个人都会在会议中遇到这种情形。对这种情况，主持者或者其他与会者可以提出一些直接的问题，如果某人还想争论，或是想引起更大的争议，可以直截了当地向他提出：他的行为扰乱了会场的秩序，然后立即向他人提问，以避免争论继续。

困境三：跑题。经常会有一些人在会议中提出与会议无关的话题。这个时候可以用一些比较含蓄的话语来沟通，如注视他，说："××，我有个建议……"或是"你的笑话真是太棒了，不过……"如果他的态度仍然没有任何改变可以稍微严肃一些:"别这样了,我们已经乐过了……"如果还不改,可以在会议休息的时间单独跟他谈一谈,告诉他你对他的行为的看法,请他配合你支持会议的进行等。

8.4 非正式组织沟通

8.4.1 非正式组织的概念

非正式组织是在正式组织之内,没有明确的领导和职位,甚至没有明确的组织名称,是由于情感因素自发形成的一种非正式的群体和体系。

非正式组织本身没有明确的边界,其存在具有隐含性和松散性。非正式组织的产生源于情感因素,其中包括共同目标、共同利益、共同观点、共同兴趣、共同经历、共同社会关系以及共同的感情等。非正式组织产生后,尽管没有明确的组织规则,但其中存在一定的潜在规则,这些规则对非正式组织成员的行为起到极大的制约作用。

☞案例

Johnny Chang 应聘 GE(通用电气)公司终于有了结果:这天人力资源部门给他发来了一封邮件,其中有录用通知、个人情况登记表和一封信。信中提到公司人力资源部门的做法是采用"朋友制"(Buddy System)。根据这一制度,受聘人将与一位有经验的资深雇员成为朋友,他会在新员工受聘期间及到职的第一个月内提供各种信息及帮助。

就在 Johnny 两周前参加 GE 公司求职面试时,这个赫赫有名的大企业在他心目中还有多少显得有些高不可攀。现在 GE 公司不但聘用了他,还指定一位资深职员来帮助他。所以,Johnny 读完这封信后很高兴,他刚从旧金山来到纽约,的确很希望在这个人地生疏的大城市里能多认识几个朋友。

当天晚上,Johnny 就接到了 Mary Li 的电话,他们相约在一家咖啡屋见面。在 Johnny 了解了 Mary 的一些情况后,他意识到了公司人力资源部门选择 Mary 做他的"朋友"一定经过非常慎重的思考和困难的挑选。首先,Mary 和自己一样也是华裔,因此彼此容易沟通;其次,Mary 非常熟悉纽约和 GE 的研发部门,可以帮助 Johnny 解决具体问题;还有,Mary 友善、热情、乐于助人。当 Johnny 一提出孩子的上学问题时,Mary 就很热心地向她介绍纽约州首府周围的学校情况,特意向他推荐一所学校。

上班的日子很快到了,Johnny 驱车来到 GE 公司研发部门的办公室。当他走进办公室时,一时间有些不知所措;正在此时,Mary 出现了。Mary 先带他去见主管经理,使他明确了自己的工作职务、内容、要求及基本程序,主管经理还向 Mary 布置了当天的工作;然后,Johnny 在 Mary 的带领下参观了办公室,领了必需的办公用品;最后,Johnny 在一张宽敞的办公室桌前坐了下来。这时,Johnny 觉得一切都不再陌生了。到了午餐时间,Mary 就像老朋友一样来招呼 Johnny 去吃饭,Mary、Johnny 和其他几位同事有说有笑地向餐厅走去。

8.4.2 非正式组织的特征

1. 自发性

非正式组织的产生未经过管理当局或上级认命,也未经过特定的程序产生,它是由人们自发而形成的团体。非正式组织的自发性主要表现为：组织活动事先无确定的目标，也没有特别的共同目的，也不能预见其活动的结果。它只是人们寻求某种需要的满足，而自发形成的群体。

2．情感性

情感性也可以称之为心理性，非正式组织是建立在人们相近的心理特征和共同的心理需求的基础上，是维系非正式组织成员关系的桥梁和纽带。与正式组织按章办事、就事论事相反，非正式组织更倾向于自己的群体，容易产生"对人不对事"的处世原则。

3．隐含性

非正式组织没有明确的边界，经常处于不被注意或不易被发现的状态。非正式组织的成员身份往往是隐性的，企业员工大多具有正式和非正式组织成员的双重身份。非正式组织只是基于组织成员的心理需要而形成的，并没有共同的组织目标，也就是说，非正式组织既不以正式组织的目标做追求，也不反对正式组织的目标。

4．松散性

非正式组织产生于组织成员的自发行为，成员之间并没有任何强制性措施，没有固定的人员构成，在组织有条件形成的时候才会出现，当条件消失的时候，这个组织就不再发挥作用了。由此可见，非正式组织具有动态特点，本身并不稳固。

5．潜在规则性

非正式组织没有明确的成文规则，体现的是心理道德惯例、任意以及不言自明的特征。对于那些自觉遵守和维护潜在规则的成员，非正式组织会予以赞许、欢迎和鼓励。而对于那些不愿遵守或违反潜在规则的成员，非正式组织则会通过嘲笑、讥讽、孤立等手段对其予以惩罚。

8.4.3 非正式组织沟通的基本概念

非正式沟通是一种通过正式规章制度和正式组织程序以外的其他各种渠道进行的沟通。非正式沟通容易把真实的思想、情绪、动机表露出来，因而能提供一些正式沟通中难以获得的信息。因此，管理者应对这种沟通方式予以重视，要善于利用这种沟通方式，同时注意防止和克服其消极的一面。另外，非正式沟通可以弥补正式沟通的不足，如加快信息流通，不受或较少受限制，具有弹性并带有情感色彩等，但它有时也会妨碍正式沟通。

👉案例

小刘所在的公司局域网的 BBS 热闹非常，这主要是因为有数个多才多艺、爱好文字的网虫中层的缘故。曾经，一位中层主管对企业内刊中的一篇文章发表了深刻的评论，并贴上 BBS 上。由于评论一下子说出了公司员工的心声，全公司 80%的同事纷纷上网跟帖，对其表示支持，网上的主题会足足开了一月有余。可惜好景不长，由于该公司老板只想守住自家"一亩三分田"，不求发展，也很少去了解员工的想法，对网上员工对公司发展的建议置若罔闻。慢慢的，网络的抱怨声越来越大，有的甚至表示，这样的公司不留也罢。不到数月光景，中层走了两三个，员工离职的也不占少数，公司仿佛成了一具空壳，没有激情，连小刘都想辞职了。

上述小案例中小刘所在公司既因为非正式沟通激发了员工的热情，创造良好的工作氛围，同时也因为非正式沟通导致了人心涣散。可见，一方面，领导要重视非正式沟通发出的声音，另一方面也要对非正式沟通进行一定控制，发挥其积极作用，抑制其消极作用。

8.4.4　非正式组织沟通的特点

非正式组织沟通的特点有如下几个方面。

（1）非正式沟通的信息往往属于非正式信息。这些信息不完整有些甚至是牵强附会的，因此无规矩可循的。但是，非正式信息也有许多合乎事实的成分。

（2）非正式沟通主要是有关于情绪或感情之类的问题，和工作有一定关系，但常常会带有感情的色彩从而导致不客观。

（3）非正式沟通所传递的信息具有多变性和动态性，经常会随环境的变化而变化。

（4）非正式沟通并不需要遵循组织结构原则，它的传播是密集式的。这种信息有自上而下的，自下而上的，也有平等和斜向的，大都属于口头传播。

（5）非正式沟通的内容和形式往往是事先被人知道的。它存在如下规律：消息越新鲜，人们谈论的就越多；对人们工作有影响的，最容易引起人们谈论；在工作上有关系的人，往往容易被牵扯到同一传闻中去。

8.4.5　非正式组织沟通对组织的影响

1．正式沟通与非正式沟通的比较

正式沟通的方式如会议、工作报告、财务报表等。其优点是约束力较强，效果较好且易于保密，通常，重要的信息、文件、决策等都采用此种方式进行沟通；缺点是，由于需要依靠组织的系统来层层传递，所以刻板，沟通速度较慢，并且存在失真的可能。非正式沟通的方式如聚餐、闲谈、打球、舞会、小道消息等。其优点是沟通方便，内容广泛，方式灵活，沟通速度快，可用以传播一些不便正式沟通的信息；缺点是，比较难以控制，传递的信息往往不准确，易于失真、曲解，容易传播流言蜚语而混淆视听。

2．积极影响

（1）满足职工情感方面的需要。正是由于人们天生的需求才导致非正式沟通的发生。例如，在安全感需求的驱动下，人们乐于去打探或传播有关人事任免或机构调整之类的信息。

（2）弥补正式沟通的不同。组织中的管理者往往会为了某些特殊目的，通过非正式渠道来传播某些信息，以此来达到试探等目的。

（3）了解员工真正的心理倾向与需要。正式沟通中，员工往往心存戒备，不会轻易透露其真实的想法；而在非正式沟通中，员工就很容易放下心中的戒备，敞开心胸，提出自己的意见和观点。

3．消极影响

（1）信息的歪曲。非正式沟通往往起源于人们爱好闲聊的特性，小道消息在非正式的传递过程中可能遭到歪曲。尤其是那些与职工个人利益紧密相连的问题，如待遇、裁员等，常常会出现所谓的"谣言"。这种谣言的散布往往会导致人心涣散，给组织的运行带来较大的麻烦。

（2）员工易受到非正式组织的控制。由于非正式组织是出于情趣一致或爱好相仿等原因，它主要依靠心理、情感的力量来维持。在非正式沟通的过程中，同事间的私下频繁接触可能导致小团体、小圈子的形成，这样会影响人心的稳定以及整个团体的凝聚力。在非正式组织的利益或目标与正式组织的利益和目标发生冲突时，非正式组织会对正式组织的利益目标起到很大的干扰作用，阻碍正式组织的目标实现。

8.4.6 非正式组织沟通与正式组织沟通的相互关系

1．组织中的管理沟通以正式沟通为主，非正式沟通为辅

相比较于非正式沟通而言，正式沟通的优点显而易见，它沟通效果好，信息准确，而且约束力强，利于保密，可以使信息沟通保持权威性。非正式沟通尽管速度快、形式多样、不拘一格，但其信息的准确性无法保证，同时不具备硬性的约束力和强制的保密性。

2．非正式沟通在正式组织中所起到的作用是不可替代的

正式沟通的沟通速度慢，有时也会使信息失真，而非正式沟通可以补充正式沟通的不足，使组织沟通形式多样化。

8.4.7 正确对待非正式组织沟通的策略

正式组织通过正确处理非正式组织沟通问题，发挥其积极作用，降低不利影响，将会有利于其提高组织凝聚力，实现组织目标。

1．提高组织信息公开度

非正式沟通的产生和蔓延，主要是由于内部员工得不到他们所关心的信息而造成的。由于有的管理者在平时惯于内部操作，不向员工提供信息的反馈，故作神秘，结果是，即使是正常的信息，也会笼上一层神秘的面纱，为背后谣言的流传创造条件。要想阻止非正式沟通所带来的谣言，最有利的策略是正面提供客观事实，以事实去击破谣言存在的基础。为了减轻非正式组织管理沟通传播谣言所造成的负面影响，正式组织应致力于在组织内部建立起一套完整的、正式的信息沟通渠道。当组织内的成员对组织的任何情况产生质疑时，有个合法的渠道获取真实的信息，这样就能把非正式沟通给企业带来的损失减少到最低限度。

2．建立相互信任的组织沟通氛围

避免非正式沟通副作用最基本的方法是，培养组织成员对组织管理者的信任和好感，这样他们比较愿意听组织提供的信息，也较能相信。要想组织成员对管理者产生好感，前提是管理者要真诚对待员工，把员工看成是利益共同体。

3．丰富员工生活

闲散和单调是造谣生事的温床，为避免发生不实谣言，扰乱人心士气，管理者应注意不要使组织成员有过分闲散或过分单调枯燥的情形发生。

4．重视非正式组织中的权威人物

非正式组织中的权威人物在非正式组织中享有极高的影响力，有时甚至会远远超过那些正式组织任命的管理者，这些权威人物的思想和行动直接影响着非正式组织的思想和行动。正式组织应积极寻求与非正式组织权威人物的积极有效的沟通，尽可能地满足他们的合理需要。必要时可以采用抑制和削弱非正式组织消极影响的策略，具体是采取"中心突破法"和"内部瓦解法"。"中心突破法"就是从权威人物切入，"擒贼先擒王"；"内部瓦解法"就是通过对非正式沟通网络成员的价值观引导，先转变部分成员的价值取向，以点带面。

5．引导非正式组织沟通发挥正向作用

非正式组织是客观存在于正式组织内的，并不会因为受到控制或抑制而彻底消失。因此从思

想上理解并接受非正式组织，并尽可能多地了解非正式组织的管理沟通的渠道及影响。正式组织管理者可以正确引导非正式组织沟通渠道，以发挥其正向作用。通过非正式组织灵活的沟通渠道，既可以满足正式组织成员社会交往的需要，又可以弥补正式沟通的不足，这样就可以将那些不便于从正式渠道传递的信息利用非正式组织的沟通渠道进行传播，以达到组织的沟通目标。

关键术语

组织、组织沟通、沟通者、沟通对象、沟通渠道、语言障碍、心理障碍、文化障碍、团队沟通、会议、会议筹备、正式组织、非正式组织

本章习题

一、判断题

1. 组织沟通是指以组织为主体，通过各种信号、媒介和途径，以提高组织效率、进行有效的沟通为目的，主要围绕如何整合组织资源、减少内部信息成本而进行的沟通活动。（　　　）

2. 组织沟通的环形沟通网络是指组织内每个成员都能够自由地进行交流，没有任何限制。这种沟通方式常适用于团队或委员会组织结构中。（　　　）

3. 团队沟通规模越大越好，这样便于增强凝聚力，培养相互间的互信精神。（　　　）

4. 在会议中经常会出现"一言堂"的局面。当这种情况发生时，主持者就应该提出一些直接的问题，将与会者调动起来。（　　　）

5. 非正式组织可以因为受到控制或抑制而彻底消失，因此正式组织管理者一定要抑制非正式组织沟通渠道，以免非正式组织发挥其不良作用。（　　　）

二、选择题

1. 组织沟通的类型按沟通者可划分为（　　　）。

    A. 组织内部人际沟通　　　　　　　　B. 组织内部团体沟通

    C. 组织内部自我沟通　　　　　　　　D. 组织内部电话沟通

2. 下列属于非语言沟通方式的有（　　　）。

    A. 形体语言　　　　B. 副语言　　　　C. 空间利用　　　　D. 沟通环境

3. 会议这种沟通形式具有多种基本特征。其中"活动形式一般都是有号召、有发起、有领导的，且有时间、空间的约束，而不是自发的'无边无际'的、无规则的'集合'"的含义是会议的（　　　）特征。

    A. 普遍性　　　　B. 组织性　　　　C. 集体性　　　　D. 目的性

4. （　　　）可以弥补正式沟通的不足，如加快信息流通，不受或较少受限制，具有弹性并带有情感色彩等，但它有时也会妨碍正式沟通。

    A. 非正式沟通　　　　　　　　　　　B. 电话沟通

    C. 会议沟通　　　　　　　　　　　　D. 非语言沟通

5. 非正式沟通对企业的积极影响，主要有（　　　）。

    A. 满足职工情感方面的需要　　　　　B. 弥补正式沟通的不同

    C. 了解员工真正的心理倾向与需要　　D. 确保组织领导者的地位

三、思考题

1. 组织沟通的影响因素有哪些？可分为哪些类型？

2. 有效团队沟通的技巧有哪些？

3. 结合实际描述一下实施有效会议沟通的技巧。

4. 非正式组织沟通的含义及其特点是什么？

5. 如何才能有效地对非正式组织沟通形式加以引导和控制？

案例分析

李开复的"午餐会"沟通法

李开复先生在《做最好的自己》一书中谈到了他的"午餐会"沟通法。

我在 2000 年被调回微软总部出任全球副总裁，管理一个拥有 600 多名员工的部门，作为一个从未在总部从事领导工作的人，我更需要倾听和理解员工的心声。为了达到这样的目标，我选择了独特的沟通方法——"午餐会"沟通法。

我每周选出 10 名员工，与他们共进午餐。在进餐时，我详细了解每个人的姓名、履历、工作情况以及他们对部门工作的建议。为了让每位员工都能畅所欲言，我尽量避免与一个小组或一间办公室里的两个员工同时进餐。另外，我会要求每个人说出他在工作中遇到的一件最让他兴奋的事情和一件最让他苦恼的事情。

进餐时，我一般会先跟对方谈一谈自己最兴奋和最苦恼的事，鼓励对方发言。然后，我还会引导大家探讨一下所有部门员工近来普遍感到苦恼或普遍关心的事情是什么，一起寻找最好的解决方案。

午餐会后，我一般会立即发一封电子邮件给大家，总结一下"我听到了什么"、"哪些是我现在就可以解决的问题"、"何时可以看到成效"等。

使用这样的方法，在不长的时间里，我就认识并了解了部门中的每一位员工。最重要的是，我可以在充分听取员工意见的基础上，尽量从员工的角度出发，合理地安排工作，只有这样才能使公司上下一心，才能更加顺利地开展工作。

资料来源：http://www.docin.com/p-655862835.html

问题

1. 作为新任领导，李开复"午餐会"的沟通有什么特点？

2. 综合上面案例说说"午餐会"沟通会给员工带来哪些好处？

第9章 自我沟通

学习目标

1. 掌握自我沟通的基本概念和自我沟通的实质
2. 理解自我沟通的作用与过程
3. 了解自我沟通的六种艺术
4. 了解自我暗示的方法

能力目标

1. 提高学生自我沟通的意识及在实践应用中的能力与技巧
2. 注重学生对自我沟通及其相关概念的认识能力

导入案例

认识自我

一代巨匠爱因斯坦曾收到以色列当局的一封信函，信中极尽赞美之词，诚挚地邀请他去担任以色列总统一职。爱因斯坦作为犹太子民，倘若能够当上犹太国家的总统，在一般人看来，简直是三生有幸、光宗耀祖的好差事。但出乎所有人意料的是，爱因斯坦婉言谢绝了这份邀请。他说："我整个一生都在同客观物质打交道，既缺乏天生的才智，也缺乏经验来处理行政事务以及公正地对待别人。所以，本人不适合如此高官重任。"

歌德曾经因为没能充分了解自己的长处，树立了当画家的错误志向，害得他浪费了20多年的光阴，为此他非常后悔。美国女明星霍利亨特一度竭力避免被定位为短小精悍的女人，结果走了一段弯路。后来幸亏经纪人的引导，她重新根据自己身材娇小、个性鲜明、演技极富弹性的特点进行了正确的定位，出演《钢琴课》等影片，一举夺得戛纳电影节的"金棕榈"奖和奥斯卡大奖。

早在1991年的时候，大卫·贝克汉姆还是一个少年对球员，有一次训练的时候，他试图用一个50码开外的吊射进攻对方的球门，而在对面2楼观看的教练埃里克哈里森，冲着他吼道："喂，你这个愚蠢的小混蛋，别再试着踢那些好莱坞式的长传球了！"短传配合在球场上更容易破门得分，这种长传球在正式比赛中很难给对方球门造成威胁。

但贝克汉姆没有因为教练的怒吼而放弃自己的长项，他接受并喜欢上了这种定位，被称为"喜欢长传的人"。1996年8月17日，在曼联与温布尔登的英超比赛中，贝克汉姆在本方半场接麦克莱尔传球后突然起脚射门，皮球以一道美妙的弧线飞越整个半场，并在门将的手和球门横梁之间坠入球网。贝克汉姆也因为这空前绝后的一脚一夜成名。

资料来源：作者根据有关资料整理

9.1 自我沟通概述

9.1.1 自我沟通的意义

沟通是双方相互了解的过程，个人对自己的了解是沟通活动的首要基础。我们通过自我的沟通而获得一个对自己的看法，这种看法会影响我们与别人的接触。与别人接触的经验也会反过来影响我们对自己的看法。因此，良好的自我沟通是一切沟通的基础。图 9-1 显示了自我沟通的意义。

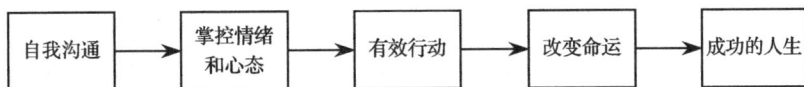

图 9-1　自我沟通的意义

人们的生活品质在很大程度上取决于人们的沟通能力。要想跟别人沟通得好，必须先学会如何跟自己沟通。良好的自我沟通能力有助于我们掌控自己的情绪和心态，积极的心态能够影响行动，有效行动可以改变我们的命运。掌控自己的命运，获得成功的人生，必须从自我沟通开始。想实现卓越的人生，必须要自己掌握自己的心境和情绪。要学会自我沟通，要学会尽快排解掉自己消极的、负面的情绪。

9.1.2 自我的概念及构成

自我是一个人对自己所有身心状况的认识，即对自身存在的体验。它是指一个人从在人际交往中获得的经验、反省和他人的反馈中，逐步加深对自己的了解。

自我概念是一个有机的认知机构，由态度、情感、信仰和价值观等组成，贯穿整个经验和行动，并把个体表现出来的各种特定习惯、能力、思想、观点等组织起来。

9.1.3 自我概念的衡量

1．反映评价——我是别人所评价的那样的人吗？

"我是别人评价的那样的人吗？"人们常常会这样问自己，这就是反映评价。反映评价是指我们从他人那里获得的有关自己的信息。这些信息将会影响到对自身的评价。如果从他人那里得到了肯定的评价，你就会有一个良好的自我概念。如果这种评价是否定的，你的自我概念就可能很糟糕。按年龄来说，年龄小的比年龄大的注重反映评价；按性别来分，女性比男性更注重反映评价。

2．社会比较——"我比他强吗？""我一定会比他强！"

在生活和工作中，人们往往通过与他人的比较来了解我们在团体中能力的好坏，进而建立起自己的自我概念。例如在学校时，考试卷子发下来，我们就问一下自己的同桌是多少分，自己的朋友是多少分；走到社会上，又和同事比较职务与薪资；自己有了孩子，就比自己的孩子好还是别人的孩子好；当担任领导管理一个单位时，就会和其他单位比等。无论什么人，从出生到长大、从家庭到社会、从学习到工作，都是在社会比较中发展和充实自我概念的。社会比较是激励个体不断进步和可能引起自卑心理的一种社会心理现象，这是社会发展中人与人相互作用的结果，社会比较对于正确地自我认识，丰富自我概念，有着重要的意义。

小资料

年轻人特别重视反映评价和社会比较，对他人的称赞和欣赏特别在意，随着一个人年龄的增加、阅历的不断丰富，反映评价和社会比较对自己的作用也在不断降低，自我感觉所起的作用也就越来越大，其在人生发展中越来越占有主导地位，成为一个人成熟的标志之一。少年儿童重视反映评价，说明了少年儿童从心理上对于健康成长的渴求。女性重视反映评价，说明了女性对于外形的美丽和心理追求的特殊需要。阅历会改变主导意识，当一个人社会评价和自我感觉上升到主导意识的时候，自我概念就得到了改进，考虑问题有主见，就能独立、自主地改变自己的人生。

3. 自我感觉——"我就是我"

"我就是我"反映了一个人的主观意识成为人生发展的主导意识。在孩提时，对自己的认识大多数来自于他人对自己的反映。然而，随着年龄的增长，你开始用自己的方式来看待自己，这种看待自己的方式被称为自我感觉。自我感觉是直接由我们主观对身体特质的体会或从自己的情绪反应、行为举止而得来的自我概念。如果从成功的经历中获得自信，人的自我感觉就会非常好，自我概念就会增强。也就是说，你的成功能改进你的自我感觉。

9.1.4 自我概念的作用

1. 自我引导作用

自我概念在引导一致行为方面发挥着重要的作用。自我胜任概念积极的学生，成就动机和学习投入及成绩明显优于自我胜任概念消极的学生。有关品德不良的学生的研究也证明，学生有关自己名声与品德状况的自我概念直接与其行为的自律特征有关。当学生认为自己名声不佳，被别人认为品德不良时，他们也就会放松对行为的自我约束，甚至破罐子破摔。很显然，通过保持内在一致性的机制，自我概念实际上起着引导个人行为的作用。在这个意义上，在儿童和青少年的发展过程中，引导孩子形成积极的自我概念，对于"学会做人"有着非常重要的意义。

2. 自我解释作用

一定的经验对于个人具有怎样的意义，是由个人的自我概念决定的。每一种经验对于特定个人的意义也是特定的。不同的人可能会获得完全相同的经验，但他们对于这种经验的解释却可能很不同。

举例

某次考试，学生甲和学生乙都考了85分。学生甲平时认为自己能力一般，对于这门功课的学习感到有些困难，对于这次考试考到85分感到十分欣喜，因此会继续努力争取更好的成绩。而学生乙平时对这门功课很感兴趣，学习也很有信心，一般都会取得好成绩，这次考试却由于粗心只考了85分，认为这是失败和挫折，感到懊恼、沮丧，决心再努力，决不再考这样的成绩。这个例子说的是个人的自我满足水平并不简单地决定于他获得多大的成功，还决定于他的抱负水平以及个人如何解释成功对于个人的意义。

自我概念的形成是儿童社会化的重要方面，引导儿童一开始就形成积极的自我概念是一种先导的教育定向。自我概念就像是一个过滤器，进入心理世界的每一种知觉都必须通过这一过滤器。知觉通过这一过滤器时，全被赋予意义，而所赋予的意义则高度决定于个人已经形成的自我概念。

3．自我期望作用

心理学家伯恩斯于 1982 年指出，儿童对于自己的期望是在自我概念的基础上发展起来，并与自我概念相一致的，其后继的行为也决定于自我概念的性质。自我概念积极的学生，他的自我期望值高。当他取得好成绩时就认为这是意料中的事；反过来，差的成绩又加强了他消极的自我概念，形成恶性循环。消极的自我概念不仅引发了自我期待的消极，而且也决定了人们只能期待外部社会消极的评价与对待，决定了他们对消极的行为后果有着接受的准备，也决定了他们不愿更加努力学习，决定了学习对于他们不再有吸引力，他们丧失了信心与兴趣。由于自我概念引发与其性质相一致或自我支持性的期望，并使人们倾向于运用可以导致这种期望得以实现的方式行为，因而自我概念具有预言自我实现的作用。

4．自我成败归因作用

社会心理学家海德（Fritz Heider）和温纳（Weiner）提出并建立了一套从个体自身的立场解释自己行为的归因理论。海德和温纳的自我归因论认为动机并非个人性格，动机只是介于刺激事件与个人处理该事件所表现的行为之间的中介而已。每当个人处理过一桩刺激事件之后，个人将根据自己所体会到的成败经验，并参照自己所了解的一切，对自己的行为后果提出六方面的归因解释。

（1）能力。根据自己的评价，个人应付此项工作是否有足够的能力。

（2）努力。个人反省此次工作是否尽了最大努力。

（3）工作难度。凭个人经验，对此次工作感到困难还是容易。

（4）运气。个人自认为此次工作成败是否与运气好坏有关。

（5）身心状况。凭个人感觉工作时的心情及身体健康状况。

（6）别人反应。在工作及以后别人对自己工作表现的态度。

在这六项因素中，第 1、2、5 三项属于内在因素，第 3、4、6 三项属于外在因素。对工作成败的归因取向，将影响个人以后再从事类似工作时动机的高低。一个人具有积极的自我概念，相信自己的努力，将成败归因于自己的努力程度、归因于自己的细心或疏忽，自动承担责任、从主观上找原因，认为凡事决定于自己的主观努力、相信命运掌握在自己手里，形成积极的制控信念，可以提高人的自我实现的能力。

9.1.5　自我沟通的概念

沟通不仅可以在个人与他人之间发生，也可以在个人自身内部发生。这种发生在个人内部的沟通过程，就是自我沟通。自我沟通（intra-personal communication），也称内向沟通，是指个人接受外部信息并在人体内部信息处理的活动，是在主我（I）和客我（Me）之间进行的信息交流。

👉 小提示

"要说服他人，首先要说服自己"，自我沟通技能的开发与提升是成功管理的基本素质。成功沟通的前提是成功的自我沟通。

自我沟通是其他一切沟通活动的基础，任何一种其他类型的沟通，如人际沟通、群体沟通、大众沟通等，都必然伴随着自我沟通的环节；自我沟通的性质和结果，也必然会对其他类型的沟通产生重要的影响。良好的自我沟通有助于我们掌控自己的情绪和心态。积极的心态能够影响行动，有效的行动可以改变我们的命运。掌控自己的命运，获得成功的人生，必须从自我沟通开始。

9.1.6　自我沟通的特点

自我沟通在过程上与一般人际沟通具有相似性，但在具体要素和活动上有其自身的特点。

1．和客体同一性

自我沟通中的"我"同时承担信息编码和解码功能。

2．自我沟通目的在于说服自己

自我沟通常在面临自我原来认知和现实外部需求出现冲突时发生。

3．沟通过程反馈来自"我"本身

信息输出、接受、反应和反馈几乎同时进行，也同时结束，这些基本活动之间没有明显的时间分隔。

4．沟通媒体也是"我"自身

沟通渠道可以是语言，文字，也可以是自我心理暗示。

9.1.7　自我沟通中的主要障碍

与人际沟通相比，自我沟通常常因表现在不经意之间而容易被人所忽视。所以，自我沟通过程中常常会出现以下障碍。

1．人们对于自我认识存在盲区和未知区

约哈里窗这个概念最初是由美国社会心理学家乔瑟夫·勒夫（Joseph Luft）和哈里·英格拉姆（Harry Ingram）在 20 世纪 50 年代针对如何提高人际交往成功的效率而提出的，用来解释自我和公众沟通关系的动态变化。此理论被引入到人际交往心理学、管理学、人力资源等领域。它将人的心灵想象成一扇窗，其中的四个区域分别代表个人特征中与沟通有关的部分（见图 9-2）。

	自知	自不知
人知	区域一 开放的自我 Open Self	区域二 盲目的自我 Blind Self
人不知	区域三 隐藏的自我 Hidden Self	区域四 未知的自我 Unknown Self

图 9-2　约哈里窗

（1）开放区。代表所有自己知道，他人也知道的信息。

（2）盲目区。代表关于他人知道而自己不知道的信息。

（3）隐秘区。代表自己知道而他人不知道的信息，这些信息有的是知识性的、经验性的，甚至是创造性思维的结果。

（4）未知区。这个区域指的是自己不知道、他人也不知道的信息。是潜意识、潜在需要。这

是一个大小难以确定的潜在知识。

约·哈里理论认为对个人而言，其认识世界的知识基本上是由四部分组成的：即公开、盲点、隐私、隐藏潜能。所谓公开，就是自己知道别人也知道的关于自己的事情；所谓盲点，就是自己不知道而别人知道的关于自己的事情；所谓隐私，就是自己知道而别人不知道的关于自己的事情；而自己不知道别人也不知道的关于自己的事实，称为未知之事，未知之事即为隐藏潜能。

约哈里窗不是静止的而是动态的，我们可以通过内、外部的努力改变约哈里之窗四个区域的分布。也就是当我们公开的、隐私的事实放大了，那么我们的盲点和隐藏潜能相对就变小了。盲点、隐私这些制约和影响我们潜能发挥的根本性因素，必须依据全新的团队互动式学习方法，理性而大胆地应用教练技巧中的反问、回应、分享等手段，才可以不断冲破我们内心的本能阻力，使个人和组织思维中盲点越来越少，隐私充分披露，从而达到个人素质提升和组织效能的根本改变。

约哈里窗理论主要是教人们如何发现盲点、开发潜能。即：个人——挖掘自我盲点，突破思维局限，使个人潜能得以开启；工作——发挥领导才能，勇气自信倍增，提升自我价值；家庭及社交——善于聆听，沟通无阻，增进感情。

☞ **举例**

运用"约哈里窗"认识和评价自我

第一步，请5个或10个非常了解你的朋友，要他们列出你的优点和缺点。可以先从好朋友做起，看到底怎么样看你。如果想进一步客观地评价自己，再请那些你最不喜欢的人列出你的优缺点，也就是让别人做你的镜子，利用别人给你的回馈，帮助你认识自己，评价自己。第二步，你自己也拿出一张纸来，自己列出自己的优点和缺点。然后将自己列出的与别人列出的一一比较，便可能产生上述列出的四种情况。由"约哈里窗"你也许会发现自己有许多优点，别人并不知道，也可能出现别人认为你的优点，你自己反而不觉得，这样你可进一步了解自己。同样，你的缺点也可能有类似的情形。"约哈里窗"了解和评价自己，要比从自我观察的材料中分析、评价自己更客观、准确、可靠。

2．疏于理性思考

自我沟通也是一个自我反省的过程，通常需要独处静思，需要对自我认知进行梳理。只有保持头脑冷静，自我沟通才能见效。然而，有的人生性急躁，或身处感情的漩涡，难以摆脱压抑的心理状态，对外界的正面信息持逆反心态，表现得冲动急躁，或内向孤僻，不愿进行理性思考。显然，要做好自我沟通，必须克服这种情绪。

3．人生没有目标

设置目标是自我沟通、自我激励的一个重要环节。人生目标的树立与追求是认识自我、激励自我的内在驱动力。如果一个人在自己的职业生涯中既没有志向也没有目标，做一天和尚撞一天钟，得过且过，很难想象他会对生活和事业充满激情。人生没有目标，胸中缺乏激情，是自我沟通的最大障碍。

☞ **测试**

自我沟通技能诊断

1．测试题：

（1）我经常与他人交流以获取关于自己优缺点的信息，以促使自我提高。

（2）当别人给我提反面意见时，我不会感到生气或沮丧。

（3）我非常乐意向他人开放自我，与他人共享我的感受。

（4）我很清楚自己在收集信息和做决定时的个人风格。

（5）在与他人建立人际关系时，我很清楚自己的人际需要。

（6）在处理不明确或不确定的问题时，我有较好的直觉。

（7）我有一套指导和约束自己行为的个人准则和原则。

（8）无论遇到好事还是坏事，我总能很好地对这些事负责。

（9）在没有弄清楚原因之前，我极少会感到生气、沮丧或是焦虑。

（10）我清楚自己与他人交往时最可能出现的冲突和摩擦的原因。

（11）我至少有一个以上能够与我共享信息、分享情感的亲密朋友。

（12）只有当我自己认为做某件事是有价值的，我才会要求别人这样去做。

（13）我在较全面地分析做某件事可能给自己和他人带来的结果后再做决定。

（14）我坚持一周有一个只属于自己的时间和空间去思考问题。

（15）我定期或不定期地与知心朋友随意就一些问题交流看法。

（16）在每次沟通时，我总是听主要的看法和事实。

（17）我总是把注意力集中在主题上并领悟讲话者所表达的思想。

（18）在听的同时，我努力深入地思考讲话者所说内容的逻辑和理性。

（19）即使我认为所听到的内容有错误，仍能克制自己继续听下去。

（20）当我在评论、回答或不同意他人观点之前，总是尽量做到用心思考。

2．评价标准

非常不同意/非常不符合（1分）	不同意/不符合（2分）
比较不同意/比较不符合（3分）	比较同意/比较符合（4分）
同意/符合（5分）	非常同意/非常符合（6分）

3．自我评价

将你的得分与三个标准进行比较：（1）比较你的得分与最大可能得分（120）。（2）比较你的得分与班里其他同学的得分。（3）比较你的得分与由 500 名管理学院和商学院学生组成的标准群体的得分。在与标准群体比较时，如果你的得分是：100 或更高——你位于最高的四分之一群体中，你具有优秀的沟通技能；92～99——你位于次高的四分之一群体中，具有良好的自我沟通技能；85～91——你的自我沟通技能较好，但有较多地方需要提高；84 或更少——你需要严格地训练自己以提升沟通技能。

9.1.8 自我沟通策略

自我沟通策略主要有：受众策略、信息策略、媒体策略等。受众策略分析就是自我认识的过程；信息策略制定就是如何通过学习，寻找各种依据和道理对自我进行说服，这种信息可能来自于自身的思考，也可能来自于他人的经验或书本的知识；媒体策略是指每个个体根据自己的特点选择相应的沟通渠道。如有的人习惯于通过写日记的方式表达自己的感情，有的习惯于通过冥思苦想的方式来解脱自己，有的习惯于看书，借助于书中的人物来发泄自己的矛盾心态，这都是不同个体的沟通渠道选择和决策。这些决策的目的就是根据个体的心理、生理以及所处的社会环境特点，选择最佳的沟通方式。

9.2　自我沟通的作用与过程

9.2.1　自我沟通的作用

通过自我沟通，人类能够将人类自身的认知活动和实践活动视为作用的对象，施以监视反馈和调节控制。而且，也正是由于人类具有能进行自我监视反馈和调节控制的意识，才使自己得以成为人类——区别于一切非生物和其他一切生物的特殊生物。

1．成功的自我沟通是一切实践活动成功的前提

一般而言，个体的活动是由其对对象的意识和对自己的自我意识决定的，为了达到预定的目标，人们一方面要认识改造的对象，另一方面也必须将自身正在进行的实践活动作为对象，不断地对其进行积极的控制和调节，提高实践成功的效率和可能性。只有如此，主体才能将自我意识这一内在的主体尺度得以建立的标准和外在客观对象的本质、运动规律所规定的客观尺度结合起来，形成具体的实践观念，通过现实的感性的实践活动，获得一定的"实在的自由"。

2．良好的自我沟通是个体自我发展和自我实现的基本前提和根本保证

一方面，正是由于成功的自我沟通，个体才得以对自我进行审视和反省，进而才能得以树立自己的奋斗目标，制定自己的行动计划，从而为随后的自我发展和自我实现奠定基础。另一方面，在个体自我发展和自我实现的过程中，无论是目标的树立、方向的确立、计划的制定还是具体行为、行动的采取、实施、调节、控制，其中每一个步骤的顺利完成都是以个体一定的自我沟通为手段的，实际上也就是个体自我监控能力的具体表现。

3．就管理沟通而言，自我沟通是其他任何一种沟通的基础

由于无法摆脱一定的社会历史局限性，人不可避免地要形成一定的认知定势。相对稳定的认知定势，在认识过程中往往以一种惯性的力量来引导和限制主体的思路，导致主体在认识上出现误区和盲点，使我们对事物的认识"个体化"。因此，只有实现了良好的自我沟通才能更好地实现自我以外的沟通。

9.2.2　自我沟通的过程

1．自我沟通的生理过程

人之所以能进行自我沟通，首先与人体的生理机制是分不开的。人的身体具有一般信息沟通系统的特点：人体既有信息接收装置（感官系统），又有信息传输装置（神经系统）；既有记忆和处理装置（人的大脑），又有输出装置（发声等表达器官及控制这些器官的肌肉神经）；人的身体既是一个独立的有机体，又与自然和社会外部环境保持着普遍联系。

以下是施拉姆曾引用温德尔·约翰逊对二人对话的前后过程的一段描述：一件事情发生了。这一事件刺激了 A 先生的眼睛、耳朵或其他感觉器官，造成神经搏动到 A 先生的大脑，又到达他的肌肉和腺线，这样就产生了紧张，未有语言之前的"感觉"等；然后，A 先生开始按照他惯用的语言表达方式把这些感觉变成字句，而且从"他考虑到的"所有语句中，他"选择"或者抽象出某些字句，他以某种方式安排这些字，然后通过声波和光波，A 先生对 B 先生讲话。B 先生的眼睛和耳朵分别受到声波和光波的刺激，结果，神经搏动到达 B 先生的大脑，又从大脑到达他的

肌肉和腺线，产生紧张、未讲话前的"感觉"等；接着 B 先生开始按照他惯用的语言表达方式把这些感觉变成字句，并且从他"考虑过的"所有字句中，他"选择"或抽象出某些词，他以某种方式安排这些词，然后 B 先生相应地讲话，或做出行动，从而刺激了 A 先生或其他某人。这样，沟通过程就继续进行下去……

施拉姆认为在 A、B 二人对话的前后，存在着两个自我沟通的过程，一个是 A 先生的，一个是 B 先生的。这两个过程大致相同：A 先生或 B 先生通过他们的感官接收外部世界的信息，在体内尤其是通过大脑来处理这些信息，并把处理的结果转化为信息输出前的预备状态，这就是自我沟通的生理过程。

👉 **小资料**

布鲁默的"自我互动"理论

布鲁默指出，这种与自身的互动——"自我互动"在本质上来说是与他人的社会互动的内在化，也就是与他人的社会联系与社会关系在个人头脑中的反映。不过，自我互动并不是与他人的社会互动在头脑中的简单再现，而具有独自的特点。换句话说，在自我互动的过程中，人脑中会出现关于他人期待（例如，妻子期待自己是个好丈夫，子女期待自己是个好父亲，上司期待自己是个好部下等）的印象，这些期待具有一定的意义，个人会考虑这些期待对自己意味着什么。但是，个人又不是原封不动地接受这些期待，在自我沟通的过程中，个人会沿着自己的立场或行为方向对他人期待的意义进行能动的理解、解释、选择、修改、加工，并在此基础上重新加以组合。经过这个过程的他人期待已不是原来意义上的他人期待，它所形成的自我也已不是原来意义上的自我，而是一个新的行为主体。

布鲁默的"自我互动"理论有助于我们理解社会沟通与个人的自我的关系。它告诉我们，人不但与社会上的他人进行沟通，而且与自己本身进行沟通，即自我沟通。自我沟通同样具有社会性，它是与他人的社会沟通关系在个人头脑中的反映。自我沟通对个人具有非常重要的意义。通过自我沟通，人能够在与社会、他人的联系上认识自己、改造自己，不断实现自我的发展和完善。

2．自我沟通的思维活动过程

从辩证唯物主义观点来看，自我沟通不外乎个人内部的意识、思维或心理活动，这个过程是由以下几个主要环节或要素构成的：

（1）感觉。分为视觉、听觉、嗅觉、味觉、触觉等。感觉是通过眼、耳、鼻、舌、身体等感官对事物的个别信息属性如颜色、形状、声音、气味、软硬、凉热等做出的反应，是自我沟通的出发点。

（2）知觉。即感觉的集合，或在感觉的基础上对事物的分散的个别信息属性进行的综合。知觉的过程，就是对事物整体的感性信息进行综合把握的过程。

（3）表象。记忆中保存的感觉和知觉信息在头脑中的再现。如人们过去接触过某物，头脑中留着关于这个事物的各种特性的记忆，以后再提到时，我们头脑中也会出现该事物的形象或印象。

（4）概念。对同类事物的共同的、一般属性的认识。概念包括外延和内涵，前者是同类事物的范围或集合，后者是对同类事物特征和本质属性的认识。概念是思维的细胞和工具，有了概念，人类才能进行抽象思维。

（5）判断。对事物之间的联系或关系进行定性的思维活动，它是在基于表象和概念进行分析的基础上产生的。在沟通学中，判断意味着对思考的对象事物有所判断和做出结论，这是人们行为决策的基础。

（6）推理。从已知的事物属性和关系中推导出未知的属性和关系的思维活动。推理是在判断的基础上进行的，在若干个判断之间建立或发现合乎逻辑、合乎规律的关系，得出新的判断和结论，就是推理的过程。因此，推理也是"从已知中发现未知"的创造性思维活动。

除此之外，自我沟通还伴随着人的感情和复杂的心理活动，它们在很多情况下对自我沟通的过程和结果产生重要的影响。

3．自我沟通的社会心理过程

自我沟通是个人体内的信息沟通活动。自我沟通与人的自我意识是紧密相关的。正是由于自我沟通，自我意识才得以形成，而自我沟通也是在个人的主体意识——自我意识的指导下进行的。概括来说，自我意识是对自我及自我与周围关系的意识，即包括个体对自身的意识和对自身与周围世界关系的意识两大部分。从形式上看，自我意识可表现为认识、情感、意志三种形式，即被称为自我认识、自我体验、自我调节。从内容上看，自我意识又可分为生理自我、社会自我和心理自我。自我认识是指一个人对自己的生理、社会、心理等方面的意识，属于自我意识和认识范畴。它包括自我观察、自我图示、自我概念、自我评价等。

近现代社会学和社会心理学的研究成果表明，人的自我并不是封闭的和孤立的，相反，它是在与他人的社会联系中形成的，自我具有鲜明的社会性和互动性。自我的社会性和互动性体现了自我沟通的社会性和互动性。

👉小资料

米德的"主我与客我"理论

美国社会心理学家 G.H.米德最早从沟通的角度对人的自我意识及其形成过程进行了系统研究。米德在研究人的内心活动时发现，自我意识对人的行为决策有着重要的影响。自我可以分解成相互联系、相互作用的两个方面：一个是作为意愿和行为主体的"主我"（I），它通过个人围绕对象事物从事的行为和反应具体体现出来；另一个是作为他人的社会评价和社会期待的代表"客我"（Me），它是自我意识的社会关系性的体现。换句话说，人的自我是在"主我"和"客我"的互动中形成的，并且是这种互动关系的体现。

李先生是一位教师，又是一个丈夫和父亲，在社会生活中扮演着各种各样的角色。他非常喜欢健美，并想当一个业余模特。但是，在他就此事做出某种决定之前，他要经过一番考虑：当模特是否符合教师、丈夫和父亲的形象？同事、妻子、孩子、朋友对此事会如何评价？他们对自己的角色期待是什么？如此等等。李先生在经过了这些考虑后，才能最终做出决定。不管这种决定的性质如何，这个决定都是李先生自己做出的，它表现了"主我"的作用；然而，这个"主我"并不是一意孤行的，相反，它是对各种社会关系的体现的"客我"的反映。

米德认为，人的自我意识就是在这种"主我"和"客我"的辩证互动的过程中形成、发展和变化的。"主我"是形式（由行为反应表现出来），"客我"是内容（体现了社会关系的方方面面的影响）。"客我"可以促使"主我"产生新的变化，而"主我"反过来也可以改变"客我"，两者的互动不断形成新的自我。

由此看来，自我沟通的社会性、双向性和互动性也就表现得很明显了。自我沟通是一个"主我"、"客我"之间双向互动的社会过程，互动的介质同样是信息，用米德的话来说即"有意义的象征符"。这个过程可以用图9-3表示。

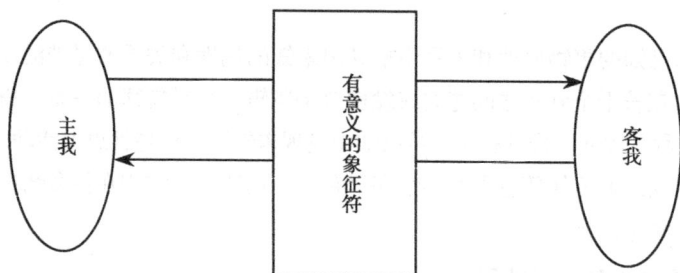

图 9-3　自我沟通的双向互动性

"有意义的象征符"可以是声音的，也可以是形象的。米德认为，"有意义的象征符"不但能够引起他人的反应，而且能够引起使用者自己的反应，作为自我沟通的思考活动，就是通过"有意义的象征符"来进行的。

4．自我沟通的具体过程

自我沟通是一个内在和外在得到统一过程的联结点，没有自我沟通过程，自我认知和外界需求就成为各自孤立的分离体。因此，自我沟通作为特殊的人际沟通方式，也是主体为了某种目标输出信息，由客体接收并作出反馈的过程。具体的自我沟通过程如图 9-4 所示。

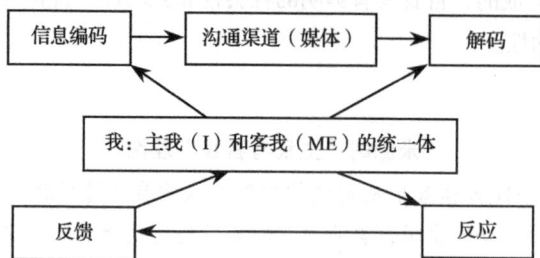

图 9-4　自我沟通过程

如图 9-4 所示，在自我沟通中，主体和客体同一："我"同时承担信息编码和解码的功能；自我沟通的目的在于说服自己，自我沟通经常在面临自我原来认知和现实外部需求出现冲突时发生；沟通过程的反馈来自"我"本身，信息输出、接收、反应和反馈几乎同时进行；沟通媒体也是"我"本身，沟通渠道可以是语言、文字，也可以是自我心理暗示。

此外，自我沟通过程中的反馈，表现为思想上的自我本来定位与现实要求之间的冲突发生和解决过程。基于自身长期的学习，人们不断建立其具有个体特征的对问题做鉴别、分析和处置的特有方式和价值观。因此，当他们面对某一事件时，会根据他们对客体（人、事物）的先验判断去制定相应的对策和措施，一旦当自身这种先验性判断与外部的要求（如上级的要求）发生矛盾时，冲突就出现了。这种冲突出现后会表现出烦躁、不安、反感、恐慌，甚至出现抵触态度和行为，这些反应会冲击自己原来的判断。为了使自己的心态得到恢复，就必须不断说服自己，调整自己的判断标准、价值观或者处理问题的方式。我们把这种由于自我本来定位与现实要求之间的冲突产生、发展、缓解和最终解决过程，称为自我沟通的反馈；把面对冲突时表现出来的外在形态，称为反应。从沟通过程看，成功的自我沟通就是要求自我在面临问题时，有良性的反馈，并表现为积极地反应。

9.3 自我沟通的艺术

9.3.1 弗洛伊德的本我、自我、超我的概念

弗洛伊德将人的心理结构分为三层，最低层是本我，接着是自我，最高层是超我。

（1）本我相当于无意识部分。本我是最原始的、最难接近的部分。它包括人类本能的性格内驱力和被压抑的习惯。弗洛伊德的本我只追求快乐和满足，而不了解社会现实中的原则；小孩只有本我，随着生长成熟，从本我慢慢生出自我。

（2）自我既了解社会现实原则也了解本我的渴求。它的任务是参考现实来调节本我，按照现实原则进行操作。自我不能脱离本我而存在，它的动力来自本我。弗洛伊德将本我与自我比喻为一个人骑马，马是本我，骑马人则是自我。

（3）超我是由自我分出的。它代表社会规范的内化。自我受本我力量的驱使，千方百计伺机满足本我的渴求，但受社会道德规范习俗的制约，慢慢内化为良心、道德观、价值观，以控制自身的行为的观念，这即是超我。超我代表着"每一种道德"的限制，代表着一个力求完善的维护者。

这三者之间的关系是，超我和本我处在直接的冲突中，超我总是阻止或延迟本我得到满足。自我则是本我和超我之间的调停者。它既要千方百计使本我获得满足，又要受超我的监督，遵循自我的现实原则。弗洛伊德认为，以上三部分如发展平衡，就是一个健全的人格，如不平衡就是一个变态人格。

9.3.2 自我发展的三阶段

自我的发展是一个认识自我、提升自我、超越自我的过程，自我沟通技能的提高也是一个不断认识自我、提升自我和超越自我的"三阶段"过程，在这个过程的每个阶段，都要从不同角度去提升自我沟通的技能和意识。这"三阶段"过程如图9-5所示。

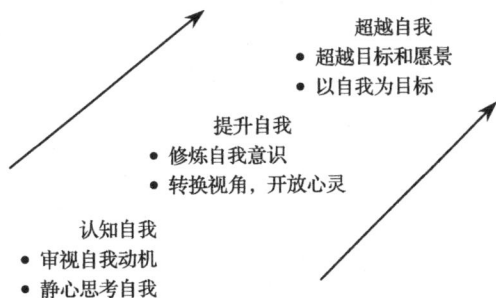

图9-5 自我发展三阶段

如图 9-5 所示，（1）自我沟通过程以及技能提升过程具有动态性；（2）自我不断学习和交流、不断思考和总结，使自身沟通技能得到不断提高；（3）自我沟通是天生的，也是后天修炼的。这三阶段的进化是螺旋形的，没有绝对的阶段。

9.3.3 认识自我的艺术

正确地认识自我是自我沟通中的关键，也是演好自身角色、实现自我目标的重要前提。也许有人会问：人自出生就一直在感知自我，难道有谁还不了解自我么？其实，认识自我并非易事。

因为我们看待自己与别人看待我们是有差异的，而且我们往往不完全了解内在的自我、真实的自我。正因为我们每个人都存在着自己不了解的一面，所以我们要通过人际沟通，从别人那里获得反馈，由此获悉他们对我们的个性以及行为的看法，从而更全面地了解自己、认识自我。从心理学观点看，自我认知包括以下三要素：物质自我认知、社会自我认知以及精神自我认知。物质自我认知是主体对自己的身体、仪表、家庭等方面的认知；社会自我认知是主体对自己在社会活动中的地位、名誉、财产以及与他人相互关系的认知；精神自我认知是主体对自己的智慧能力、道德水准等内在素质的认知。认识自我就是对自己主观和客观世界以及自己和周围事物关系的认识。它包含自我观察、自我体验、自我感知、自我评价等。

👉 **小资料**

认识自我的方法

（1）比较法。就是从与其他人的关系中认识自我。他人是反映自我的镜子，与他人交往，是个人获得自我认识的重要来源。有自知之明的人能从这些关系中用心向其他人学习，从而获得足够的经验，然后按照自己的需要去规划自己的前途。不过在通过与其他人比较认识自我的时候应该注意比较的参照体系。确立合理的参照体系和立足点对自我的认识尤为重要。

（2）经验法。经验法就是从做事的经验中了解自己。一般来说，自己所取得的成果、成就或者失败、挫折都是一种学习，而这些经验的价值却因人而异。对聪明又善用智慧的人来说，成功或是失败的经验都可以促使他再度成功。因为他们了解自己，有坚强的人格特征，善于学习，可以避免失败的覆辙。而对于某些比较脆弱的人来说，失败的经验将会是一个挥之不去的阴影，失败的经验使他走向再次失败。因为他们没有及时从失败中吸取教训，没有及时改变策略追求成功，而是挫败后不敢面对现实去应付困境或是挑战，甚至失去良机。而对于一些自傲的人来说，成功反而会成为失败之源。他们可能因为幸得成功而骄傲自大，以后行事自不量力，进而遭受更多的失败。

（3）二十问法。二十问法也称"你是谁测验"。用这种方法可以测验员工的自我意识，特别是自我观念。二十问法的指导语是："现在，我问你 20 次'你是谁'，请你把想到的答案写到纸上，每个问题只有 20 秒左右的时间供思考并写下答案。比如说，当我问'你是谁'时，你可以这样答：'我是某学校的学生'。当我问'你是谁'时，你有可能一下子想不出答案，这种情况下可以不写。当我再问下一个'你是谁'时，再继续往下写。请你只写下自己想到的答案，不要参考周围其他人的答案。当我问完20次又过20秒之后，要停笔不再做答。"

（4）反省法。可以从如下几个"我"中去认识自己：自己眼中的我——也就是个人实际观察到的客观的自我，包括身体、容貌、性别、年龄、职业、性格、气质、能力等。别人眼中的我——这是指在与其他人交往的时候，通过别人对你的态度、情感反应而知觉到的我。不同关系的人对自己的反应和评价不同，这是个人从多数人的反应中归纳出来的统一的感觉。自己心中的我——指自己对自己的期望，也就是理想的我。

（5）自我价值观澄清法。价值观是自我意识的重要内容，了解自我价值观有助于更好地分析自我的行为，必要时修正自我价值观，以满足自我完善的需要。自我价值观在一些选择活动中能够明显地表现出来，因而通过模拟的情景和活动可以逐步探讨自我的价值观。

1. 艺术之一：客观审视自己的动机

要认识自我，首先要理性地审视自己的动机。动机，在心理学上一般被认为涉及行为的发端、方向、强度和持续性，是指由特定需要引起的，欲满足各种需要的特殊心理状态和意愿。人们因为有了动机才产生行为。动机可以分为内部动机和外部动机。所谓内部动机，就是从个体自身的需要出发而产生的行为；而外部动机是根据社会环境的需要而产生的行为。内部动机和外部动机是一个相互作用的过程，如果内部动机与外部动机发生冲突，但仍按照内部动机去发生外部所不需要的行为，往往会演变成不纯的动机；相反，如果外部动机所需要发生的行为与内部动机不吻合，就会缺乏内在的激励力量而导致行为发生强度的减弱。所以，重新审视自己的动机，是为了唤起自己残缺的内在动机，激发对工作的兴趣，认识自我在工作中的价值，从而以饱满的精神投入到工作中去。

2．艺术之二：静心思考自我

人只有在极度的安静中，才可能产生大智慧。有时候，什么都不要想，尽可能把心置入一无所有的境地，在极度的沉静中，可产生意想不到的大智慧。睡觉是身体的休息，静心是心的休息，只有在身体和心理都获得更新及舒适的情况下，才能有创作的源泉。当你独处时，才能和自己的心灵对话，并获得心灵的释放，把身外的烦嚣嘈杂皆抛诸脑后，如此才能获得真正的安静。所谓"宁静以致远"，心灵平静的人一般皆具有大智慧。我们应学会如何放松心情，在最少的压力下，获得最大的成就。在忙碌中偶尔静坐一下，可以缓和紧张的情绪，让工作效率更高。我们应该常常给自己有独处及沉思的时间，而"身动心静"也是一种养生之道。每天给自己几分钟独处的时间和静心的环境进行心灵对话，因为静能使人洞彻世事，忙碌只会使人更加混乱。

☞ 测试

自我检核题

即使在很忙的时候，我有没有专门寻找一个空间去思考问题？

在一年中我有没有安排专门的时间到清净的地方去放松自己？

我有没有与那些有智慧、有较深洞察力的朋友定期或不定期交流一些看法？

我是不是常感到没有自我而苦恼？

上面几个问题，往往是大部分管理者所面临的、同时又很少能够做到的问题。在大量的企业调研中发现，80%以上的企业高层经理认为自己太忙，每天要工作 12～16 个小时，没有时间休息，根本就没有时间出去旅游，没有时间去享受大自然，没有时间去进行一些自己喜欢的、随意或非随意的交流。这其实是他们没有充分意识到给自己一个清净的空间、时间去静心思考问题的重要性。浙江衢州某集团的总裁这样说道："每当我出差时，我会把车上看作我自己的空间，回家后我把书房作为独享的空间，当参加会议的时候，别人到风景区游玩，这时我就把宾馆作为我自己的空间……"由以上可见，并不是我们没有时间和空间，而是我们没有去主动地发现。只有主动创造时间，才能延伸我们的自我价值，给自己时间去反省自我。

9.3.4 提升自我的艺术

1．艺术之三：修炼自我意识

自我意识是通过自我感觉来认识自己的情感，它是一种从情绪中脱离出来的能力。当处理他人的情绪时，不被自己的情绪所左右乃至产生过激的行为。

☞ 提示

积极的自我意识包含着对自身素质的清醒认识，对自身素质有意识地运用能促进自我发展，也就是说"人贵有自知之明"。有自我意识的人，就能把平凡的才能发挥到异乎寻常的高度。罗斯福说过:"杰出的人不是那些天赋很高的人,而是那些把自己的才能尽可能地发挥到最大限度的人。"中国古代的韩信、法国的拿破仑就是清醒地认识到自己身上"最出色的军事家的素质",从而能成为优秀的军事家。如果一个人缺乏自知之明,那么他的行为就是低效的。

自我意识的核心包括自我价值的定位、面临变革的态度、人际需要的判断以及认知风格的确立四个方面:自我价值的定位在于确定自身的个体价值标准和道德评判的差异性和一致性;面临变革的态度在于分析自身的适应能力和反应能力;人际需要的判断在于分析不同沟通对象的价值偏好和相互影响方式;认知风格的确立在于明确信息的获取方式和对信息的评价态度。修炼自我意识就是从这四个核心要素出发,不断提升自我的价值观、面临变革的态度、认知风格和对人际需要的洞察力。这四个方面的相互关系如图9-6所示。

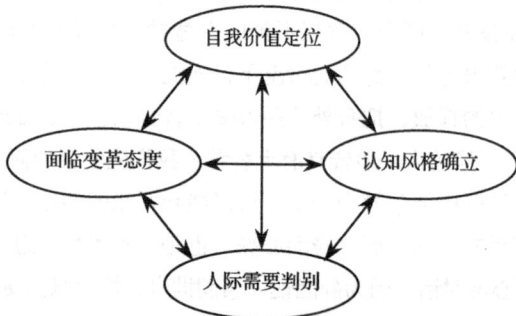

图9-6　自我意识核心四方面的关系

如图 9-6 所示,自我价值的定位指导面临变革的态度、强化认知风格的确立,并且与人际需要判别互为条件;面临变革的态度完善自我价值的定位、识别人际需要,并与认知风格的确立互相促进;人际需要的判别影响面临变革的态度、优化认知风格的确立;认知风格的确立作为自我价值定位的条件并是人际需要判别的基础。

☞案例

两个心境截然不同的出租车司机

我上了一辆出租车,和司机随便聊了起来:"最近生意好吗?""有什么好?哪有你们这些上班的好,油价疯涨,你想我们出租车生意会好吗?起早贪黑,每天十几个小时,也赚不到什么钱,真是气人!"为改变车内的气氛,我转变话题说:"你车内装饰得很漂亮,让人觉得心里很舒畅……"他打断了我的话,声音激动了起来:"舒畅什么!不信你每天坐 12 个小时看看,看你还会不会觉得舒畅!?"接着他的话匣子打开了,我只有听的份儿。

办完事情后,我再一次上了出租车,是个女司机,一张灿烂的脸庞伴随的是轻快愉悦的声音:"你好先生,请问要去哪里?"我的心也随之灿烂了起来,立即告诉她我去的目的地。

她带着灿烂的笑容启动了车子,并开始轻松地哼起歌来。我禁不住问:"看来你今天的心情不错啊!"她笑着回答:"我每天的心情都这样好啊。"我说:"不是出租车行业不景气,工作时间长,油价涨了,收入不理想吗?"女司机说:"这没错,我每天开车时间几乎在 12 小时以上。不过,日子还是过得很开心……""你每天开车那么长时间,怎么还开心呢?"我禁不住想问个明白。她说:"我觉得出来开车,其实是客人付钱请我出去玩。这不是很好吗?"

我惊讶于她能这样看问题,便怔怔地看着她,女司机还以为我不理解她的意思,便微笑地解释:"我的工作虽然辛苦,但是哪一项工作又轻松呢?经商的能挣钱但风险也大,当老板的风光但

192

工作压力也大。所以我不觉得我的工作苦，感觉还蛮不错。"

听了她的话，我的心情格外舒畅。快到目的地时，她的手机铃声正好响起，是一位老客户要去机场，原来喜欢她的不只我一位。相信她的工作态度，不但替她赢得好心情，也带来许多财源。

这个小案例中的两个出租车司机，由于不同的价值判断、不同的认知风格，产生了对工作环境的不同定位。造成这两种截然不同的态度的根本原因就在于他们的自我意识不同，也证明只有通过对自我意识的修正和提升，才能达成与外部对象良好的沟通绩效。

2．艺术之四：转换视角，开放心灵

如果你撞上了墙，不要转身放弃，要想办法怎么爬上去，翻过它，或者绕过去。生气的时候，先数到 10 再开口说话；如果很生气，就先数到 100。快乐来自深刻的感触，简单的享受，自由的思考，勇于挑战生活和被他人需要。转换视角，开放心灵，就是要求我们从封闭的自我约束中跳出来，通过转换自己传统的思维方式，开放自己的心灵，容纳新的知识核心的思想。具体可通过以下方法来实施：

（1）运用"苏格拉底反诘法"改变思维惰性

苏格拉底反诘法的过程。①讽刺。即是从对方的意见和观点中引出矛盾，迫使其陷入窘态，或者迫使其否定所肯定的东西。他认为这是使人变得聪明的一个重要步骤，因为除非一个人很谦逊并自知其无知，否则他是不可能学到什么的。该环节可以使人们发现自己认识中的矛盾，意识到自己所了解的东西不过是个别的、特殊的，怀疑自己原有的知识，从而迫使自己独立积极思考，急切需要知道答案。②产婆术。即在否定已有的错误意见以后，引导自己进行主动思索，自己发现新问题，得出结论和知识。否定了已有的观点，就可以不断发现新观点、产生新的认识。这个新认识并不是外在的，而是就在人的心灵之中。它开始以潜在的方式存在于人的心灵之中，经过讽刺、启发，成为一个确定的真理。苏格拉底曾说，我是无知，但能帮助别人获得知识。这个方法的形成，是受他的母亲所从事的助产士职业的启发，所以被称为"产婆术"。所不同的是，他的母亲是帮助生命的产生，而他自己是帮助人产生真理。"产婆术"是苏格拉底反诘法的关键步骤。该步骤在教育和教学中的运用，符合教学规律和学生主动性、创造性发展的规律。③归纳。即从个别事物中找出共性，通过对个体行为的分析比较来寻找一般的、必然的道理。④定义。即对找到的真理或知识加以表达。

👉案例

浓雾中的灯塔

两艘正在演习的战舰在阴沉的天候中航行了数日，我在其中的旗舰上服役。有一天傍晚我在船桥上负责瞭望，但浓重的雾气下，能见度极差。此时船长也守在船桥上指挥一切。入夜后不久，船桥一侧的瞭望员忽然报告："右舷有灯光。"船长询问光线是正逼近或远离。瞭望员答："逼近。"这表示对方会撞上我们，后果不堪设想。船长命令信号手通知对方："我们正迎面驶来，建议你转向二十度。"对方答："建议贵船转向二十度。"船长下令："告诉他，我是船长，转向二十度。"对方说："我是二等水手，贵船最好转向。"这时船长已勃然大怒，他大叫："告诉他，这里是战舰，转向二十度。"对方的信号传来："这里是灯塔。"结果，我们改了航道。

运用苏格拉底方法对案例进行分析——从这个案例中可以看出，我们每个人的脑海中都有一些定势，它们束缚了我们的思想和行为，从而产生很多错误或苦恼、迷惑。而当我们一旦认识了这些可笑的思维定势，换一种思维，你将发现一个崭新的世界。我们随着这位船长经历了一次观

念转移。观念一旦转移，整个情况就完全改观。这位船长因为视线不良而昧于实情，其实我们就好比置身浓雾中的船长，在日常生活中认清事实、转换观念对我们而言同样重要。苏格拉底认为真理存在于每个人的心灵之中，但并不是每个人都能独立地在自己身上发现真理，要发现自己身上的真理就必须依靠外界的帮助。因此，苏格拉底在讲学和辩论时总喜欢采用对话或提问的方式去揭露对方在认识中的矛盾，在他看来，只有通过这种方法才能把每个人心灵中的真理引导出来。苏格拉底明确得出了"知道自己无知"的重要命题。该命题的一个重要思想就是认识从怀疑开始。他认为，人们只有承认自己的无知，感觉到自己知道地很少，才能解放出来，从而为接受智慧提供前提。

（2）从他人角度思考问题，解放自我

从他人的角度看待问题，就是我们在思考问题时要从封闭的视角转换为开放的视角，打开心灵的窗户，把思绪、思想和观念接纳到自己的大脑中来，要以向每个人学习的勇气去与他人沟通。如"三人行，必有我师"，"海纳百川，有容乃大"。只有把自己的心灵开放了，沟通就无拘无束了，沟通双方就平等了，新的知识和新的思想就进来了。

（3）内心尊重他人

开放心灵和尊重他人是紧密相关的美德。把自己封闭在自我的世界里，紧闭心灵的窗户，就看不到外面的阳光；拒绝他人的接近，就是把自己置于自我的"山巅"上。于是，将他人万物都置之于外，不自觉中，与他人的距离越来越远。只有当你开放你的心灵，才能让外面新鲜的空气、温暖的阳光、和煦的春风吹进你的心灵，才能更好地进行自我的沟通。

（4）转变认识理念

转变认识理念就是要求把沟通的理念从"己所欲，施于人"转变为"人所欲，施于人"。"己所不欲，勿施于人"作为世界几大重要宗教的金科玉律，是为了向信徒们宣扬从"己所欲，施于人"的理念中走出来。当然，这是思考问题角度的转变，是有效的人际沟通的理念基础。但这种观念还是把自己定位在出发点上，自己还是主体，却把对方作为被动的信息接受者。"人所欲，施于人"的理念就是从根本上转换了视角，这就要求在沟通中要根据对象的特点、组织信息的内容和编码方式，把问题的解决和人际关系的正强化有机地结合起来。

（5）要积极意识自己的成见

①要意识到与你的信念、态度、想法和价值观相矛盾的信息并不都是对自己的威胁、侮辱或有抵触。②不要一味以自己的价值观去看待人。③不要因为他们的外观而排斥他们的想法。④不要过早地对讲话者的人格、主要观点和你自己的反应下结论。

9.3.5 自我超越的艺术

1．艺术之五：超越目标和愿景

自我超越是在认识到自身现状与标杆之间的差距后，通过学习和实践，不断缩小差异，逐步实现个人愿景的一种持续增长的过程。自我超越是指对自我行为惯性的突破。在社会生活中，由于受世界观、价值观、行为逻辑等因素的影响，个人会形成某种积习，这种积习有时会严重地限制自我上升的空间。因此，必须把自己从这种束缚中解放出来，才能够不断获得发展和进步。自我超越是个人成长过程中自我提升的最高境界。通过建立个人愿景、保持创造力、坦然面对真相和运用潜意识，便可实现自我超越。一个具有自我超越意识的人，在追求卓越人生的过程中，一定会树立自己的理想与心中的目标。在自我沟通的过程中，头脑中的理想与心中的目标便是认识自我、激励自我的内在动力与精神支柱。为了实现理想和目标，人们会积极主动地调适自我，反省自我，并在重新认识自我的过程中不断激励自我，从而实现自我超越。

高度自我超越的人具有共同的基本特质。他们对愿景所持的观点和一般人不同。对他们来说，愿景是一种召唤及驱使人向前的使命，而不仅是一个美好的构想。另一方面，他们把目前的真实情况，看作盟友而非敌人。他们学会如何认清以及运用那些影响变革的力量，而不是抗拒这些力量。他们具有追根究底的精神，将事情的真相一幕幕地廓清。他们倾向于与他人、同时也与自我生命本身连成一体，因此并不失去自己的独特性。他们知道自己属于一个自己有能力影响、但无法独力控制的创造过程。

👉 举例

在汉诺瓦公司，人们追求"更成熟"。欧白恩在他的著述中说，真正成熟的人能建立和坚持更高的价值观，愿意为比自我更大的目标而努力，有开阔的胸襟，有主见与自由意志，并且不断努力追求事情的真相。欧白恩说，真正成熟的人不在意短期效益，这使他们能专注于一般人无法追求的长远目标，他们甚至顾及自己所作的选择对后代子孙的冲击。欧白恩指出现代人缺乏对人类前途的关怀："不管是什么理由，我们对于追求精神层面所做的努力，远比不上对物质发展的追求。这是人类的最大不幸，因为只有在精神层面得以发展的前提下，我们的潜能才能充分地发挥。"

"愿景"有多个构面。它可能是物质上的欲望，像是我们想住在哪里？有多少银行存款？愿景有个人的构面，像是健康、自由、对自己诚实。它也可能是贡献社会方面的，像是帮助他人，或对某一领域的知识有所贡献。这些都是我们心中真正愿望的一部分。但社会趋势常会影响个人的愿景，社会舆论也常会褒贬个人愿景的好坏。这也是为什么实现个人愿景需要勇气，而自我超越层次高的人便能游刃有余地处理自己的愿景。正如日本人对于此高超的境界所做的描述："到了合一的境界，一个人的愿景与他的行动之间，甚至连细如发丝也放不进去。"愿景是内在的而不是相对的。它是你渴望得到某种事情的内在价值。"自我超越"是对一个人真正心之所向的"愿景"，不断重新聚焦、不断自我增强的过程。

2. 艺术之六：以自我为目标

"以自我为目标"强调的是自我精神追求的不断提高，是一种不断设定内心目标、持续自我激励的过程。与超越他人不同，超越自我可以通过不断地自我激励来实现。

自我激励指的是使自己具有一股内在的动力，向所期盼的目标前进的心理活动过程。自我激励可以表现在自我约束以克制冲动和延迟满足，或通过自我鞭策保持对学习和工作的高度热忱。心理学家对人类行为的研究表明，没有受到激励的人，其能力仅发挥了 20%～30%，而受到激励后，其能力的发挥相当于激励前的 3～4 倍。多数成功者的经历表明，强烈的自我激励是成功的先决条件。人们在前进中需要勇气与力量，人的内心常常存在着需要激励的欲望。如果没有激励，人们就会缺乏热情，丧失信心。因此，要想实现自我超越，就要经常自我激励。2008 年在上海举办的特奥会的口号"你行，我也行"就是自我激励的一个例子。人生就像一个大舞台，虽然有时会有人为我们鼓掌喝彩，但我们真正需要的还是来自内心深处持续不断的自我激励和潜在力量。

9.4 自我沟通的媒介——自我暗示

9.4.1 暗示与积极的自我暗示

☞ **小资料**

一位心理学家曾做过这样一个有趣的试验：他把一个空香水瓶洗得干干净净，然后注满清水带进教室。心理学家打开瓶盖对学生说：这是一瓶进口香水，看谁最先分辨出它的味道。不一会儿，学生纷纷举手，有的说是玫瑰香味，有的说是茉莉香味，有的则强调是玉兰香味……当学生被告知是清水时，不禁捧腹大笑。其实，这就是教师对学生"暗示"的结果。

暗示是采用含蓄的方式，如通过语言、行动等刺激手段对他人或自己的心理、行为产生影响，使他人或自己接受某一观念，或按照某一方式进行活动。自我暗示是通过自己的认知、言语、想象等心理活动向自己发出刺激，以影响自己的情绪和抑制的一种心理方法。运用自我暗示进行自我沟通，目的就是通过调动自身潜在的力量激励自我、调节自我、重塑自我，使自己处于最佳精神状态。如乒乓球运动员在挥拍大战对手的过程中，时常握拳呐喊，以鼓斗志。又如一些驾驶员出车前，在车窗前悬挂平安吊坠以求平安。凡此种种，都是通过自我暗示对自己的心理和行为产生激励作用。应该指出，自我暗示具有双重性，既有积极的自我暗示，也有消极的自我暗示。前者有助于激励自我，振奋精神；后者则使人意志消沉，丧失斗志。在运用自我暗示做自我沟通时，应多用积极的自我暗示鼓舞自己的斗志，多以积极向上的思想、语言提示自己，尽量避免消极的自我暗示。比如，当你遇到不快的事情时，应告诉自己"不要去想它"，"忘记过去的不快"。如果我们期待成功，就要对自己说：我一定会成功。如果你要做一个自信的人，可以对自己做出一些积极的自我暗示：走路昂首挺胸，说话铿锵有力，做事果断利索。事实表明，积极的自我暗示有利于激发自己的潜能，潜移默化地引导自己走向成功。

☞ **案例**

"从我完成旗手任务的那天开始——那天我收拾得干干净净的，因为那是大场面。从那天开始，如果中国男篮打不进八强，我就半年不刮胡子！"这是姚明在败给拉脱维亚队后立下的誓言，也是低调的中国男篮第一次提出"进八强"的口号。记者问姚明真的半年不刮胡子能怎样？姚明一愣："大不了变成土著。"此前的三场钻石比赛中，中国男篮击败了多年不胜的澳大利亚队，接着大胜欧洲弱旅瑞典队，这让中国男篮信心大增。姚明甚至说："别说八强，如果我们打疯了，我还想拿奖牌呢。""我把这话说出来，就成了众矢之的，所有人都会看着我。对手很强，不光是塞黑和阿根廷，西班牙和意大利都很强。但我想我说出了这个话，我自己就会为了八强而拼命，我的队友看到我拼命，也会跟着我拼命。我们男篮历史上两次进入八强都是拼进去的，我想我们也该拼了。"姚明捏了捏拳头。

从上述案例中可以看出，姚明以赛前蓄须这样一种自我激励、自我暗示的独特方式对自己进行鼓励和鞭策，使自己在赛场上以最佳的竞技状态拼搏。事实上，很多大牌体育明星比赛时都有特殊的癖好，例如欧洲足球先生劳尔必须先迈右脚入球场等。运动员在比赛前用一些特殊的方式鼓励自己，就是积极的自我暗示。

积极的自我暗示能够使自己在人生目标的追求中，保持旺盛的拼搏斗志，积极进取，迈向成功；而消极的自我暗示将会使自己精神萎靡不振，丧失前行的信心。因此，我们要在自我沟通中进行积极地自我暗示。图9-7列举了在面临问题时的一些积极的自我暗示和消极的自我暗示的区别。

自我暗示能有意识地向人的潜意识心灵提供某些思想、观念等作为种子，并经过精心、反复地培养，让其在潜意识里生根、发芽、长大。

案例

自我暗示对人的心理作用很大，有时甚至会创造奇迹。第二次世界大战时，苏联一位天才的演员 N.H.毕甫佐夫，平时老是口吃，但是当他演出时克服了这个缺陷。所用的办法就是利用积极的自我暗示，暗示自己在舞台上讲话和做动作的不是他，而完全是另一个人——剧中的角色，这个人是不口吃的。

	消极自我暗示	积极自我暗示
当你刚刚在同事面前做了一件错事时，你对自己说：	"现在他们知道我没用！"	"下次，我会……"
当你第一次做某件事并且发现做起来很困难，你对自己说：	"我太笨了，什么也学会不会！"	"我以前学过类似的东西，如果我坚持，我会做好它！"
当你忘记做某件你曾许诺过的事时你对自己说：	"我是这样的愚蠢和健忘！"	"这不像是我，只是我该如何安排……"
当你与此前从不认识的人一同走进会场时，你对自己说：	"我讨厌与这个陌生人在一起。"	"这将是一个挑战，我保持镇静，一切都会变好的。"
当你的老板叫你过去而你不知道是为什么时，你对自己说：	"我现在就要进去，我一定又做了什么错事！"	"我想知道发生了什么。"
当你摔倒在去商店的路上时，你对自己说：	"我真蠢，我甚至不能做到在路上不出丑！"	"哎呀！我应该好好注意走路！"
当你跑着去干一个要迟到的重要约会时，你对自己说：	"我相信我又要迟到了，我总是迟到，把事情弄得一团糟。"	"迟到不是我的一贯风格，我最好打个电话通知他们。"
当你入不敷出时，你对自己说：	"我做这种事是没有希望了，我总是做不好。"	"这是必须做的，而我知道我一定能做好。"
当你把某事做得非常出色时，你对自己说：	"奇迹发生了，真幸运。"	"我做得真不错。"

图9-7 积极的自我暗示和消极的自我暗示的区别

9.4.2 自我暗示方法

通过自我暗示向潜意识心智下达的指令必须满足以下的条件:简单、明确、具体、形象、可理解。自我暗示的具体方法可以自由选择，如拿破仑·希尔把愿望转化为现实的六个步骤：卡片法；镜子技术；每天的定时自我激励；与你自己喜欢的伟人进行交谈，请他们来帮助你一道工作等。每个人可根据自己的情况与喜爱选择，当然也可以自己创造一种方法，但一定要符合自我暗示技术所要求的一些基本准则。下面是一些有趣的自我暗示方法。

1．卡片法

找一张手掌大的较硬的卡片，在卡片上清楚、简洁地写上你所希望达到的目标，以及实现这一目标的时间，以及你愿为此所付出的代价，把这张卡片放在你的口袋里，每天早晨起床和晚上睡觉时，从口袋中拿出卡片，认真、庄重、充满自信地朗读你的卡片上的内容，要充满自信，要感觉到你像真的已经达到了目标。每次两遍，不能间断，直到你实现愿望。

实践

人与人之间的不同，在很大程度上是因为我们每个人问自己的问题不同，自我沟通的方式不同。成功者善于提正确的问题，失败者往往问自己一些错误的问题。每当你遇到什么问题或困难，你不妨常问自己以下 5 个问题：（1）这件事的发生对我有什么好处和机会？（2）现在的状况还有哪些地方不完善？（3）我现在应该做哪些事情来达成我想要的结果？（4）如果要达成结果，有哪些错误我不应该再犯？（5）我要如何达成目标并且享受过程？

此外，在每天清晨醒来和每晚就寝之前，你也可以问自己几个问题，提出这些问题可以让你白天心清气爽，晚上心安理得。清晨能力之问——（1）此刻人生中有什么让我觉得快乐？让我快乐到什么程度？带给我什么样的感受？（2）此刻人生中有什么让我觉得振奋？让我振奋到什么程度？带给我什么样的感受？（3）此刻人生中有什么令我鼓舞？令我鼓舞到什么程度？带给我什么样的感受？（4）此刻人生中有什么让我值得感恩？让我感谢到什么程度？带给我什么样的感受？（5）此刻人生中有什么令我欣赏？令我欣赏到什么程度？带给我什么样的感受？（6）此刻人生中有什么值得我努力？让我努力到什么程度？带给我什么样的感受？（7）我喜欢什么样的人？什么样的人喜欢我？让我喜欢到什么程度？带给我什么样的感受？夜晚能力之问——（1）今天我有什么样的付出？我是用什么样的方式付出？（2）今天我学到了什么？（3）今天我给自己的人生提高了什么品质？对于未来，我在今天做了什么样的投资？

以上这样的提问可帮助你调整你的注意力，更加积极地面对生活，使你一生受用无穷。

2．镜子技术

找一块至少能够看见你大半身体的镜子，挂在墙上。每天早晚对着镜子笔直站立，脚后跟靠拢，抬头、挺胸、收腹，再做三四次深呼吸，看着自己的眼睛，直到对自己的能力、力量和信心有了一种感受，然后注视着自己的眼睛，告诉自己所要得到的东西，要讲得清清楚楚、坚定有力，充满自信。要坚持而不能间断，直到你实现愿望。

🛸 关键术语

自我、自我感觉、自我引导、自我期望、自我沟通、约哈里窗、自我互动、主我与客我、修炼自我、自我超越、自我暗示、卡片法、镜子技术

📚 本章习题

一、判断题

1．自我沟通是其他一切沟通活动的基础，它存在于诸如人际沟通、群体沟通、大众沟通等的各个沟通环节。（　　）

2．自我沟通过程中，信息输出、接收、反应和反馈依次进行，循环活动，这些基本活动之间有明显的时间分隔。（　　）

3．自我的发展是一个认识自我、提升自我、超越自我的过程，自我沟通技能的提高也是一个不断认识自我、提升自我和超越自我的过程。（　　）

4．"以自我为目标"就是指个人应适当降低对自己的要求，如果自己已经是最成功者时，就可以适当地松懈，而不要刻意地去追求更高的目标。（　　）

5．自我沟通是手段和过程的内在统一，而最终目标在于解决外在的问题。（　　）

二、选择题

1. 以下属于自我沟通特点的是（　　　）。

  A. 主体和客体同一性   B. 自我沟通目的在于说服他人

  C. 沟通过程反馈来自"我"本身 D. 沟通媒体也是"我"自身

2. 自我沟通与人的自我意识紧密相关，自我意识从形式上可表现为（　　　）。

  A. 自我认识 B. 自我体验 C. 自我调节 D. 自我欣赏

3. 自我沟通中所谓的受众策略分析即是（　　　）的过程。

  A. 自我认识 B. 自我暗示 C. 自我激励 D. 自我调节

4. 自我意识的核心包括（　　　）。

  A. 自我价值的定位   B. 面临变革的态度

  C. 人际需要的判断   D. 认知风格的确立

5. 从心理学观点看，自我认知包括以下三要素：物质自我认知、社会自我认知以及（　　　）。

  A. 意识自我自知   B. 精神自我认知

  C. 理想自我自知   D. 身体自我自知

三、思考题

1. 结合实际谈谈你对自我沟通的认识。

2. 自我沟通的特点以及作用是什么？

3. 简谈自我暗示在自我沟通中的作用，并结合你的实际生活、学习或工作来谈谈你是如何运用自我暗示进行自我沟通的？

4. 自我沟通的艺术有哪些？结合实际谈谈你自己是如何运用这些自我沟通艺术的。

5. 简要描述一下自我沟通的基本过程。

📋 案例分析

被拒绝的建议书

杨瑞是一个典型的北方姑娘，在她身上可以明显地感受到北方人的热情和直率，她喜欢坦诚，有什么说什么，总是愿意把自己的想法说出来和大家一起讨论，正是因为这个特点她在上学期间很受老师和同学的欢迎。今年，杨瑞从西安某大学的人力资源管理专业毕业，她认为，经过四年的学习自己不但掌握了扎实的人力资源管理专业知识，而且具备了较强的人际沟通技能，因此她对自己的未来期望很高。为了实现自己的梦想，她毅然只身去广州求职。

经过将近一个月的反复投简历和面试，在权衡了多种因素的情况下，杨瑞最终选定了东莞市的一家研究生产食品添加剂的公司。她之所以选择这家公司是因为该公司规模适中、发展速度很快，最重要的是该公司的人力资源管理工作还处于尝试阶段，如果杨瑞加入，她将是人力资源部的第一个人，因此她认为自己施展能力的空间很大。

但是到公司实习一个星期后，杨瑞就陷入了困境中。

原来该公司是一个典型的小型家族企业，企业中的关键职位基本上都由老板的亲属担任，其中充满了各种裙带关系。尤其是老板给杨瑞安排了他的大儿子做杨瑞的临时上级，而这个人主要负责公司研发工作，根本没有管理理念，更不用说人力资源管理理念，在他的眼里，只有技术最重要，公司只要能赚钱，其他的一切都无所谓。但是杨瑞认为越是这样就越有自己发挥能力的空间。于是自己写了一份建议书，可是该不该上交这份建议书呢？杨瑞心里一直在打鼓，经过一番挣扎，她认为机会要靠自己争取，要敢于提出意见，这样不仅有利于公司的发展，更有利于自己的前途进步。想到了《当幸福来敲门》里克里斯对他儿子说的一段话"别让任何人告诉你，你做不成什么事"，"如果你有梦想的话，你就要去捍卫它。那些一事无成的人就想告诉你，你也成不了大器。如果你有理想的话，就要努力实现，一步步去实现。"有这种理念的人，还有什么事情办不到呢？因此在到公司的第五天杨瑞拿着自己的建议书走向了直接上级的办公室。

"王经理，我到公司已经快一个星期了，我有一些想法想和您谈谈，您有时间吗？"杨瑞走到经理办公桌前说。

"来来来，小杨，本来早就应该和你谈谈了，只是最近一直扎在实验室里就把这件事忘了。"

"王经理，对于一个企业尤其是处于上升阶段的企业来说，要持续企业的发展必须在管理上狠下功夫。我来公司已经快一个星期了，据我目前对公司的了解，我认为公司主要的问题在于职责界定不清；雇员的自主权力太小致使员工觉得公司对他们缺乏信任；员工薪酬结构和水平的制定随意性较强，缺乏科学合理的基础，因此薪酬的公平性和激励性都较低。"杨瑞按照自己事先所列的提纲开始逐条向王经理叙述。

王经理微微皱了一下眉头说："你说的这些问题我们公司也确实存在，但是你必须承认一个事实——我们公司在赢利，这就说明我们公司目前实行的体制有它的合理性。"

"可是，眼前的发展并不等于将来也可以发展，许多家族企业都是败在管理上。"

"好了，那你有具体方案吗？"

"目前还没有，这些还只是我的一点想法而已，但是如果得到了您的支持，我想方案只是时间问题。"

"那你先回去做方案，把你的材料放这儿，我先看看然后给你答复。"说完王经理的注意力又回到了研究报告上。

杨瑞此时真切地感受到了不被认可的失落，她似乎已经预测到了自己第一次提建议的结局。

果然，杨瑞的建议书石沉大海，王经理好像完全不记得建议书的事。杨瑞陷入了困惑之中，自己反复思考在这个过程中有没有什么错误的地方，建议书是不是内容错了，这些都被一一否定了。最后得出的结论是自己成就动机太强，太着急期待别人的认可；急于把自己的所学运用到实践中去，希望受到较少的限制拥有更大的自由发展空间；具有太强烈的挑战和创新精神而不结合企业的真实情况，不甘于维持现状；理论水平高但缺乏实践经验，对现实的看法比较理想化；做事急躁，更渴望看到结果而忽略过程等这些初入职场的毕业生都有的问题，并进行了反思。

杨瑞还像往常一样来到公司上班，期待等待公司发展到合适阶段的时候再次提出建议书。

资料来源：作者根据有关资料整理

问题

1. 杨瑞和经理的沟通有问题吗？如果有，有什么问题？

2. 面对这种情况，你会如何进行自我沟通？

3. 请你结合案例谈谈自己的感受和启示。

第 10 章　跨文化沟通

学习目标

1. 掌握跨文化沟通的本质和理论
2. 了解跨文化沟通的障碍
3. 理解跨文化沟通的策略
4. 了解中国传统文化与沟通的特点
5. 了解不同文化谈判的风格

能力目标

1. 增强学生不同文化背景下沟通具有差异的意识，提高学生在实践中跨文化沟通的能力与技巧
2. 注重学生对跨文化沟通及其相关概念的认识能力

导入案例

老板与员工的困惑

飞利浦照明公司某区人力资源的一名美国籍副总裁与一位被认为具有发展潜力的中国员工交谈。他很想听听这位员工对自己今后五年的职业发展规划以及期望达到的位置。但是中国员工并没有正面回答问题，而是开始谈论起公司未来的发展方向、公司的晋升体系，以及目前他本人在组织中的位置等。说了半天也没有正面回答副总裁的问题。副总裁有些疑惑不解，没等他说完已经不耐烦了，因为同样的事情之前已经发生了好几次。

谈话结束后，副总裁忍不住向人力资源总监抱怨道："我不过是想知道这位员工对于自己未来五年发展的打算，想要在飞利浦做到什么样的职位而已，可为什么就不能得到明确的回答呢？"

"这位老外总裁怎么这样咄咄逼人？"谈话中受到压力的员工也向人力资源总监诉苦。

显然，对于出生于两个不同国度的美国籍副总裁与中国员工，他们在思维方式、生活习惯、文化背景、教育程度等多个方面存在着显著的差异。正是由于这些文化差异的存在，才使得双方在沟通交流的过程中产生一系列障碍。

美籍副总裁询问这位员工关于未来五年想要在飞利浦晋升到什么样的职位。这是由于美国人很注重个人在企业的发展状况，也与美国一贯重视个人利益有着莫大的关系，带着明显的个人主义色彩。而从中国员工的回答来看，基本上是"从集体到个人"。习惯于重视集体，轻视个人。他先谈论的是与公司有关的一些情况，如公司未来的发展方向、晋升体系；接着才说到自己在公司

所处的位置等。一个好的集体是由每一个优秀的个体所创造和组成的。

从本案例中不难看出，文化差异严重影响着企业领导与员工之间关系的和谐，所以，消除文化障碍，实现有效的沟通对于跨文化企业来说是十分迫切的。

资料来源：作者综合网络资料整理

10.1 跨文化沟通的含义

10.1.1 文化的含义

一般来说，文化分为三方面的内容。

1．文化是人们的行为方式

文化包括人们处理与周围环境、人与人之间的关系，以及生产活动、社会活动和日常生活中的各种习惯化的行为。

2．文化是价值观

文化也是隐藏在人们行为方式之后的对客观事物的基本看法。这涉及人们的宗教信仰、道德、风俗习惯、法律等意识形态的东西。文化隐藏在人们的意识之中，既可能是清晰的，也可能是不清晰的，看不见摸不着，时时刻刻影响着人们的行为方式。

👉 小资料

对于许多跨国公司的管理人员来说，跨文化沟通已成为他们日常事务的一部分，他们与来自不同文化的人共事，通常的情况是自己的老板、直接主管或同事都来自与自己不同的国家。因此，管理人员不仅得学习某一种特定的文化，而且还得学会如何同时应对不同文化分别对员工自身工作态度和行为的影响，以及对他们之间的交往互动的影响。全球化经营的企业只有进行了成功的跨文化管理沟通，才能使企业的经营得以顺利运转，竞争力得以增强，市场占有率得以扩大。

3．文化是人们行为的结果

文化也可以用物质形态来表现出来，如建筑物、服饰、生活用品等。文化是一个国家、一个民族特定的观念和价值体系，这些观念和价值体系构成了人们生活、工作中的行为。世界各民族由于特定的历史和地域而逐渐形成了自己独有的文化传统和文化模式。由于中西方传统习惯、价值观念、宗教信仰、思维方式的不同，所以中西方文化表现出诸多差异。

10.1.2 文化的特征

1．分享性

文化是可以分享的，并不是一种个体特征，而是某些群体所共有的。如果只有一个人在做某件事，这只能是一种个体行为。只有是一群人或一个团体内的人们所共同接受或共同享有的事情、思想等才能被认为是文化。

2．学得性

文化是后天学得的，是通过与他人的相互作用而学习得到的。文化通过代代相传的社会化学习过程而得以传承。文化的学习保证了社会文化的延续。

3．约束性

文化一旦形成，就不再依赖于个人而独立存在，在特定的环境中可以直接影响甚至决定人的行为。文化提供了一个具有界限的生活环境，在这个界限内部，个体有相对自由的发展。而一旦超出这个界限，个体的发展就会受到约束。

4．差异性

由于历史条件、自然条件、经济水平、社会制度等的差异，世界上形成了多种多样的文化种类。如中国人崇尚"天人合一""以人为本"的思想，而美国人则崇尚"平等""自我奋斗""冒险"等。同在中国，北方人和南方人的文化特点又不同，北方人粗犷、大气，南方人细腻、婉约等。文化差异是造成外资企业、合资企业员工跨文化沟通失败的根本原因。文化差异不仅存在于不同的文化单元中，也存在于同一文化单元中。这是由于个体的教育水平、生活经历、人际关系都不一样，个体对文化的理解就会不同，文化在每个人的身上的表现和发展也不一样，因此，在同一文化单元内，会呈现出丰富多彩的性格、行为等。

5．共同性

人类文化具有一定的共性，这是因为人类的生存环境有限以及人类在生理上具有相似性，即都是以生存、繁衍为最基本的目的。

10.1.3 文化与管理的关系

文化与管理有着密切的联系，两者相辅相成，互相转化，具有共生性。

1．管理就是一种文化

管理是一种社会职能，隐藏在价值、习俗、信念的传统里，以及政府的政治制度中。管理是受文化制约的，在一定意义上，管理就是文化。一个特定民族、社会文化圈的特定文化对管理过程的渗透和反映，就形成了所谓的"管理文化"。管理文化主要包括价值标准、经营哲学、管理制度、行为准则、道德规范、风俗习惯等。比如，日本管理以忍耐型经营、公司至上、个人流动性低、支持集体主义等为特点。而美国管理文化以个人决策、个人负责、高度个人流动性、支持独立等为特点。管理文化在很大程度上影响管理效率，如美国汽车工业遭到日本汽车工业强有力的挑战，美国人发现其原因之一就在于日本从设计到产品上市只要很短的时间，而美国人由于产品开发、设计、生产都是各自为政，且相互存在竞争关系，所以"内耗"时间长，产品上市时间竞争不过日本。

2．文化是一种管理手段

文化在人的发展过程中扮演着制约的作用。在企业的管理过程中，"企业文化"或"组织文化"的文化也是一种管理手段。企业文化是用来培训职工、增强凝聚力的良好手段；也是对职工进行激励的动力之一；是企业进行改革创新、适应环境的思想基础；是公司对外宣传、提高声誉的工具。

3．文化与管理的共生性

文化与管理的共生性是指：管理随着文化的发展而发展，文化的发展方向、水平、模式影响和决定着管理的发展，而管理的发展反过来又影响文化。如企业文化是在一定的文化背景下形成的，形成后的企业文化就成为文化的"亚文化"，丰富了文化的内涵。比如，东西方管理可以运用相同的管理技术，但其管理思想、管理哲学截然不同，其根本原因就在于其所依存的东西方文化不同。儒家文化圈及其管理模式成为近年来人们探讨的热点，其原因也在于人们对其管理及其背后的文化因素感兴趣。从文化与管理的共生性上说，世界上不存在最佳的管理方法、思想，只有与文化背景、企业成长情况最佳匹配的管理。

10.1.4 跨文化沟通的概念

跨文化沟通是指不同文化背景的成员、群体及组织之间表达思想、传递信息、交流感情、形成互动的行为过程。其实质是不同文化中沟通双方相互尊重和理解的过程。

跨文化沟通有其自身的特点。在跨文化沟通中，由于信息的发送者和信息的接收者为不同文化的成员，在一种文化中的编码，要在另一种文化中的解码，编码和解码都要受到文化的深刻影响。因此，整个沟通过程都要受到文化的深刻影响。在跨文化沟通中，思维方式、价值观、风俗习惯、语言等都有可能成为沟通障碍，跨文化沟通是人际沟通的更复杂形式。这个过程如图 10-1 所示。

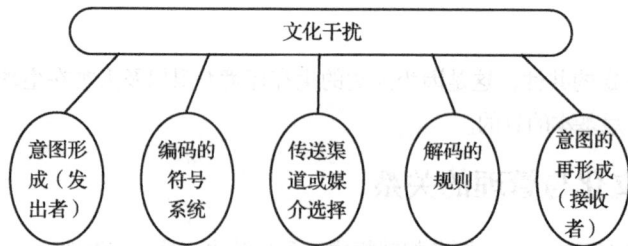

图 10-1 跨文化沟通过程

在沟通过程中，信息的发出者和接收者，编码和解码过程都受到文化的影响和制约。来自不同文化的沟通双方的行为方式、价值观、语言、生活背景都存在着很大的差异，这些给沟通造成了很大的困难。以语言的沟通为例，人们在说话时的主次关系、说话内容和先后顺序等都是由文化决定的。日本人比较含蓄，不轻易对事物和问题表示自己的看法，特别是不轻易表示自己的反对意见，这同欧美文化中的人是不同的。事实上，文化在很大程度上影响着和决定了人们如何将信息编码，如何赋予信息以意义，以及是否可以发出、接收、解释各种信息的条件。

萨姆瓦等人曾提出了一个较权威的跨文化沟通的模型，如图 10-2 所示。

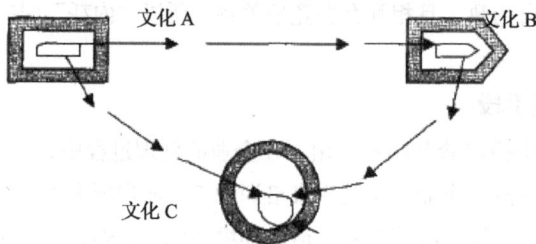

图 10-2 跨文化沟通模型

（1）在模型中，三种文化用不同的几何图形表示。文化 A 和文化 B 是比较接近的文化，而文化 C 则有较大的差异。

（2）每一种文化图形的内部，都有与文化图形相似的另一个图形，它表示受到该文化影响的个人。代表个人的图形与整体文化图形稍有不同，这说明两点。第一，在文化之外，还有一些其他因素影响个体的形成；第二，尽管文化对每一个人来说都是具有主导性影响的力量，但对个人的影响程度不同。

（3）跨文化的编码和解码由连接几个图形的箭头来说明。箭头表示文化之间的信息传递。当一个信息到达它将被解码的文化时，发生了一个变化的过程中。在跨文化沟通过程中，这原始信息的内含意义就被修改了。

（4）文化对跨文化沟通环节的影响程度是由文化间差异的程度决定的，两者之间在沟通行为及其意义上越相似，解码的结果与原始信息的内涵意义就越接近。

（5）在跨文化沟通中，文化间的差异是广泛多变的。这在很大程度上是由于环境和沟通方式造成的。

10.1.5　跨文化沟通的特点

1．文化的共享性差

在一种文化中编码的信息，包括语言、手势和表情等，在某一特定文化单元中有特定的含义；传递到另一文化单元中，要经过解释和破译，才能被对方接收、感知和理解。跨文化沟通中沟通双方来自于不同的文化背景，其各自文化中的认知、规范、语言和非语言符号系统的相似与不同混淆在一起，文化共享性差。当双方对文化信息加以编码、进行交流时，就会发生障碍。

2．各种文化的差异程度不同

两种文化相似程度对理解跨文化沟通有重要意义。在跨文化沟通中，各种文化的差异程度不同，产生误解的可能性大小也不同。人们具有的共性越多，沟通中遇到挫折也就越少，反之则越大。

3．无意识的先入为主

在跨文化沟通中，人们往往在缺乏对对方文化背景了解的情况下，就无意识地用自己文化的标准去衡量和评判对方的行为。对异文化的成见与偏见往往是由无意识的先入为主带来的。

4．误解、矛盾与冲突增多

由于上述三个特点，跨文化沟通的误解、矛盾和冲突增多了。在不同类型、不同层面的沟通中，误解、矛盾和冲突时有发生。

5．文化变异性增强

与同文化沟通相比，跨文化沟通在把异质文化（不同于本民族的物质文化、规范文化、认知文化）传递给下一代的时候，更多地表现出社会的变异功能，使得文化群体的部分成员、文化的某个方面，以至整个社会的文化群体发生变异。从世界范围来看，这是一种向超级大国文化趋同的功能，而对于一个小的文化群体而言，则是一种变异的功能。

10.2　跨文化沟通的障碍

相对于同一文化内部的沟通，跨文化沟通不改变沟通的普遍性质，但是，文化因素的介入却增加了沟通的复杂性和困难程度。文化因素不但作用于沟通的整个过程，也影响沟通的每一个基本方面，从而给跨文化沟通造成困难与障碍。

10.2.1　感知

感知与文化有着密切的联系。一方面，人们对外部刺激的反应，对外部环境的倾向性、宽容度和接受度，是由其所代表的文化决定的；另一方面，当感知的结果（即知觉）形成后，它又会对人们所代表的文化的发展及其跨文化沟通实践产生影响。

☞ 案例

接手机的文化差异

我与中国妻子芸在一起已经 8 年了。不久前，我们为一件小事陷入了冷战。为了解除其中的误会，我们开始了一场重要的谈话。就在这个节骨眼上，芸的手机响了。她毫不迟疑地拿起来接听，电话是她的一个女性朋友打来的，她说电话十分重要，她的朋友需要她的帮助。在她打电话的这 5 分钟时间里，我对谈话的感觉顿时消失了。我们正在进行一次重要的交谈，她为什么要放下这件事去接听电话呢？我于是一言不发地走开了。妻子的这种无礼行为令我难以接受。后来，我们重归于好，再也没有提起那件事。再后来，她有事去了美国。上周的一天，在我们的一次越洋通话中，她突然提到了那天晚上的电话，并向我致歉。原来，我们在芝加哥的邻居在一次聚会上抱怨，中国人总是随时随地地接听电话，即便在他们与最亲密的家人、朋友一起享受轻松一刻的时候也是如此，美国人则把这种做法看做无礼行为。我妻子告诉我，就在那一刻，她突然意识到，她当初在我们谈话的时候无意间冒犯了我，她不该随便接听电话。她解释说，从小到大，她从来没有被告知在吃饭或者聚会的时候，尽量不要让手机打扰到别人。妻子真诚的道歉令我恍然大悟，她的无礼行为也许出于一种文化差异，或者是两国发展水平的不同，但有一点是肯定的，她这么做是无意的。我不禁为自己当初对她的责怪感到愧疚。

10.2.2　偏见和成见

偏见是建立在有限的或不正确的信息来源基础之上的，在跨文化沟通中不容易避免。从客观上来说，偏见具有简化认识过程的作用。但实际上这是一种懒惰的方法，它忽略大量活生生的语音和非语言信息，只抱着虚幻的、不一定是事实的想法，以逃避由于茫然失措带来的焦虑、不安和紧张。所以，偏见也会直接或间接地影响跨文化沟通。

10.2.3　种族中心主义

种族中心主义是人们作为某一特定文化中的成员所表现出来的优越感，它以自身的文化价值观和标准作为至高无上的衡量尺度去解释和评判其他文化环境中的群体。

有这种观点的人在信仰和价值体系与别人不同时，总是认为不同意自己观点的人是错误的。如果一个人总是有意识或无意识地认为某个文化团体的世界观比别人的高明，当他与另一个团体的成员交往时，沟通中不可避免地要充满干扰。带着民族优越感进行沟通会怀疑另一方观点的标准太低。没有人喜欢别人说自己的文化定位比较低，因此民族优越感不可避免地会导致不和谐的冲突因素。

☞ 提示

在任何情况下，信息发出者和接收者之间不同的态度都会破坏有效沟通的努力。但是，如果在任何跨文化沟通开始之前，你总假设正与你交谈的对象智力低下的话，那么几乎任何沟通努力都要因为这些干扰因素而付诸东流了。如果一个人感觉你看不起他的文化背景，那么即使是"你好吗？"这种简单的问候语也可能会引起歧义。

10.2.4 语言

语言差别是不同文化间最重要的区别之一，同时也是跨文化沟通的最大的障碍之一。语言作为一个整体与文化产生联系，无论是文化对语言的影响还是语言对文化的承载，二者之间的相互作用都是发生在语音、语义、词汇、语法和语用等几个方面。在组织中，不同语言的使用主体在进行沟通时最容易在语义和语用两方面引起误会，产生跨文化沟通障碍，引起文化冲突，影响组织内部和谐人际关系的建立，破坏组织同合作者的良好关系，使组织蒙受巨大损失。

1．语义

语义是指符号与所指事实或概念之间的关系。换句话说，语义是指语言中词语的意义。在跨文化沟通中，语义的异同与文化发生的关系最密切，对沟通的影响也最突出。每种文化都为词语赋予了特有的含义，各种文化群体对同一对象或现象各有不同的说法和名称，甚至同一文化内对同一对象也有不同的说法和名称。不同语言中由于文化的不同而形成的语义的不同，则成为跨文化沟通的障碍之一。如果能够准确地掌握这些语义的异同，就更有可能取得沟通的成功，反之则会导致沟通失败。

2．语用

不同的语言有不同的语用规则，这也是影响跨文化沟通的因素之一。一句完全符合语法规则的话，用于不恰当的场合，或不合说话人的身份，或不符合当地的风俗习惯，就达不到有效沟通的目的，有时甚至会产生意想不到的后果。

10.2.5 非语言因素

由于人们对于非语言暗示往往并不十分清楚，因此由非语言沟通引起的误解比语言沟通引起的误会更难消除。一位阿拉伯员工深信他的美国同事很讨厌他，因为对方在办公室休息时，有时会把脚放在桌子上，鞋底正好朝着他这一边。在阿拉伯文化中，脚，特别是鞋底被视为肮脏之物，将鞋底向着他人是一种极为不敬的举动。很多跨文化沟通的文献都充斥着肢体语言的例子，这些肢体语言在一种文化中是一种含义，在另一种文化中却大相径庭。有一些经常到海外旅行的商人出版的刊物，刊物里写着"可以做的事和不可以做的事"以提醒他们注意非语言的差异。例如，在一种刊物里说道：在印尼，不要摸任何人的脑袋，开会时，不要跷二郎腿。在印度，点头的意思是"不"，而摇头的意思是"是"。

☞ **案例**

某个周末，莫利·亨德森和她的同事汉斯·绍米尔参加了一次在波士顿为 VMF 建筑公司举行的招待会。VMF 建筑公司已经和两家跨国公司建立了合作关系，将会在南非设计并建造一个医疗中心。在出席此次招待会的 25 位与会者中，只有 5 位是美国人，其余的都来自其他国家，有着各种不同的文化。招待会结束后，莫利和汉斯碰面，相互询问了一下，并且彼此分享了各自的印象。莫利注意到了当阿尔·杰扎尔先生让伦敦人詹姆斯.雷诺博士后退到房间角落那一刻的雷诺先生的表现。她说："杰扎尔的动作好像舞蹈一般，雷诺博士看上去有点不开心啊。"汉斯观察了一位韩国与会者，他说："是啊，雷诺先生并不是唯一一位不愉快的人。我一直试图盯住帕克先生的目光，但是这种做法好像让他很有些不愉快。当我问他问题的时候，在回答之前，他总是会有一段较长时间的停顿。""你看见那两个穿着礼服的小伙子了吗？"莫利问道，"为什么会有人认为商务招待会是很正式的呢？我就不明白为什么事情就不能变得好些。我倒确实希望正式的会议能比招待会开得更顺利。好歹大家都说英语。"

10.2.6 价值观

在跨文化沟通中，由于拥有不同文化背景的沟通双方价值观迥然不同，因此彼此之间的交流难度增大，有时往往会使看似简单的问题变得复杂化。当沟通双方就某一问题的看法或想法涉及必须坚持或必须反对的价值观时，冲突就会出现，沟通失败的可能性就大。如果沟通双方所涉及的问题其价值观的兼容性较大，那么双方实现有效沟通的可能性就增大。表 10-1 列举了中国和美国在六大价值取向上的差异。

👉 **提示**

东西方文化在价值观上的突出差异

（1）在年龄观念上，东方尊重长者，而西方重视青年。

（2）在个人观念上，东方主张"无我"，从众心理严重；而西方强调"自我"，竞争欲望强烈。

（3）在成就观念上，东方侧重守业，表现出集体精神；而西方追求创业，个人利益为先。

（4）在管理观念上，有三种管理的差异。第一，人事管理。西方以个人为本位，强调能力第一；中方以人伦为本位，强调德行第一。由于标准不一，双方所起用的人往往因得不到对方的充分认可而产生较多冲突。第二，目标管理。西方的时间观与效率观和中方的时间观与效率观也有很大差异。第三，交际管理。中方的谦虚，可能被西方视为"无能"；西方的干脆，可能被中方视为"冷漠"。中方的热情，可能被西方视为"烦琐"；西方的许诺，可能被中方视为"有诈"。

表 10-1　中国和美国在六大价值取向上的差异

序号	六大价值取向	美国	中国
1	对人性的看法	认为人性可善可恶，是善恶混合体；人性的善恶有可能在出生以后发生变化。 在管理上，尽可能地考虑人性恶可能带来的坏行为，在设计制度时严密仔细，事先设置种种限制以防不良行为的发生	对人性采取较单一的看法，认为人性难变；在管理上，从人性善的角度，假设人不会做坏事，所以制度稀松，到坏事发生的时候再去修补制度
2	对自身与外部自然环境的看法	人主导环境	人与环境和睦相处
3	对自身与他人之间的关系来看	认为人应该是独立的个体，每个人都应与众不同。强调人的独立性	把个体看成是群体的一员，应该合群，而不应该特立独行。群体重于个性
4	人的活动导向	强调行动，人必须不断地做事，不断地处在行动之中才有意义，才能创造价值	静态取向，耐心仍然被视为美德之一，而非无所事事的表现
5	人的空间观念	把空间看成是个人的隐私之处，他人不能轻易走近	把空间看成公共的东西，没有太多的隐私可言
6	人的时间导向	很少关注过去，基本着眼现在和未来	关注过去和现在，而较少注重未来

10.2.7　思维方式

思维方式是指一个人的思维习惯或思维程序。人们在自己的文化氛围中形成了具有各自特色的看待问题和认识问题的习惯方式。由信息发送者以一种思维方式编码出的一组信息发出后，接收者会以自己独特的思维方式对此信息加以破译，其结果往往会发生歧义或误解。比如，中国人通常在朋友见面时都会客气地问："吃饭了没？"其实这只是中国人打招呼的一句客套话，就如同"你好！"一样，但是西方人听到了却以为是你要请他吃饭。

10.2.8　社会规范

社会规范是文化的要素之一，它是指人们应该做什么、不应该做什么，可以做什么、不可以做什么的规则，其具体形式有道德规范、风俗习惯、法律规范和宗教规范等。社会规范也是跨文化沟通中引起误会和冲突的重要因素。

道德规范是一种内化了的行为标准，其行为是自觉采取的，违反道德行为就要受到舆论和良心的谴责。它是比风俗习惯高一层的社会规范。在不同文化中，有共同的道德，也有不同的道德。比如，盗窃在许多文化中都被认为是不道德的。中国文化中不赡养老人是不孝顺的行为，而美国文化中这种观念却很淡薄。由于道德规范多是不成文的，所以跨文化沟通在道德规范上的冲突会造成沟通双方心理上的不快。

风俗习惯是人们在长期的历史发展过程中延续形成的一种生活方式，是一种最基本的社会规范。它表现在衣食住行、婚丧嫁娶等各个方面。其中禁忌是其最重要的内容之一，是跨文化沟通中最应该注意的问题，若不尊重就会伤害到对方的感情。如给中国人送礼时不能送"钟"，以忌讳"养老送终"之意，外国人却常常会因为不明白其中的道理而造成尴尬局面。在跨文化沟通中，违犯禁忌是一大忌。

法律规范是一种具有强制性的行为规范，由国家制定或认可，并由国家机构保证实施。由于不同国家的法律规范所依据的理论基础和体系是不同的，所以各国在具体的法律规范上也会有不同之处。比如，在泰国贩卖几克毒品就会被处死，而在一些国家却没有这么严厉。法律规范多是成文规定，跨文化沟通者在法律规范上的冲突常常会涉及国家主权的问题。因此，必须了解和遵守所在国的法律，避免沟通失败。

宗教规范是受宗教影响而形成的一种极具强制性的行为规范，它包括信仰、节日、仪式教规等多种表现形式。如果人们不能理解这一体系，就会引起很大麻烦。如在一些伊斯兰国家里，违反斋月禁食条例的外国人将遭到拘禁和驱逐。在跨文化沟通中，宗教规范上的冲突要比风俗习惯上的冲突更难调和，这也是引起跨文化沟通障碍的又一重要因素。

10.2.9　文化休克

"文化休克"是指在跨文化沟通中，人们由于失去了自己熟悉的社会交流信号或符号，对于对方的符号不熟悉而产生的深度焦虑症。也有人把这种定义扩大到由持续不断的不适应而产生的精神疲劳、失去熟悉的食品与伙伴等之后的感觉、对东道主的反感、被东道主所反感、对自己价值遭到亵渎、价值观和身份的混乱引起的不舒服、对应付环境无能的感觉。20 世纪 70 年代，一些英国公司派到非洲和中东的职员有 60%由于"文化休克"而未完成工作任务，使公司蒙受很大的损失。20 世纪 60 年代美国向许多发展中国家派遣了由青年人组成的和平队，许多成员由于处于手足无措的"文化休克"状态而不得不提前回国。

在跨文化沟通中，"文化休克"的明显程度与家乡文化同东道国文化的差异大小成正比。"文化休克"不是由于潜在的病理原因，而是由于缺乏必要的文化知识和相应的技能所造成的。因而，每个人经历文化休克的程度不同。例如，在异文化中，儿童由于对家乡文化所知不多，较少存在社会符号混乱的问题，因而适应异环境的能力较强，"文化休克"轻微，甚至没有。在成年人中，对异文化环境的文化知识懂得越多，其适应能力就越强，"文化休克"也越弱。有过在异文化环境中生活和工作阅历的人，在新的异文化中适应能力也较强。

10.3 有效解决跨文化沟通障碍的策略

10.3.1 树立共同价值观，形成跨文化沟通的认同感

跨文化沟通必须找到切入点和共同点，代表时代趋向的先进文化与本地文化的有机结合，使企业员工乃至当地消费者形成认同感。这往往取决于跨国公司的经营发展战略、商业准则，也体现了企业文化的品味和境界。

☞ **案例**

海尔认为：要做好跨国公司，只有先把洋人"海尔化"，再由"海尔化"了的洋人来帮助实现海尔国际化的目标，这样的方式才是可行的。为了这个目的，海尔通过各种形式让他们融入海尔的价值观。①全球经理人年会。海尔主要依靠洋经理运作庞大的海外网络系统，从青岛本部派人，这样的方式是很少采取的。但是为了保证系统有效运行且又不失控，海尔想出了一年一度的全球经理人年会。在这个年会上，全球经理人可以充分交流达到文化认同。②注意文化的仪式感。"6S 大脚印"法（生产车间常用的一种表扬与分享经验的现场管理方法，常在下班前举行）、在合欢林种植合欢树、海尔旗与美国国旗并排挂列在车间上方、悬挂激励人心的海尔式标语等。

企业确立了共同的价值观，就能顺利达成各部门间的目标整合，为实现企业经营战略的协调运用奠定基础。由于价值观反映了普遍的思想态度，拥有共同的价值观有助于员工相互间的深层次沟通，并促成在心理、思想和行为等方面的认同感。这种认同感不仅构成了员工归属意识的思想基础，而且将激发起员工的自豪感、上进心，挖掘出员工发奋工作的动力源泉，并使员工产生竭力发挥个人潜能的欲望。

10.3.2 重视员工跨文化培训，推行竞争性的人力资源管理体制

跨文化培训的技术十分广泛，可以是一些文献资料，即仅仅通过书面材料说明该国的社会和政治历史、地理环境、经济发展和文化习惯等情况，帮助人们认识一种新文化。也可以是人际经验训练，即个体通过角色扮演练习、模拟社会情境以及类似的体验来"感受"新文化的差异。

不同文化间存在一定的差异，在企业内部这种文化的差异必然表现为不同人力资源管理体制的冲突。要形成跨文化的沟通融合，必须依靠组织结构的变革、人力资源的调整、劳动力的优化组合以及绩效评价机制。推行竞争性的人力资源管理体制，会使企业员工在新旧两种人力资源管理体制的冲突中感受到切身的危机和非常大的压力。相对先进有效的人力资源管理新体制、适时配套的体制变革程序、合理适度的冲突压力，将会迅速地促使员工认可新的企业文化，跳跃式地

促进企业跨文化的沟通融合。

👉**举例**

美国某公司出于人力成本的考虑，在印度设立分公司——一个呼叫中心，派当地经理前往管理。由于此经理缺乏对印度文化的了解，在办公室采用了类似"6S 管理"的管理方式，禁止员工在桌前放置家庭合照（印度人家庭观念浓厚）、毁灭女神等神像（印度宗教信仰浓厚），结果呼叫中心的工作效率一直无法提高。此后，总部随即又派出一位有印度血统的员工前往协助其工作（帮助这位经理深入了解印度文化），虽然只是采取了很小的动作——让员工在个人范围内随意摆放照片、神像，增加员工集体活动的机会，结果是喜人的，短期内呼叫中心的工作效率就创新高。

10.3.3 严格规章制度，形成跨文化沟通的强制力

跨文化间沟通不仅要注重宣传，而且要有必要的制度保障，以防止变成空洞的说教。建立和完善各种制度，尤其是建立严格的奖惩制度，对于塑造和实践企业文化具有强制的保障作用。这是企业管理的自身要求，更是跨文化沟通融合的特定背景下的客观要求。

规章制度对规范人们的职业行为是不可或缺的，并且企业的规章制度的执行是以道德作为前提的。只有具备了良好的职业道德意识，才能自觉主动地去执行规章制度，维护正常的经营秩序。习惯会成为自然，也会演化为文化。通过严格执行企业规章制度，在强制性地整合文化差异的过程中，实现跨文化的沟通融合。

10.3.4 辅以娱乐交流活动，形成跨文化沟通的亲和力

中西方文化的差异是客观存在的，这种差异的淡化必须建立在互相了解、尊重传统的基础上。如果没有经常性的文化交流和思想沟通，这种差异带来的文化冲突是难以消除的。企业内部的文化交流，如各种宣传活动、信息发布交流活动、文体活动、节日聚会等，都有助于加强企业员工之间的沟通，有利于疏导员工的内心冲突，所以，应尽可能地鼓励所有员工积极参与这些活动。实践表明，通过这些活动可以有效地避免员工个人行为、个人利益与公司利益的矛盾。应该指出，文体娱乐活动只能作为一种企业文化沟通的载体，它不具备系统有效的教育功能，因而不能替代大量的思想工作。因此，要使员工真正理解企业文化，还是要从培养员工自觉献身于企业的责任意识、价值标准、道德规范和行为准则着手，通过企业有计划的内训，使企业文化被广大员工所接受和认同，从而形成一种自发的动力机制。

10.3.5 进行文化整合，培养文化融合的管理人员

文化整合是在不同文化基础之上通过寻求共同发展而创立的。通过文化整合，可以求同存异，融合差异冲突，丰富人类活动。通过整合不同文化的精华，可以寻求更广泛的资源，产生多种效益。文化整合是指由不同文化相互作用而创造整合效应，以获取共同目标。它基于理解与欣赏文化差异，把文化当作一种资源、一种财富，而不是视为一种障碍，用不同文化的观点和视角增加解决问题的能力。

没有一种管理模式在所有国家都适用，不同国家的人有着完全不同的背景、学历、文化和宗教信仰，而且生活在各自不同的社会政治、经济制度中。管理人员必须考虑到这些因素，因为这些因素可能对其工作有相当明显的影响。

10.4 中国传统文化与沟通

10.4.1 中国传统文化的基本精神

中国文化不仅多姿多彩，而且有着迷人的气质和丰富的内涵。这迷人的气质和丰富的内涵就是中国文化的基本精神。中国文化的基本精神就是推动和指导几千年中国文化发展的世界观和人生观。显然，世界观和人生观的内容是丰富的，中国文化的基本精神也是极为丰富的。

1．刚健有为、自强不息的精神

中国传统文化里一直贯穿着刚柔、动静、有为与无为等一系列相互对立又相辅相承、有着深邃辩证精神的范畴。这些范畴的斗争与统一，一方面成就了中国文化的多姿多彩、博大精深，另一方面也使人们在对传统文化进行考察时因视角的不同而产生严重分歧。张岱年在《中国文化与中国哲学》一文中指出：主静阴柔一直在中国传统文化中处于从属地位，中国文化的主流精神是刚健有为、自强不息。刚健有为、自强不息的文化精神可以追溯到中国文化最早的代表《尚书》和《诗经》中，这两部儒家典籍里充满着勤勉稳健、勇猛深沉的前进气息。如《尧典》里对先王"克明峻德以亲九族""历象日月星辰敬授人时"功业的颂扬，《无逸》中对成王尽忠尽职的谆谆告诫，《公刘》《生民》中描写的周部落诞生之初的创业艰难等。

2．人本主义精神

作为中国传统文化基本精神之一的人本主义，既不同于西方古典的以神为本，也不同于西方近代的追求个人的自由与民主价值。但中国传统文化的发展同样始终围绕着人，人是世间一切事物的根本，天地之间人为先。具体而言它包括"民为贵""君为轻"的基本政治理想；关注百姓现世的人伦生活；追求一种道德伦理的人本关怀三个层次。

（1）以民为本。中国传统人本主义坚持"民为贵"的民本主义精神，《尚书》中就有"重我民""唯民之承""施实德于民"的记述。《左传》《国语》等典籍中，也多处显示了以民为本的观念。

（2）重人伦远鬼神。中国传统文化在人与神之间，坚持以人为本位，重视现世的人伦生活，而将宗教和鬼神信仰置于其后。可以说，在中国传统文化中，神本主义始终未居主导地位。西方古典文化是一种神本文化，它有着十分强烈突出的宗教精神，"上帝"是最高的信仰，抵达彼岸世界，是人们精神的最高寄托。人们行为的准则，生活的目标，最高的善，都来自于宗教的神喻，来自万能的"主"的启悟。而以儒家为主体的中国古代思想家，则总是将其目光投注于现世的人的生活，人的生命，反对以鬼神为本。

（3）肯定个体的心性向善。与西方近代资产阶级人本主义追求个体民主自由、个人权利的人生价值不同，中国传统文化的人本主义是一种具有浓重道德色彩的人本关怀，具有鲜明的道德伦理特征。这种人本主义把人放在一定的伦理人际关系中来定位。每一个人，从诞生，便进入了一个五伦的社会关系之网中：政治上的君臣关系，家庭中的父子、夫妇、兄弟关系，社会上的朋友关系。这种人与人之间的关系各有其行为典范与道德模式，这就是君仁臣忠，父慈子孝，夫教妇从，兄友弟恭，朋亲友信。

3．天人合一精神

天人合一是中国传统文化发展中提出的一个重要思想。这一思想认为，自然的发展与人类的发展是互相影响、互相作用的，人们应根据自然的变化来调整并规范自己的言行。纵览中国的历史可知，天人合一思想不仅影响制约着政治，同时也影响了当时的社会生活，因而它是古代文化思想的一个重要组成部分，也是中国传统文化精神的主要内容之一。

4．礼治精神

中国传统文化，不仅贯彻实施着人本主义精神，还渗透着一种礼治精神。所谓礼，原本指人与人或国与国之间交往的一种仪式。所谓礼治，则是将这予以加工改造，升华为一种社会理想，然后予以实施和推行。作为一种社会理想的礼治精神，其实质是强调社会的有序，坚持社会的秩序。这种社会的有序或秩序，在儒家看来，就应是"上下有序，父子有伦"。用孔子的话讲就是"君君、臣臣、父父、子子"。汉代儒家在孔子思想的基础上，又增加了"妻妻"的内容。可见，礼制的有序社会或社会秩序是一个具有严格等级制度的社会。礼治精神所主张和坚持的社会秩序是一种亲和的社会关系。在这种社会里，"君仁臣忠，父慈子孝，兄爱弟敬，夫和妻柔，姑慈妇听"，充溢着爱，洋溢着和，没有仇恨，没有争讼。

10.4.2　中国传统文化的优势

1．具有鲜明的主体性

从历史上看，每当一种外来文化进入中国，大都逐步走向中国化而成为中国文化的一部分。中国传统文化对佛教的吸收和改造，显示了中国传统文化的充分开放性、高度坚韧性和善于消化的能力，表现了中华民族的强大而鲜明的主体意识，实现了成功的文化交流。

2．是整合为一的文化

中国的古代文化包含荆楚文化、吴越文化、齐鲁文化、巴蜀文化、岭南文化等多元化体系，不同文化成分虽然内容特点有异，发展水平参差不齐，但它们都具有共同的价值系统和模式，有整合为一的共同特征。这种强大的整合力，为我们民族保持和发挥文化优势提供了可能性。

3．是一个动态系统

传统文化不是静态的存在，永远或多或少地处在变动中，具有创新的能力。千百年来，中国传统文化思想、观念、潜移默化地已积淀为国民的普遍心理因素，规范和支配着人的思想行为。这种肇始于过去、融透于现在、直达未来的意识趋势和存在，的确具有不容忽视的巨大能量和能动作用。譬如，作为中国传统文化主干的儒家学说，提倡一种入世精神，它要求"修身、齐家、治国、平天下"，主张"重义轻利"，倡导"以天下为己任"的社会责任感。正是在这种价值取向和民族精神的驱使下，才造就中国历史的大批英才名臣和民族英雄；正是传统文化中宝贵的思想精华，激发出民族的活力，形成了可贵的创造力和凝聚力。

10.4.3　中国传统文化影响下的沟通

中国传统文化影响下的沟通是基于以下四个基本假设的，理解这些假设将对更好地理解中国式沟通有重要帮助。

1．"面子"的基本假设

在中国传统文化思想中，"面子"或"脸面"是最重要的假设，"面子"可以是一种名誉、信誉、名声和人情，也可以是一种权力和影响。以下是一些"面子"在管理实务中的表现。

（1）某个领导人的讲话或表态其他人是不能否定的，这就是"面子"的威力所在。

（2）中国的行政组织和企业组织注重等级、阶层的观念和行为，事实上就是"面子"最重要的反映，在中国"享受某种级别的待遇"就是"面子"的具体表现形式。

（3）一般的国有企业和民营企业都是以家长式领导为主，而不是职工参与和集体民主决策，这也是"面子"的作用结果。

（4）"面子"的假设使管理工作中更多地看重领导者个人的管理哲学、领导者个人的素质和强制员工的绝对服从，而不是制度、原则作用的结果。

在中国的社会生活中，"面子"就是一种信用的代表物。"面子"可以使"道德风险"的不确定性减少，可以增进组织或管理者个人的人际资本。中国人正是由于"面子"形成的思维惯性，对"理"（事理）的认同就远不如对"情"（情理）的认同。合"理"若不合"情"的举措，是普通中国人难以"理解"和接受的；而合"情"不合"理"（事理、法理）的行为，却能为大多数中国人所宽容或默许。日常生活中人们常说的"法无可赦，情有可原"讲的就是这个道理。这是因为中国人对事物的评价常常不是从"事理"（事物发展的客观规律性）角度出发，理智地比较、判断的，而是从"情理"（自身感悟）的角度出发，充满感情色彩地权衡、取舍的。

正是由于中国人好面子的特点，使得中国人更加重视人际关系，在沟通过程中更加会避免正面的冲突，既使不同意对方的观点，也不会直接说"不"。为了照顾对方的"面子"，往往会通过委婉的方式提出自己的反对意见。中国人受儒家文化的影响，讲究"礼尚往来"，但为人处世的核心就是给人"面子"。

2."关系"的基本假设

国学大师林语堂先生在20世纪30年代的著作《中国人》一书中指出，西方人讲求"道理"，思维方式和办事方法上注重合乎逻辑和"合法"；中国人讲求"情理"，思维方式和办事方法上合乎逻辑和"合法"还不够，同时必须合乎"人情"，这往往比合乎逻辑更重要。重道理和重情理的差异，导致中国人往往用"关系"代替理性逻辑思维。"关系"假设的出现反映了中国人以自我为中心的价值观以及行为模式，这种价值观以及行为模式具有家长制、人情至上和防御性（因为有不安全感）等的基本特征。中国人对外界（即没有"关系"的个人和组织）的不信任贯穿始终，不信任导致不安全感，这就使防御性成为中国组织文化中的一个重要组成部分。

3."家"的基本假设

中国文化以人的自然化作为伦理的参考系，这就形成了"家"的借喻、隐喻、明喻，甚至讽喻的意义派生。在中国，所谓的"家"这个概念是广义的，是泛指高于个人的大众。小则是指家庭、家族和大家，大则是指政党、国家。家就是"轻个人而重团体"的具体体现。

中国人"家的"的概念、"家的团体文化"和小团体的"家的意识形态"是一个坚固的堡垒，恐怕连万里长城也比不上，国学大师梁漱溟和殷海光都曾经做过这样的比喻。严格地说，中国的组织文化，既不是个人主义的文化，也不是集体主义的文化，而是小团体的"家的文化"。中国人"家"的利益是高于一切的。在中国，家与国家是非常紧密的，这两个本来截然不同的社会组织单位融为一体，并合二为一。狭义的"家"是指家庭，广义的"家"是被称为扩散家庭的组织或国家。

4."有限自利性"的基本假设

"有限自利性"的基本假设是指中国人对人的自利主义行为的容忍度和接受度有限。中国人同西方人一样也讲自我和自利，但中国人对自利的接受有一个限度。超过这个限度，就会引起他人的反感、不舒服，甚至遭到他人的攻击，这表明中国传统文化中对个人自利行为的容忍度和接受度远远低于西方社会。如果将中国人和西方人的自利性进行比较，可以说中国人对人的自利的容忍和接受度是感情型的，有一套特殊主义的价值取向标准来承认结果和财富的差异；而西方人对人的自利的容忍和接受度是理性型的，采用的是普通主义的价值取向标准来认同结果和财富的差异。

"有限自利性"的基本假设与中国人对需求的多层次性和利益关系的多样性的看法有关。中国人在生存的需求层次上具有较强烈的分割性，这种需求往往以个人或家庭为单位排他性地获得满足，利益体现为个人的自利主义的利益。但是，由于"家"的概念和"家的意识形态"的假设，在满足生存的需求之后，社会和组织群体更强调共享型的需求（如安全的需求和归属的需求）和依存型的需求（即个人需求的满足是建立在他人特定需求满足基础之上）。因此，中国传统文化中，在需求具有非排他性和不可分割性时，必须强调群体利益和社会利益（即大家的利益）；在需求具有依存性时，利益就具有相关性，就应强调各个层次的人需求的满足。当自利行为的目标超过某一临界点时，不考虑"家"的共享型的需求和依存型的需求，就是"为富不仁"，就会遭"报应"，被社会和人们所唾弃。

10.5 跨文化谈判

10.5.1 文化差异对跨文化谈判产生的影响

文化的差异对谈判的影响有很多方面，具体表现在以下几个方面。

1. 对谈判组织的影响

（1）影响谈判人员的组成。文化对谈判人员的组成有着很大的影响，不同的国家地区在确定谈判小组人员的时候考虑的标准是不一样的。有些国家，例如日本，对权力比较看重，认为在谈判中双方在各自公司的地位最好比较高，所以他们在选择谈判人员的时候，在考虑口才、社交能力之下，还要考虑要有一定的地位和职务。美国人与之相反，他们认为一个人在谈判中的口才、专业知识的掌握能力以及逻辑等是相比较其在公司的地位更为重要的参考因素。

👉 小资料

正如原中美合资天津奥的斯电梯公司的一位美方代表所言，"中国伙伴在谈判桌上表现出与我们不同的文化价值观念，中国人对合同或协议的看法，对合作伙伴选择的标准，对知识和软件的看法等等，都与我们不同，谈判有时会因此陷入困境……"对此，美国一位资深企业家甚至断言："如果能有效地克服文化障碍，美国对华投资、贸易量可以比现在增加两倍。"

（2）影响时间观念。众所周知，每一个国家或者是地区对时间的观念是不同的，这在谈判中对谈判的速度与效率的看法也不相同。美国由于地区经济比较发达，生活、工作节奏也比较快，使得美国人在谈判中严格遵循谈判进度和期限，不喜欢一些繁杂的仪式等，希望能够尽快地谈判成交。而对那些比较有耐心的日本人而言，他们习惯耐心地等待，静观其变，使用拖延的战术，迫使对方在谈判中失去耐心。

2. 对谈判沟通过程的影响

（1）影响语言沟通。文化差异对语言沟通过程的影响是十分明显的，任何公司或者是个人在进行谈判的时候都必须先过语言这一关。一般在全球文化下的谈判中使用的都是英语，而对于亚洲、非洲等国家的谈判人员而言，这就使谈判增加了难度。这种时候，我们应该尽量使用简单、清楚的英语，不要引起不必要的误会，一些多义词、双关语、俚语、成语的使用也尽量避免。

（2）影响非语言沟通。不同国家的谈判者往往在谈判过程中会不自觉地表现出身体语言、行为语言以及动作语言，这些非语言很多时候是带有本国文化特色的。在一些情况下，如果处理不好，则会引起一些不必要的问题。

3．对谈判方式的影响

谈判的方式一般分为横向和纵向两种。横向谈判方式指的是先列要谈的议题，然后再对各议题同时进行讨论，最后得到共同的进展，横向地铺开。纵向的谈判方式指的是确定所谈的议题之后，再对各议题分别进行讨论。不同国家倾向于不同的谈判方式。例如，美国人喜欢纵向的谈判方式，倾向于就某一个具体的议题开始整场谈判；而法国人对横向谈判的方式比较倾向，喜欢以总的条款开局，对他们来讲，谈判就是先就总条款达成一些共识，从而指导和决定接下来的谈判过程。

4．对决策方式的影响

在谈判的过程中，知道对方谈判小组里面谁拥有最后的决策权是十分重要的一件事，由于不同文化下的影响，小组中做决策以及如何做各国之间有着很大的不同。做决策一般有两种类型，自上而下与自下而上。一般美国人都比较倾向于自上而下做出决策，谈判的时候其主要负责人负责所有的决策权力，以及事务的安排，这样在他们看来是比较有效率的方法。而对于日本人来讲，他们习惯于群体的力量，强调集体协商达成一致，做最后的决策，这是一种自下而上的决策方式，所以，通常日本人在拿出一项决策结果的时候花费的时间是很长的。

5．对协议形式的影响

协议的形式在很大程度上能够反映不同国家和地区的文化特点。一般中国人在制定协议的时候，偏总体化，协议里面往往不包括一些意想不到的情况，也不解释如果有任何的因素变化应该怎么做，如果在协议签订以后，出现了问题，那么双方应该在良好的关系下共同处理发生的问题。而美国人在进行谈判的时候，往往对协议中很多具体的情况要求解释说明，他们希望合同协议是十分严密和完整的。所以，有些时候，中国人和美国人进行谈判时会认为对方（美国人）不信任我方，殊不知这是双方的文化差异下的习惯造成的不同罢了。

6．对人际关系的影响

东西方文化下对人际关系的看法有很大的不同。中国传统的儒家文化造成中国人在谈判时比较注重人情，认为人际关系网的建立在谈判中往往能发挥出很大的作用，人们之间在交往时不是以利益为交换基础的，人际关系的影响更为重要，"买卖不成仁义在"。而西方文化下的观点是，人际关系实际上没必要，利益更为重要。于是在谈判中，他们更倾向于追求利润最大化，所以在利益关系下，他们比较遵循公事公办，而不是"卖人情"。

10.5.2　中国人的谈判风格

1．谈判常常要求在本地进行

这样做，就能控制议事日程，掌握谈判的步调。他们能够在这个过程中仔细地观察对方，建立一套对对方好恶的标准。他们能使客人相信他们的诚意，期待着建立同客人的友谊，让客人不好意思在一开始就进行一本正经的洽谈。他们能使客人感到是有求于人的，因此在谈判之前他们常常要求客人展示其产品或设备的性能。

2．开局很少提出自己对产品的要求和建议

他们总是要求对方介绍产品的性能，他们总是认真倾听对方关于交易的想法、观点和建议，而他们却很少讲述自己的立场和看法。在谈判中，常有他们带来的技术专家参与进来，用竞争者的产品特点来探求其产品、技术方面的资料。一旦对方提出了自己的观点、立场，说出产品的有关特点后，谈判就进入了实质性阶段。在这一阶段，中国人要求首先达成一般原则框架，完成这件任务之后，才详细地洽谈具体的细节。他们认为这可以避免争吵，以便更快地达成协议。一般原则框架通常采用意向书和会谈记录的方式。中国人在谈判中都有详细的会议记录，即使谈判人员中途被撤换，中方代表仍然对以前的洽谈内容了如指掌。在具体的细节谈判中，中国人善于采用各种策略，迫使对手做出让步。

3．原则上寸步不让

在谈判中，如果发现达成的一般原则框架中的某条原则受到了挑战，或谈判内容不符合长期目标，或者提出的建议与目前的计划不适合，中国人的态度就严肃起来，表示出在这方面不折不挠的决心。同时，在具体的事务上，中国人表现出极大的灵活性。

4．谈判中富有耐心

与眼前利益相比，他们更愿意选择具有长远利益的方案。中国人的耐心在商务谈判中可以说表现得淋漓尽致。在做东道主时，他们并不急于谈判，而是耐心地认识和熟悉对方，并尽可能地建立起一种长久而牢固的关系。在洽谈人员的组成上，中国人往往派人数众多的洽谈人员，他们之中有谈判能手、技术专家、法律专家等。由于人数多，必然延长洽谈的时间。在谈判中，如果对方提出的问题超过自己做决定的权限，或自己难以回答，他们常常把这些问题带回去，向上级请示，或者大家再进行讨论，直到对这些问题有确切的把握，并能避免所有可能的错误。

5．看重"面子"

在商务谈判中，中国人常给对方面子，他们很少直截了当地拒绝对方的建议。同时，他们也需要对方给自己面子，地位越高的人，越讲究面子。因此在谈判中当你强迫对方做出让步时，千万注意不要使他在让步中感到丢面子。可以说，如果你能帮助中国人得到面子，你就可以得到许多东西；反之，任何当众侮辱或轻蔑，尽管是无意的，仍会造成很大的损失。

10.5.3 美国人的谈判风格

现如今我国与美国的贸易往来逐渐增多，美国是我国的重要贸易伙伴，并且美国人的谈判很有特点。因此，了解美国人的谈判风格对与他们进行交往有很大的意义。

1．自信

美国由于其强大的经济实力、技术领先水平，在所有国家中处于遥遥领先的地位，是世界上的超级大国，实力不容忽视。在世界上的众多跨国谈判中，英语是使用率最高的语言，英语也是美国人的母语。以上这些成就使得美国人对自己的国家充满自信，对自己的民族充满自豪感和荣誉感，这些心态使得他们在很多交往活动中充分地表现了出来。在谈判中，自信心、自尊感十分

强烈。美国谈判专家自己也认为："美国人意识到自己是公司的一部分之前，首先想到的就是自己是某一个领域的专家，他们往往会认为自己的水平比对手要高。"这是一种自傲，但是更多地体现的是他们的强大自信。

2．重利

正如前文中提到，美国人在进行交易时是利益至上的观念，他们不顾政治、关系的影响，并十分不理解中国、日本等国的由于政治形成的"利益共同体"。虽然他们看重利益，但是在实际交易中他们又很注重公平公正，不会漫天要价，觉得双方在交易中都应该获取一定的利益才行。另外，重利不重关系也表现在如果谈判合同中出现了问题，就要严格地按照合同中的违约条款支付赔偿金和违约金，没有再商议的余地。而不是像中国人或者日本人一样，看双方的关系来解决。

3．直接

美国人的性格特点是很直接的，他们有什么喜怒哀乐都直接表现出来，无论是陈述本方观点还是提出意见、建议，都敢于直接说出来。例如，美国西屋电气公司加拿大分公司同中国东方气轮机厂的一个访问团商谈向该公司销售几台大型气轮机，可是接下来不是签订合同，而是两次在北京紧急磋商。西屋公司不得不一次又一次地重申最初的动机，而中方则一次又一次地要求按最初的精神办，兜来兜去，最后西屋公司才弄明白，中方无非是要确定一个最理想的购买价。这项协议，一直到西屋公司的代表两次回国以后才通过电传签订。美国人不理解，为什么中国人一开始不说明要求降低价格呢？对于中国人在谈判中一次又一次提出按最初精神办的要求，美国人更是感到不习惯，也因此在实际交往中，不少美国厂商不善于品味中国人的暗示，失去了不少极好的交易机会。

4．效率

在美国人的观念中，"时间就是金钱，时间也是商品。"因此在谈判中，他们的时间观念很强，即使是非常重要的交易谈判，他们也不喜欢进行毫无意义的谈话。如果你占用了他的时间，在他的观念中，就认为你偷了他的金钱。例如，美国人喜欢用时间来计算他们的收入水平，每小时多少美金，每分钟多少美元等。所以，美国人十分珍惜时间，遵守时间，他们也希望对方如此，从而保证谈判的高效率。

10.5.4　日本人的谈判风格

1．群体意识

日本人的价值观念通常是偏向集体主义，以集体为核心。如果在集体中，某一个人的工作十分出色，他不会将自己的成功归结为自己一个人的功劳，而是觉得是整个团队的智慧结果。在与日本人进行谈判时，会发现他们一个很显著的特点，就是他们的任何决策基本上都是由集体统一决策出来的。

2．信任观念

相比较欧美国家的人来讲，日本人在进行谈判或者交易的时候更注意建立个人之间的人际关系。所以，要想与日本人的谈判顺利进行，在之前最好是与他们建立良好的关系，朋友之间的友情、相互之间的信任是十分重要的。许多在日本工作的外国企业家认为，要想在日本社会取得成功，关键就要看你能否成功地与日本人结交，建立信任的关系。

3．礼仪问题

日本一直以来都是一个崇尚礼仪的国度，他们从小接受的就是严格的礼仪约束。比如，见面鞠躬以及口头禅"对不起"等，日本人对礼仪的尊重在很多国家看来是很难理解的，但是日本人却做起来一丝不苟，认认真真。正是因为如此，一些外国人如果对日本的礼仪表现出不理解甚至是轻视时，那么在与日本人的谈判中就不会赢得他们的信任与好感。对礼仪的尊重，不仅仅体现了对方对自己的尊重，也是对整个民族的尊重。

4．耐心保证

日本人在谈判时表现出的耐心是举世闻名的，他们之所以有着充足的耐心一部分是他们惯用的谈判技巧，为了达成谈判的目的，等多长的时间都没有问题。另一部分原因是与他们注重个人友谊、相互信任有直接的关系，要建立友谊、信任就需要时间。

10.5.5　德国人的谈判风格

1．诚信守诺

德国人对本国生产的产品的质量要求是十分严格的，如果你要是想跟德国人谈生意，请务必使他们相信你公司的产品可以满足德国人要求的标准。德国人在谈判的过程中十分看重你的表现，因为你的表现将决定他们是否能够信服你是一个信守诺言的人。

2．讲究效率

德国人信奉"马上解决"，而不喜欢对方表示要"研究研究""考虑考虑"等拖拖拉拉的谈判语言。他们倾向积极的工作态度，高效率的工作程序。所以，任何事情在德国人的手中他们都习惯性地立马解决，在谈判中他们也不喜欢对方在那长时间地研究。

3．准备充分

德国人在谈判之前的准备比较充分，他们不仅要研究所购买的产品的问题，而且还研究销售的产品，公司的环境，公司的信誉、管理、生产能力等。因为他们相信，根据这些足可以看出对方是不是一个合格的合作者。所以，在进行谈判时，他们会选择那些有着良好声誉的公司作为对手。

4．强调合同

德国人比较擅长在谈判中进行讨价还价，一方面是想争取更多的利益，另一方面是他们认真，一丝不苟的态度。他们对合同十分严守，讲信用。他们会严格推敲、研究合同中的每一句话和各项条款，一旦达成协议，很少出现毁约的行为，所以合同的履约率很高，在世界贸易中有良好的信誉。

10.5.6　拉美人的谈判风格

拉丁美洲虽然与美国同属于一个大陆，但是他们在谈判中的风格却是十分不一样的。与他们进行谈判时要尊重他们的风俗习惯、信仰，努力争取他们对自己的信任；因为拉丁美洲的国家比较多，国家之间的矛盾冲突也比较多，因此在谈判过程中要避免涉及政治问题；拉丁美洲人十分注重悠闲、乐观，时间观念比较淡薄；他们对谈判的合同不重视，常常在签完约后又要求修改，合同履约率也不高，特别是不能如期付款。

关键术语

文化、跨文化沟通、感知、偏见、成见、种族中心主义、价值观、文化休克、中国传统文化、面子、有限自利性、关系、自信、礼仪、耐心

本章习题

一、判断题

1. 文化是一个国家、一个民族特定的观念和价值体系，这些观念和价值体系构成了人们生活、工作中的行为。（　　　）

2. 在跨文化沟通中，由于信息的发送者和信息的接收者为不同文化的成员，在一种文化中的编码，要在另一种文化中的解码，其编码和解码都要受到文化的深刻影响。（　　　）

3. 因为拉丁美洲与美国同属于一个大陆，因此他们的谈判风格与美国是一样的。（　　　）

4. 不同的文化对于沉默有着相同的理解。都是用沉默来表示对说话人的尊重，考虑说话者的想法，以及掂量对于陈述内容的正面和反面意见，以便得出一个考虑周全的反馈。（　　　）

5. 中国人对人的自利的容忍和接受度是理性型的，采用的是普通主义的价值取向标准来认同结果和财富的差异。（　　　）

二、选择题

1. 以下属于文化含义内容的是（　　　）

    A. 人们的行为方式　　　　　　　　B. 价值观

    C. 财富　　　　　　　　　　　　　D. 人们行为的结果

2. （　　　）人的谈判风格之一是：信奉"马上解决"，而不喜欢拖拖拉拉的谈判风格。

    A. 日本　　　　　B. 美国　　　　　C. 中国　　　　　D. 德国

3. 在跨文化沟通的障碍中，（　　　）是人们作为某一特定文化中的成员所表现出来的优越感，它以自身的文化价值观和标准作为至高无上的衡量尺度去解释和评判其他文化环境中的群体。

    A. 偏见和成见　　B. 感知　　　　　C. 种族中心主义　　D. 文化休克

4. 日本人谈判的风格具体包括（　　　）。

    A. 群体意识　　　B. 信任观念　　　C. 礼仪问题　　　　D. 耐心保证

5. 中国传统文化的基本精神有（　　　）。

    A. 刚健有为、自强不息的精神　　　　B. 人本主义精神

    C. 天人合一精神　　　　　　　　　　D. 礼治精神

三、思考题

1. 跨文化沟通的含义是什么？

2. 跨文化沟通障碍的因素有哪些？

3. 有效跨文化沟通的策略是什么？

4. 试比较你所熟悉的不同地域或不同国家的人，他们有哪些独特的沟通风格？

5. 中国文化背景下的管理沟通有哪些特点？

📋 案例分析

阿里巴巴"相亲相爱一家人"

中国互联网 10 年历史上的最大一宗并购案，阿里巴巴、淘宝网、雅虎中国门户网站、一搜、3721、一拍网，这些名声赫赫的公司从 2005 年 8 月 11 日起被收入一家公司名下，形成一个让任何一个竞争对手望而却步的强大阵营。而导演这宗并购案的正是世界互联网巨头雅虎和有"中国 eBay"之称的阿里巴巴。

阿里巴巴未来发展的目标就是搭建一个包括电子商务、门户、搜索、即时通信、电子邮件、网络实名等在内的互联网矩阵，几乎囊括了目前互联网领域内所有的当红业务。除主营业务外，完成收购后的阿里巴巴客观上还具备了将业务触角向其他领域延伸的优势，对三大门户网站等都可能构成潜在威胁。阿里巴巴不仅有计划周详的业务战略目标，对企业文化整合的重视更是前所未有，文化整合甚至成为业务可为之让步的重点。

阿里巴巴在整合之前对双方企业文化已经有了明晰的分析评估。在文化差异上，阿里巴巴更加注重战略，而雅虎更加注重战术。阿里巴巴的文化具有鲜明特色，更加热情、透明、简单，并且在实践中不遗余力地落实自己的价值观。由于雅虎的很多员工来自 3721 的旧部，此前雅虎还没有对这些员工进行完全的整合，因此文化上复杂性和不稳定性更大。但他们之间也有很多相似的地方：现在雅虎的员工以 3721 留下来的人为主。他们在本质上具有创业精神，这点和阿里巴巴相似。因此新阿里巴巴企业文化定位于以阿里巴巴的企业文化为主导，突出双方共有的创业精神。

阿里巴巴 CEO 马云亲自导演设计的"相亲相爱一家人"大联欢在并购宣布之后即在杭州上演，阿里巴巴、淘宝、支付宝的员工和近 700 名在北京办公的雅虎中国员工身着印有阿里巴巴和雅虎 LOGO 的 T 恤相聚一堂。雅虎中国的员工亲身体会到了阿里巴巴文化的魅力。这场巨大的"秀"无疑既消除了外界的疑虑，又让阿里巴巴与雅虎的员工迅速产生激荡，从而相互了解，降低整合风险。事实上，在阿里巴巴与雅虎的谈判进入到实质性阶段的同时，阿里巴巴已经在计划让雅虎中国的中层以上的员工到杭州来参观的计划。这种未雨绸缪的精神实在是中国企业文化整合的楷模。

资料来源：作者综合网络资料整理

问题

1. 试分析在文化多元性企业中，文化交融对企业发展的重要性。
2. 在阿里巴巴扩张的过程中，马云是如何做到多文化融合的？

第11章　不同环境下的沟通

☑ 学习目标

1. 了解网络技术下的沟通知识
2. 理解组织变革中沟通的意义和策略
3. 掌握应对危机和冲突的沟通技巧

☑ 能力目标

1. 提高学生在不同环境下的实际沟通能力与技巧
2. 注重学生对不同环境下沟通及其相关概念的认识能力

☑ 导入案例

缺乏真诚的道歉

2013年3月15日晚，央视3·15晚会曝光苹果手机在中国市场实施不同于国外的售后政策，其在中国宣称的"以换代修""整机交换"并没有真正实现更换整机，而通常沿用旧手机后盖，以逃避中国手机"三包"规定，涉嫌歧视中国消费者。

随后，在没有开通企业微博的情况下，苹果公司通过@新浪科技发布名为《苹果回应央视315报道》的官方声明，声明称"苹果公司致力于生产世界一流的产品，并为所在市场的消费者提供无与伦比的用户体验。我们也与全国270多个城市的超过500个授权服务点密切合作。我们的团队一直努力超越消费者的期望，并高度重视每一位消费者的意见和建议。"苹果中文官网在主页醒目位置，增加了苹果CEO提姆·库克《致尊敬的中国消费者的一封信》。苹果表示，对过去两周里收到的在中国维修和保修政策的反馈意见进行了"深刻的反思"，意识到对外沟通不足而导致外界认为苹果"态度傲慢，不在意或不重视消费者的反馈"，并对此表示"诚挚的歉意"。同时，苹果提出四项改进，包括iPhone4和iPhone4S维修政策、在Apple官方网站上提供简洁清晰的维修和保修政策说明、加大力度监督和培训Apple授权服务提供商，以及确保消费者能够便捷地联系Apple以反馈服务的相关问题。

被曝光后，苹果手机通过微博发布声明，但声明内容并未流露出一丝道歉的意味。这则不足200字的声明被网友称为是"官方回复假大空的经典范文"。苹果公司不但在官方声明上毫无歉意，而且在晚会结束后，对于媒体与公众沟通，苹果公司的工作人员与公关部门相互推诿，三缄其口，延误和顾客最佳的沟通时间和机会。

现如今是一个互联网高速发展的时代，随着网络的普及以及社会公众对网络的使用越来越频繁，网络对社会的舆论导向、对公共事件的评价都有巨大的影响力，而且网络上信息传播迅速，短时间内就能产生巨大的影响力，网络日益成为企业日常公关活动的主阵地。网络可以扩大企业品牌宣传，也可以对企业形象产生负面影响，如果企业不重视网络的传播作用，对网上关于本企业的一些负面消息不及时做出解释说明，就有可能酿成严重的公关危机，损害企业的对外形象。

资料来源：作者综合网络资料整理

11.1 危机管理中的沟通

11.1.1 危机的含义

1．危机的定义

对于危机，人们一直试图全面而确切地下一个定义，但实际上，由于危机事件的发生往往千变万化，形式不一，很难一言以蔽之。学者们对危机的含义和观点有不同理解，例如：C·F·赫尔曼说"危机是指一种情境状态，在这种形势中，其决策主体的根本目标受到威胁，且做出决策的反应时间很有限，其发生也出乎决策主体的意料之外"；劳伦斯·巴顿认为"危机是不可预测的、隐含着负面结果的、可能会给组织以及组织的雇员、产品、服务、财政形势和名誉都带来极大损失的事件和因素"。

综上所述，可以把危机概括为：是一种使企业遭受严重损失或面临严重损失威胁的突发事件。这种突发事件在很短时间内波及很广的社会层面，对企业或品牌会产生恶劣影响。而且这种突发的紧急事件由于其不确定的前景会给人们造成高度的紧张和压力。

👉**小资料**

2005 年 11 月 18 日，据美国杜邦公司的内部文件及一名前雇员揭露，该公司涉嫌隐瞒一项与特氟龙（Teflon）有关的化学物致癌报告。日常生活中的糖果包装纸、pizza 盒、爆谷袋及数百种食品盒都含有该种化学物质。报道称，这种称为含氟表面活性剂（Zonyl）的化学物质，可从包装纸或食物盒的边缘渗入食品内，一旦进入人体的话，可分解成全氟辛酸，而美国环保署现正考虑将全氟辛酸列为致癌物质。

这位该公司的前雇员埃文斯表示，该公司长期以来都压制有关全氟辛酸的研究。他于 2002 年失去工作，因杜邦公司重组使他离职。但埃文斯说，他是被杜邦排斥出公司的，因为他对该化学物的安全性表示忧虑。埃文斯表示，希望他的言论能影响环保署本月稍后对杜邦的聆讯结果。环保署现正调查杜邦是否隐瞒该化学物质的调查报告，如事情属实的话，杜邦可能被罚数以亿计美元。消息传出后，杜邦即发表声明否认有关传言，指食品及药物管制局批准其产品的安全性，媒体一阵哗然。

然而，后来美国环保署的调查报告宣称，杜邦公司 20 多年来隐瞒了化学物质 PFOA（全氟辛酸铵）可能带来的健康和环境的危害。这种化学物质还可能污染了杜邦公司在美国西弗吉尼亚州工厂附近的水源。美国环保署的官员说，杜邦公司受罚是该署实施过的所有联邦环境条例下数额最大的民事行政处罚。杜邦公司的首席法律顾问马伯乐说："我们可能因为这件事被官司纠缠数年之久。"至此，杜邦公司高层管理者不得不站出来企图澄清事实，但因之前的拒不承认已经给其公司形象造成了消极的影响。据悉，杜邦公司已经同意支付 1025 万美元的罚款和 625 万美元用于环境工程，默认隐瞒特氟龙有毒一事。此前杜邦公司已经花费了 1500 万美元应对和美国环保署的官司。但是事情还没完，杜邦公司还将为它关于 PFOA 所做的行为而面临联邦刑事调查。

杜邦公司在"特氟龙风波"中疏于沟通从而导致被动的案例，再次证明了危机沟通在有效危机管理中的重要地位。实践表明，有效的危机沟通能使企业转危为安；反之，缺乏危机沟通的意识和能力，就会使危机不断加深，甚至最终会断送企业。

2．危机的类型

企业在发展过程中会遇到各种各样的危机，以下介绍的是企业常见的几种类型的危机。

（1）人力资源危机。企业最经常面临的，而且对企业造成严重影响的首要危机一般都是人力资源危机。企业中高层管理人员的意外离职，有时会给企业带来非常直接和巨大的损失，因为他们熟悉本企业的运作模式、拥有较为固定的客户群，而且离职后只要不改变行业，投奔的往往是原企业的竞争对手，势必会给原企业的经营和发展带来较大冲击。最近几年，中国企业内部高级职业经理人集体叛逃事件层出不穷。中高级职业经理人是企业的骨架，一旦成批流失，必将给企业带来伤筋动骨的痛苦。频繁的中高级职业经理人集体叛逃，暴露了被炒企业原有的管理问题，也反映了同行竞争的激烈，企业也会身陷危机。

（2）产品和服务危机。产品和服务是企业的灵魂，当企业出现产品/服务危机时，如果处理不当，往往还会引发媒体危机、客户危机，以及因经济抵制、索赔、诉讼等诸多连锁性危机。如果处理得当，则有助于企业的技术创新、知名度和美誉度的进一步提升。而当危机来临时，企业如果选择不采取措施和观望态度，往往会使企业"兵败如山倒"，产生很大的公关问题。企业与客户的关系既是共同市场的合作者，也是局部利益的竞争者，甚至是投诉与诋毁并存的，因此它们是一种动态的、多元的关系。当企业与客户产生纠纷时，不外乎三种责任形式：企业责任、客户责任、双方责任。如果是企业责任，企业必须无条件退让，以便息事宁人；如果是客户责任和双方责任，企业也要巧妙让步，不可态度强硬、不留余地。

（3）领导危机。如同产品有生命周期一样，企业领导人也有领导力的生命周期。企业领袖带领企业在市场中角逐成长，继而成熟，随之而来的便是一个衰退的过程。企业发展到一定程度，领导者个人的能力、精力、知识结构如果处理不好，企业将会出现混乱，影响企业走出困境获得再一次发展，危机也就在这个时候光临企业。但是企业的接班人往往被管理层有意无意地忽视。

（4）财务危机。经历疯狂的资本原始积累，企业都存在或多或少的遗留问题。出现危机，往往会引起企业的重大问题。企业要学会及时转身，要擅长应对危机问题，要懂得并舍得为社会创造价值并以公益等形式回报社会。

（5）安全事故与公共危机。安全属于人的基本需求，是必须确保的需求。如果企业不小心碰触到了这条高压线，会引起公众舆论、政府的全面介入，企业会陷入四面楚歌。安全事故主要有两类：一是企业安全事故，二是企业产品安全事故，都一定要想办法杜绝。

公共危机涵盖面非常广，包括自然灾害、流行疾病、经济危机、社会暴乱、军事战争、恐怖袭击，发生任何一种公共危机都会对企业造成致命的影响，因此公共危机也是企业不得不面对的一个课题。很多时候，公共危机往往是企业不可控制的，企业需要危机应变的管理能力，而扎实的应变和管理能力则有待于日常的管理和培训才能够获取。

3．危机的特征

从上述危机的类型来看，其表现形式不尽相同。但是，就不同危机本身所具有的特征而言，它们具有一定的共性。

（1）突发性。突发性是危机最显著的特征之一，它出乎意料，令人猝不及防。在危机发生前，人们对它丝毫没有的察觉；危机中的混乱局面会使人们的既得利益部分或者全部丧失，人们会有一种强烈的想要恢复原来状态的心理。

（2）破坏性。由于危机具有突发性，它常常是在人们没有任何防备的情况下突然出现的，因此具有破坏性。危机造成的破坏可能是有形的，也可能是无形的。这种破坏可能是厂房设备以及原材料的损失，甚至人员的伤亡，有时危机会破坏企业形象并造成不可估量的巨大损失。

（3）不可预见性。危机具有突发性，人们很难预测危机发生的概率，只能依据以往的经验做出预测，而且预测经常会发生错误，因此，危机的发生具有很大的不确定性。危机发生之时，也是新事物孕育或形成之机。人们对新事物的认识不够，按照以往的经验和统计规律去判断危机常常不准确，容易出现偏差，不利于进行危机事件的管理。另外，危机的发展也有很大的不确定性。由于危机的发展常常是出人意料的，因此，为了有效控制和处理危机，在处理危机过程中要密切关注危机的发展。

（4）紧迫性。危机的突发性决定了它的紧迫性，这种紧迫性表现在，对企业来说，危机一旦爆发，其破坏性的能量就会被迅速释放，快速蔓延。并且，随着危机的扩大和发展，危机造成的损失也越来越大。因此，对危机的反应越迅速，处理危机的决策越正确，损失就越小。在面临危机时，一定要有强烈的紧迫意识，要抓住时机，因势利导，牢牢把握控制危机的主动权。

（5）高度关注性。信息时代信息传播渠道的多样化、时效的高速化、范围的全球化，使企业的危机情境会迅速地公开，那么危机注定要受到社会的瞩目、舆论的关注，成为公众聚焦的中心，成为各种媒体热炒的素材。当一个企业面临严重危机时，各种媒体对它的反应不仅仅是一种被动的纪实报道，有时候更会操纵舆论导向，影响危机的蔓延方向。因此，面临危机要注意舆论导向，要有计划地引导舆论朝着有利于化解危机的方向发展。

（6）挑战性。每一个危机事件都是独一无二的，也就是说，你无法完全参照他人或先前的危机中总结出的具体经验教训来处理新出现的危机。因此，每次危机出现时，都是对企业和管理者的巨大挑战。作为现代组织管理者，不仅需要具有前瞻性，还必须拥有极强的判断能力、应变能力、沟通能力、决策能力和果断处理危机的能力。

（7）信息不充分。在突如其来的危机中，所有秩序都被打乱了，原有的沟通渠道会断裂，使信息无法有效地传递。另外，在危机中，人们会因为过度紧张而对客观情况反应失真或夸大危机的细微之处，导致危机管理者获得的往往是错综复杂而又真伪参半的信息。在这种状态下，有利于危机管理的信息是非常缺乏的。

（8）资源严重缺乏。一方面，日常消耗的资源在危急中可能遭到破坏；另一方面，在危机中人们对资源的需求量非常大，资源的消耗速度也非常快。在危机中，组织的正常运转停顿了，获取资金的渠道也中断了，需要动用以前积累的资金，因此组织的资金资源就会显得非常紧张。当然在危机处理中，人力资源是最紧缺的。那些未受过训练的人在危机中会惊慌失措，无法冷静地参与解决危机；而训练有素的危机反应人员毕竟是有限的。当危机的规模较大时，更会感到人手不够。

（9）情绪失控。当危机发生时，它会在组织内部成员中及组织外部社会引起恐慌、悲哀、愤怒等情绪，这些情绪往往会导致事态恶化。所以，在做应对危机前的准备时，就应充分考虑到危机对组织成员和公众的情绪有何影响，一旦发生，应以行之有效的措施进行及时有效的沟通，以缓解并消除这种情绪。

4．危机形成和发展的四个阶段

危机形成和发展应该包括以下四个阶段。

（1）危机爆发前。这是在危机发生之前的有所感应的阶段。事实上，所有的危机在真正降临之前，都会发出一系列的预警信号。如果能在这个阶段及时而准确地捕捉到这些信号，对其加以详细分析并采取相应的有效措施，就能成功地避免许多危机的发生，或者在危机不可避免地爆发时及时有效地应对，从而减少损失。

（2）危机爆发初期。这是指危机开始造成可感知的损失阶段。在危机爆发时，危机的征兆会不断显现。如果管理者对于这些征兆具有一定的敏感度，并予以充分的重视和警觉，及时采取适当、有效的措施，就能够将可以避免的危机消灭在萌芽期，使无法避免的危机所造成的损失降至最低。

（3）危机爆发中。在这个阶段，危机造成的破坏十分明显，对组织及个人造成持续的、无可挽回的损害，危机的特征表现得尤为突出。在这一阶段，如果管理者能够正视危机，采取必要的措施，就能阻止危机继续蔓延，避免危机所导致的可能的连锁反应，防止危机造成更大的损失。

（4）危机爆发后。这个阶段不再表现为明显的、能感知的实际破坏，而是表现为逐渐潜行而至的危机所导致的后遗症，包括对企业的形象、信誉、销售业绩以及个人声誉和心理造成的负面影响等。这一阶段，管理者的主要任务就是采取积极有效的措施，尽快减少或消除危机导致的影响，使个体和组织早日恢复元气。

11.1.2　危机管理中的沟通

1．危机管理

危机管理是指组织或个人通过危机监测、危机预控、危机决策和危机处理，从而避免、减少危机产生的危害，甚至将危机转化为机会。依据定义，危机管理具有不确定性、应急性和动态可变性的特征。

👉 **建议**

传统危机管理注重强调对危机反应的管理，而不重视危机的前因后果。大多数危机管理的计划和思想都包括对危机事故的处理，比如处理突发事件和一些紧急事故。在危机管理中的有效管理是指缩小危机损失的范围和规模，并建立预警系统，在危机到来之前能及时发现并有效制止。通过寻找危机根源、本质及表现形式，并分析它们给组织带来的冲击，这样就可以通过降低风险和提供缓冲来更好地进行危机管理。

实现有效的危机管理需要注意以下几点：①组织能有效转移或缩减危机的来源、范围和影响；②提高危机管理在组织管理中的地位；③有效改进组织对危机冲击的反应管理，使组织能有效应对危机的冲击；④改善组织的恢复管理系统，使组织能有效减轻危机所造成的损害。

危机管理者在危机中需要做好以下五个方面的工作：①危机管理者要对危机情境防患于未然，并将危机影响最小化。②危机管理者要在危机发生之前就做出反应，对员工进行危机处理的培训，并为组织做好准备以应对可能出现的危机。③当危机出现时，危机管理者需要面面俱到，不能忽视任何一个方面。④在危机重现时，危机管理者需要及时出现，在尽可能早的时间内抑制危机的苗头。⑤危机过后，管理者需要进行恢复管理，这时需要的资源、人力和管理方法也与危机初期和中期不同。

2．危机管理的不同阶段

根据危机发展的不同阶段的具体情况，危机管理也经历了四个阶段。

（1）第一阶段：危机预防。此阶段的沟通就是在危机爆发前进行的沟通。这一阶段的管理沟通有利于及时发现危机爆发的隐患，从而为提前找寻有效处理危机的方法赢得时间，或者避免危机的发生。管理者可以采用危机调查的沟通方法来进行对危机的预防。

☞**提示**

危机调查需要解答以下问题：①组织内部。平时与公司的上下层及顾客的关系如何？阻碍当前组织发展的瓶颈是什么？存在什么主要问题？问题能否得以解决？假如解决不了，是否会成为危机的隐患？一旦危机发生，公司是否具有处理危机的能力？组织成员应对危机的能力如何等。②组织外部。供应商和销售商最近有没有什么不满？企业在顾客及社会公众心中的形象如何？如果发生危机了，媒体会如何报道？会基于事实介绍，还是会进行大肆炒作？政府部门会干预吗？如何干预？造成的结果会怎样？

（2）第二阶段：危机管理的准备。通过上一阶段各种危机调查方法，可以收集到大量的资料和信息。下面我们可以进行危机预测，危机预测就是将这些资料和信息加以整理，然后对它们进行详细的分析。根据所得出的分析结果做出科学的预测以确定危机爆发的可能性，并为有效避免或处理危机做好思想上和措施上的充分准备。如制订应急预案、行动计划，甚至进行演练等。

（3）第三阶段：危机爆发中的控制。进入此阶段，危机已经爆发，此时管理者最重要的工作是如何控制住危机。在危机发生前制定危机的沟通目标和计划固然重要，有助于企业及其管理者在危机爆发时从一个较高的起点展开工作，但它毕竟是建立在假设、预测的基础之上的。危机爆发时的实际情况与实现的假设情形往往存在一定的差异，因此，在危机爆发初期及危机发展过程中要及时启动危机应对预案，并根据实际情况对危机处理预案做适当修正。而这一阶段危机处理的有效性取决于组织管理者是否进行及时有效的沟通。

这一阶段的沟通要点主要包括：①控制局势。无论发生了什么危机，管理者的第一步工作都应该尽快控制局势。控制局势就是保证组织有秩序地去应对危机，及时弄清问题的真正症结，并设定可度量的沟通目标。②界定问题。当问题发生时，要迅速查出原因，并及时与公众保持沟通。同时要严肃处理相关责任人，及时做出反应，表现出拯救危机的决心。③收集信息。即便事先有所准备，当危机袭来时，人们仍会发现许多新问题。为了正确应对危机，管理者应尽可能多地收集信息，以了解危机出现的真正原因，为化解危机提供决策依据，为危机沟通提供信息支持。④设立应急中心。面临危机，管理者在努力收集汇总各方面信息的同时，还应该立即建立危机应急中心并使之有效地运转起来。在危机期间，危机应急中心也是所有沟通活动的公共平台。⑤及时沟通。为了有效控制危机局面，组织需要及时向企业自己的组织成员，包括客户、所有者、员工、供应商以及所在的社区通报信息，而不要只是让他们从公众媒体上得到有关公司的消息。

☞**建议**

企业应当保持与媒体、内部员工、内外部利益相关者以及社会公众的沟通，应该积极主动发布信息，引导舆论，稳定公众情绪，为化解危机创造良好的条件。尤其是在危机给生命及财产造成了威胁的情况下，管理者应当努力通过各种渠道，特别是借助媒体向公众传播正面客观的信息，减轻危机给人们带来的恐惧，以及由恐慌带来的损害。特别需要指出的是，在危机沟通过程中，公司应当选择优秀的内部公关人员站在沟通的最前沿，以团结协作、友善诚恳的态度面对舆论，面对公众。

（4）第四阶段：危机后的处理。这一阶段的沟通是在危机发生后所进行的沟通。危机过后并不意味着沟通结束，实际上，大量的沟通工作才刚刚开始。这是因为，在危机发生时以及危机发展过程中，由于各种事情的突发性，各种处理方法和沟通努力都处于一种应急的状态，没有也不可能进行周密的思考，难免有疏漏和引起误解之处，而且沟通的方法和效果也未必持久。所以，危机过后，组织管理者还需付出大量的沟通努力来弥补信息的不足，避免误解，巩固前期的成果，以将危机造成的负面影响降至最低。

组织及其管理者在这个阶段的沟通工作主要包括：①与受危机影响的各方进行沟通。虽然通过媒体向外发布危机相关信息速度快，面大量广，但是与组织内部的员工、管理者、保安人员和接待人员保持直接沟通更为重要。通过他们可以保持与媒体更密切、更直接的接触。与此同时，也应当与组织外部利益相关者及供货商、紧急救援机构、专家和政府官员等，也应采取一切可能的方法和途径与他们沟通。②保持运营状态。对于负责处理危机事件的管理者而言，危机当前，应对危机、处理危机乃头等大事。但是对其他管理者来说，尽管危机出现了，但是经营活动仍必须正常进行。③制定计划以避免危机重来。当危机来临时，一方面由应急中心妥善处理危机，另一方面应由负责沟通的部门在公司主管领导的协调下，制订周密的计划和对策，以防止危机再次降临。

3. 危机管理中的沟通

危机管理中的沟通是指个体或组织为了防止危机的发生，或危机已经发生后，减轻危机造成的破坏或尽快从危机中得到恢复而进行的沟通过程，是处理潜在的危机或已发生的危机的有效途径。不难看出，危机中的沟通不仅涉及组织内部沟通，包括管理者和员工之间的沟通，而且涉及组织外部沟通，包括与媒体、政府部门、社区、公众等方面的沟通。

事实上，沟通是管理的一项基本工作，缺乏良好的沟通，任何管理行为都无法有效地实施。尤其在危机预防和危机处理的管理工作中，既需要组织成员之间的有效沟通与团结合作，更需要组织与外部社会的有效沟通，从而化解困境，共渡难关。

11.1.3 危机中的沟通障碍

导致危机沟通失败的障碍主要包括以下方面。

1. 缺乏危机沟通意识

在危机爆发前，一些企业及其管理者过于自信地认为，公司正处于上升趋势，危机不会降临到自己头上，他们往往被眼前的成就蒙住了双眼。在他们看来，危机是发生在其他公司的事情，自己无需预测危机，更没有必要做任何危机前的沟通准备。因此，一旦危机发生，就措手不及，不知该与谁沟通，如何沟通。

2. 封闭式组织文化

在一个封闭式组织文化中，组织内部缺乏有效的纵向和横向沟通，组织外部缺乏与利益相关者和其他相关的组织或机构的沟通。所以一旦危机发生，组织内部就会一片混乱，气氛紧张，人心涣散；组织外部则谣言四起，各种压力纷至沓来，使事态进一步恶化。

3．缺乏预警系统

事实上，所有危机在真正降临之前，都会发出一系列预警信号，如媒体或公众的一些评价，组织成员之间的相互埋怨，顾客投诉信的增多，审计部门的批评等。但由于组织缺乏必要的预警系统，不能捕捉到这些信号，致使危机在毫无防备的情况下突然发生。

4．不善倾听

处于生产第一线的员工或主管往往是最初的危机感应者。然而，当他们将自己的担忧和意见向上反映时，上层管理者却不以为然，更不用说采取任何积极的措施了。近年来频频发生的煤矿矿难就是最好的例证。

5．提供虚假信息

一般而言，企业无论大小，都存在"报喜不报忧"的倾向。在危机发生时，它们往往因惧怕事态扩大而不与媒体或公众沟通，或者提供虚假信息，不愿透露真实情况，或者做做表面文章，不进行实质性的有效沟通，从而陷于被动地位，错失在危机发生的第一时间与相关各方进行有效沟通的机会。

6．缺乏应变能力

许多危机处理失败的例子揭示了公司管理者的一个普遍的致命弱点：缺乏应变能力。由于习惯于平时较为平稳正常的公司运作，没有危机沟通意识以及危机前的准备，一旦危机来临，就显得措手不及而无以应对，最后导致危机管理失控。

11.1.4 危机管理中的沟通策略

尽管企业危机沟通中存在着种种障碍，但只要我们正视这些障碍，重视企业及其管理者的沟通技能的训练，建立和健全必要的沟通机制，就能够克服这些障碍，达到有效避免和控制危机的目的。

1．加强事先沟通培训

有效地处理危机要求组织成员具备良好的心理素质，并掌握特殊的危机处理知识和技能，这些都需要经过适当的培训。在危机处理技能培训中，情景模拟训练是较常用的一种方式。通过设定一个危机发生的情景，让那个组织成员体验危机发生时的感受。在这种身临其境的训练中，组织成员可以增强危机意识，减少或消除危机所带来的紧张和恐惧情绪，增进成员之间在危机中的合作与沟通，从而提升危机应变能力。还要培养员工信息收集和分析技能，在危机管理中信息发送与接收的速度和准确性关系到危机管理的成败，因此，这些技能尤为重要。

2．建立危机预警系统

所谓企业危机预警，就是在掌握现有可能导致危机的信息的基础上，分析企业潜在的危机，建立明确的判断标准，也可以通过数学模型，对企业危机进行适时的跟踪、评价、控制，并及时发出警报。建立危机预警系统是有效防御危机、应对危机并解决危机的手段。通过建立完善的危机预警系统，可以增强企业的免疫力、应变力和竞争力，做到防患于未然。

3．畅通沟通渠道

管理者要充分考虑危机环境对沟通的影响，认真研究危机发生的环境，尽量减少和避免噪音的影响。另外还应防止信息在传递过程中存在过多的信息过滤现象，沟通渠道越长，信息失真的可能越大，最佳的沟通渠道的特点是迅捷和直接（中间环节少）。因此，最有效的沟通系统和沟通渠道表现为信息发送者和接收者之间的路径最短。另外，对信息的要点进行必要的重复和总结，使接收者收到重复信息则是避免沟通失灵的有效方法。

4．利用非正式沟通

通过运用非正式沟通系统，使危机管理者能绕过正式沟通系统中的瓶颈，减少流通中的谣言及错误信息的数量。通过充分利用非正式沟通，实组织形成开放、实用和真实的信息气氛，从而改善大部分组织内部的沟通。

5．使传递的信息真实可靠

在危机管理过程中，由于时间紧迫，危机管理者没有时间判断信息是否真实可靠，因此管理者需要让自己和员工具备：在危机时保持镇静；用清楚明了的语言沟通；核对传递信息的准确性等几方面的能力。

6．诚信至上

当企业出现危机，特别是重大责任事故并导致社会公众利益受损失，企业必须承担起责任。在善后处理工作中，企业必须信守诺言，以诚待人。只要顾客是由于使用了本企业的产品而受到了伤害，企业就应该在第一时间向顾客道歉以示诚意，并且给受害者相应的物质补偿。对于那些确实存在问题的产品应该不惜代价迅速召回，同时要迅速推出有效措施改进企业的产品或服务，以表明企业解决危机的决心。只有以诚相待，才能取信于人。

7．创建开放式组织文化

无论对内部成员还是外部社会，组织都应该以开放的姿态与他们进行坦诚的沟通，积极倾听并重视来自方方面面的意见和建议，及时纠错。要建立健全有效的组织沟通机制，保持内部纵向、横向沟通渠道畅通无阻。在危机发生前，要与组织外部社会，包括媒体、政府、社区、公众等相关方面经常保持积极主动的沟通。一旦危机发生，要认识到主动告知真相的重要性，杜绝虚假信息，避免自我蒙蔽，勇于为自己的产品和行为承担责任，只有这样，才能赢得大家的理解和帮助。

11.1.5　与媒体进行危机沟通的技巧

媒体在现代社会生活中起着越来越重要的作用，媒体的触角已经深入到人们生活的各个方面。从地铁到出租车，从商场到家中，你无时无刻不感受到各种媒体的包围，如报刊、广播、电视和网络等。媒体正日益影响并改变着人们的生活，因此，在危机沟通中，一定要高度重视媒体的影响和作用。

1．与媒体沟通的策略

在危机沟通的过程中，媒体对危机既可以施以积极正面的影响，也可以产生消极负面的影响。因此，我们有必要根据媒体的特点，采取有效的沟通措施，使媒体朝着有利于危机管理工作的方向展开报道。

（1）以我为主提供情况（Tell Your Own Tale）。如果企业针对媒体的信息沟通渠道超过一个，那么随时有可能因为主渠道之外那些渠道的一个微小的错误而使企业陷入被动。在企业危机发生之后的 24 小时内，媒体的实时监控更容易造成信息泄露，尤其在互联网空前发达的今天，所有信息都可能在最短的时间内到达任何一个角落。这时企业内部高层领导唯一可以做、同时也必须做的一点就是：企业内部所有针对媒体的信息沟通渠道只能保留一个，这个渠道或者是 CEO，或者是指定的新闻发言人，以任命指定的新闻发言人最为恰当。

（2）提供全部情况（Tell It All）。有关企业危机的第一篇报道出炉后的 24 小时内，会曝出无数的带有臆想色彩的信息。如果这时的企业领导者比媒体晚一步了解更多的信息或者事实真相，那么媒体危机公关将非常吃力。但不管企业领导者是否了解得比媒体多，这时作为新闻发言人，他所能做的就是提供其所了解的全部事实，并且必须强调其所确认的事实和观点。不过对于那些暂时还无法回答的猜测和疑问，必须真诚地说："我们暂时还没有确认你说的这些情况是否属实，不过我们会很快调查清楚，并给大家一个准确的答复。"

（3）尽快提供情况（Tell It Fast）。在危机出现后的 24 小时内是应对的最佳时机，也被称为危机处理的"黄金 24 小时"。原因不仅仅因为媒体的猜测会在这段时间里大量涌现，如果拖延，对企业的损失将呈几何级数放大。

举例

最极端的一个例子就是埃克森石油公司，该公司的一艘油轮于 1989 年 3 月 24 日在威廉王子湾发生泄漏，作为最高领导人的董事长劳伦斯·G·莱尔却在一周内未向媒体做任何解释。这个看似简单的危机最终却让埃克森公司用了 7 年时间才解决，其代价则是 25 亿美元之巨！

2．与媒体沟通的技巧

作为企业的管理者，特别是作为危机应急中心的负责人，身处危机关头要临危不乱，处变不惊，坦然而真诚地面对媒体，善于将准确的信息传递给公众。以下从七个方面提出了与媒体进行危机沟通的技巧。

提示

尽管不是所有的危机都可以防止，甚至某些我们几乎已经完全了解的危机仍然会发生，但是，如果对危机中的沟通有全面的了解，那么所有危机的影响都是可以被减弱的。凭借有效沟通的巨大力量，我们一定能够更加妥善地处理任何危机。

（1）判定沟通政策。就是说进行危机沟通前，应该预先拟定一个统一而完善的沟通政策。尤其是对于媒体和公众普遍关心的问题应该有一个明确一致的沟通口径。沟通政策一旦制定，应该以各种形式传达到危机应急中心成员以及有可能接触媒体的层面，必要时还应将有关规定和沟通政策印制成册，分发给相关人员。企业对外沟通手册应明确说明对哪些问题如何回答，将危机期间人们所关注的问题尽量列举出来，并给予解释、说明和指导。通过指定对外发言人，准确发布信息，从而避免未经训练的其他人员在面对媒体时失言。

（2）与新闻界保持良好关系。在与媒体接触的过程中，应努力设法与新闻界保持良好的关系。一般来说，新闻记者的职责是让公众了解真相，采访是新闻记者的本职工作。企业管理者或发言人在与新闻界沟通时一定要尊重对方，要以坦诚的态度面对记者。有时记者会站在公众角度提出一些令人窘迫的问题，甚至提出一些你并不赞同的观点，作为企业发言人，你应该表现出十二分的坦诚与豁达。总之，保持与媒体的良好关系，有利于企业在公众面前树立正面形象。

（3）做好充分准备。企业发言人或高层管理者在接受媒体采访前，即使对危机事件的来龙去脉了如指掌，也应该预先做好充分准备。尤其对媒体可能提出的问题要做好适当回答的准备，应尽可能多地搜集有关数据，并且努力做到了如指掌，以确保在媒体面前应对自如。

（4）正确应答。为了保持与媒体的有效沟通，还应该努力做到：①回答问题要简洁明了，避免跑题。②在回答问题时，尽量引用客观事实和具体数据，以增强说服力。这样既可以满足新闻报道的需要，又有利于提高所发布信息的可信度。③在回答记者提问时，应有意识地把话题朝着有利于正面介绍企业的方向引导。

（5）掌握主动。面对媒体，企业应该努力掌握主动权，避免被问题牵着鼻子走。在接受记者采访的过程中，你可以根据自己的意志发表讲话，也可以回避你不愿意谈的问题。如，选择你认为合适的时段接受采访，还可以选择那些比较友好的记者，避免那些尖刻刁钻的提问者。

（6）注意非语言沟通。面对媒体，特别是面对摄像机和观众时，应该特别注意自己的非语言信息的传递。例如，在接受电视台采访时，着装应以保守式样为宜。站姿或坐姿以自然放松为好，面部不要显出紧张、拘谨的神情，眼睛更不要东张西望，要显得自然、自信、真诚。

（7）出言谨慎。口若悬河，信马由缰，都是面对媒体之大忌。在媒体面前，应做到出言谨慎，对不了解的问题不必仓促作答，更不要对充满变数的问题发表评论。

11.2　冲突管理中的沟通

11.2.1　冲突概述

1．冲突的含义

由于冲突在组织或群体内是客观存在的，而由于冲突在不同的背景以各种形式出现，因此很难给冲突下一个确切的定义。冲突可以描述为：个人或群体内部，个人与个人之间，个人与群体之间，群体与群体之间互不相容的目标、认识或感情，并引起对立或不一致的相互作用的任何一个状态。随着时代的变迁和管理学的不断发展，人们对于冲突的看法也在不断变化。以下是近代有关冲突的三个看法：第一，在组织中，冲突是很常见的，因为组织成员不见得对其职务和责任感到满意，而且每个人对组织目标的承诺并不相等。第二，有些冲突对组织成员和组织目标的达成是有害的，但另外一些冲突却是有利的。二者的划分不是绝对的，往往是综合交叉，也可以相互转化。第三，缓和冲突的原则，对那些有危机存在的组织和业务较例行性的组织是有帮助的，但对于富于知识性的技术生产型的组织（如从事研究发展的组织）就不适用了。

👉 小资料

不能否认，我们大部分人都曾卷入冲突中，家庭成员会因责任和金钱的问题而冲突，上司与下属或多或少会发生这样或那样的冲突。即使在一个人人智商都很高、责任感都很强的组织里，也会充满矛盾与冲突。有关调查显示，许多管理人员工作时间的 1/4 都是在处理各种矛盾和冲突。仔细考察一下，不难发现这些冲突本不是由什么不可调和的矛盾导致的，而是由于彼此间缺乏了解，同时又缺乏有效沟通而产生的。

2．冲突的性质

一般来说冲突可分为建设性冲突和破坏性冲突。建设性冲突往往会激发人们的积极性、主动性和创造性，提高人们的主人翁责任感和参与意识，这种良性竞争的结果会给组织带来活力；而破坏性冲突由于会产生愤怒、憎恨等不良情绪，会导致企业内部混乱，造成严重的损失。

（1）建设性冲突。建设性冲突具有以下几点特征：双方对实现共同目标有共同的关心；乐于了解对方的观点或意见；大家以争论问题为中心；双方交换情况日益增加。建设性冲突可以促进问题的公开讨论，让问题能够尽快解决，同时提高了员工在组织事务处理过程中的参与程度，增进员工间的共同了解，化解积怨。

（2）破坏性冲突。破坏性冲突的特征表现在：不愿意听取对方的观点或意见；双方由意见或观点的争论，变为人身攻击；双方对赢得观点的胜利最为关心；互相交换情况减少，以致完全停止。破坏性冲突给组织带来消极的影响，它影响了员工的心理健康，干扰员工参与某些重要问题的研究和处理能力，导致组织内部成员间的不满和不信任，员工和组织之间会变得封闭、孤立、缺乏合作，进而阻碍组织目标的实现。

3．冲突的类型

无论这些冲突表现为何种形式，都可以简单地归纳为内心冲突、人际冲突、小组冲突、组织内冲突及组织与外部的冲突。

（1）内心冲突

👉**小资料**

1950 年，就职于兰德公司的梅里尔·弗勒德（Merrill Flood）和梅尔文·德雷希尔（Melvin Dresher）拟定出相关困境的理论，后来由顾问艾伯特·塔克（Albert Tucker）以囚徒方式阐述，并命名为"囚徒困境"。经典的囚徒困境如下：

警方逮捕甲、乙两名嫌疑犯，但没有足够证据指控二人入罪。于是警方分开囚禁嫌疑犯，分别和二人见面，并向双方提供以下相同的选择，如表 11-1 所示。

表 11-1

	甲沉默	甲认罪
乙沉默	二人同服刑 1 年	乙服刑 10 年，甲即时获释
乙认罪	甲服刑 10 年，乙即时获释	二人同服刑 8 年

两名囚徒由于隔绝监禁，并不知道对方选择；而即使他们能交谈，还是未必能够尽信对方不会反口。就个人的理性选择而言，检举背叛对方所得刑期，总比沉默要来得低。最后两名囚徒都会选择认罪，两人同服刑 8 年，这就是著名的囚徒困境。

内心冲突发生在个体本身，而且常常涉及目标和认识冲突。当个体的行为导致产生与众不同的（包括积极的或消极的）结果，或个体的行为与所产生的结果互不相容时，就导致了目标冲突。如有的工作收入比较高，但危险性比较大，或个人利益与公司利益不一致等。

目标冲突——积极的和消极的两种结果间的相互作用。目标冲突包括三种基本类型：

①取—取冲突。在这类冲突中，个体必须在两个或两个以上的具有积极效果的机会中做出选择（如对两个都具有吸引力的工作做出选择）。

②舍—舍冲突。在这类冲突中，个体必须在两个或两个以上的具有消极效果的选项中做出选择（如：一个是有降级的危险，另一个是不断增加的赴外地出差）。

③取—舍冲突。在这类冲突中，个体必须决定是否接受既有积极结果也有消极结果的事情（如接受一份待遇很不错，但风险很大的工作）。

管理者在每天的决策中常常涉及解决内心冲突的"取—舍冲突"。当现实中处理冲突的途径存在太多的选择，或者冲突处理结果的积极因素与消极因素相当时，内心冲突会表现得更加激烈。

认识冲突——当个体意识到其想法、态度、价值观以及行为与现实存在分歧时，便产生了认识冲突。由于认识不一致的情形不断出现，常常让人感到紧张和不适。若要淡化这种不适的感觉，可以通过改变自己原有的想法、态度、价值观和行为，或者设法获得更多有关引起冲突的信息，以寻求解决这种冲突的途径。

（2）人际冲突

一般而言，人际冲突可以描述为个体在达到目标的过程中察觉或经历挫折的情形。人际冲突是人与人之间在认识、行为、态度及价值观等方面存在着分歧。

👉**提示**

由于缺乏人际沟通技能而被解雇的管理者，可能要多于因技术能力的匮乏而被解雇的管理者。一项对 500 家公司的 191 名总经理的调查发现，对于这些管理者来说，导致失败的最主要原因是缺乏人际沟通技能。我们可以通过管理学上一个经典的例子——囚徒困境来解释这种冲突。囚徒困境具有人际冲突的许多特征。首先，每个人的结果取决于他人做什么；其次，这一困境强调了个人行为和联合行为的差异。对每个人来说，采取招供的态度对自己最有利，然而，要想得到最好的结局，最佳的选择却是两个人都不招供。这一困境隐含了人际沟通中的一个很重要的基础，即相互间的信任。

（3）小组冲突

小组不仅规模比个体大，而且不同于个体，所以，小组内的冲突也不同于个体内心的冲突和人际冲突。小组冲突指的是小组内的成员相互间发生矛盾，这种矛盾常常会影响小组的工作效率。小组内任务的分配以及小组成员的情绪变化对冲突的产生都有影响。家族企业尤其容易产生严重的小组冲突，当家族企业的开创者面临退休、已经退休或者死亡时，这种冲突格外明显。

（4）组织内冲突

组织内冲突主要分为两种：①纵向冲突。纵向冲突是指组织内不同级别之间的冲突，这类冲突常常是由于上司控制过于严格导致下属不服而产生的，下属之所以反抗，是因为他们认为上司控制太多而侵犯了自己的工作主动权。纵向冲突也可能是因为缺乏沟通、目标不一致或观念不一致而产生的。②横向冲突。横向冲突指的是组织内相同级别的部门之间的冲突，产生这种冲突的主要原因是各部门只考虑自己部门的利益而不顾及其他部门利益的本位主义。在这些部门间，目标不一致可能导致目标冲突。另外，各部门中员工与员工之间的态度差异也会导致冲突。

（5）组织与外部的冲突

组织在发展过程中，与其竞争者、政府部门、社区、媒体、利益相关者等外部社会之间往往会存在更为错综复杂的冲突。

11.2.2 冲突管理

Careth Morgan 在他所著的《组织印象》中，提出了冲突管理五模式，如图 11-1 所示。

1. 竞争（competing）

竞争是指武断不合作的行为，代表着一种不赢即输（win-lose）的人际冲突解决方式。个体使用该方式努力实现自己的目标而丝毫不理会别人的利益。当情况紧急，必须马上行动；需要采用非常普通的方法（如开除员工）证实自己是完全正确的；反对他人利用自己的情景出现时就适合采用竞争方式。

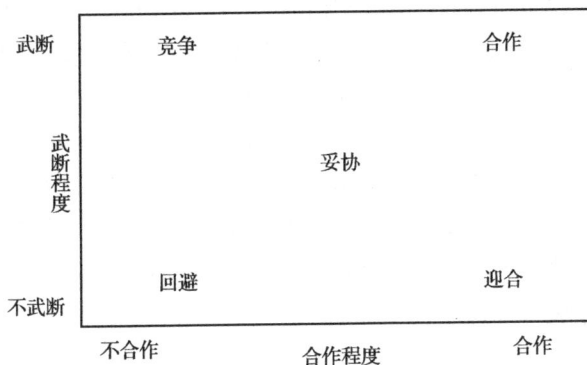

图 11-1 冲突管理五模式

2．合作（collaborating）

合作是指武断而且合作的行为，代表着一种双赢（win-win）的人际冲突解决方式。个体使用该方式试图同时实现双方的最大利益。使用合作方式的个体倾向于把合作看作是有益的，对他人真诚而信任。适合采用合作的情景有：双方具有共同的利益；想通过达到一致获得对方的承诺；欲建立持久、良好的关系；融合不同的看法。

3．妥协（compromising）

妥协是指中等程度的武断与合作行为，代表着一种相互让步的人际冲突解决方式。个体使用这种方式只能达到中等水平的满意。如果目标重要，但是无法完全实现；无法达到双赢的结果；对方的力量也很强大，使其让步不太可能，则可以考虑使用妥协的方式。

4．回避（avoiding）

回避是指不武断、不合作的行为，代表着一种远离冲突、忽视不一致的人际冲突解决方式。个体使用回避方式反映出对挫折和精神紧张的逃避与厌恶。适合采用回避方式的情景有：问题不太严重，不值得花费时间和精力去解决；没有足够的能力和信息去解决；其他人能够有效解决冲突；没有机会满足自己的利益；双方先冷静一段时间。

5．迎合（accommodating）

迎合是指合作但不武断的行为，代表着一种不自私、屈从他人的愿望、追求长远利益的人际冲突解决方式。使用迎合方式的个体经常被别人认为是软弱可欺的。当问题错在自己；或是问题对别人来说更重要；抑或是为了今后的合作；双方一致异常重要的时候，就可以采取迎合的方式。

11.2.3 组织内冲突管理的技术

1．解决冲突的态度

就对冲突的反应方面，积极的工作态度与消极的工作态度是不相同的。消极的态度往往是听之任之，希望冲突会自然"消失"；积极的态度是对问题作出反应，对如何处理冲突有更多的想法和选择。积极的管理者不害怕意见不一致，而是表现出具有更多的愿望去接近而不是回避冲突。积极态度的主要表现如下。

235

（1）解决争端。积极的管理者不害怕、面对消极的不良情绪时不畏缩，并且把这些事情当作日常工作的一部分。简而言之，他们把存在于人们之间的分歧看做是合理的。

（2）鼓励坦率的情感表达。高效经理与下属相互信任，坦诚相待，公开处理他们之间的冲突。他还会鼓励下属反映他们之间的问题，并向所有有关人员表示他能够容忍反面和不友好的情况。

（3）利用建设性冲突。为了得到有效结果可以利用冲突，广泛地参与冲突可能会产生好的主意。低效经理似乎只注意到冲突的分裂影响，高效经理则往往有充分利用冲突的积极影响的意识。

（4）控制潜在冲突。例如，如果两个成员互相恶意攻击时，高效经理似乎更愿意停止工作，同冲突方去喝咖啡，或者偶尔带领全体人员去吃饭。低效经理则不具有这种对同级、下属的人际关系的敏感度。高效经理很了解下属，知道什么时候应当避免冲突，充当第三方调解者的角色。

2．减少冲突的方法

（1）职权控制。高一层的管理人员可以运用职权范围的权威，发出指示或命令来解决冲突。例如两位副经理在讨论营销计划时发生了冲突，总经理就应该行使权力来确定执行哪种具体的计划。在组织中，这是一种简单易行的解决冲突的方法，在解决部门内或部门之间的冲突时，高层领导直接干预和发出指示是有用的。但是职权控制并不总是有效的，高层管理者不可能解决低层部门的所有冲突；而且冲突方可能仍不服气，形成积怨。

（2）隔离法。可以通过组织设计，减少部门之间的依赖性，从而减少部门之间发生冲突的机会。例如，按产品的种类来划分组织形式就是在结构上实行隔离法的一种措施，分别向各产品部门提供资源，使之独立于其他部门，从而减少了部门间的冲突。但是这种隔离要投入巨大的精力和设备，可能会提高成本。

（3）缓冲法。在两个相互依赖的部门之间建立资源储备，以缓冲两者之间的工作流程。如一个车间的作业依赖于另一个车间生产出的部件，如果后者产出发生故障就会导致前者生产的不顺。那么我们可以为前者建立一定的部件储备，当后者发生故障时，前者可以先用储备来进行生产，这样两个车间的冲突就会少一些。

3．公开交锋的方法

这是指冲突双方直接而公开地交换有关问题的信息，消除双方的分歧，以达到一个双方都满意的结局的方法。但是公开交锋并不是非赢即输的争夺或威胁的方法，而是以双方都能取胜为假设，以公开交流信息、寻找共同目标、保持灵活态度等方式来解决冲突。适合于公开交锋的方式有谈判、咨询等。

（1）谈判。当双方意见不一致或发生冲突，希望取得一致意见时，谈判是解决问题的有效方法。

（2）咨询。谈判多是进行于当事双方间的，但是，有的时候中立者——第三方意见，也是帮助解决双方冲突的重要途径。咨询第三方可以激发各方解决问题的动机；促进对话和善气氛的维持，第三方能够帮助建立规范，提供信任和支持，减少由于一方对另一方的坦率而带来的风险；如果双方力量差距过大，就很难建立相互信任，第三方可以维持形势力量的平衡，保持公开的沟通渠道；通过协调一方的积极建议和另一方对此的积极反应，第三方可以促进沟通和交锋的同步，加强反馈，以保证双方诚意和努力的效果。

4．激发冲突的方法

为了保证组织具有适当的冲突水平而激发冲突的观点，已经为大多数人所接受。假如你的组织过于平静、一致，运用适当的方法促进冲突的发生是很有必要的。

（1）引进外人和任命批评者。在群体中补充一些在背景、价值观、态度和风格上与现有群体成员不同的个体，由于他们与多数人的观点不一致，从而可以激发一些冲突。在群体或组织中任命批评者，其目的是有意地树立对立面，让其对所推荐的方案进行系统化的评价。单纯的批评也能够很好地促进认识性的建设性的冲突，它促使人们对问题更好地加以理解，也使决策更为合理。

（2）增加决策的选择性。在决策之前，保证有两套观点不一致的行动方案供决策者考虑。由于行动方案在观点上的不一致，决策者必然会产生认识性的冲突，通过这种冲突的解决，决策者或许可以做出另一个全新的、由冲突碰撞出的新决策，从而使决策更加客观和全面。

☞ 案例

IBM 的直话直说方案

直话直说（Speak-up）方案，就是不满者毫无拘束地把话说出来，这是 IBM 处理人际关系的一种独特方式。IBM 办公室的各层楼都准备了直话直说的特殊用纸和信封，人人都可以自由取用。有不满和苦恼的职员，只要依据该用纸记入有关事项，再投寄就可以了。直话直说方案的特征就是机密。用纸内投寄人的姓名、部门和住所都要填上。如果想和有关管理干部面谈的话，也可将此意愿写在上面，放入特定的信封，然后投入公司外的邮筒即可。在特定信封的邮票栏上，甚至已印好国内邮资已付的字样，表示信封是由收信人付邮资，这样可以避免其他人知道。对组织不满的人可以在极其机密的情况下发表自己的意见。所寄出的信，会到达负责直话直说的协调者手上。协调者接到投书后，首先将提出人的姓名、住址剪开，慎重保管，然后将提出来的意见转抄在另外的纸上，再依内容分类，分别请适当的部门回答。原则上，有关部门在收到投书的 10 日内，要将答复寄送给提出者。协调者有义务将所保管的提出人的姓名和住址烧毁，以确保直话直说的秘密能守口如瓶。这样，大多数职员才能安心吐露对公司的不满。

IBM 的管理人员对此制度充满信心，丝毫没有因实行困难而放弃。有了这个制度后，一定程度上避免了组织内部的冲突，加强了员工之间的沟通，增进了职员对公司的信赖感，许多管理者更因此赢得了下属的信任。

11.2.4　冲突管理中的沟通策略

根据论点的弹性和互动的强度两个维度，可以总结出处理冲突的九种策略。所谓论点的弹性，实际上就是你应不应该表现出你的立场；而互动的强度，则要看个人希望建立一种什么样的人际关系。这些考虑的不同组合，就形成了九种处理冲突的策略，如图11-2所示。

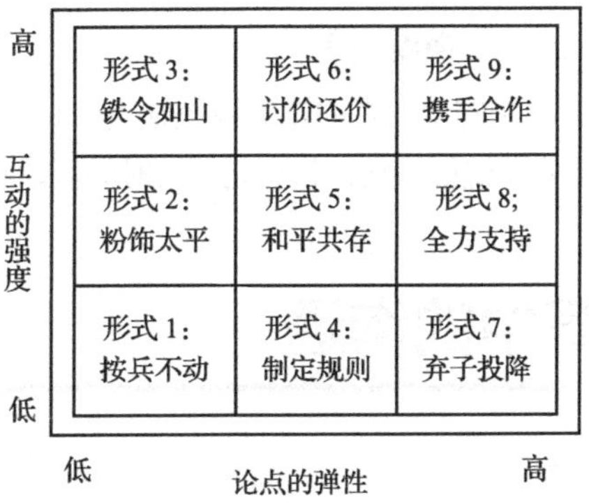

	形式3： 铁令如山	形式6： 讨价还价	形式9： 携手合作
高 互动的强度	形式2： 粉饰太平	形式5： 和平共存	形式8： 全力支持
低	形式1： 按兵不动	形式4： 制定规则	形式7： 弃子投降

低　　　　论点的弹性　　　　高

图11-2　处理冲突的九种沟通策略

1．按兵不动（弹性低，互动强度低）

面对不同意见，单方面决定维持现状，不采取任何行动。这种策略只能暂时使用，不是一个最终的解决办法。当你需要时间搜集更多资料，争取更多支持时，或是暂时没有精力来处理这件事情时，可以考虑按兵不动的策略。这样做可以使你能够比较从容地协调意见，让彼此的情绪冷静。

2．粉饰太平（弹性低，互动强度中）

通过强调共同点，淡化差异点的方式，来"推销"你的观点。当你对自己的想法很清楚，但缺乏决策者的支持；或者是当你没有时间、精力组织长时间讨论时，都可以运用这个策略。此外，当你觉得你手上的资料可能会伤害到别人；或者是别人没有能力去处理它，而你想要撤回时，也可以考虑这一策略。

3．铁令如山（弹性低，互动强度高）

单方面运用权势和影响力，使他人听从你的意见。当你对事情有绝对自信，非马上去做不可时；当你相信别人的意见不太可能改变你的想法时；或者是你认为事情没有重要到需要讨论时，可以用这一策略。

4．制定规则（弹性中，互动强度低）

以客观的规定或准则（如抽签、投票等）作为处理不同意见的基础。当决定的过程比结果更重要时，或是任何进展比保持原状更好时运用此策略。

5．和平共存（弹性中，互动强度中）

在共同协议下，各抒己见，各行其是。如果这样做花费太大，或容易造成混淆，则采用中间路线，以达到共同目标。当争议双方都坚信自己的想法是对的时，可以采用这一策略。

6．讨价还价（弹性中，互动强度高）

通过协商、交易，使争议双方都能得到自己所希望的。当协议达成，双方都能从中得到较大好处的时候，可以考虑。

7．弃子投降（弹性高，互动强度低）

即使你不同意对方的看法，可是你仍然不表示意见，并按照对方的看法去做。适用于当你相信对方的专业能力的确比你高出许多，或是当事情对你来说无关紧要，而对对方却非常重要时。

8．全力支持（弹性高，互动强度中）

虽然你不同意对方的看法，可是你仍愿意在一定的限度之内，支持并鼓励对方。适用于对方能力不错但缺乏自信，而你又希望帮助他的时候。

9．携手合作（弹性高，互动强度高）

通过一连串坦诚的讨论，将所有参与者的意见系统地整合在一起。适用于事情非常重要，却难以妥协；或当所有参与者都非常值得信任，且有充裕的时间可以互相沟通意见时。

11.3　组织变革中的沟通

11.3.1　组织变革

在这个机遇与挑战并存的时代，企业所处的环境是一个不确定的、动态的、复杂的社会环境。未来具有严重的不确定性，所以，新时代的管理是应当不断自我革新的。如果不及时跟上改革的大潮，很有可能就在市场竞争中被淘汰。

1. 组织变革的含义和类型

组织变革是指组织受到外在环境的冲击，并配合内在环境的需要，而调整其内部的若干状况，以维持本身均衡的行为。由于组织总是面临着来自竞争对手、客户需求、技术发展的各种压力，因此组织总是不断地进行一定的变革，比如，实施新技术、执行新制度、工作流程再造、机构改革和整合等等。换言之，组织变革已经成为管理的重要任务之一。

组织变革概括地说可以分为五类：组织结构变革——对权力关系、协调机制及其他类似的结构的改变；技术变革——对工作流程、方法以及所用设备的调整；人员变革——对员工态度、期望、技能、观念和行为的改变；组织管理制度变革——组织的管理理念与管理方法的改变；组织物理环境变革——对工作场所的位置和布局安排的改变等。

2. 组织变革的步骤

组织变革有三个步骤：首先是解冻现状，即让组织成员认识到变革的必要性和迫切性，在激发变革动机时，还要消除怕失败、不愿变革的心理障碍；其次是推动方案，即指明方向，实施变革，使组织成员表现出新的态度和行为；最后再冻结，即利用必要的强化方法使新的组织形态保持下来。

☞提示

在相互依赖程度很高的企业里，组织变革会牵一发而动全局，导致形势变得格外复杂，成为一次大规模的运动。每一位管理者都必须对如何有效地管理变革有一个清楚的认识。如果在变革之后，组织从现在的状态转变到了所规划的未来状态，组织在变革后如期运作，就说明变革产生了预期的作用，那么组织变革就得到了有效的管理。沟通是变革中公司里每个层级的员工都要进行的活动。要使变革在企业文化中根深蒂固，需要花更多的时间，有意识地通过不断的沟通，向人们表明新方法、新行为和新态度是如何有助于人们改进工作绩效的。如果新行为没有根植于社会规范和共同认可的价值观上，那么一旦变革的压力解除了，它们就会很快又消失了。只有变革深入公司的血脉中，变革才会巩固下来。

11.3.2 组织变革的阻力

传统观念认为抵制变革的原因来自技术，而现代观念则认为阻力来自文化、经济、社会、心理等多个方面。就组织内部的角度来说，组织层面的变革阻力主要来自于以下几个方面。

1. 组织结构的惯性

组织固有的机构、机制具有稳定性，要改变运行已久的系统需要花费很长时间。而且组织规模越大其变革的难度越大。任何组织都希望能在一个稳定的环境中生存，不到万不得已不愿做出改变。因此，当组织变革时，这些惯性就会成为阻碍因素，充当起维持稳定的反作用力。

2. 群体压力

在正式群体或是非正式群体中，如果出现一个团队凝聚力强并且有反对管理的倾向，即使变革者想改变他们，群体规范及其压力也会成为变革的阻力和约束。

3. 对原有资源分配和权力关系的威胁

组织的资源是有限的，组织的变革会导致资源的重新分配和决策权力的再次调整，这必然会

239

影响到某些群体的既得利益。组织中控制资源的群体和长期以来已有的权力关系往往倾向于对现有状态满意，害怕变革后会导致现有利益损失，从而不满和抵制组织变革，成为变革的阻力。

4．变革的有限性

如果只对某一个子系统进行有限的变革，而不是对整体系统进行变革，加上沟通不畅，则未变革的子系统就可能成为变革的阻力。而且，子系统中的有限变革会因大系统的问题而趋于无效。

5．信息不对称

在大多数自上而下的变革中，阻力通常来自一般管理层和公司的员工。他们和领导层考虑问题的角度不同，所掌握的信息全面程度也不同。领导层往往把变革当作是一种机遇，希望通过变革增强企业的实力，迎接新环境的挑战，获得事业的发展；而一般管理层和员工则目光没有那么长远，认为变革并非自己的追求，还会打乱现有的平衡，甚至具有破坏性。此时，如果缺少沟通渠道，则信息差异的存在会导致人们对变革有抵制心理。

11.3.3 组织变革中的沟通

变革过程的阻力往往导致变革难以推动，而此时，变革推动者可以通过沟通来克服变革的阻力。

1．克服变革阻力的沟通方式

（1）变革前的沟通。组织变革前，一定不可以缺少沟通这一环节。通过与员工进行变革前的沟通，可以让他们了解变革，为变革做好准备。尤其当产生阻力的原因在于信息失真或沟通不良，如果员工了解了全部事实并消除了所有误解的话，那么阻力就会自然消失。

（2）变革中的支持。当部属在变革中感到害怕或焦虑时，管理者需要通过良好的沟通适时地给予支持。例如，做个良好的倾听者，处理员工的重要问题，协助促成变革等。

（3）协商与协议。变革过程中还需要综合运用多种沟通方式。例如，当变革的阻力非常强大时，谈判可能是一种必要的策略，但其潜在的高成本也是不可以被忽视的。

提示

一些失败的变革在沟通方面有三种形式非常普遍：第一种形式，一个领导群体确实开发出了一个非常好的企业变革规划，但是只通过召开一次会议或者发布一次信息来进行沟通。这样的话，才使用了每年公司内部沟通总量的 0.0001%进行沟通，几乎无人理解新的工作办法，而领导层更觉得迷惑不已，认为他们已经沟通成功了怎么还是无人理解。第二种形式是，组织的首脑花费了大量时间（占年沟通总量的 0.0005%）对员工队伍进行演讲，但大多数人依然不理解它。第三种形式是，公司在新闻通信和演讲方面投入了更多精力，但一些高层管理人员的行为却依然与规划背道而驰，结果使群体中的沟通的信任感降低了。这些都是失败的沟通，导致失败的变革。

2．变革中的沟通原则

（1）公开的沟通。这不仅意味着员工可以了解领导层变革的意图、规划，获得实施变革的指令，掌握变革的进程，还能够积极发表自己的意见，提出自己的疑问，与领导层就变革的指令和趋势进行沟通。这样可以大大消除由于不确定和未知给员工心理上带来的紧张和焦虑。

（2）正式的沟通。在企业的日常经营中，需要大量的正式的沟通。在变革时期，由于公司原有的沟通渠道、沟通机制以及方法未必能满足变革的需要，这就要对原有的沟通进行改变，增加新的沟通渠道。尽管高层管理者并不能与人们进行全面的交流，但至少可以打开沟通的渠道，定期与员工进行对话。虽然公司内部正式与非正式的沟通渠道都在发挥作用，但应当尽可能强化正式沟通渠道，以降低非正式沟通可能对变革信息产生的失真和误传的负面影响。

（3）真实、准确、反复的沟通。在任何一个组织中，确保信息真实、准确、及时地传递是沟通的基础。而真实的信息有利于建立领导层和员工之间相互的信任。通过建立信息系统，定期发布变革的有关信息，宣传变革的重要性，解决变革中出现的问题，提出未来变革的任务，是发动员工投身变革行动的重要手段。并且，信息交流需要反复地进行，任何信息的脱节和失真都有可能使谣言产生而破坏变革的进程。

（4）坦诚的沟通。坦诚能够使组织成员在变革中的一些实际问题上消除误会、统一认识、共同推进变革的深化。当沟通网络中的大多数人都能够坦率、诚恳地面对实际情况时，他们往往会根据既定的企业规划做出大致相同的选择。即便是发生了争论和冲突，也会通过思想交流达成共识，而且这种讨论还能带动大家深入地调查研究和认真思考。坦诚沟通、交流和争论是公司变革中探索真理、激发活力的能源。

11.3.4 成功变革中的沟通策略

成功的变革，是一个全员参与的过程。成功的变革家必须善用沟通的手段，来促使变革的实现。孙建敏教授认为，组织变革成功需要具备七个因素：变革的压力、清晰的公式、变革的能力、可实现的第一步、树立榜样、强化与巩固、评估与改善。在实施变革的过程中，每一个因素的实现都与沟通密切相关。领导者在创造这些因素的同时，必须运用正确的沟通策略，才能保证变革的最终实现。

1．变革的压力

组织内部和外部都可能出现推行变革的压力。内部压力可能来源于高层决策者对公司的新规划、员工对组织的不满、离职率增加等；外部压力可能来自于资金的短缺、竞争的加剧、政府政策的变化、顾客不满意或投诉等。虽然组织内外存在着必须变革的压力，但是由于组织内的员工在短期内往往并不能够直接感受到这些压力的存在，所以不会把变革作为追求的目标。要想员工支持变革，就要通过沟通让他们感到变革的压力。因此，变革初期的沟通策略主要表现在：高层管理者通过具体生动、富有感染力和说服力的沟通（例如演讲和动员），诠释变革的压力；通过组织内的宣传工具（如报刊和网络）大力报道，强化变革的压力；高层管理者还要让各级主管和广大员工理解改革、支持改革、参与改革，让他们相信变革是对自己有益处的。

2．清晰的共识

要使变革有效，让员工感受到压力只是第一步。接下来需要做的是让大家对变革达成清晰的共识，帮助人们了解变革的目的。在变革中，员工需要有参与感，并共同制定目标，而不只是由领导层传达给他们目标指令。高层管理者必须找到一种方式，能够把目标有效地、准确地传达给全体员工，这种方式在很大程度上来说就是沟通。沟通的目的是实现目标的有效传达。因此，这一阶段的沟通策略主要体现在沟通方式和技巧的运用上。如果目标没有被员工理解，或者在组织内没有达成共识，员工接到任务后就匆忙开工，辛苦了半天，很可能得不到好的结果。在有些情况中，管理层认为他们的目标很清晰，但遗憾的是这种清晰没有传达给全体员工，员工还是没有认识到目标的必要性和可行性。员工如果只是接到公司的任务通知、文件，或是通过公司的宣传媒介获得这些信息的话，期望他们能全心全意地投入变革是不现实的。因此，沟通方式和技巧的选择对能否形成广泛的变革共识具有重要的影响。

3．变革的能力

变革的能力是指有效地推行变革所需要的资源和技能，包括资金投入、时间周期、人员变动、培训等。组织的高层管理者在变革前需要做好变革的规划和预算。但如果这种新的思想只存在于高层，不能调动员工的兴趣，缺乏足够的资源、时间或者技能，会导致员工挫折感和焦虑的增加。其实，无论是工作方式的转变、时间周期的变动，还是资金投入、培训的变化等都会受到沟通的影响。如果沟通及时，沟通技巧运用恰当，那么员工对于新的工作方式，或是新的组织结构等的接受程度就会提高，对变革的规划和预算的贯彻就能更加坚决。

4．可实现的第一步

任何变革都不可能一蹴而就，需要经过一定的过程。而变革过程的成功与否，与变革的第一步是否顺利有很大关系。因此，管理层一定要设法为员工创造一个机会，让他们在明确变革目标后可以马上试试，并且可以在较短的时间内看到一定的结果，这种技巧被称为"鼓励微小的获胜"。这样可以使员工在变革的一开始就有良好的成就感，让他们在后续的变革过程中投入更多的时间和精力。在这一实施过程中的沟通策略主要体现在：将第一步实施的评估效果及时地反馈给员工；同时鼓励员工，让他们对变革充满憧憬；进一步描绘变革的远大前景并向员工传播，告诉他们公司正在往哪个方向前进，鼓励员工在现有成绩的基础上，继续努力取得成功。

5．树立榜样

如果高层都不能言行一致，势必会让员工也变得迟疑不决或顾虑重重，甚至对公司失去信任，这必然会影响组织变革的顺利实施。这就要求组织的高层领导把体现变革效果的价值观与行为方式落实到实际中，以身作则，树立榜样，这样才能让员工感受到领导层的决心和信心，也努力加入其中。管理者的这种行为虽然并不是出于某种意图而故意为之的，但是却经常起到了沟通的作用。因为员工作为接收者往往把高层管理者看作信息的发送者，他们会自动接收管理者的身体语言。因此，这一阶段，高层管理者应当注意自己的言行举止，树立榜样的作用，才能带动员工投入变革。

6．强化与巩固

为了保证变革成为日常运作的一部分，员工需要来自管理层的不断认可或奖励，或者是对那些阻碍变革的人进行调离或者降职，还可能需要改变工作流程来巩固变革。晋升、绩效管理等都必须与这种变革保持一致，否则一旦变革的压力取消，员工又会回到过去习惯的行为方式或工作方式中去。

在强化变革的过程中，沟通非常重要。无论是奖励、认可等积极强化措施，还是降职、调离等消极强化措施，组织都需要向全体员工解释清楚执行此项措施的原因，让所有员工看到变革的强化结果以及管理层对变革的坚定态度。

7．评估与改善

影响变革进行的另一重要因素是在推行变革的过程中的评估。很多组织根本没有对实施变革的效果进行及时的评估，或者只是做一些表面文章，结果导致变革只是在管理层的个人情感的基础上进行，没有深入到员工的心中。及时评价变革的结果，不仅有利于管理者控制变革进程，了解组织动态，而且有利于强化员工的参与和成就感。

变革方案的评估过程其实也是沟通的过程。对于变革结果的评估往往既包括口头沟通，也包括书面沟通，甚至还有身体语言的沟通等。在此，再介绍一种评估变革方案的方法——四水平模型，此模型包括如下几个方面。

（1）反应。通过问卷调查等方式，了解参与变革的人对变革方案的态度，包括对沟通状况、工作满意度、团队工作等方面的评价，来了解变革进行的情况。

（2）学习。这个水平主要关注参与变革的人需要什么知识，已经学到了什么新的知识。

（3）行为。测量工作中实际行为的改变程度，必须与变革想要调整的个人和群体的工作绩效直接相关。

（4）结果。主要涉及组织目标的达成程度。如团队或组织的效率是否改善？员工的工作满意度提高了么？人力资源的流动率降低了么？可以对变革方案的实施结果进行全面系统的分析，以确定变革方案是应该按计划继续前进，还是需要在某些方面做些改进或调整。

11.4 网络技术下的沟通

11.4.1 网络沟通的含义

网络沟通是指组织通过基于信息技术的计算机网络来实现组织内部和组织外部的沟通。网络沟通与传统沟通的主要区别在于：网络沟通凭借的媒介是计算机网络，即利用计算机网络进行企业内部沟通和企业与外部环境沟通，就是网络沟通。应该明确的是，对组织而言，发展至现阶段，计算机网络拓展至包括因特网、企业外部网或企业内部网。但事实是，彻底抛弃传统沟通媒介，纯粹凭借网络沟通媒介的组织在今天还很少。所以广义的网络沟通是指那些网络沟通与传统沟通并行，或者网络沟通占主导地位的组织。

通常网络沟通的媒介分为三个层次：企业内部网、企业外部网以及因特网，如图11-3所示。

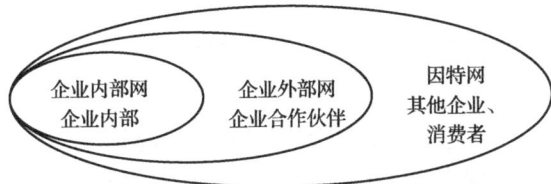

图11-3 三网关系示意图

1．企业内部网

访问该网的可能是公司在各地的工作人员等。企业内部网模式以"浏览/Web 服务器+数据库服务器"为核心，以信息资源组织管理平台、消息传递和工作流控制平台、事务处理平台、网络支撑平台为基本构件。信息资源组织管理平台的主要任务就是根据一定的数据模型和超文本组织模式，组织和管理来自企业内部和外部的各种数据，明确它们的生成、组织、发布、搜索、处理、存储和更新方式，并通过其他平台的作用，形成面向不同用户的信息产品，供企业各级人员使用。其表现内容为：

（1）发布内部文件。将企业内部的一些文件、报告等信息通过因特网发送到企业各个部门。比如，有关福利条款的修订，关于节假日的休息日程安排等信息，不论是常规的还是非常规的，都可以快捷地传播到每个员工那里。

（2）内部通信。企业内部网提供的电子邮件成为内部员工相互通信的快捷通道。与因特网上

243

提供的电子邮件相比，企业内部网提供的电子邮件更加有针对性，也更保密、更安全。

2．企业外部网

企业外部网是一个使用因特网和企业内部网技术使企业与其客户和其他企业相连来完成其共同目标的合作网络。企业外部网犹如架构在公用因特网和企业专用内部网之间的桥梁。企业外部网可以被看成是一个能被企业成员访问的企业内部网的一部分。企业外部网通常是由企业与其合作伙伴企业共同开发完成的，也可以是由其中某一规模较大的企业投资建成的。与企业内部网一样，企业外部网通常位于防火墙之后，也不向大众提供公共服务信息。企业外部网的访问用户，除了公司的成员外，还包括关系紧密的企业，但也不是完全开放的。企业外部网具有以下的作用。

（1）商业信息传播。定期将最新的销售信息以各种形式分发给散布在世界各地的销售人员，从而取代原有昂贵的文本拷贝和传递分发。所有的销售商业信息都可以根据用户的权限和特权通过 Web 访问和下载。

（2）在线用户服务。灵活的在线帮助和在线用户支持机制，可以让用户方便地获得其所需的信息，以及解答用户的提问。比如，售前的价格和功能信息，售后的保养、维修和故障排除等信息。可以快捷、高效地处理一些销售事宜。

（3）企业间电子商务服务。通过企业外部网进行的电子商务比传统的商务往来更便捷、更经济，对于跨地区的企业间的合作和贸易往来来说尤其如此。

👉 **小资料**

随着企业信息化建设的发展，组织内部出现了纵横交错的网络结构的信息交流渠道。以因特网为代表的网络技术的出现，更为企业的信息化进程带来了机遇和挑战。通过企业内部网，企业与供应商间的企业外部网，以及因特网，企业信息化步入网络化的时代。借助三网，企业内部的成员可以同时同地、同时异地、异时异地进行大量的信息分享和沟通活动。再辅以多媒体技术，平板二维的文字交流变得更加生动立体、绘声绘色。企业的文化和价值也可以通过无处不在、无时不有的网络渗透到企业的每个角落，潜入到员工的情感深处。

3．因特网

因特网的发展经历了三个阶段。最初阶段的因特网主要是提供广告和相对静态的信息。即用户只查看网络服务供应商提供的信息，不能进行交互式对话。第二阶段的因特网主要是提供动态的信息服务，比如，提供浏览产品目录，浏览图书馆书名目录，以及检索飞机航班转港信息等服务。这时，网络可以根据用户的需求提供特定的信息。第三阶段的因特网可以提供交易服务。因特网的发展和日臻成熟，使其成为企业信息化结构当然的选择。

11.4.2　网络沟通的主要形式

1．电子邮件

指企业计算机网络上的各个用户之间通过电子信件进行沟通、交流的通信方式。它既可以实现一对一的通信需要，也可以实现一对多、多对多的通信需要。因此，利用电子邮件这个渠道，企业管理者可以向某个个体传递信息，也可以向某个群体发送会议通知、备忘录等。电子邮件的其他功能包括转发邮件、建立新闻组、订阅电子刊物等。

2．网络电话

随着网络技术的不断发展，利用网路进行实时通话的梦想变成了现实。与传统的长途或越洋电话相比，IP 网络电话突出的优势是价廉，企业的通信成本大大降低。

3．网络传真

传真是企业进行外部沟通的主要形式之一。传统的传真必须通过当地、国内或国际长途线路，存在费用昂贵的缺点。同时，传统的传真技术需要事前确认接收者传真机的工作状态，在发完传真后，再打电话确认。而网络传真通过因特网传真件发送到对方的普通传真机上及电子信箱，可以在任何时间、任何地点发送传真。而且网络传真也有电脑和传真机间通信、传真机和传真机间通信两种形式可供选。总之，网络传真在功能上比传统传真更强大，在价格上更便宜，在实践上更自由。

4．网络新闻发布

网络提供的另一个沟通信息的形式是发布新闻。基于内部网络的新闻发布，可以满足内部员工对公司经营信息的需求，为此，企业可以借助内部网络新闻发布系统出版电子刊物，替代传统的内部刊物。基于外部网的新闻发布，可以满足企业合作伙伴以及主要顾客对企业经营信息的需求，基于因特网的新闻发布，可以满足所有一般意义上的外部顾客对企业经营信息的需求。这好比企业的窗口，可以向公众传达企业的经营理念，树立企业形象。

5．网络视频

网络视频是一种新型的沟通信息的方式。它是一种多媒体网络平台，是将音视频信号采集成数字信号，并经过网络传输的一种流媒体应用。随着 Intnet 技术的不断发展，网络已成为发展速度最快而且越来越占据主要地位的媒体。而随着人们获取信息的要求的提高，人们不局限于只通过网络了解文字信息，更多的用户希望通过网络获取音视频信息，实现新闻发布会、教学交流实况、商业宣传、远程会议、开业典礼、庆典活动、手术等等的现场实况。网络视频便应运而生。顾名思义，网络视频是指人们可以通过网络收看到远端正在进行的现场音视频实况。网络视频的核心思想是利用既有的局域网、城域网甚至是万维网络条件实现对音视频信号的实时传输，并且能够在远端实现流畅的收看。

网络视频吸取和延续了互联网的优势，利用视讯方式进行网上现场视频，可以将产品展示、相关会议、背景介绍、方案测评、网上调查、对话访谈、在线培训等内容现场发布到互联网上，利用互联网的直观、快速、表现形式好、内容丰富、交互性强、地域不受限制、受众可划分等特点，加强活动现场的沟通效果。现场视频完成后，还可以随时为读者继续提供重播、点播，有效延长了网络视频沟通的时间和空间，发挥视频播放内容的最大价值。

6．微信沟通

微信是腾讯推出的免费即时通讯服务应用程序，用户可以通过微信与好友进行文字或图片消息的传送。微信具有零资费、提供公众平台、朋友圈、消息推送等功能，用户可以通过"摇一摇""搜索号码""附近的人"、扫二维码方式添加好友和关注公众平台，同时微信将内容分享给好友以及将用户看到的精彩内容分享到微信朋友圈。同时，可以显示对方实时打字状态，以实时掌握对方的响应情况。

微信已经成为现在人们必不可少的一种沟通方式，为人们的日常生活提供了很多的沟通的便利性。微信在保留原有的一对一交流的基础上，还创新性的推出了支持多人群聊的新模式，这种模式不同于腾讯 QQ 软件中的群系统，而是一种建立在即时模式下的弱连接系统，参与群聊的用户可以视情况任意的加入或者退出，完全自由且不会对其他用户产生任何影响。沟通方式上，微信的沟通方式也是富有创造性的，除了传统的文字、图片传输之外， 微信开发了适合移动终端的语音对讲模式，用户可以随时随地与好友进行语音对讲，更符合手机终端的便携化、移动化特征。微信作为一款优秀的即时聊天工具的另一大优势在于其本身并不产生费用，微信时产生的费用按照流量计算，并由网络运营商收取，这也为用户畅游微信解决了后顾之忧。

7. 即时通信

即时通信（IM）是指能够即时发送和接收互联网消息等的业务。自 1996 年面世以来，特别是近几年的迅速发展，即时通信的功能日益丰富，逐渐集成了电子邮件、博客、音乐、电视、游戏和搜索等多种功能。即时通信不再是一个单纯的聊天工具，它已经发展成集交流、资讯、娱乐、搜索、电子商务、办公协作和企业客户服务等为一体的综合化信息平台。

11.4.3　网络沟通存在的问题

由于网络沟通使企业内部沟通和外部沟通更为便捷，因此，现在越来越多的企业开始建立和使用网络。然而，网络沟通带来了一些问题，企业在倚重网络沟通的同时，也要认识到这些问题。

1. 沟通信息呈超负荷状态

信息以前所未有的速度在组织与组织、组织与个人、个人与个人间流转。信息流速加快的必然结果之一就是，组织中的个体接收到的信息数量远远超过其所能吸收、处理的能力。

2. 口头沟通受到极大的限制

在传统的组织沟通中，口头沟通是沟通过程中的主要形式。在没有电话的时代，口头沟通是纯粹意义上的口头沟通，沟通的各方面对面地口头表达进行信息交流。随着电话的出现，口头沟通扩展至沟通各方通过电话线，进行口头上的信息交流，但各方不能谋面。这种意义上的口头沟通已经逊色于最初意义上的口头沟通，不能原汁原味地传递交流各方的感情和意思。进入网络时代，电话时代意义上的口头沟通的使用也受到了极大的限制。人们越来越青睐电子邮件和电子公告板。这两种方式虽然有着快捷又廉价的优势，但是不够人性化。因为沟通不仅要告知事实，而且要传递情感和意见。因此，口头沟通作为能达到这两个沟通目的的最佳方式，在组织沟通中有着不可替代的地位。网络时代使工作与工作场所的分离成为可能，在崇尚工作自由派取得全面胜利的同时，组织沟通却遭受了最严重的打击。而且，令人遗憾的是，弥补因口头沟通不足带来的工作情绪不高的窘境的途径还未得到充分挖掘。

3. 纵向沟通弱化，横向沟通扩张

当将人们视为网络中的知识资源而不是一定范围的所有者时，向横向沟通的转变是一种显而易见的过程。当然，纵向沟通依然会存在。但当以任务为中心的核心团队在公司各处带动知识进步时，居于主导地位的将是横向沟通形式。网络环境中的横向沟通由于缺少了官僚体制的阻碍而显得更加自由、更加流畅。

11.4.4　网络沟通的策略

网络沟通虽然为人们提供了一个快捷便利的沟通平台，并对管理模式带来了深刻的影响，但是它同时也给人们带来一些负面影响，使人与人之间的关系变得疏远。如何在传统的沟通方式与现代的网络沟通方式之间找到一个平衡点，使人们既能利用快捷高效的网络沟通，又能保持传统

沟通给人们带来的亲近与和谐，可以采取如下的网络沟通原则。

1．交流面对面，管理最有效

随着因特网和 E-mail 的普及，管理者越来越依赖这些新技术传递信息，然而面对面的交流仍然是最重要的管理沟通方式。因为电子沟通并不能替代上级与下属的直接交流，在直接交流中上司还可以观察到下属的面部表情等肢体语言，并确保沟通的有效性与反馈的及时性。

2．信息传递前，深思又熟虑

管理者与员工经常会收到各种并不适用的信息。在有效的管理沟通系统中，传递者应对信息和接收者进行认真的考虑和筛选，进行情景管理与沟通/为每个接收者准备个性化的信息。

3．注重影响面，圈内与圈外

管理沟通就像在一个相对静止的池塘中扔一块石头，会产生"一石激起千层浪"的连锁反应。对与你靠得最近的一圈，也即你的直接上级与下属，必须准确识别、了解和理解其沟通与交流的方式，以减少沟通障碍。同时，作为管理者，你还得考虑你的沟通与交流方式对圈外成员的影响。其中最关键的是，为了使管理沟通更畅通、更有效，管理者应该将沟通对象视为合作伙伴，彼此尊重，为沟通持续顺利进行打下良好的基础。

4．技术新趋势，冷静多思考

人们面临电子通信与网络交流的到来，误以为无纸化办公和无纸邮件将全面取代纸上交流。其实，新的通信工具并不会完全取代传统的交流工具，但它们会全面渗透、融入现有的通信设施。人们必须不断适应全球的合作伙伴、顾客、投资者和支持者不同的沟通习惯与交流方式。

5．控制通信费，事半又功倍

在许多企业中，通信方式是多种多样的，并由不同的部门负责管理，如 E-mail、语音邮件、电话和传真，因而公司对通信费用没有一个准确的认识。要有效控制通信管理费用（其中蕴藏着巨大的管理机会），管理者必须具有高度的责任感，重新审视与设计企业的管理沟通系统和通信程序，这样既能控制成本，又能有效达成管理沟通的目标，真正做到事半功倍。

关键术语

危机、危机管理、危机沟通、预警、媒体沟通、冲突、冲突管理、竞争、合作、妥协、回避、迎合、组织变革、信息不对称、网络沟通、企业内部网、企业外部网

本章习题

一、判断题

1．危机的爆发是偶然的，事先完全无法预料，也无法做出管理上的准备。（　　　）

2．频繁的中高级职业经理人集体叛逃，让企业陷入人力资源危机，给企业带来重大影响。（　　　）

3．危机结束后，随之的危机管理工作也就结束了，无需再注意相关的管理沟通。（　　　）

4．冲突是组织中非常常见的现象，它给企业带来的影响有消极的一面，也有积极的一面。（　　　）

5．网络技术的发展，带来沟通形式的丰富，但它也存在一定的弊端。（　　　）

二、选择题

1. 肯德基在 2005 年春天面临有史以来最大的一次危机，因其产品中含有致癌色素"苏丹红一号"。这属于企业的哪一种危机（　　）。

　　A. 安全事故　　　　B. 公共危机　　　　C. 领导危机　　　　D. 产品危机

2. 通过民意测验、问卷调查、形象调研等方法，与组织内部和外部进行广泛的沟通，以了解企业的处境和现状，这就是危机调查，那么它是危机管理中哪个阶段的沟通方法（　　）。

　　A. 危机管理的准备　　　　　　　　B. 危机预防

　　C. 危机后的处理　　　　　　　　　D. 危机爆发中的控制

3. 如果目标重要，但是无法完全实现，无法达到双赢的结果，对方的力量也很强大，使其让步不太可能，则可以采取（　　）的冲突处理方式。

　　A. 回避　　　　　B. 迎合　　　　　C. 妥协　　　　　D. 合作

4. 组织变革中的沟通原则包括（　　）。

　　A. 公开的沟通　　　　　　　　　　B. 坦诚的沟通

　　C. 正式的沟通　　　　　　　　　　D. 真实、准确、反复的沟通

5. 企业面向公司合作伙伴、相关企业和主要客户的网络是（　　）。

　　A. 企业内部网　　　B. 企业外部网　　　C. 因特网

三、思考题

1. 危机的特点是什么？危机发生有哪几个阶段，每个阶段的沟通策略是什么？

2. 冲突有哪几种类型？冲突管理中有哪些沟通策略？

3. 组织变革的阻力有哪些？如何通过沟通克服这些变革的阻力？

4. 企业运用网络技术进行沟通有哪些优缺点？

案例分析

谁之过，恒大公司的争论

某年恒大公司所有部门都卷入一场内讧，大家彼此指责对方。产品研发部对营销部大为不满，认为他们没有为新产品提供详细的计划书，他们对销售人员也不满，认为销售人员没有向他们反馈客户对新产品的意见。生产部认为销售部的人员只关心他们的销售额，不惜以牺牲公司利益的方法来推销产品。同时，他们也信不过市场营销部的人，因为他们缺乏准确预测市场趋势的能力。另外，市场营销部则认为，生产部的人思想保守、不愿冒险，他们对生产部的不合作和无休止的诽谤非常愤怒。他们也看不惯产品研发部的人，认为他们动作迟缓，对他们的要求根本没反应。而销售部的人则认为营销部的人没有工作能力，有时在电话上跟生产部的人大吵大闹，指责生产部的人对客户提出的售后服务的要求置之不理。

资料来源：作者综合网络资料整理

问题

1. 恒大公司面临什么危机？为什么？

2. 产生这场内讧的原因是什么？

3. 怎样才能帮助恒大公司走出这场危机？

附录　部分习题参考答案

第1章

一、1. × 　2. × 　3. √ 　4. √ 　5. ×

二、1. D 　2. ABCD 　3. D 　4. C 　5. ABC

第2章

一、1. √ 　2. √ 　3. √ 　4. ×

二、1. B 　2. C 　3. A 　4. A 　5. C

第3章

一、1. √ 　2. × 　3. × 　4. × 　5. √

二、1. A 　2. D 　3. D 　4. B 　5. ABCDE

第4章

一、1. √ 　2. √ 　3. × 　4. × 　5. ×

二、1. A 　2. D 　3. B 　4. D 　5. ABCD

第5章

一、1. × 　2. × 　3. √ 　4. ×

二、1. C 　2. D 　3. B 　4. A

第6章

一、1. × 　2. × 　3. √ 　4. × 　5. √

二、1. D 　2. C 　3. C 　4. AB 　5. A

第7章

一、1. √ 　2. × 　3. √ 　4. × 　5. √

二、1. BC 　2. ABCD 　3. AB 　4. ABCD 　5. ABCD

第8章

一、1. √ 　2. × 　3. × 　4. √ 　5. ×

二、1. AB 　2. ABCD 　3. B 　4. A 　5. ABC

第9章

一、1. √ 　2. × 　3. √ 　4. × 　5. √

二、1. ACD 　2. ABC 　3. A 　4. ABCD 　5. B

第10章

一、1. √ 　2. √ 　3. × 　4. × 　5. ×

二、1. ABD 　2. D 　3. C 　4. ABCD 　5. ABCD

第11章

一、1. × 　2. √ 　3. × 　4. √ 　5. √

二、1. D 　2. B 　3. C 　4. ABCD 　5. B

参 考 文 献

[1] 周忠兴. 商务谈判原理与技巧. 南京：东南大学出版社，2003.

[2] 刘勇，周琳. 现代企业心理与行为创新. 中山大学出版社，2007.

[3] 孙平. 当代商务谈判. 武汉：武汉大学出版社，2007.

[4] 魏江，严进. 管理沟通—成功管理者的基石. 北京：机械工业出版社，2010.

[5] 魏江. 管理沟通—理念与技能. 北京：科学出版社，2001.

[6] 赵慧军. 管理沟通理论·技能·实务. 北京：首都经济贸易出版社，2003.

[7] 康青. 管理沟通·教学案例. 北京：中国人民大学出版社，2007.

[8] 沈远平，沈宏宇. 管理沟通·基于案例分析的学习. 广州：暨南大学出版社，2009.

[9] 叶龙，吕海军. 管理沟通—理念与技能. 北京：清华大学出版社·北京交通大学出版社，2006.

[10] 迈克尔 E.哈特斯利（Michael E.Hattersley），林达·麦克詹尼特（Linda McJannet）. 管理沟通：原理与实践. 北京：机械工业出版社，2010.

[11] 崔佳颖. 看电影 学沟通. 北京：机械工业出版社，2010.

[12] 李健. 浅析非语言在沟通中的重要作用. 山西经济管理干部学院学报，2010.(3):91-95.

[13] 余世维. 有效沟通. 北京：北京大学出版社，2009.

[14] 约瑟夫·米歇利. 金牌标准：丽斯卡尔顿酒店如何打造传奇客户体验. 北京：中信出版社，2009.

[15] 程玥. 商务信函的语言表达技巧. 应用文写作，2009，8:91-93.

[16] 陈玲. 有效沟通细节训练. 北京：企业管理出版社，2006.

[17] 张文昌，成龙. 管理沟通——行为与心理教程. 济南：山东人民出版社，2008.

[18] 南志玲. 管理沟通. 北京：中国市场出版社，2006.

[19] 陈国海，张玲蕙. 管理零距离——感知管理世界. 北京：清华大学出版社，2005.

[20] 纪晓慧，刘文华. 跨文化非语言交际的几种方式及其意义. 辽宁经济职业技术学院学报，2005，(4):102-103.

[21] 张韬，施春华，尹凤芝. 沟通与演讲. 北京：清华大学出版社，2005.

[22] 艾伦·杰伊·查伦巴. 组织沟通：商务与管理的基石. 北京：电子工业出版社，2004.

[23] 盖勇，王怀明. 管理沟通. 济南：山东人民出版社，2003.

[24] 查尔斯·E.贝克. 管理沟通——理论与实践的交融. 北京：中国人民大学出版社，2003.

[25] 孙健敏，吴铮. 会说会听会沟通——高效经理人沟通技能培训与自修课程. 北京：企业管理出版社，2007.

[26] 杰拉尔 J·E·海因斯. 管理沟通：策略与应用. 贾佳，许勉军，译. 北京：北京大学出版社，2006.

[27] 詹姆斯·S·奥罗克. 管理沟通——案例分析法. 3 版. 魏江，苏瑾晞，译. 北京：北京大学出版社，2010.

[28] 孙健敏，徐世勇. 管理沟通. 北京：清华大学出版社，2006.

[29] 研究普京肢体语言 预测其下一步行动，现代快报，2014 年 3 月 8 日

[30] 冯光明. 管理沟通. 北京：经济管理出版社，2012.

[31] 杜慕群. 管理沟通. 北京：清华大学出版社，2009.